Angst an Schulen

Matthias Böhmer · Georges Steffgen
(Hrsg.)

Angst an Schulen

Ursachen, Auswirkungen und Wege der Unterstützung

Hrsg.
Matthias Böhmer
Department of Behavioural and Cognitive
Sciences
Universität Luxemburg
Esch-sur-Alzette, Luxembourg

Georges Steffgen
Department of Behavioural and Cognitive
Sciences
Universität Luxemburg
Esch-sur-Alzette, Luxembourg

ISBN 978-3-658-46277-2   ISBN 978-3-658-46278-9 (eBook)
https://doi.org/10.1007/978-3-658-46278-9

Die Deutsche Nationalbibliothek verzeichnet diese Publikation in der Deutschen Nationalbibliografie; detaillierte bibliografische Daten sind im Internet über https://portal.dnb.de abrufbar.

© Der/die Herausgeber bzw. der/die Autor(en), exklusiv lizenziert an Springer Fachmedien Wiesbaden GmbH, ein Teil von Springer Nature 2025

Das Werk einschließlich aller seiner Teile ist urheberrechtlich geschützt. Jede Verwertung, die nicht ausdrücklich vom Urheberrechtsgesetz zugelassen ist, bedarf der vorherigen Zustimmung des Verlags. Das gilt insbesondere für Vervielfältigungen, Bearbeitungen, Übersetzungen, Mikroverfilmungen und die Einspeicherung und Verarbeitung in elektronischen Systemen.
Die Wiedergabe von allgemein beschreibenden Bezeichnungen, Marken, Unternehmensnamen etc. in diesem Werk bedeutet nicht, dass diese frei durch jede Person benutzt werden dürfen. Die Berechtigung zur Benutzung unterliegt, auch ohne gesonderten Hinweis hierzu, den Regeln des Markenrechts. Die Rechte des/der jeweiligen Zeicheninhaber*in sind zu beachten.
Der Verlag, die Autor*innen und die Herausgeber*innen gehen davon aus, dass die Angaben und Informationen in diesem Werk zum Zeitpunkt der Veröffentlichung vollständig und korrekt sind. Weder der Verlag noch die Autor*innen oder die Herausgeber*innen übernehmen, ausdrücklich oder implizit, Gewähr für den Inhalt des Werkes, etwaige Fehler oder Äußerungen. Der Verlag bleibt im Hinblick auf geografische Zuordnungen und Gebietsbezeichnungen in veröffentlichten Karten und Institutionsadressen neutral.

Springer ist ein Imprint der eingetragenen Gesellschaft Springer Fachmedien Wiesbaden GmbH und ist ein Teil von Springer Nature.
Die Anschrift der Gesellschaft ist: Abraham-Lincoln-Str. 46, 65189 Wiesbaden, Germany

Wenn Sie dieses Produkt entsorgen, geben Sie das Papier bitte zum Recycling.

Vorwort

Von Tony Wagner, Gründer und Co-Direktor der Change Leadership Group an der Harvard Graduate School of Education, stammt der Gedanke, dass Lernen stets mit Spaß verbunden und die Schule kein Ort sein sollte, an dem man mithilfe langweiliger Lektionen lernt, sondern ein Ort, an dem man durch lehrreiche und unterhaltsame Erfahrungen wächst. Statt Spaß sind jedoch Ängste in Schulen weit verbreitet. Sie können Schüler*innen aller Altersstufen betreffen und das Lernverhalten, die soziale Interaktion sowie das emotionale Wohlbefinden beeinflussen.

Wegen dieser augenscheinlichen Bedeutung als schulpsychologischer Beratungsanlass haben sich die Studierenden des Seminars Schulpsychologie im Masterstudiengang „Psychologie: Psychologische Intervention" der Universität Luxemburg mit diesem Thema befasst. Das Ergebnis der Auseinandersetzung mit schulbezogenen Ängsten stellt dieses Buch dar.

Einen Überblick über Ängste an Schulen, die unterschiedlichen Formen der Angst sowie zur Angstentstehung geben in Kap. 1 *Paula Weber, Marielle Baumgarten, Micolas Haagen* und *Emma Metzler*. Kap. 2 von *Lisa Zeuch, Natacha Stevenin, Ines Müller, Lisa Ripoll Y Schmitz, Theresa Karge* und *Zoi Vratidou* befasst sich mit Ängsten wie Prüfungsangst, Schulangst, Schulphobie sowie Schüchternheit, die Schüler*innen begleiten können. *Marina Savic, Lisa Rousseau, Sophie Farago, Marie Simon* und *Thierry Aumer* thematisieren in Kap. 3 Angststörungen, die im Schulkontext auftreten können und die bei etwa jedem zehnten Kind bzw. Jugendlichen das Leben so beeinträchtigen, dass psychotherapeutische Maßnahmen notwendig sind. Kap. 4 schließt das Buch mit der Betrachtung von Gruppen mit erhöhter Vulnerabilität ab. *Liz Pautsch, Kim Vasiljevic* und *Oliver Kluge* nehmen dabei Schüler*innen, die sich in einer Findungsphase befinden, Schüler*innen, die einer geschlechtlichen und/oder sexuellen Minderheit angehören oder solche mit Neurodivergenzen in den Blick.

Das vorliegende Buch ist bereits die fünfte Veröffentlichung von Studierenden des Masterstudiengangs im Springer Verlag, dem wir für die vielen Jahre der Begleitung herzlich danken. Ein besonderer Dank geht dabei an „unsere" Editorin, Dr. Lisa Bender, die uns stets auf das Vortrefflichste unterstützte.

Luxemburg
im Spätherbst 2024

Matthias Böhmer
Georges Steffgen

Inhaltsverzeichnis

1 Ängste an Schulen – ein Überblick 1
Paula Weber, Marielle Baumgarten, Micolas Haagen und Emma Metzler
  1.1 Was ist Angst? 3
      1.1.1 Wie drückt sich Angst aus? 3
      1.1.2 Formen der Angst 3
      1.1.3 Funktionen von Angst 9
      1.1.4 Symptome der Angst 10
      1.1.5 Was ist ‚Furcht'? Gegenüberstellung zur ‚Angst' 10
      1.1.6 Wie entsteht Angst? 11
      1.1.7 Exkurs: Mangel an Furcht 14
  1.2 Sind alle Ängste problematisch und müssen behandelt werden? 16
      1.2.1 Funktion der Angst 16
      1.2.2 Angst bei Kindern und Jugendlichen 18
      1.2.3 Behandlungsbedürftige Ängste 20
      1.2.4 Müssen alle Ängste behandelt werden? 25
  1.3 Prävalenz 27
      1.3.1 Ängste der Schüler*innen – Prävalenz 27
      1.3.2 Ängste der Lehrkräfte– Prävalenz 28
      1.3.3 Bedeutung für die Schule 30
      1.3.4 Interventionen 31
  1.4 Themenaktuelle Relevanz der Angst 33
      1.4.1 COVID-19: generelle Zunahme von Angststörungen 33
      1.4.2 COVID-19: Ängste im Schulkontext 36
      1.4.3 Ukraine-Konflikt: Ängste im Kriegsgeschehen 40
           1.4.3.1 Kriegserleben ukrainischer Schüler*innen 43
  Literatur 44

2 Welche Ängste begleiten Schüler*innen und Lehrkräfte? ... 49
Lisa Zeuch, Natacha Stevenin, Ines Müller, Lisa Ripoll Y Schmitz,
Theresa Karge und Zoi Vratidou

- 2.1 Prüfungsangst ... 50
  - 2.1.1 Was ist Prüfungsangst? ... 51
  - 2.1.2 Symptomatik ... 52
  - 2.1.3 Subtypen von Prüfungsangst ... 54
  - 2.1.4 Klassifikation ... 55
  - 2.1.5 Prävalenz und Entwicklungsverlauf ... 56
  - 2.1.6 Folgen von Prüfungsangst ... 57
  - 2.1.7 Wie kann es zu Prüfungsangst kommen? ... 59
  - 2.1.8 Wie kann mit Prüfungsangst umgegangen werden? ... 62
  - 2.1.9 Fallbeispiel mit Interventionsansatz ... 63
- 2.2 Schulabsentismus ... 66
  - 2.2.1 Definition ... 66
  - 2.2.2 Prävalenz ... 69
  - 2.2.3 Risiko-, Entstehungs- und Aufrechterhaltungsfaktoren ... 70
  - 2.2.4 Fallbeispiel und Umgang ... 74
- 2.3 Schüchternheit ... 75
  - 2.3.1 Was ist Schüchternheit? ... 76
  - 2.3.2 Abgrenzung von Sozialer Angststörung ... 79
  - 2.3.3 Verhalten und Erleben von Betroffenen ... 80
  - 2.3.4 Mögliche Folgen ... 80
  - 2.3.5 Messung ... 82
  - 2.3.6 Prävalenz ... 83
  - 2.3.7 Fallbeispiel ... 83
  - 2.3.8 Wie entsteht Schüchternheit? ... 84
  - 2.3.9 Umgang mit Schüchternheit in der Schule ... 86
  - 2.3.10 Konsequenzen von Schüchternheit in der Schule ... 87
  - 2.3.11 Praktische Hinweise für den Umgang mit schüchternen Schüler*innen ... 88
- Literatur ... 91

3 Angststörungen im Schulkontext ... 99
Marina Savic, Lisa Rousseau, Sophie Farago, Marie Simon
und Thierry Aumer

- 3.1 Generalisierte Angststörung ... 101
  - 3.1.1 Definition ... 101
    - 3.1.1.1 Klassifikation der Generalisierten Angststörung ... 102
  - 3.1.2 Prävalenz von Generalisierter Angststörung ... 103
  - 3.1.3 Komorbiditäten ... 104
  - 3.1.4 Ätiologie und Verlauf ... 104

		3.1.4.1	Risikofaktoren und Schutzfaktoren	104
		3.1.4.2	Ein Erklärungsmodell für die GAS bei Kindern und Jugendlichen	106
	3.1.5	Umgang mit Generalisierter Angststörung im schulischen Kontext		107
		3.1.5.1	Was können Sie als Lehrkraft bei Generalisierter Angststörung tun?	109
	3.1.6	Behandlung einer Generalisierten Angststörung		109
3.2	Panikstörung			111
	3.2.1	Definition		111
	3.2.2	Prävalenz		112
	3.2.3	Risiko-, Entstehungs- und Aufrechterhaltungsfaktoren		113
		3.2.3.1	Risikofaktoren	113
		3.2.3.2	Entstehungsfaktoren	114
		3.2.3.3	Aufrechterhaltungsfaktoren	115
	3.2.4	Umgang mit Panikstörungen im schulischen Kontext		115
3.3	Agoraphobie			116
	3.3.1	Definition		117
	3.3.2	Prävalenz		118
	3.3.3	Risikofaktoren-, Entstehungs- und Aufrechterhaltungsfaktoren		118
	3.3.4	Umgang mit Agoraphobie im schulischen Kontext		118
3.4	Störung mit Trennungsangst			119
	3.4.1	Definition		120
	3.4.2	Prävalenz		121
	3.4.3	Risiko-, Entstehungs- und Aufrechterhaltungsfaktoren		121
	3.4.4	Fallbeispiele und Umgang		125
		3.4.4.1	Wie Eltern/Bezugspersonen mit Trennungsangst umgehen können	126
		3.4.4.2	Wie das Lehrpersonal mit Trennungsangst umgehen kann	127
3.5	Soziale Angststörung			128
	3.5.1	Definition		129
	3.5.2	Risiko-, Entstehungs- und aufrechterhaltende Faktoren		130
		3.5.2.1	Risikofaktoren	130
		3.5.2.2	Entstehungsfaktoren	136
		3.5.2.3	Aufrechterhaltende Faktoren	136
	3.5.3	Umgang mit Sozialer Angststörung (SA) im Kontext Schule		139
		3.5.3.1	Ängste im Schulalltag	139
		3.5.3.2	Umgang mit Ängsten im Schulalltag	140
3.6	Die Posttraumatische Belastungsstörung			142

	3.6.1	Was ist ein Trauma?	143
		3.6.1.1 Die Posttraumatische Belastungsstörung (PTBS): Kriterien nach DSM-5 309.81 (F43.10)	143
	3.6.2	Prävalenz von PTBS bei Kindern und Jugendlichen	145
	3.6.3	Ätiologie der PTBS	146
		3.6.3.1 Das kognitive Modell nach Ehlers und Clark	146
		3.6.3.2 Psychobiologische und neuroendokrinologische Modelle	147
		3.6.3.3 Das entwicklungspsychopathologische Modell nach Pynoos et al	147
	3.6.4	Risikofaktoren	148
	3.6.5	Erkennungszeichen einer möglichen PTBS bei Kindern/Jugendlichen	148
		3.6.5.1 Wiedererleben	149
		3.6.5.2 Vermeidung	149
		3.6.5.3 Erhöhtes körperliches Erregungsniveau	149
	3.6.6	Diagnose	150
	3.6.7	Mögliche Folgen einer PTBS bei Kindern und Jugendlichen	150
	3.6.8	Interventionen	151
	3.6.9	Empfehlungen für den Umgang mit traumatisieren Schüler*innen (für Lehrkräfte)	152
Literatur			154

4 Gruppen mit erhöhter Vulnerabilität 163
Liz Pautsch, Kim Vasiljevic und Oliver Kluge

4.1	Diskriminierungserfahrungen von Minoritäten		165
	4.1.1	Schulzeit als vulnerable Phase für die Identitätsentwicklung	167
	4.1.2	Einflüsse auf die Identitätsfindung	170
4.2	Neurodiversität		172
	4.2.1	Neurodiversität und Angst	172
		4.2.1.1 Begriffsklärung	172
		4.2.1.2 Prävalenz von Neurodivergenz und Angst	173
		4.2.1.3 Herausforderungen neurodivergenter Menschen im Alltag	175
	4.2.2	Zusammenhänge zwischen Neurodivergenz, Angst und schulischer Leistung	175
		4.2.2.1 Komorbidität	176
		4.2.2.2 Kognitive Unterschiede	177
		4.2.2.3 Soziale Herausforderungen	178
		4.2.2.4 Umweltbezogene Herausforderungen	178
		4.2.2.5 Schulische Herausforderungen	179

	4.2.3	Wie können Betroffene unterstützt werden? Individuums- und umgebungszentrierte Hilfestellungen	180
		4.2.3.1 Kognitive Verhaltenstherapie	180
		4.2.3.2 Medikamentöse Behandlung	181
		4.2.3.3 Achtsamkeits- und Entspannungsverfahren	181
		4.2.3.4 Soziale Unterstützung	182
		4.2.3.5 Umweltbezogene Faktoren	183
	4.2.4	Welche Beteiligten haben den größten Handlungsspielraum? Die Relevanz schulischer und familiärer Unterstützung	184
		4.2.4.1 Die Rolle der Schule	184
		4.2.4.2 Die Rolle der Erziehungsberechtigten	185
4.3	Angst im Zusammenhang mit sexueller und geschlechtlicher Vielfalt an Schulen		186
	4.3.1	Heteronormative Konzepte an Schulen in Luxemburg	187
		4.3.1.1 Grundbegriffe und Relevanz	188
		4.3.1.2 Pubertät, Entwicklung von Geschlechtsidentität und sexueller Orientierung im Jugendalter	191
	4.3.2	Einfluss der LGBT+-Zugehörigkeit auf die Gesundheit	192
		4.3.2.1 Minoritätsstressmodell	192
		4.3.2.2 Der Einfluss von Gesundheitssystemen	194
		4.3.2.3 Der Einfluss von Mobbing	194
		4.3.2.4 Die Gesundheit aus globaler Perspektive	194
	4.3.3	Sexualaufklärung und Erwartungen an Schulen	195
		4.3.3.1 Sexualaufklärung an deutschen Schulen	195
		4.3.3.2 Die Relevanz ganzheitlicher Sexualaufklärung an Schulen	196
	4.3.4	Individuelle Ängste und Herausforderungen	198
		4.3.4.1 Ergebnisse einer Studie vom Deutschen Jugendinstitut	198
		4.3.4.2 Der Stereotype Threat	199
	4.3.5	Externe Einflüsse und globale Perspektive	200
		4.3.5.1 Der Einfluss politischer Institutionen	201
		4.3.5.2 Religiöse und kulturelle Einflüsse	202
	4.3.6	Auswirkungen auf den Schulalltag und die Zukunft	202
		4.3.6.1 Der Social Identity Threat	203
		4.3.6.2 Sexuelle und geschlechtliche Vielfalt in Unterrichtsmaterialien	203
4.4	Exkurs: der Zusammenhang zwischen LGBT+-Zugehörigkeit und Suizid		204

4.5	Fallbeispiel: Unterstützung durch eine luxemburgische Dienststelle	207
	4.5.1 Fallbeispiel	207
	4.5.2 Evaluation des Fallbeispiels	209
Literatur		211

Herausgeber- und Autorenverzeichnis

Über die Herausgeber

Dr. Matthias Böhmer Department of Behavioural and Cognitive Sciences, Universität Luxemburg, Esch-sur-Alzette, Luxembourg

Prof. Dr. Georges Steffgen Department of Behavioural and Cognitive Sciences, Universität Luxemburg, Esch-sur-Alzette, Luxembourg

Autorenverzeichnis

Thierry Aumer Universität Luxemburg, Esch-sur-Alzette, Luxembourg

Marielle Baumgarten Universität Luxemburg, Esch-sur-Alzette, Luxembourg

Sophie Farago Universität Luxemburg, Esch-sur-Alzette, Luxembourg

Micolas Haagen Universität Luxemburg, Esch-sur-Alzette, Luxembourg

Theresa Karge Universität Luxemburg, Esch-sur-Alzette, Luxembourg

Oliver Kluge Universität Luxemburg, Esch-sur-Alzette, Luxembourg

Emma Metzler Universität Luxemburg, Esch-sur-Alzette, Luxembourg

Ines Müller Universität Luxemburg, Esch-sur-Alzette, Luxembourg

Liz Pautsch Universität Luxemburg, Esch-sur-Alzette, Luxembourg

Lisa Rousseau Universität Luxemburg, Esch-sur-Alzette, Luxembourg

Marina Savic Universität Luxemburg, Esch-sur-Alzette, Luxembourg

Lisa Ripoll Y Schmitz Universität Luxemburg, Esch-sur-Alzette, Luxembourg

Marie Simon Universität Luxemburg, Esch-sur-Alzette, Luxembourg

Natacha Stevenin Universität Luxemburg, Esch-sur-Alzette, Luxembourg

Kim Vasiljevic Universität Luxemburg, Esch-sur-Alzette, Luxembourg

Zoi Vratidou Universität Luxemburg, Esch-sur-Alzette, Luxembourg

Paula Weber Universität Luxemburg, Esch-sur-Alzette, Luxembourg

Lisa Zeuch Universität Luxemburg, Esch-sur-Alzette, Luxembourg

Ängste an Schulen – ein Überblick

1

Paula Weber, Marielle Baumgarten, Micolas Haagen
und Emma Metzler

Zusammenfassung

Die Angst kann einen tiefgreifenden Einfluss auf das Leben haben und kann bereits in den ersten Lebensmonaten bei jedem Kind (siehe das Fremdeln) beobachtet werden. Angst ist eine Reaktion auf eine tatsächliche oder vorstellbare Bedrohung. Man unterscheidet zwischen der aktuellen Angstemotion *(state)* und dem Persönlichkeitsmerkmal Angst *(trait)*. Angst kann sich in unterschiedlichen Formen präsentieren, so unterscheidet Riemann zwischen vier Grundformen der Angst: Angst vor Selbsthingabe, Angst vor Selbstwerdung, Angst vor Wandlung, Angst vor Notwendigkeit. Neben diesen Grundformen existieren auch andere Formen der Angst, wie beispielsweise die Bewertungsängstlichkeit oder die Fremdenangst. Die Angst dient uns, Gefahren zu erkennen und diese adäquat abzuwehren, entweder durch Flucht oder Kampf. Die Furcht kann als Vermeidungsmotiv verstanden werden. Zur Entstehung von Angst sind neben psychologischen Aspekten (wie der klassischen Konditionierung) auch biologische Prozesse zu betrachten (sympathisches und parasympathisches Nervensystem).

P. Weber (✉) · M. Baumgarten · M. Haagen · E. Metzler
Esch-sur-Alzette, Luxembourg
E-Mail: paula.weber@alumni.uni.lu

Schlüsselwörters

Angst • Furcht • Trieb • Reiz • Amygdala • State • Trait

> **Übersicht**
>
> Ängste begleiten Menschen von frühester Kindheit an und sind ein unverzichtbarer Bestandteil des menschlichen Überlebensmechanismus. Im Schulkontext nehmen sie jedoch oft Formen an, die den Alltag erheblich beeinträchtigen können. Dieses Kapitel beleuchtet die grundlegenden Aspekte von Angst, ihre Entstehung und ihre Funktion. Es wird zwischen der momentanen Angstemotion (State), die durch eine spezifische Situation ausgelöst wird, und dem Persönlichkeitsmerkmal Angst (Trait), das eine generelle Neigung beschreibt, unterschieden (Abschn. 1.1.1). Die vier Grundformen der Angst nach Fritz Riemann – Angst vor Selbsthingabe, Selbstwerdung, Wandlung und Notwendigkeit – illustrieren, wie unterschiedlich Ängste sich manifestieren können und welche persönlichen Hintergründe dabei eine Rolle spielen (Abschn. 1.1.2). Darüber hinaus werden weitere spezifische Formen wie Bewertungs- und soziale Ängstlichkeit analysiert, die besonders im schulischen Kontext relevant sind.
>
> Die Entstehung von Angst wird durch psychologische Theorien wie die klassische und instrumentelle Konditionierung erklärt, aber auch biologische Prozesse, etwa die Rolle der Amygdala und des autonomen Nervensystems, werden detailliert untersucht (Abschn. 1.1.6). Dabei wird deutlich, wie eng körperliche und psychologische Prozesse miteinander verknüpft sind. Nicht alle Ängste sind jedoch negativ zu bewerten – sie können uns vor Gefahren warnen und in moderatem Maße die Leistungsfähigkeit steigern (Abschn. 1.2.1). Die Bedeutung dieses ambivalenten Charakters von Angst wird anhand von Beispielen wie Lampenfieber oder Prüfungsstress illustriert. Allerdings zeigen Prävalenzstudien, dass Ängste, insbesondere bei Schüler*innen und Lehrkräften, durch pandemiebedingte Unsicherheiten und globale Krisen wie den Ukraine-Konflikt zunehmen und häufig klinisch relevante Ausmaße erreichen (Abschn. 1.4). Dieses Kapitel schafft somit eine fundierte Grundlage für das Verständnis von Angst und deren Bedeutung im Schulalltag.

1.1 Was ist Angst?

1.1.1 Wie drückt sich Angst aus?

Die Angst hat einen tiefgreifenden Einfluss auf unser Leben und kann bereits in den ersten Lebensmonaten bei jedem Kind (siehe das Fremdeln) beobachtet werden. Angst ist eine Reaktion auf eine tatsächliche oder vorstellbare Bedrohung (Marks, 2013). Die Angst kann dazu führen, dass einzelne Personen zu besseren Leistungen angespornt werden oder dass Personen gehemmt oder gelähmt werden (Krohne, 2010).

Angst kann ein mehrdimensionales Reaktionsmuster auf mehreren Ebenen auslösen, welche in drei Bereiche zusammengefasst werden können. Die subjektive Ebene steht hier an erster Stelle und setzt sich mit unseren Empfindungen und Gedanken auseinander. Als zweite Ebene kann die motorische Ebene oder die Ebene des beobachtbaren Verhaltens herangezogen werden. Diese befasst sich mit den motorischen Vorgängen, wie zum Beispiel Weglaufen oder Kämpfen. Als dritte Ebene fungiert die physiologische Ebene, welche körperliche Reaktionen, wie beispielsweise Hormonausschüttungen, beinhaltet (Hoyer et al., 2005).

Die aktuelle Angstemotion kann als ein mit spezifischen Situationsveränderungen intraindividuell (innerhalb einer Person) wechselnder, affektiver (gefühlsbetonter) Zustand (*state* = situationsspezifische Befindlichkeit einer Person) eines Individuums verstanden werden. Dieser Zustand ist durch die erhöhte Aktivität des autonomen Nervensystems sowie durch die Selbstwahrnehmung von Erregung, das Gefühl des Angespanntseins, ein Erlebnis des Bedrohtwerdens und verstärkte Besorgnis gekennzeichnet.

Das Persönlichkeitsmerkmal Ängstlichkeit (*trait* = eine Eigenschaft) charakterisiert die intraindividuell relativ stabile, aber interindividuelle (Unterschiede zwischen Personen) wechselnde Tendenz, Situationen als bedrohlich zu empfinden und darauf eine Reaktion mit einem erhöhten Angstzustand zu zeigen (Krohne, 2010).

1.1.2 Formen der Angst

Die vier Grundformen der Angst
Der Tiefenpsychologe Fritz Riemann identifiziert in seinem Buch „*Grundformen der Angst*" (2022) insgesamt vier Grundformen von Ängsten und die dazugehörigen Persönlichkeiten.

▶ **Persönlichkeit** Der Begriff Persönlichkeit leitet sich vom lateinischen Wort *persona* ab. Ursprünglich wurden mit *persona* die Masken beschrieben, die im antiken griechischen Theater von den Schauspieler*innen getragen wurden, um ihre jeweilige Rolle zu normieren (Rammsayer & Weber, 2016).

Die erste Grundform der Angst wird als die **Angst vor der Selbsthingabe** bezeichnet und betrifft Personen mit einer schizoiden Persönlichkeit. Menschen, die über eine solche Persönlichkeit verfügen, befürchten Selbsthingabe, zu viel Nähe und Abhängigkeit. Diese Menschen brauchen Abstand zu ihren Mitmenschen und lassen sich nur begrenzt mit ihnen ein. Eine Überschreitung dieser Grenze wird als Bedrohung für den eigenen Lebensraum wahrgenommen. Zudem versuchen die Betroffenen, menschliche Beziehungen zu versachlichen (Riemann, 2022). Sie besitzen ein markantes Bedürfnis nach Autonomie, persönlicher Freiheit sowie Eigenständigkeit und hegen den Wunsch, sich von anderen abzugrenzen. Meistens besteht ebenfalls das Bedürfnis, eigene persönliche Gefühle zu beherrschen und zu kontrollieren (Stahl, 2000). Als Ursprung für diese Angstentwicklung wird eine nicht befriedigende Bemutterung im Kindesalter deklariert. Es kann sich auch um eine motorisch-expansive und aggressive Konstitution handeln, wodurch sich bei den Betroffenen ein starkes Misstrauen entwickeln kann (ebd.). Die Erfahrung eines Individuums, gezwungen zu sein, sich selbst zu schützen, um gewachsen für die Welt und für das Leben zu sein, ist hier elementar (ebd.). Aufgrund dieser Erfahrungen entwickelt sich der Wunsch, auf niemanden angewiesen zu sein (Riemann, 2022). Sowohl eine unbegründete Eifersucht, Zweifel an der eigenen Fähigkeit zu lieben als auch Zweifel an der Aufrichtigkeit anderer Menschen sind mögliche Konsequenzen und zusätzlich können potenzielle Kontaktschwierigkeiten auftreten (ebd.). Durch die Angst, verletzt oder verunsichert zu werden, entsteht die Lebensstrategie, nahezu keine Gefühle zu demonstrieren oder auszudrücken (Stahl, 2000). Solche Personen werden von anderen Menschen als fern, kühl, distanziert und unpersönlich klassifiziert (Riemann, 2022).

Die **Angst vor Selbstwerdung** ist mit einer depressiven Persönlichkeit assoziiert. Im Vordergrund dieses Erlebens stehen die Bedürfnisse nach Geborgenheit, Zärtlichkeit, Bestätigung und Harmonie, der Wunsch nach Zuwendung und vertrautem Nahkontakt sowie die Sehnsucht zu lieben und geliebt zu werden (Stahl, 2000). Menschen mit dieser Art der Persönlichkeit erleben Angst vor Ungeborgenheit, Isolation und dem Verlust anderer Menschen. Die Betroffenen pflegen oftmals die Lebensstrategie, möglichst lange kindlich-hilflos zu verbleiben, um nicht verlassen zu werden. Sie erschaffen dadurch Situationen, in denen sie als hilfs- und schutzbedürftig erscheinen (Riemann, 2022). Dadurch versuchen sie, den/die Partner*in so an sich zu binden, dass diese sie nicht verlassen können, ohne dabei Schuldgefühle zu entwickeln (Stahl, 2000). Diese Angst resultiert oftmals aus einer Überbemutterung als Kind in Verbindung mit einer Schwermütigkeit, die es ihnen erschwert, sich von etwas zu lösen, zu trennen oder etwas aufzugeben (Riemann, 2022; Stahl, 2000). Durch diese Erfahrung entwickelt sich der Wunsch, umsorgt zu werden, sowie jemanden als Stütze um sich zu haben (Stahl, 2000). Diese Menschen suchen deswegen die Abhängigkeit, die ihnen Sicherheit verspricht. Jedoch steigert sich dadurch auch die Verlustangst (Riemann, 2022). Das zentrale Problem bei dieser Grundhaltung ist die Schwierigkeit, sich als ein genügend freies, unabhängiges und eigenständiges Individuum zu entwickeln, welches sich entschieden mit den Forderungen des Lebens und mit den Menschen seiner Umgebung auseinandersetzen kann (Stahl, 2000). Nahestehende Personen werden oftmals idealisiert, ihre Fehler werden immer entschuldigt und ihre dunklen Seiten werden übersehen. In romantischen Beziehungen wird dem/der Partner*in oftmals ein Überwert verliehen. Infolgedessen kann eine überbesorgte bis hin zu einer erpresserischen Liebe (beispielsweise emotionale Erpressung) resultieren, wobei die Person im dramatischen Fall die Bedrohung ausspricht gegenüber des/der Partner*in, sich umzubringen, wenn er/sie sie/ihn verlässt. Diese Menschen werden als empathisch wahrgenommen, da sie die Bedürfnisse anderer oft vor ihre eigenen stellen (Riemann, 2022).

Die **Angst vor Wandlung und Veränderungen** steht im Zusammenhang mit einer zwanghaften Persönlichkeit. Diese Menschen hegen eine besondere Angst vor Toleranz, Freiheit, Chaos, Kompromissen und dem Eingehen von Kompromissen. Hierunter wird ebenfalls die Angst vor Risiko, Vergänglichkeit und Wandel verstanden (ebd.). Die Betroffenen möchten gerne „das Richtige" (Stahl, 2000, S. 8) erkennen und vertreten. Deshalb muss alles seine (zumindest innere) Ordnung besitzen. Dies ist der Grund, warum die Betroffenen alles Neue, Unübersehbare, Unbekannte und damit Verunsichernde vermeiden wollen. Das Bedürfnis, nichts zu riskieren und dass alles so bleiben soll, wie es (immer) war, steht hier im Vordergrund (ebd.). Zudem haben sie Schwierigkeiten, den/die Partner*in als gleichwertig anzusehen. Eine Bindung wird somit leicht zu einem Machtkampf. Eine Erziehung mit zu starken Regeln und Vorschriften gilt als Entstehungsfaktor für eine solche Angst. Die Betroffenen präferieren zusätzlich, dass alles seine Norm hat und mit dem Verstand gesteuert wird. Dies ist eine Erklärung dafür, warum diese Personen sehr konservativ sind und einen Mangel an Spontanität sowie Einsicht (Vgl. auch Angst vor Kontrollverlust) zeigen. Sie werden dementsprechend als konservativ wahrgenommen (Riemann, 2022).

Die letzte Grundform beschreibt die **Angst vor der Notwendigkeit,** die mit einer hysterischen Persönlichkeit im Zusammenhang steht. Diese Menschen streben nach Freiheit und fürchten somit jede Einschränkung, Einengung und Gesetzmäßigkeit. Um ihren starken Erlebnisdrang zu befriedigen, benötigen sie vor allem das Gefühl der Freiheit, weil jegliche Ordnungen und Gesetzmäßigkeiten die Angst vor dem Festgelegtwerden und dem Nicht-ausweichen-Können herbeiführt. Für diese Menschen soll alles relativ und lebendig bleiben, nur die Gegenwart, also der Augenblick, ist von Bedeutung: „Carpe diem – nutze die Gelegenheit" (Riemann, 2022, S. 180). Eine mangelnde Vorbildfunktion der Eltern, sprich Ehestreitigkeiten, Bevorzugung beziehungsweise Benachteiligung gegenüber Geschwistern oder Benutzung des Kindes als Ersatz für den/die Partner*in kann hier als Ursprung für diese Angst angesehen werden (ebd.). Aufgrund dieser Erfahrungen entwickelt sich der Wunsch, keine finalen Entscheidungen treffen zu müssen, sich nicht festlegen zu müssen und keine Spannungen ertragen zu müssen. Die Umwelt wird angenehm plastisch und biegsam gestaltet und begangene Fehler können sich immer begründen lassen (ebd.).

▶ **Definition Persönlichkeit** „Bei der Persönlichkeit geht es um jene Charakteristika oder Merkmale des Menschen, die konsistente Muster des Fühlens, Denkens und Verhaltens ausmachen." (Pervin et al., 2005, S. 31)

Angsttheorie von Freud (1971a, b)
In seiner ersten Angsttheorie postulierte Freud (1971a), dass Angst als Folge unterdrückter beziehungsweise aufgestauter sexueller Triebenergie (Libido) auftritt. In seiner zweiten Angsttheorie (1971b) korrigierte er jedoch seine Sichtweise, indem er behauptete, dass Angst immer dann entstehe, wenn das *Ich* sich in einem starken Ansturm von Reizen befindet und bedroht ist, überwältigt zu werden. Diese bedrohlichen Reize haben die Möglichkeit, sowohl durch äußere als auch innere Ursprünge zu entstehen. Freud unterscheidet zwischen drei Arten von Ängsten, welche er als Realangst, Neurotische Angst und Moralische Angst definiert (Rammsayer & Weber, 2016).

Drei Arten von Ängsten nach Freud
Die **Realangst** kann entstehen, wenn die Menschen beziehungsweise das *Ich* mit einer Gefahrensituation konfrontiert wird, welche eine tatsächliche oder vermeintliche Bedrohung darstellt. Hier entstammen die bedrohlichen Reize aus der realen Umwelt.

Die **Neurotische Angst** entsteht, wenn ein Triebimpuls, welcher aus dem *Es* entstammt, droht außer Kontrolle zu geraten und vom *Ich* nicht mehr unterdrückt werden kann. Hierbei handelt sich um einen inneren psychischen Konflikt zwischen *Es* und *Ich*.

Die **Moralische Angst** tritt in Form von Schuld oder Schamgefühlen auf, die entstehen, wenn man etwas tut, was gegen die moralischen Normen des *Über-Ichs* spricht. Hier entsteht ein innerer psychischer Konflikt zwischen *Über-Ich* und *Ich* (Rammsayer & Weber, 2016).

Die Beteiligung des *Ichs* ist in allen drei Formen der Angst vorhanden, weil das *Ich* nicht nur eine Möglichkeit erarbeiten muss, reale Gefahrensituationen zu vermeiden, sondern das *Ich* zusätzlich mit den unkontrollierbaren Triebimpulsen aus dem *Es* konfrontiert ist. Eine weitere Aufgabe des *Ichs* sind die perfektionistischen Anforderungen des *Über-Ichs* mit den Erfordernissen der Umwelt und den Wünschen des *Es* in Einklang zu versetzen (ebd.).

1 Ängste an Schulen – ein Überblick

Beteiligung des Ichs
Das *Es* kann als Ursprung der Triebe angesehen werden, folgt dem Lustprinzip und zielt auf sofortige Triebbefriedigung ab. Die Prozesse finden hierbei unbewusst statt.

Das *Ich* vermittelt zwischen den Triebbedürfnissen aus dem *Es* und der Außenwelt und folgt dem Realitätsprinzip. Das *Ich* ist ebenfalls zuständig für die Wahrnehmung, das Gedächtnis, das Denken und die Willkürmotorik, die es dem Individuum möglich machen, mit der Umwelt zu interagieren.

Das *Über-Ich* ist repräsentativ für die traditionellen Werte und Ideale der Gesellschaft. Das *Über-Ich* versucht ebenfalls die inakzeptablen Impulse aus dem *Es* zu mindern. Das *Über-Ich* versucht weitestgehend das *Ich* zu überzeugen, realistische durch ethische Ziele zu ersetzen und nach Vollkommenheit zu streben. Ein Beispiel für dieses Szenario ist eine Person, die ein Portemonnaie mit zwei 50 €-Scheinen auffindet und einfach einsteckt und somit den gefundenen Inhalt behält. Um den ethischen Wünschen der Gesellschaft nachzugehen, sollte die Person jedoch das Portemonnaie und seinen Inhalt zum Fundbüro bringen (Rammsayer & Weber, 2016).

▶ **Definition Trieb** Grundsätzlich kann als Trieb ein seelischer und/oder körperlicher Antrieb, welcher als dranghaft empfunden wird und sich auch ohne Vermittlung des Bewusstseins entwickeln kann, verstanden werden. Triebe können Reizsuche, wie beispielsweise gerichtete Handlungsweisen auslösen, welche das Ziel der Befriedigung eines Triebes, das bedeutet der Lust oder der Aufhebung des psychophysischen Spannungszustandes, verfolgen (Krohne, 2010).

Weitere Formen der Angst
Es gibt die Möglichkeit, die Angst unter weiteren diversen Kategorien zu klassifizieren. In diesem Buch werden nun zusätzliche Formen der Angst, welche ebenfalls im Schulkontext eine Rolle spielen können, näher erläutert.

Als **Bewertungsängstlichkeit** wird die Tendenz bezeichnet, in Situationen, in denen Versagen und der Verlust des Selbstwertes als bedrohlich wahrgenommen werden, mit Angst zu reagieren. Ein bedeutender Aspekt für eine als bedrohlich empfundene Situation ist eine Prüfungssituation. Deshalb werden auch häufig die Begriffe Testangst, Prüfungsangst oder Leistungsangst verwendet (Krohne, 2010).

Die **soziale Ängstlichkeit** bezieht sich auf soziale Situationen, welche Angst bei Personen auslösen. Menschen, die unter einer sozialen Angststörung leiden, empfinden starke Angst und Unsicherheit in Situationen, in welchen sie sich im Zentrum der Aufmerksamkeit befinden und sie möglicherweise negativ bewertet werden können (Philipps Universität Marburg, o. J.). Sie wird ebenfalls als ein Spezialfall der Bewertungsangst angesehen. Schwarzer (2000, S. 118) definiert die soziale Angst als „die Besorgnis und Aufgeregtheit bezüglich sozialer Situationen, die als selbstwertbedrohlich" erlebt werden. Viele soziale Interaktionen stehen im Zusammenhang mit einer Bewertung und auch mit einer Möglichkeit des Versagens, was besonders markant beim Halten einer Rede vor einem größeren Publikum ist (Krohne, 2010). Die Publikums- beziehungsweise Sprechangst kann als eine Sonderform der Bewertungsängstlichkeit angesehen werden (Lamb, 1973) und wird stark beim Sprechen vor einer größeren Gruppe weniger vertrauter Personen, beispielsweise im Rahmen eines Seminars, erlebt (Krohne, 2010). Diese Form der Angst kann potenzielles

Vermeidungsverhalten auslösen, wie zum Beispiel das Verlassen einer unangenehm erlebten Situation. Die empfundene Angst, Beunruhigung oder Unsicherheit kann als eine emotionale oder psychophysiologische Reaktion auf eine zu verrichtende Redeleistung angesehen werden. Die extreme Ausprägung von Sprechangst, ihre „krankhafte" Form, bezeichnet man als Logophobie. Die Logophobie repräsentiert somit die pathologisch übersteigerte, situationsunangemessene Angst und wird durch das beharrliche Vermeiden von Situationen, die öffentliches Sprechen erfordern, charakterisiert. Die Übergänge zwischen „ein bisschen aufgeregt sein" und der Logophobie sind allerdings fließend, was dazu beiträgt, dass die Abgrenzung der beiden Formen schwierig ist. Logophobie kann sowohl als eigenständiges Störungsbild als auch als Komponente diverser Sprach-, Sprech-, Redefluss- und Stimmstörungen auftreten (Beushausen, 2009).

Die **Fremdenangst** ist eine spezielle soziale Angst, bei welcher der Bewertungsaspekt nicht im Vordergrund steht. Diese erstmalig im Alter von etwa acht bis neun Monaten als „Fremdeln" auftretende Angst resultiert bei der Abwesenheit der Mutter in einem fremden Umfeld und angesichts Fremder, im Spezifischen gegenüber Männern (Sroufe, 1977). Ebenso kann diese Reaktion noch bei älteren Kindern erscheinen und sich im späteren Leben als Schüchternheit beziehungsweise soziale Gehemmtheit manifestieren (Krohne, 2010). Im Zusammenhang mit der Fremdenangst steht ebenfalls die Trennungsangst.

Trennungsangst ist ein Entwicklungsschritt, welcher typischerweise im Alter von etwa 8 Monaten eintritt und seinen Höhepunkt zwischen 10–18 Monaten erreicht. Das Hauptsymptom der Störung stellt eine übermäßige Angst, von bedeutenden Personen getrennt oder verlassen zu werden. Im Kindesalter bezieht sich die Trennungsangst auf die Eltern, im Erwachsenenalter auf Partner*innen, Familienmitglieder und Freund*innen. Bei der Trennungsangst spielen der Bindungs- und Erziehungsstil sowie Interaktionen und Konflikte in der Herkunftsfamilie, Traumata und Persönlichkeitsmerkmale eine bedeutende Rolle. In einigen Fällen bleibt die Störung von der Kindheit bis ins Erwachsenenalter bestehen. Die Trennungsangst wird hauptsächlich durch einen drohenden oder erlebten Verlust einer wichtigen Bezugsperson, zum Beispiel infolge einer Scheidung oder eines Todesfalls, ausgelöst (Sonnenmoser, 2013).

Die **Angst vor physischen Verletzungen** beschreibt Menschen, die bezüglich einer potenziellen Bedrohung der körperlichen Unversehrtheit durch andere Personen, Tiere, Naturereignisse oder materielle Gegebenheiten, Angst zeigen. Infolgedessen kann hier die Angst vor Schmerzen hinzugezählt werden. Meistens handelt es sich um sehr spezifische Ängste, die deshalb Grundlage vieler Angststörungen, insbesondere der Phobien, sind (Krohne, 2010).

▶ **Definition Selbstwert** „Als Selbstwert *(self-esteem)* wird die Gesamtbewertung, die wir auf einer Positiv-negativ-Dimension in Bezug auf uns selbst vornehmen, verstanden." (Jonas et al., 2014, S. 157).

▶ **Definition Trauma** Als Trauma wird ein belastendes Ereignis oder eine Situation bezeichnet, die von der betroffenen Person nicht bewältigt und aufarbeitet werden kann. Ein Trauma kann oftmals als Konsequenz einer Gewalteinwirkung sowohl physischer wie psychischer Natur resultieren. Beispiele für ein Trauma sind schwere Unfälle, Erkrankungen, Naturkatastrophen, Erfahrungen wesentlicher psychischer, körperlicher und sexueller Gewalt sowie schwere Verlust- und Vernachlässigungserfahrungen (Deutsche Traumastiftung, 2024).

1.1.3 Funktionen von Angst

Die Angst stellt uns die Möglichkeit des Überlebens bereit. Zusätzlich kann die Angst mit einer Art von Alarmsystem verglichen werden, denn sie ermöglicht es uns, Gefahren zu erkennen und diese adäquat abzuwehren, entweder durch Flucht oder Kampf *(flight or fight reaction)*. Die Angst löst eine Beschleunigung der Reaktionsfähigkeit aus und steigert die Wachsamkeit. Beispielsweise berichten Schauspieler*innen und Politiker*innen über eine leichte Form der Angst vor einem Auftritt, welche eine stimulierende Wirkung auf sie ausübe. Somit scheint ein Maß an Angst zu existieren, das für die Erarbeitung einer guten Leistung optimal ist. Im Gegensatz dazu kann ein zu geringes Maß an Angst dafür sorgen, dass Personen leicht sorglos werden. Ein zu hohes Maß an Angst verleitet Personen zur Ungeschicktheit oder Gehemmtheit. Das Erleben von gefährlichen Situationen trägt zur Entwicklung des Respekts vor Gefahren bei und dient dadurch der Selbsterhaltung. In Paniksituationen, wie beispielsweise bei einem Feuerausbruch oder bei einem Erdbeben, kann es sein, dass Menschen fluchtartig in alle Richtungen laufen und währenddessen all ihre gewohnten sozialen Verantwortlichkeiten ignorieren. So kann der Fall eintreten, dass eine Mutter aus einem brennenden Haus hinausläuft und dabei vergisst, ihr Baby mit sich zu nehmen, oder dass Soldat*innen sich bei einem Bombenangriff erbrechen müssen. Die Emotion Angst kann jedoch erst nach der Überwindung einer Gefahr auftreten. In einer sehr gefährlichen Situation, in welcher wir schnell handeln müssen, um unser Überleben zu sichern, wie bei einem Feuerausbruch, kann es vorkommen, dass Menschen erst etwas später Angst empfinden, nämlich in dem Moment, in dem die schlimmste Gefahr schon überstanden ist. (Marks, 2013).

▶ **Definition Selbsterhaltungstrieb** Unter dem Begriff des Selbsterhaltungstriebes *(instinct of self-preservation)* werden die Antriebe zu allen Verhaltensweisen, welche für die Erhaltung eines adäquaten Zustandes, der Gesundheit und des Lebens eines Individuums, wie beispielsweise der Nahrungstrieb, der Verteidigungstrieb und der Arterhaltungstrieb, zuständig sind, verstanden (Wirtz, 2017).

1.1.4 Symptome der Angst

Zu den körperlichen Symptomen der Angst bei menschlichen Individuen zählen neben den individuellen Eigenarten vor allem Herzklopfen, Muskelspannung, Anstieg des Blutdrucks, schnelle Atmung bis hin zur Atemnot, ein trockener Mund, veränderte Mimik, Blässe oder Erröten, Schwitzen, Zittern, Schwäche, Schwindelgefühl, Durchfall, Beklemmung in der Brust, Harndrang und Übelkeit sowie eventuell auch Wahrnehmungsstörungen oder Ohnmacht (Marks, 2013). Bei einem langfristigen Zustand der Angst können ebenfalls psychische Symptome auftreten. So werden ebenfalls gesunde Menschen müde, deprimiert, langsamer, ruhelos und erleiden den Verlust von Appetit. Zudem können Schlafprobleme, Albträume und Vermeidung von furchterregenden Situationen auftreten (ebd.).

1.1.5 Was ist ‚Furcht'? Gegenüberstellung zur ‚Angst'

Furcht ist die am intensivsten erlebte Emotion (Krohne, 2010). Angst und Furcht sind sehr ähnlich, jedoch nicht identisch, auch wenn beide Begriffe alltagssprachlich oftmalig gleichbedeutend gebraucht werden. Furcht ist auf eine äußere Gefahr hin ausgerichtet. Im Gegenzug ist Angst eher unbestimmt. Der alleinige Anblick einer Schlange kann Furcht herbeiführen, wohingegen hinsichtlich der Vorstellung, was sie alles tun könnte, und des damit assoziierten Gefühls der Begriff „Angst" passender erscheint als der Begriff „Furcht". In manchen Gefühlstheorien wird Furcht als Basisemotion angesehen. Im Gegenzug wird Angst als Kombination der Furcht mit anderen diversen Grundgefühlen, zum Beispiel Neugierde, Überraschung, Kummer, Wut und Scham, in Verbindung gebracht wird (Wirtz, 2017).

Nach Epstein (1967) soll sich Angst entwickeln, wenn eine Person eine Situation als bedrohlich wahrnimmt, aber simultan nicht adäquat, beispielsweise durch Flucht, reagieren kann. Furcht hingegen soll vorhanden sein, wenn die Gefahr ganz klar zu benennen ist und die Reaktionen der Flucht oder Vermeidung im Rahmen des Möglichen liegen. Bei der Betrachtung der Furcht unter dem Aspekt der Motivation ist dies ein Flucht- beziehungsweise Vermeidungsmotiv. Im Gegensatz dazu ist die Angst eher das Motiv, weitere Informationen über die bedrohungsrelevante Situation und bezügliche Verhaltensaspekte zu sammeln. Freud charakterisiert die Angst als unbestimmt und „objektlos" (Krohne, 2010). Von Furcht ist somit die Rede, wenn die Angst ein „Objekt" gefunden hat. Im Gegensatz zur Angst stellt Furcht die spezifische motorische, physiologische und subjektive Reaktion zur Identifizierung der Gefahr und zur Auslösung der entsprechenden Bewältigungsreaktionen dar (Birbaumer & Schmidt, 2010).

1.1.6 Wie entsteht Angst?

Psychologische Komponente der Angst
Zur Entstehung von Angst wird in der Zwei-Prozess-Theorie zwischen zwei Stadien differenziert: eine erste klassische Konditionierung und eine zweite instrumentell-operante Phase, welche ebenfalls als Bewältigungsphase beschrieben wird (Birbaumer & Schmidt, 2010).

Die **Klassische Konditionierung** kann folgendermaßen beschrieben werden: Ein zu Beginn neutraler Stimulus/Reiz (NS) und ein nicht neutraler Stimulus (unkonditionierter Stimulus = US) werden so lange miteinander verbunden, bis schließlich eine Reizsubstitution eintritt. Das bedeutet, dass nun der NS in der Lage ist, die gleiche Reaktion auszulösen wie der US, und dieser dadurch zu einem konditionierten Stimulus (CS) wird (Mazur, 2004). Dieser Lernmechanismus wurde von Pawlow entdeckt, welcher bei seinen Hunden beobachten konnte, dass sie Speichel produzierten, noch bevor sie das Futter wahrgenommen haben (Geruch und visuelle Wahrnehmung). In den besagten Experimenten von Pawlow stellte eine Glocke den NS dar und das Futter den US. Diese beiden Stimuli wurden so lange miteinander gekoppelt (als erstes ertönte die Glocke und danach erhielten die Hunde ihr Fressen), bis die Glocke bei alleiniger Präsentation den Speichel der Hunde auslösen konnte (Schmithüsen et al. 2014).

Als ein Beispiel für die klassische Konditionierung beim Menschen kann das Experiment der amerikanischen Psychologen Watson und Rayner (1920) herangezogen werden. Watson und Rayner lehrten ein Baby mit dem Nahmen Albert das Fürchten vor einer weißen Maus. Das gelang ihnen, indem dem Kind eine weiße Maus (NS) gezeigt wurde und diese Präsentation wiederholt mit einem lauten Hammerschlag auf eine Metallstange auftrat (US). Dieser laute Knall brachte schließlich das Kind zum Weinen. Nach einigen Abläufen dieser Kopplung stellte das Nagetier für Albert keinen neutralen Reiz mehr dar, denn dieser fürchtete die Maus, auch ohne den krachenden Hammerschlag zu hören, und begann beim Anblick der Maus zu weinen. Das letztgenannte Experiment wird heute aufgrund seiner Durchführung als sehr umstritten angesehen und auf ethischer Basis scharf kritisiert.

Von wesentlicher Bedeutung für die Zwei-Prozess-Theorie ist hierbei die Auffassung, dass sich der CS durch die Konditionierung nicht nur eine Signalfunktion aneignet, sondern selbst zu einem als unangenehm erlebten Reiz wird. Dementsprechend soll es nicht primär um die Vermeidung eines angekündigten Schmerzreizes gehen, sondern um die erfolgreiche Flucht vor dem unangenehmen Signalreiz selbst (Krohne, 2010). Zu dieser operanten instrumentellen Konditionierung kann ein bekannt gewordener Versuch von Miller (1948) herangezogen werden.

Experiment von Miller (1948)

Als Untersuchungsgerät in Millers Experiment (1948) diente ein Käfig, der zwei miteinander verbundene Kammern enthielt. Die eine Kammer war weiß gefärbt und besaß einen elektrifizierbaren Metallboden. Die andere Kammer war schwarz gefärbt und besaß einen normalen Boden. Es gab die Möglichkeit, dass die Verbindungstür beider Kammern je nach Versuchsabschnitt von dem/der Versuchsleiter*in oder vom Versuchstier (in diesem Fall die Ratten) mit Hilfe einer Rolle oder eines Hebels geöffnet werden konnte. Das Experiment wurde insgesamt in fünf Abschnitten durchgeführt. Im ersten Abschnitt wurde die Tür zwischen beiden Käfighälften stets offengelassen und es gab keine elektrische Ladung des Bodens der weißen Käfighälfte. Somit hatten die Tiere die Möglichkeit, sich zwischen den beiden Hälften frei zu bewegen. Zweck dieses Durchgangs war es abzusichern, dass die Tiere nicht bereits vor der eigentlichen Prüfphase einer der beiden Käfighälften eine Ablehnung entgegenbrachten. Dies konnte durch Beobachtungen sichergestellt werden. Im zweiten Abschnitt wurden die Tiere in der weißen Käfighälfte platziert und mit einem elektrischen Schlag konfrontiert. Hierbei war die Tür zwischen beiden Hälften ebenfalls geöffnet. Wenn eine Ratte in den schwarzen Raum lief, dann schloss sich die Tür hinter ihr und sie musste für 30 s in dieser Kammerhälfte verbleiben. Ziel dieser Handlung war es, der Ratte die Erfahrung eines sicheren Raumes und eines Fluchtweges dorthin zu ermöglichen. Im dritten Abschnitt wurden die Ratten wie im vorherigen Abschnitt wieder der Reihe nach in die weiße Käfighälfte gebracht, ohne einen elektrischen Stromschlag verabreicht zu bekommen. In diesem Abschnitt des Experiments wurde die Tür für einen Übergang in die andere Hälfte erneut offengehalten. Jedes Tier wurde dieser Bedingung insgesamt fünfmal ausgesetzt. Daraufhin folgte der vierte Abschnitt, die eigentlichen Prüfphase. Hier wurden die Tiere wiederum jedes sechzehnmal in die weiße Hälfte, welche ebenfalls wieder stromfrei war, platziert. Im Gegensatz zu den anderen Abschnitten war die Tür zwischen den beiden Käfighälften verschlossen und lediglich durch eine Rolle zu öffnen. Der abschließende Abschnitt unterschied sich von den vorläufigen dadurch, dass sich die Tür nicht mehr mit Hilfe einer Rolle, sondern durch einen Hebel öffnen ließ. Folgende Ergebnisse konnten mit dem Versuch registriert werden: In Abschn. 2 flohen alle Tiere nach dem elektrischen Stromstoß in die dunkle Hälfte. Das gleiche Verhalten konnte auch im dritten Abschnitt, ohne eine weitere Verabreichung eines elektrischen Schmerzreizes, repliziert werden. In den Abschn. 4 und 5 lernte die Hälfte der Tiere Reaktionen, welche ihnen eine Flucht in den dunklen Käfig gewährleisteten. Im Verlauf der 16 Durchgänge wurden diese Reaktionen immer schneller gezeigt. Somit kann von einem Lernfortschritt die Rede sein. Jene Ratten, die eine solche Reaktion nicht erlernten, demonstrierten stattdessen intensive Furchtreaktionen, die sich durch Ducken, Sträuben des Fells oder Ausscheidungen bemerkbar machten (Krohne, 2010).◄

Die Ergebnisse dieses Versuches bestätigen zumindest für den Tierbereich empirisch die Zwei-Prozess-Theorie der Furchtkonditionierung. In Abschn. 2 erfolgte eine klassische Konditionierung der Furchtreaktion auf einen bis dahin neutralen Stimulus (die weiße Käfighälfte). Diese Furchtreaktion besaß einen Triebcharakter. In Abschn. 3 diente die

Furcht des Tieres als Motivation zur Ausübung des Fluchtverhaltens, obwohl ein Schmerz-Furcht-Reiz nicht eingebettet wurde. Das Verhalten wurde somit nicht in der Beendigung von Schmerzen, sondern in der Reduzierung des Furchtriebes verstärkt. In den Abschn. 4 und 5 wurde die Hypothese der triebanalogen Wirkung der Furchtreaktion bei der instrumentellen Konditionierung zusätzlich bestätigt. Dadurch lernte das geängstigte Tier von Lerndurchgang zu Lerndurchgang, sich einen Fluchtweg zu ermöglichen (Krohne, 2010).

Biologische Komponenten der Angst
Es ist bedeutend zu verstehen, wie Angst im menschlichen Körper entsteht, um ein umfangreicheres Wissen über die Thematik der Angst zu generieren. In einem ersten Schritt nehmen die Sinnesorgane des Körpers durch Hören, Sehen, Spüren, Riechen oder Schmecken etwas wahr. Diese Wahrnehmung wird dann an das Gehirn weitergeleitet. Die Großhirnrinde interpretiert die erhaltenden Reize auf Grundlage der vergangenen Erfahrungen. Im Falle der Angst (zum Beispiel durch den Anblick eines Raubtieres) wird die Wahrnehmung als gefährlich interpretiert. Von der Großhirnrinde wird diese Meldung an das limbische System, welches für die Regulierung des Affekt- und Triebverhaltens gegenüber der Umwelt verantwortlich ist, weitergeleitet. Spezielle Bereiche des limbischen Systems, wie der Hippocampus und die Amygdala (Mandelkern), geben daraufhin die Information an den Hypothalamus weiter, der die adäquaten körperlichen Reaktionen einleitet (Wolf, 2021).

Infolgedessen bewirkt der Hypothalamus über die Nervenbahnen im Nebennierenmark die Ausschüttung der Hormone Adrenalin, Noradrenalin, Kortisol und Kortison. Dadurch wird die Aktivierung des sympathischen und parasympathischen Nervensystems bewirkt. Bei der Notwendigkeit von blitzschnellen Reaktionen für das Überleben reagiert sofort der Mandelkern, auch ohne eine vorhergehende Verarbeitung und Bewertung der Großhirnrinde. Ein Beispiel für diese Situation wäre, wenn sich eine Person durch ein plötzliches Geräusch erschreckt. Hierbei wird der Körper auf Kampf, Flucht oder Verharren vorbereitet. Seit Urzeiten besteht diese automatische Reaktion bei menschlichen Individuen, um das Überleben zu sichern (ebd.).

Bei Angst wird das sympathische Nervensystem aktiviert. Dieses ist verantwortlich für die Aktivierung des Körpers, also die Vorbereitung auf Kampf oder Flucht. Aufgrund der Aktivierung des sympathischen Nervensystems werden folgende körperliche Veränderungen eingeleitet: Erhöhung des Herzschlages, Erweiterung der Herzkranzgefäße, Beschleunigung der Herztätigkeit, Steigerung des Blutdrucks, Verengung der Blutgefäße der Haut und innerer Organe, stärkere Durchblutung und Spannung der Skelettmuskeln, Erhöhung des Verbrauchs von Energie, Beschleunigung des Stoffwechsels, Verlust von Appetit und die Einstellung der Verdauung (ebd.). Zusammengefasst werden durch die Aktivierung des sympathischen Nervensystems und die Freisetzung von Noradrenalin Schmerzen, Hunger- oder Durstgefühl auf ein Minimum reguliert (Birbaumer & Schmidt, 2010).

Im regulären Fall kommt es nach ein paar Minuten zur Gewöhnung an die Situation. Dabei wird das parasympathische Nervensystem aktiviert. Dieses ist dafür verantwortlich, dass der Körper wieder in den Normalzustand, also zu Ruhe und Entspannung, zurückkehrt.

Jedoch bleibt der Körper eine Weile noch bis zum Abbau des freigesetzten Adrenalins und Noradrenalins erregt. Das parasympathische Nervensystem leitet nun folgende körperlichen Veränderungen ein: Verlangsamung des Herzschlages, Verengung der Herzkranzgefäße, Reduzierung der Herztätigkeit, Verlangsamung des Blutdrucks, Erweiterung der Blutgefäße der Haut und der inneren Organe, Entspannung der Skelettmuskeln, Verdünnung des Blutes, Einsparung der Energie, Verlangsamung des Stoffwechsels und Wiedereinstellung der Verdauung (Wolf, 2021).

Hintergrundinformation
Der **Hippocampus** spielt eine wichtige Rolle beim Erwerb von expliziten Gedächtnisinhalten (zum Beispiel Auswendiglernen) (Schmithüsen et al. 2014).

Die **Amygdala** ist an der Entstehung von emotionalen Reaktionen beteiligt und verantwortlich für das Lernen von Emotionen, jedoch speichert sie keine Informationen über die gelernte Information. Außerdem steuert sie den emotionalen Ausdruck über den Hypothalamus. Die Amygdala spielt auch eine besondere Rolle bei der Konditionierung von Emotionen (erlernte Furchtreaktionen) (ebd.).

Der **Hypothalamus** trägt die Verantwortung für die Motivation, die Emotion, die Organe und den Schlaf-Wach-Rhythmus. Er kontrolliert ebenfalls im Zusammenspiel mit der Amygdala das autonome Nervensystem und sorgt für eine Homöostase (Konstanz des Körperhaushalts). Der Hormonhaushalt wird ebenfalls von ihm gesteuert (ebd.).

1.1.7 Exkurs: Mangel an Furcht

Wie bereits erwähnt, stellt die Angst eine wichtige Funktion für das menschliche Überleben dar. Jedoch gibt es einige Ausnahmen, in denen Menschen einen Mangel oder überhaupt keine Angst verspüren. Benzodiapine (Form von Antidepressiva) und Alkohol haben einen reduzierenden, kurzfristigen Effekt auf Furcht, allerdings nur in passiven, nicht in aktiven Vermeidungssituationen (Birbaumer & Schmidt, 2010). Personen, die ein antisoziales Verhalten aufzeigen, verfügen über ein schwach entwickeltes Furchtsystem. Soziopath*innen oder der als synonym gebrauchte Begriff „Psychopath*innen" lernen auf mangelhafte Art und Weise passives Vermeiden („Tu das nicht, sonst …"), zeigen keine Entwicklung von antizipatorischer Angst und schlagen deswegen bei einer ökonomischen oder intellektuellen Benachteiligung öfters einen kriminellen Weg ein (ebd.).

Zudem zeigen klinische Observationen, dass Menschen mit einer Amygdala-Schädigung abnorme Angstreaktionen und ein vermindertes Angstempfinden verspüren (Hurlemann et al., 2009). In einer Studie von Feinstein et al. (2011) wurde versucht, Angst bei einer Patientin, die eine seltene fokale bilaterale Amygdala-Läsionen aufwies, auszulösen. Die fokalen bilateralen Amygdala-Läsionen bewirken eine tiefgreifende und markante Beeinträchtigung bei der Auslösung und dem Erleben von Angst in vielzähligen Situationen und Maßnahmen. Um Angst bei der Patientin zu erzeugen, wurde sie lebenden Schlangen und Spinnen ausgesetzt, in ein Spukhaus gebracht und ihr wurden emotional aufrüttelnde Filme gezeigt. In keiner Situation zeigte die Patientin Angst und sie berichtete nie, mehr als ein minimales Maß an Angst zu verspüren. Die Reaktion der Patientin auf angstauslösende Reize war nicht mit einem Verlust der Reaktionsfähigkeit gekennzeichnet, sondern zeigte sich vielmehr als erhöhte Erregung und Interesse angesichts eines nahezu vollständigen Fehlens von Vermeidung und Vorsicht. Die Patientin schien allerdings fähig zu sein, andere Emotionen als Angst, wie beispielsweise Freude, zu empfinden. Die Ergebnisse der Studie deuten darauf hin, dass die Amygdala bei der Induktion und dem Erleben von Emotionen spezifisch für Angst zuständig ist. Für die Patientin haben ihre Läsionen schwerwiegende Folgen, denn sie sucht vermehrt gefährliche Situationen auf, welche sie grundsätzlich vermeiden soll. Die Studie unterstreicht nochmals die wichtige Rolle der Amygdala zur Beschützung des menschlichen Organismus (Feinstein et al., 2011).

▶ **Definition antizipatorische Angst** Aufgrund der kognitiven Fähigkeiten des Menschen sind wir nicht nur dazu fähig, durch eigenständige Erfahrungen, sondern auch durch externe Informationen die Gefahr einer Situation zu erkennen. Dies wird als antizipatorische Angst bezeichnet. Diese Erwartung von zukünftiger Gefahr ist hier ein wesentlicher Aspekt (Bradley et al., 1997). Die antizipatorische Angst beschreibt demzufolge die Erwartungsangst, die ausgelöst wird, bevor es überhaupt zu einem direkten Kontakt mit der Gefahrenquelle kommt (Blankenbach, 2015).

Zusammenfassung
Angst ist eine fundamentale Emotion, die auf wahrgenommene oder reale Bedrohungen reagiert. Sie kann kurzfristig als situationsspezifische State-Angst auftreten oder langfristig als Trait-Angst ein Persönlichkeitsmerkmal darstellen. Fritz Riemann beschreibt in seinem Modell vier Grundformen der Angst: die Angst vor Selbsthingabe, Selbstwerdung, Wandlung und Notwendigkeit, die jeweils mit spezifischen Persönlichkeitsmerkmalen assoziiert sind. Angst kann sich in physiologischen (z. B. Herzrasen), motorischen (z. B. Fluchtverhalten) und emotionalen (z. B. Unsicherheit) Reaktionen äußern. Die Entstehung von Angst wird sowohl durch psychologische Mechanismen wie die klassische Konditionierung als auch durch biologische Faktoren wie die Amygdala und das autonome Nervensystem erklärt. Sie dient als ein Schutzmechanismus, der das Überleben sichert, kann aber auch zur Belastung werden.

1.2 Sind alle Ängste problematisch und müssen behandelt werden?

1.2.1 Funktion der Angst

Emotionen sind grundlegende Bestandteile unserer psychologischen Erfahrungen und spielen eine entscheidende Rolle in unserem täglichen Leben. Sie beeinflussen unsere Wahrnehmung, unser Verhalten und unsere Reaktionen auf verschiedene Situationen und Ereignisse. Freude verstärkt positive Erfahrungen und motiviert uns, angenehme Aktivitäten zu wiederholen. Wut ermöglicht es uns, unsere Bedürfnisse zu schützen. Trauer hilft uns, Verluste zu verarbeiten und uns anzupassen. Überraschung lenkt unsere Aufmerksamkeit auf relevante Veränderungen. Ekel schützt uns vor gesundheitsschädlichen Substanzen. Verachtung drückt unsere Abneigung gegenüber moralisch verwerflichem Verhalten aus. Und Angst alarmiert uns vor potenziellen Gefahren und mobilisiert unsere Abwehr- und Überlebensmechanismen (Ekman, 1992; Ledoux, 2007).

Obwohl die Angst oft als unangenehm und belastend empfunden wird, aufgrund der körperlichen Symptome wie Herzklopfen, erhöhter Atemfrequenz und innerer Unruhe, erfüllt sie dennoch eine wichtige Funktion in unserem emotionalen Repertoire. Sie ist eng mit unserem Überlebensmechanismus verbunden und spielt eine entscheidende Rolle bei der Bewertung potenzieller Gefahren und Bedrohungen in unserer Umwelt. Jede Emotion, einschließlich der Angst, erfüllt also eine spezifische Funktion, die zur Anpassung und Aufrechterhaltung unseres individuellen Wohlbefindens beiträgt (Ekman, 1992). Die Angst dient also als eine Art Alarmsystem, das uns auf potenzielle Gefahren hinweist und eine erhöhte Bereitschaft zur Bewältigung schafft. Sie mobilisiert unsere Ressourcen und bereitet uns darauf vor, angemessen auf Bedrohungen zu reagieren.

Im schulischen Kontext spielt die Angst eine ambivalente Rolle. Ein angemessenes Maß an Angst kann zu einer erhöhten Leistungsbereitschaft führen und als Motivationsfaktor dienen. Untersuchungen haben immer wieder gezeigt, dass ein moderates Angstniveau die Leistung steigern kann (Rosemann, 1978; Hardy, 1999; Eysenck et al., 2007). Wenn das Angstniveau jedoch zu hoch wird, kann dies zu Leistungseinbußen und einer Beeinträchtigung des Lernens führen. Das heißt, ein gewisses Maß an Angst, beispielsweise durch Vorträge, Wortmeldungen oder Klausuren, kann Schüler*innen dazu anspornen, ihr Bestes zu geben und ihr volles Potenzial auszuschöpfen. Die Herausforderung besteht darin, Schüler*innen zu helfen, ihre Angst zu bewältigen und Strategien zu entwickeln, um die Leistungsfähigkeit aufrechtzuerhalten, ohne von übermäßiger Angst beeinträchtigt zu werden. Abb. 1.1 verbildlicht den Zusammenhang zwischen Angst und Leistung (Rosemann, 1978).

Lehrkräfte und Schulpsycholog*innen spielen eine bedeutende Rolle bei der Aufrechterhaltung der Leistungsfähigkeit der Schüler*innen, indem sie beispielsweise Schüler*innen helfen, ihre Ängste zu erkennen, zu verstehen und ihnen effektive Bewältigungsstrategien vermitteln. Durch ein Verständnis der Funktion der Angst sowie der

Abb. 1.1 Zusammenhang von Angst und Leistung

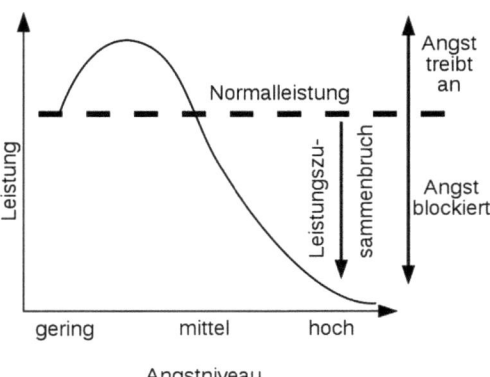

individuellen Bedürfnisse der Schüler*innen durch die Bereitstellung geeigneter Unterstützung können die Lehrkräfte dazu beitragen, dass die Schüler*innen ihre Ängste effektiv bewältigen und ihr volles Potenzial entfalten können (Pekrun et al., 2002).

Angst erfüllt einen übergeordneten Zweck, nämlich Schutz und Vorbereitung. Sie bereitet uns darauf vor, mit Bedrohungen oder Gefahren umzugehen, die jederzeit eintreten können. Wenn eine vermeintliche Bedrohung oder Gefahr bevorsteht, leitet uns die Angst, in einen Zustand der Furcht oder des Schreckens überzugehen. In anderen Worten, sie ist die natürliche Reaktion auf unmittelbare Gefahr. Obwohl Angst und Furcht einander ähnlich sind, unterscheiden sie sich doch in gewisser Weise, da Furcht eine Reaktion auf eine unmittelbare, greifbare Bedrohung ist, während Angst auf eine potenzielle oder zukünftige Bedrohung hinweist und länger anhalten kann. Beide Emotionen dienen dem Selbstschutz und der Bewältigung von Gefahren, unterscheiden sich jedoch in ihrem Auslöser und ihrer zeitlichen Dimension (Lewis & Haviland-Jones, 2008, S. 710–729). Der Auslöser für die Angst kann im Grunde genommen alles Negative sein, was wahrgenommen oder erdacht wird. Dies kann von der Bedrohung des Todes bis zur Bedrohung durch Spott oder Versagen im Klassenzimmer reichen. Wenn eine Person also einer anhaltenden Gefahr ausgesetzt ist oder sich immerfort durch diese bedroht fühlt, kann die Angst auch eine chronische Form annehmen und ihre Schutzfunktion verlieren, was das Leben der betroffenen Person erheblich beeinträchtigen kann. Im nachfolgenden Textfeld wird der Unterschied zwischen Angst und Furcht näher erläutert (siehe auch Abschn. 1.1.5).

Unterschied zwischen Angst und Furcht
Der Unterschied zwischen Angst und Furcht liegt in der Wahrnehmung und Bewertung der Situation. Furcht ist eine unmittelbare Reaktion auf eine gegenwärtige, konkrete Bedrohung oder Gefahr. Sie tritt auf, wenn eine Person eine sofortige und greifbare Bedrohung wahrnimmt und sich in einer akuten Gefahrensituation befindet. Die Reaktion auf Furcht ist oft ein instinktives Verhalten wie die Kampf-oder-Flucht-Reaktion, welche dazu dient, sich selbst zu schützen.

Angst hingegen ist eine emotionale Reaktion auf eine mögliche oder zukünftige Bedrohung. Sie ist nicht unmittelbar mit einer akuten Gefahr verbunden, sondern entsteht durch die Vorstellung oder

Erwartung einer potenziellen Bedrohung. Angst ist oft diffuser und unspezifischer als Furcht. Sie kann sich auf verschiedene Aspekte des Lebens beziehen, wie soziale Situationen, Unsicherheiten, Versagensängste oder Sorgen um die Zukunft. Ein weiterer Unterschied besteht darin, dass Furcht eine kurzfristige Reaktion ist, die in der Regel verschwindet, sobald die Bedrohung vorbei ist. Angst hingegen kann länger anhalten und sogar zu einer chronischen Störung wie einer Angststörung führen, bei der die Ängste übermäßig intensiv und belastend sind (Heeren, 2020).

1.2.2 Angst bei Kindern und Jugendlichen

Angststörungen zählen zu den häufigsten psychischen Erkrankungen bei Kindern und Jugendlichen (Ihle & Esser, 2002). In Deutschland leiden rund 10 % aller Kinder und Jugendlichen unter Angststörungen, die unbehandelt oft einen chronischen Verlauf nehmen können und prädiktiv sind für das Fortbestehen schlechter psychischer Gesundheit im Erwachsenenalter (Ravens-Sieberer et al., 2007). Das Auftreten von Angststörungen nimmt eine besonders bedeutende Rolle in der Entwicklung junger Menschen ein. Etwa die Hälfte aller Angststörungen tritt vor dem 11. Lebensjahr zum ersten Mal auf, und 75 % aller Angststörungen beginnen bis zum Alter von 21 Jahren (Kessler et al., 2005).

Ängste sind im Kindesalter weit verbreitet und gehören zur normalen Entwicklung eines Kindes. Das Nachlassen einer Angst, die in der Kindheit vorhanden war, erfolgt oft ohne jegliche kognitive Anstrengung des Kindes und bleibt häufig unbeachtet. Im Jugendalter können jedoch neue Ängste entstehen, die in der Regel einem ähnlichen Muster des Nachlassens wie die Ängste in der Kindheit folgen (Schneider & Seehagen, 2014).

Um zwischen normalen und klinisch bedeutsamen Ängsten bei Kindern unterscheiden zu können, ist es wichtig, die Ängste zu kennen, die typisch für das Entwicklungsstadium des Kindes sind. Insbesondere bei der Einschätzung der Symptomschwere und im Rahmen der Diagnostik und Behandlung von Angststörungen ist dieses Wissen relevant. Im Allgemeinen sind die normalen Ängste von Kindern relativ mild, altersspezifisch und vorübergehend. Sie lassen sich dem kognitiven Entwicklungsstand des Kindes zuordnen (Westenberg et al., 2004). In Tab. 1.1 werden die häufigsten entwicklungstypischen Kinderängste aufgeführt, ebenso wie die dazugehörigen klinisch relevanten Ängste im Kindesalter. Es kann festgestellt werden, dass sich Ängste mit zunehmendem Alter des Heranwachsenden abstrakter gestalten. In der frühen Kindheit beziehen sich Ängste auf konkrete und gegenwärtige Reize, wie zum Beispiel die Angst vor einer fremden Person. In der späten Kindheit und bei Jugendlichen hingegen beziehen sich Ängste eher auf abstraktere und antizipierte Reize, wie beispielsweise die Angst, sich vor anderen Menschen zu blamieren (Gullone, 2000).

Im schulischen Kontext spielen verschiedene klinisch relevante Angstbilder eine wichtige Rolle, die das Wohlbefinden und das Funktionieren von Schüler*innen in verschiedenen Lebensbereichen beeinträchtigen können. Im Folgenden werden diese Angstbilder genauer beschrieben:

1 Ängste an Schulen – ein Überblick

Tab. 1.1 Häufige entwicklungstypische versus klinisch relevante Ängste

Alter	Altersgruppe	Entwicklungstypische Ängste	Klinisch relevante Ängste
0–2	Kleinkindalter	Trennung von der Bezugsperson Unbekannte Personen	
3–6	Kindergartenalter	Dunkelheit Geister oder Fantasiekreaturen Allein gelassen werden oder verloren gehen Einbrecher Tiere Naturkatastrophen	Tierphobie Blutphobie Trennungsangst
7–12	Grundschulalter	Schlechte schulische Leistungen Keine Luft bekommen Feuer Von einem Auto angefahren werden Tod oder tote Menschen Sich blamieren	Leistungs- und Prüfungsangst Schulphobie
13–18	Adoleszenz	Ablehnung durch Gleichaltrige Soziale Ängste (z. B. vor der Klasse sprechen)	Soziale Phobie Panikstörung Generalisierte Angst

1. **Schulphobie:** Bei der Schulphobie liegt die Angst weniger im Besuch der Schule selbst, sondern vielmehr in der Trennung von der Bezugsperson der Schüler*innen. Es handelt sich dabei eher um eine Form der Trennungsangst, die sich im schulischen Umfeld manifestiert.
2. **Leistungs- und Prüfungsangst:** Diese Angst tritt in Situationen auf, in denen die Leistungen der Schüler*innen überprüft oder bewertet werden. Dazu gehören beispielsweise Klausuren, Vorträge, Hausarbeiten, Gruppenarbeiten, lautes Vorlesen oder das Abgeben von Wortmeldungen.
3. **Soziale Phobie:** Die Soziale Phobie bezieht sich auf Situationen, in denen die betroffenen Schüler*innen im Mittelpunkt stehen und Angst haben, negativ von anderen wahrgenommen oder bewertet zu werden. Die Angst vor Bloßstellung oder Blamage spielt dabei eine zentrale Rolle.
4. **Generalisierte Angst:** Schüler*innen mit generalisierter Angst leiden unter ständigen Gefühlen von Besorgnis, Unruhe und Anspannung in Bezug auf alltägliche Probleme und Ereignisse. Die Ängste beziehen sich häufig auf Themen, die auch bei anderen Menschen Sorgen auslösen, jedoch sind sie bei Menschen mit generalisierter Angst deutlich ausgeprägter. Es besteht oft auch Angst vor der Angst selbst, was dieses Angstbild sehr komplex macht. Die Angst vor der Angst spielt auch eine zentrale Rolle bei der Panikstörung.

5. **Panikstörung:** Schüler*innen mit Panikstörung leiden an intensiven, zeitlich begrenzten Panikattacken, die starke körperliche Symptome wie Atemnot, Herzrasen und Schwindel verursachen. Die Panikattacken können plötzlich auftreten und werden von starken Ängsten begleitet. Wenn die Schüler*innen wiederholt Panikattacken erleben, spricht man von einer Panikstörung.

Es ist wichtig zu beachten, dass die aufgelisteten Angstbilder sich nicht ausschließlich auf den schulischen Kontext beschränken. Sie können das Wohlbefinden und das soziale sowie professionelle Funktionieren der Schüler*innen in verschiedenen Lebensbereichen beeinflussen und beeinträchtigen. Es ist daher von großer Bedeutung, diese Angstbilder zu erkennen, angemessen zu diagnostizieren und entsprechende Unterstützung und Behandlung anzubieten, um den Schüler*innen zu helfen, mit ihren Ängsten umzugehen und ihr volles Potenzial zu entfalten.

1.2.3 Behandlungsbedürftige Ängste

Behandlungsbedürftige Ängste im Schulkontext stellen eine wichtige Herausforderung für Kinder und Jugendliche dar. Angst kann ein natürlicher Teil des Aufwachsens sein, doch manchmal können Ängste ein Ausmaß erreichen, welches das Wohlbefinden und die Funktionsfähigkeit eines Kindes in der schulischen Umgebung beeinträchtigt. Prinzipiell ist jede Angst, die das tägliche Leben einer Person beeinträchtigt, behandlungsbedürftig. Eine präzise Diagnosestellung ist dabei von großer Bedeutung, um effektive Behandlungsansätze zu entwickeln und individuell angepasste Unterstützung bereitzustellen. Dennoch gestaltet sich die genaue Diagnosestellung nicht immer als einfach. In diesem Zusammenhang spielt das Diagnostic and Statistical Manual of Mental Disorders (DSM-5) eine zentrale Rolle. Dabei handelt es sich um ein diagnostisches Handbuch, das von Fachleuten entwickelt wurde, um psychische Störungen zu klassifizieren und ein gemeinsames Verständnis für ihre Merkmale und Behandlungsansätze zu schaffen. Durch die Anwendung der DSM-5-Kriterien können Unterscheidungen zwischen alltäglichen Ängsten und behandlungsbedürftigen Ängsten im schulischen Kontext vorgenommen werden. In den folgenden Punkten werden die Kriterien für behandlungsbedürftige Ängste im Schulkontext genauer untersucht und die Bedeutung einer präzisen Diagnosestellung näher erläutert (American Psychiatric Association, 2013).

1 Ängste an Schulen – ein Überblick

Schulphobie

Obwohl die Schulphobie im DSM-5 nicht als eigenständige psychische Erkrankung klassifiziert wird, sollten die Auswirkungen, die mit ihr einhergehen, keinesfalls unterschätzt werden. Die Schulphobie kann nämlich als ein Symptom einer klinisch diagnostizierbaren Erkrankung auftreten, wie beispielsweise der Trennungsangst, der spezifischen Phobie, der sozialen Angststörung oder der Generalisierten Angststörung. Es ist daher von großer Bedeutung, nach möglichen Zusammenhängen zwischen der Schulphobie und einer dieser zuvor genannten psychischen Erkrankungen zu suchen. Die Kriterien für Trennungsangst und spezifische Phobie werden im Folgenden in den Textfeldern dargelegt. Darüber hinaus können weiter unten die Kriterien für die Soziale Angststörung und die Generalisierte Angststörung betrachtet werden.

Trennungsangst

A. Entwicklungsbedingt unangemessene und übermäßige Furcht oder Angst in Bezug auf die Trennung von Bindungspersonen. Mindestens drei der folgenden Merkmale müssen erfüllt sein:
   1. Wiederkehrende übermäßige Verzweiflung beim Antizipieren oder Erleben von Trennungen von dem Zuhause oder von wichtigen Bezugspersonen.
   2. Anhaltende und übermäßige Sorge um den Verlust wichtiger Bezugspersonen oder mögliche Schäden an ihnen, wie Krankheit, Verletzungen, Katastrophen oder Tod.
   3. Anhaltende und übermäßige Sorge um das Erleben eines unerwünschten Ereignisses (z. B. Verirren, Entführung, Unfall, Krankheit), das zur Trennung von wichtigen Bezugspersonen führen könnte.
   4. Anhaltende Unwilligkeit oder Weigerung, aus dem Haus zu gehen, von zu Hause wegzugehen, zur Schule zu gehen, zur Arbeit zu gehen oder anderswohin zu gehen,
   5. Aus Angst vor Trennung, anhaltende und übermäßige Angst oder Unwilligkeit, allein oder ohne Bezugsperson zu Hause oder in anderen Situationen zu sein.
   6. Anhaltende Unwilligkeit oder Weigerung, außerhalb des Hauses zu schlafen oder einzuschlafen, ohne in der Nähe einer wichtigen Bezugsperson zu sein.
   7. Wiederkehrende Albträume, welche das Thema der Trennung umfassen.
   8. Wiederholte körperliche Beschwerden, wenn eine Trennung von einer wichtigen Bezugsperson bevorsteht oder stattfindet.
B. Die Furcht, Angst oder Vermeidung ist andauernd und hält bei Kindern und Jugendlichen mindestens 4 Wochen an und bei Erwachsenen in der Regel 6 Monate oder länger.
C. Die Störung verursacht klinisch bedeutsame Belastung oder Beeinträchtigung in sozialen, schulischen, beruflichen oder anderen wichtigen Funktionsbereichen.
D. Die Störung lässt sich nicht besser durch eine andere psychische Störung erklären.

Spezifische Phobie

A. Ausgeprägte Furcht oder Angst in Bezug auf ein spezifisches Objekt oder eine spezifische Situation. Hinweis: Bei Kindern kann sich die Furcht oder Angst durch Weinen, Wutanfälle, Erstarren oder Festklammern äußern.
B. Das phobische Objekt oder die phobische Situation ruft fast immer sofortige Furcht oder Angst hervor.

C. Das phobische Objekt oder die phobische Situation wird aktiv vermieden oder mit intensiver Furcht oder Angst ertragen.
D. Die Furcht oder Angst steht in keinem angemessenen Verhältnis zur tatsächlichen Gefahr, die von dem spezifischen Objekt oder der spezifischen Situation ausgeht, und zum soziokulturellen Kontext.
E. Die Furcht, Angst oder Vermeidung ist anhaltend und dauert in der Regel mindestens 6 Monate an.
F. Die Störung verursacht klinisch bedeutsame Belastung oder Beeinträchtigung in sozialen, schulischen, beruflichen oder anderen wichtigen Funktionsbereichen.
G. Die Störung lässt sich nicht besser durch eine andere psychische Störung erklären.

Soziale Angststörung (Soziale Phobie)

Die Soziale Angststörung ist eine psychische Störung, bei der die Person übermäßige Angst und Furcht in sozialen Situationen erfährt. Dies ist besonders relevant im Kontext der Schule, da betroffene Schüler*innen unter starken Sorgen und Ängsten hinsichtlich des Urteils und der Bewertung ihrer Mitschüler*innen und Lehrkräfte leiden können. Die DSM-5-Kriterien bieten eine diagnostische Grundlage, um diese Störung im schulischen Umfeld zu erkennen und zu beurteilen.

Soziale Angststörung (Soziale Phobie)

A. Ausgeprägte Furcht oder Angst in Bezug auf eine oder mehrere soziale Situationen, in denen die Person möglicher Kritik durch andere ausgesetzt ist. Beispiele dafür sind soziale Interaktionen (z. B. Gespräche führen, unbekannte Menschen treffen), beobachtet werden (z. B. Essen oder Trinken) und das Auftreten vor anderen (z. B. eine Rede halten). Hinweis: Bei Kindern muss die Angst auch bei Gleichaltrigen auftreten und nicht nur während Interaktionen mit Erwachsenen.
B. Die Person befürchtet, sich in einer Weise zu verhalten, die negativ bewertet wird.
C. Die sozialen Situationen lösen fast immer Furcht oder Angst aus. Hinweis: Bei Kindern kann sich die Angst oder Furcht durch Weinen, Wutanfälle, Erstarren, Klammern, Rückzug oder das Versagen zu sprechen in sozialen Situationen äußern.
D. Die sozialen Situationen werden vermieden oder unter intensiver Furcht oder Angst ertragen.
E. Die Furcht oder Angst steht nicht im Verhältnis zur tatsächlichen Bedrohung durch die soziale Situation und zum soziokulturellen Kontext.
F. Die Furcht, Angst oder Vermeidung ist anhaltend und dauert in der Regel 6 Monate oder länger an.
G. Die Furcht, Angst oder Vermeidung verursacht klinisch bedeutsame Belastung oder Beeinträchtigung in sozialen, beruflichen oder anderen wichtigen Funktionsbereichen.
H. Die Furcht, Angst oder Vermeidung ist nicht auf die physiologischen Auswirkungen einer Substanz oder einer anderen medizinischen Erkrankung zurückzuführen.
I. Die Furcht, Angst oder Vermeidung lässt sich nicht besser durch die Symptome einer anderen psychischen Störung erklären.
J. Wenn eine andere medizinische Erkrankung vorliegt, besteht entweder kein klarer Zusammenhang zwischen den Angstgefühlen und der medizinischen Erkrankung oder die betreffende Person zeigt eine übertriebene Furcht, Angst oder Vermeidungsreaktion in Bezug auf die medizinische Erkrankung auf.

Spezifikation: Wenn die Ängste nur auf das Sprechen oder Auftreten in der Öffentlichkeit beschränkt sind, wird mit der Spezifikation „Nur Performance" gekennzeichnet.

1 Ängste an Schulen – ein Überblick

Leistungs- und Prüfungsangst

Die Leistungs- und Prüfungsangst wird im DSM-5 ebenso wie die Schulphobie nicht als eigenständige Erkrankung gelistet. Anders aber als bei der Schulphobie wird die Leistungs- und Prüfungsangst als Spezifikation unter der Sozialen Angststörung gelistet. Eine Spezifikation bezieht sich auf eine Unterkategorie oder eine spezifische Merkmalsausprägung innerhalb einer Störung oder Diagnose, die zusätzliche Informationen oder Klarstellungen bietet. Im Fall von Leistungs- und Prüfungsangst bedeutet dies, dass die Symptome nur dann auftreten, wenn sich die Person in einer Situation befindet, die einen Leistungsdruck erzeugt. Die Person fürchtet oder meidet keine sozialen Situationen, die keinen Leistungsdruck oder Leistungsprüfung beinhalten. Die Kriterien für die Leistungs- und Prüfungsangst nach DSM-5 umfassen also die Gleichen wie jene der Sozialen Phobie und bei der Diagnose ist das Erwähnen der Spezifikation „Nur Performance" notwendig. Die Kriterien der Sozialen Angststörung mit der Spezifikation „Nur Performance" können in dem Textfeld der Sozialen Angststörung betrachtet werden.

Generalisierte Angststörung

Die Generalisierte Angststörung ist eine psychische Erkrankung, bei der die betroffene Person anhaltende und übermäßige Sorgen und Ängste in verschiedenen Bereichen des Lebens erlebt. In der schulischen Umgebung ist diese Störung besonders relevant, da Schüler*innen mit generalisierter Angst unter starken Ängsten oft bezüglich ihrer Leistungen und der Beurteilung durch ihre Mitschüler*innen und Lehrkräfte leiden, was ihre schulische Teilnahme, ihre psychische Gesundheit und ihr Wohlbefinden beeinträchtigen können. Die diagnostischen Kriterien gemäß DSM-5 stellen eine bedeutende Grundlage dar, um diese Störung im schulischen Kontext zu identifizieren und eine geeignete Einschätzung vorzunehmen.

Generalisierte Angststörung

A. Es liegt eine excessive Ängstlichkeit und Sorge vor, die an den meisten Tagen über einen Zeitraum von mindestens 6 Monaten auftritt und sich auf verschiedene Ereignisse oder Aktivitäten bezieht, wie beispielsweise berufliche oder schulische Leistungen.
B. Es fällt der betroffenen Person schwer, die Sorgen unter Kontrolle zu halten.
C. Die Ängstlichkeit und Sorgen gehen mit mindestens drei der folgenden sechs Symptome einher:
  1. Unruhegefühl oder Anspannung,
  2. erhöhte Anfälligkeit zur Ermüdung,
  3. Konzentrationsschwierigkeiten oder Gedankenleere,
  4. Reizbarkeit,
  5. Muskelverspannung,
  6. Schlafstörungen.

Anmerkung: Bei Kindern ist nur ein Punkt erforderlich.

4 Die Ängstlichkeit, Sorgen oder körperlichen Symptome führen zu einer signifikanten Belastung oder Beeinträchtigung in den sozialen, beruflichen oder anderen wichtigen Lebensbereichen.

5 Die Störung ist nicht auf die physiologischen Effekte einer Substanz oder eine andere medizinische Erkrankung zurückzuführen.
6 Die Störung lässt sich nicht besser durch eine andere psychische Störung erklären.

Panikstörung

Die Panikstörung ist eine psychische Erkrankung, die durch wiederkehrende und unerwartete Panikattacken mit intensiver Angst und körperlichen Symptomen gekennzeichnet ist. Im schulischen Kontext kann diese Erkrankung besonders verheerend sein, da betroffene Personen unter erheblichen Beeinträchtigungen ihrer schulischen Leistungsfähigkeit und ihres Wohlbefindens leiden können. Dies kann zu Schulabsentismus, verminderten schulischen Leistungen und sozialer Isolation führen. Die Diagnosekriterien des DSM-5 bieten eine wichtige Grundlage für eine präzise Diagnosestellung und Behandlung der Panikstörung.

Panikstörung

A. Wiederkehrende unerwartete Panikattacken, welche sich mit einem plötzlichen Anstieg intensiver Angst oder intensiven Unbehagens, welches innerhalb von Minuten seinen Höhepunkt erreicht, bemerkbar machen. Während einer Panikattacke müssen mindestens vier der folgenden Symptome auftreten:
   1. Herzklopfen oder beschleunigter Herzschlag,
   2. Schwitzen,
   3. Zittern,
   4. Empfindungen von Atemnot oder Erstickungsgefühl,
   5. Brustschmerzen oder unwohles Gefühl in der Brust,
   6. Übelkeit oder Bauchbeschwerden,
   7. Schwindelgefühl, Benommenheit oder Ohnmacht,
   8. Kältegefühl oder Hitzewallungen,
   9. Kribbeln oder Taubheitsgefühle (Parästhesien),
   10. Derealisation (Gefühl der Unwirklichkeit) oder Depersonalisation (Gefühl der Entfremdung von sich selbst),
   11. Angst, die Kontrolle zu verlieren oder „verrückt zu werden",
   12. Todesangst.
B. Nach mindestens einer der Attacken treten für einen Zeitraum von mindestens einem Monat eines oder beide der folgenden Symptome auf:
   1. Andauernde Sorge oder Besorgnis über weitere Panikattacken oder deren Folgen.
   2. Eine signifikante Veränderung des Verhaltens im Zusammenhang mit den Attacken.
C. Die Störung ist nicht auf die physiologischen Auswirkungen einer Substanz oder einer anderen medizinischen Erkrankung zurückzuführen.
D. Die Störung lässt sich nicht besser durch eine andere psychische Störung erklären.

Die Diagnose einer psychischen Erkrankung gemäß DSM-5 erfordert eine umfassende klinische Bewertung durch qualifiziertes Fachpersonal wie Psycholog*innen oder Psychiater*innen. Mithilfe der oben genannten Kriterien kann ein/e Fachexpert*in eine fundierte Einschätzung vornehmen und die entsprechende Diagnose stellen. Eine frühzeitige Erkennung und angemessene Behandlung sind entscheidend, um Betroffene zu unterstützen und ihre psychische Gesundheit sowie ihre schulischen Leistungen zu verbessern. Daher ist es wichtig, sich mit den psychischen Erkrankungen und deren Diagnosekriterien vertraut zu machen, um Betroffene frühzeitig an die geeignete psychologische oder psychiatrische Betreuung weiterzuleiten.

1.2.4 Müssen alle Ängste behandelt werden?

Unbehandelte Ängste können erhebliche Auswirkungen auf das Leben eines Menschen haben – insbesondere im schulischen Kontext. Sie beeinträchtigen die Lebensqualität, das Wohlbefinden und die sozialen Beziehungen. Ängste beeinflussen das Wohlbefinden der Schüler*innen erheblich, indem sie ein allgemeines Gefühl der Unzufriedenheit, Nervosität und Stress, Anspannung und Unruhe sowie Erschöpfung erzeugen können, was sich wiederum auf ihre Motivation, ihre Freude am Lernen und ihre Teilnahme am schulischen Leben auswirkt. Dazu kommt, dass Schüler*innen, die unter Ängsten leiden, oft Schwierigkeiten haben, ihren Alltag zu bewältigen, sich auf den Unterricht zu konzentrieren und sich für Klausuren ausreichend vorzubereiten, was zu einem Rückgang der Leistungsfähigkeit und des Erfolgs der Schüler*innen führen kann.

Die sozialen Beziehungen können ebenfalls unter fortgehenden Ängsten leiden. Betroffene ziehen sich oft zurück, vermeiden soziale Aktivitäten und haben Schwierigkeiten, neue Beziehungen aufzubauen. Dies kann zu Isolation und Einsamkeit führen und das Gefühl der Zugehörigkeit zu den Mitschüler*innen, der Schule und zur Gemeinschaft beeinträchtigen.

Langfristig können unbehandelte Ängste erhebliche Konsequenzen für die psychische Gesundheit im Erwachsenenalter haben. Sie können zu chronischen Angststörungen wie der Generalisierten Angststörung, Panikstörung oder sozialen Angststörung führen. Diese Störungen beeinträchtigen das Leben einer/s Heranwachsenden oder Erwachsenen erheblich und führen zu Belastungen in verschiedenen Lebensbereichen. Unbehandelte Ängste können auch das Risiko einer Depression im Erwachsenenalter deutlich erhöhen. Chronische Angst und anhaltender Stress, die bei unbehandelten Ängsten häufig auftreten, können das Selbstwertgefühl einer Person negativ beeinflussen und zu verstärkten negativen Denkmustern führen. Diese negativen Denkmuster können wiederum das Risiko von depressiven Symptomen erhöhen.

Darüber hinaus können unbehandelte Ängste die spätere berufliche Entwicklung beeinträchtigen, indem sie sich auf die schulische Leistung und das Erreichen von Bildungszielen auswirken. Ängste im Kindes- und Jugendalter sowie bei jungen Erwachsenen können zu einer Verschlechterung der schulischen Leistungen führen und die Chancen auf den Zugang zu höherer Bildung oder bestimmten Karrierewegen beeinträchtigen. Dazu kommt, dass die durch die Ängste erlernten Denkmuster dazu führen, dass betroffene Personen oft davor zurückschrecken, Risiken einzugehen, die zu bedeutenden Lebensveränderungen führen könnten, wie z. B. das Annehmen eines Stellenangebots oder das Eingehen neuer Herausforderungen. Die beständige Sorge und Unsicherheit, denen ängstliche Personen ausgesetzt sind, kann die Entscheidungsfindung beeinträchtigen und ihre Fähigkeit beeinflussen, sich in einem wettbewerbsorientierten Umfeld zu behaupten, Führungsqualitäten zu zeigen und effektiv mit Kolleg*innen zu kommunizieren. Dies kann zu einer eingeschränkten beruflichen Entwicklung führen, da die betroffene Person möglicherweise Chancen verpasst, sich weiterzuentwickeln und berufliche Erfolge zu erzielen.

Unbehandelte Ängste erhöhen nicht zwangsläufig bei jeder Person das Risiko einer Beeinträchtigung der schulischen und beruflichen Laufbahn, da die Auswirkungen von Ängsten individuell variieren. Es gibt Menschen, die trotz ihrer Ängste erfolgreich sind. Dennoch steigt bei unbehandelten Ängsten die Wahrscheinlichkeit von Herausforderungen und Hindernissen, die überwunden werden müssen, um Bildungs- und Karriereziele zu erreichen. Es ist von entscheidender Bedeutung, Ängste frühzeitig zu erkennen und Schüler*innen, die unter Ängsten leiden, professionelle Hilfe anzubieten, um ihre schulische und berufliche Entwicklung nicht unnötig einzuschränken. Darüber hinaus ist es wichtig, angemessene Unterstützung bereitzustellen, um langfristige negative Auswirkungen auf die psychische Gesundheit im Erwachsenenalter zu verhindern.

Müssen also alle Ängste behandelt werden? Im Grunde genommen lautet die Antwort: ja, solange die Ängste das Wohlbefinden, die schulischen Leistungen oder die Entwicklung der Schüler*innen deutlich beeinträchtigen. Werden Symptome bei der betroffenen Person bemerkt oder werden Ängste von Mitschüler*innen, Bezugspersonen oder sogar vom Schüler*innen selbst geäußert, dann sollte sofort gehandelt werden und angemessene Hilfe für die betroffene Person bereitgestellt werden.

Zusammenfassung
Nicht alle Ängste erfordern eine Behandlung. In moderatem Maß haben sie adaptive Funktionen, wie das Warnen vor Gefahren oder die Steigerung der Leistungsfähigkeit, etwa bei Prüfungen oder Auftritten. Problematisch wird Angst, wenn sie übermäßig ausgeprägt ist, häufig auftritt oder das alltägliche Leben nachhaltig beeinträchtigt. Beispiele sind Prüfungsängste oder soziale Ängste, die schulische und soziale Leistungen mindern können. Eine präzise Unterscheidung zwischen normalen und behandlungsbedürftigen Ängsten ist notwendig, um angemessene Interventionen zu entwickeln. Klinisch relevante Ängste, wie sie in Diagnoseschlüsseln wie dem DSM-5 beschrieben werden, erfordern professionelle Unterstützung durch Therapie oder Beratung.

1.3 Prävalenz

Im Folgenden wird das Thema Ängste bei Schüler*innen und Lehrkräften sowie deren Prävalenz in Schulen behandelt. Verschiedene Studien zeigen, dass Ängste im schulischen Umfeld weit verbreitet sind. Die Bedeutung von Lehrkräften für den Umgang mit Ängsten wird betont, da sie einen enormen Einfluss auf das Schulklima und das Wohlbefinden der Schüler*innen haben. Alternative Schulen zeigen, dass eine positive Einstellung und Haltung der Lehrkräfte sowie eine angenehme Unterrichtsgestaltung zu weniger Angst und mehr Freude und Motivation bei den Schüler*innen führen können. Um Ängste zu reduzieren, werden verschiedene Methoden wie Achtsamkeitsübungen, Entspannungsverfahren und Atemübungen empfohlen. Veränderungen im Schulalltag und ein Schulwechsel können Ängste auslösen, weshalb eine offene Kommunikation zwischen Lehrkräften und Schüler*innen wichtig ist.

▶ **Definition Prävalenz** Die Prävalenz beschreibt die Häufigkeit des Auftretens einer bestimmten Erkrankung oder eines psychischen Zustands in einer definierten Population zu einem bestimmten Zeitpunkt (Punktprävalenz) oder innerhalb eines bestimmten Zeitraums (Periodenprävalenz). Sie gibt den Anteil der betroffenen Personen an der Gesamtbevölkerung an und wird häufig in Prozent oder als Verhältnis angegeben (Prävalenz, 2017).

1.3.1 Ängste der Schüler*innen – Prävalenz

Mit Hilfe des MAI KJ (mehrdimensionales Angstinventar für Kinder und Jugendliche) kann Angst und Freude in Form von Subskalen erfasst werden. Dies fokussiert sich spezifisch auf schulische Leistungs- und Interaktionssituationen. Für drei schulbezogene Situationen werden die Items gemessen (Eschenbeck et al., 2023).

Es ist nicht klar zu sagen, wie viele Schulkinder unter Schulangst leiden. Jedoch berichten neuere Studien darüber, dass ungefähr 20 % der Schüler*innen betroffen sind. Im Jahr 2007 wurde von dem Erziehungswissenschaftler Ferdinand Eder der Universität Salzburg eine Studie zum Thema „Das Befinden von Kindern und Jugendlichen in der österreichischen Schule – Befragung 2005" mit 7600 Teilnehmenden durchgeführt. Etwa 20 % bis 25 % der befragten Schüler*innen fühlten sich durch die Schule gestresst und überfordert. Dazu gab jede/r fünfte Befragte an, Angstgefühle im schulischen Umfeld zu haben. Dies trat jedoch vermehrt bei Mädchen auf. Zusätzlich wurde festgestellt, dass die Angst in höheren Schulstufen zunimmt. Neben den psychischen Belastungen litten die Schüler*innen an Kopfschmerzen, Schlafstörungen sowie depressiven Verstimmungen (Pock, 2011).

In einer Studie aus dem Jahr 2022 wurden in einer Gesamtstichprobe 185 Schüler*innen zwischen 10 und 17 Jahren erfasst. Mit Hilfe eines Fragebogens konnte ermittelt werden, dass 44 % der Befragten eine mittlere bis starke Ausprägung der Leistungsangst verspüren. Diese Angst wird ähnlich zu der Angst in sozialen Vergleichen, weniger als andere leisten zu können, gesehen. Fast 30 % der Proband*innen machen sich bereits am Abend vor der Schule Sorgen um den anstehenden Schulbesuch. Ein Viertel der Studienteilnehmer*innen weisen psychosomatische Beschwerden vor Prüfungen und Tests auf. Zusätzlich weisen 12 % Angst durch Mobbing von Mitschüler*innen auf. Bei Schülerinnen konnte unter anderem eine erhöhte Schulangst im Gegensatz zu den männlichen Mitschülern erkannt werden. Zusammenfassend lässt sich nun sagen, dass ein beträchtlicher Anteil der Schüler*innen eine starke bis mittlere Angst auf unterschiedlichsten Ebenen aufweist (Fischer et al., 2022).

Es gibt bei Kindern und Jugendlichen verschiedenste Verhaltensstörungen, wie Störungen mit oppositionellem Trotzverhalten und Störungen des Sozialverhaltens. Mehr als 10 % der Kinder sind von Angststörungen betroffen. Diese Angststörungen bleiben meist bis ins Erwachsenenalter bestehen und stellen ein Risiko für die Entwicklung weiterer psychischer Störungen dar. Fast ein Drittel der Kinder sind von Störungen im Sozialverhalten und von verschiedenen Formen emotionaler Störungen betroffen. Besonders Mädchen weisen ein höheres Risiko für die Entwicklung ängstlich-depressiver Symptomatiken auf. Bis zu drei Viertel der Mädchen, welche Störungen des Sozialverhaltens haben, zeigen ergänzende internalisierende Problematiken (Linderkamp & Grünke, 2007).

Mädchen weisen im Gegensatz zu Jungen ein fast doppelt so hohes Risiko für die Entwicklung von Angststörungen auf. Gerade Soziale Phobien zeigen ein Verhältnis von 3:2 zuungunsten der Mädchen. Gerade bei 12- bis 17-Jährigen tritt bei 23,5 % der Jugendlichen eine Angststörung auf (Büch et al., 2015).

Die Studie von Mainhard et al. (2018) zeigt, dass die Vermittlung und eine Kommunikation zwischen Lehrkräften und Schüler*innen einen enormen Effekt auf die Verringerung der Angst der Schüler*innen hatten. Durch die Einbeziehung der Handlungsfähigkeit und Gemeinschaft konnten signifikante Veränderungen erzielt werden. Besonders von toleranten sowie autoritären Lehrkräften gehen die geringsten Angstwerte bei Schüler*innen aus (ebd.).

1.3.2 Ängste der Lehrkräfte– Prävalenz

Nicht nur Schüler*innen leiden unter Ängsten, sondern auch die Lehrkräfte. Diese beziehen sich nicht nur auf die Angst vor den Schüler*innen, sondern auch auf die Angst vor den Eltern und der Kritik der Kolleg*innen. Besonders häufig wird diese Angst bei den Berufsanfänger*innen vorgefunden, diese wird jedoch mit dem Erlangen weiterer Berufserfahrung und der weiteren Ausbildungen schnell abgebaut (Mainhard et al., 2018). Mit der Studie von Peez (1983) wurden 152 Lehrkräfte aus Grund-, Haupt- und Sonderschule mit Hilfe eines Fragebogens zu neun Formen der berufsbezogenen Ängste von Lehrer*innen (Versagensangst, Konfliktangst, Herrschaftsangst, Personenangst, unbewusste Angst, Strafangst, Neurotische Angst, Existenzangst und Trennungsangst) von Grossmann und Winkel (1977) befragt. Angaben wurden mit einer vierstufigen Skala deklariert, welche von „häufig" bis „nie" reichte. Die Ergebnisse zeigten, dass 14,6 % häufig von Konfliktangst, 11,3 % von Versagensangst, 3,2 % von Trennungsangst und 2 % von Strafangst berichteten. Zusätzlich wurden Angaben zu verschiedensten Angstsituationen gemacht. 45,3 % berichteten von Angst vor einem oder mehreren Schüler*innen, dahingegen bestätigten 21,8 % die Angst vor Überforderung, Blamage oder Respektverlust. 15,6 % zeigten Angst vor dritten Personen, Prüfungsgremien, Vorgesetzten oder Eltern, 8,4 % bejahten die Angst vor Unterrichtsstörungen und nur bei 5 % traf die Angst vor Disziplinaranzeigen zu.

Nuding (1984) entwickelte einen Fragebogen zur Erfassung von Lehrerangst. Dieser zeigte, dass 49 % der Befragten Lehramtsanwärter*innen eine dominierte Besorgtheit angesichts der Lehrplananforderungen, neuer Klassen oder kurzfristig angemeldetem Unterrichtsbesuch verzeichnen. Demgegenüber weisen Lehrer*innen an Sonderschulen die geringsten Werte der Besorgtheit auf.

Melzer (1987) zeigt auf, dass 40 % der befragen Lehrkräfte Angst bei Elternabenden aufweisen und 20 % diese bei der Sprechstunde haben.

Grund- und Hauptschullehrer*innen gaben zu 80 % an, dass sie Angst vor einem Schulratsbesuch haben und davon fühlten sich 50 % durch eine Visitation blockiert oder behindert (Rosenbusch, 1994).

In einer weiteren Studie von Bagdonas (2004) wird deutlich, dass Ängste auf Seiten der Lehrkräfte von verschiedenen Faktoren ausgelöst werden können, z. B. aufgrund hoher Anforderungen und Erwartungen der Gesellschaft, die von 69 % der Lehrkräfte genannt wurden. Durch einen Mangel an Stabilität im dauerreformbedingten Bildungswesen werden 67 % der Lehrkräfte beeinflusst, während 73 % die umfangreichen Lernprogramme und die hohen Prüfungsanforderungen beunruhigen. Zusätzlich belasten die Anforderungen der Schulverwaltung 71 % der Lehrkräfte und die Konkurrenzsituation führt bei 79 % zu Ängsten bezüglich ihres Arbeitsplatzes (ebd.).

Unter anderem gehen 89 % der Lehrkräfte davon aus, dass das Bildungssystem Stresssituationen bei ihrer Arbeit hervorruft. Dahingegen berichten nur 11 % der Befragten, dass solche Situationen nichts mit der heutigen Bildungspolitik zu tun haben. 85 % vertreten die Ansicht, dass gelegentlich auftretender Stress bei ihnen Angst hervorruft. Im Gegensatz dazu geben 15 % an, bei ihrer Arbeit nie Angst empfunden zu haben. Zusätzlich sind 86 % der Teilnehmenden der Meinung, dass Lehrerangst Ängste bei den Schüler*innen entstehen lässt. 14 % sind davon überzeugt, dass Lehrerangst niemals einen Einfluss auf die Angstentstehung bei den Schüler*innen hatte. Aus diesen Forschungsergebnissen lässt sich schließen, dass die Bildungspolitik ein wesentlicher Faktor ist, der Stress und Angst bei den Lehrkräften hervorruft. Dies führt zu einem Gefühl der Unsicherheit bei Lehrkräften, was wiederum ihre Bedürfnisse nach Selbstverwirklichung unterdrücken kann. Somit können Unsicherheit, Angst und der Stress der Lehrkräfte einen direkten Einfluss auf die Entstehung von Angst bei den Schüler*innen haben. Daraus ergibt sich das komplexe Problem des Schulstresses und der Schulangst, welches nicht nur einen negativen Einfluss auf die Lehrkräfte, sondern auch auf die Schülerschaft mit sich bringt (ebd.).

1.3.3 Bedeutung für die Schule

Nach Ricking und Hagen (2016) ist die Schule als eine Wirkungseinheit zu verstehen, in der sich Kinder wohlfühlen sollen und die sie als einen angenehmen Ort wahrnehmen. Denn sobald die Schüler*innen in der Schule akzeptiert sind und sich in ihrem Handeln bestätigt fühlen, besuchen diese gerne die Schule. Als Grundlage dafür, dass sich die Schüler*innen wohlfühlen, ist es wichtig, dass die Schule optimale Entwicklungs- und Lernbedingungen stellt, damit die Schüler*innen ihre physischen, psychischen und sozialen Komponenten entfalten können. Ebenfalls ist ein ausreichender Platz an Bewegung, aber auch zum Rückzug im Schulgebäude elementar (ebd.).

Jedoch trifft diese Idealvorstellung nicht immer zu, denn auch Ängste sind in abgeschwächter Form im Schulunterricht allgegenwärtig und nur schwer zu vermeiden. Die Ängste erstrecken sich von bedeutsamen Leistungsanforderungen bis zur befürchteten sozialen Abwertung, wie z. B. ausgelacht zu werden. Dabei ist es die Aufgabe der Lehrkräfte, verantwortungsvoll mit den Ängsten ihrer Schüler*innen umzugehen. Um diese Ängste auch erkennen zu können, ist es wichtig, dass die Lehrkräfte mit den Symptomen, der Entstehung sowie der Bewältigung von Ängsten vertraut sind.

Angst wirkt sich jedoch nicht immer negativ auf die Leistung aus. Angst kann ein gewisses Ausmaß an Erregungssteigerung, was eine Voraussetzung für erfolgreiches Lernen ist, mit sich bringen. Jedoch muss hier berücksichtigt werden, dass die Angst die Erregungssteigerung nur bis zu einem gewissen Maß verbessern kann. Wird die Angst jedoch zu hoch, kann es wie zu einer Art Lernblockade kommen, welche die Konzentration sowie die Leistungsfähigkeit einschränkt (Tücke, 2005).

Das deutsche Schulsystem ist im internationalen Vergleich weniger selektiv im Umgang mit den Schüler*innen, jedoch erhalten diese hohe Leistungsanforderungen, die ihren späteren beruflichen Werdegang bestimmen. Hierbei ist vor allem die Abschlussnote von enormer Bedeutung und bestimmt den weiteren Bildungsweg. Dadurch erlebt ein großer Teil der Schüler*innen Ängste bezüglich der Anforderungen, welche als eine subjektive Bedrohung oder Überforderung eingestuft werden.

Die Situation, dass Schüler*innen in ihrer Schulzeit von Ängsten betroffen sind, ist völlig normal, wichtig ist hierbei nur, dass sich diese nicht chronifiziert oder auf andere schulisch relevante Situationen überträgt (ebd.).

Eine Studie von Falch (2021) zeigt, dass an Alternativschulen, bei denen der Schwerpunkt auf der freien Entfaltung des Kindes liegt und die somit eine Alternative zur Regelschule sind, weniger Angst und mehr Freude und Motivation den Schulalltag bestimmen.

Zusätzlich besitzen Schüler*innen an Alternativschulen eine sehr hohe Leistungsmotivation – Motivationsschwierigkeiten sowie Schulangst gehören zu den Ausnahmen. Einer der entscheidenden Punkte für diese Unterschiede zwischen den Alternativschulen und herkömmlichen Schulen ist die Einstellung und Haltung der Lehrkräfte. Lehrkräfte der Alternativschulen weisen eine höhere Innovationsbereitschaft, Kooperation im Kollegium und den Willen sich weiterzubilden auf, was für die hohe Qualität dieser Schulen wegweisend ist. Auch die Raum- sowie Unterrichtsgestaltung sind von enormer Wichtigkeit und entsprechen der Philosophie dieser Schulen (ebd.).

Es ist ein besonderes Merkmal guter Schulen, wenn sie das Gefühl vermitteln, wahrgenommen, angenommen und akzeptiert zu sein. Dies ist nicht nur für die Schülerschaft von enormer Wichtigkeit, sondern auch für die Lehrkräfte (Gonschorek & Schneider, 2020).

Gerade ein angenehmes Klima und eine Wohlfühlatmosphäre auf den unterschiedlichsten Ebenen wird von Pädagog*innen als elementar erachtet. Diese Normen in den Alternativschulen können auch von Regelschulen übernommen werden, um eine Steigerung der Schulfreude und Leistungsmotivation zu erzielen. Dabei sind Partizipation der Kinder in allen Bereichen des Schullebens sowie eine Altersheterogenität in den Klassen wegweisend. Aber auch die Kindorientierung und Individualisierung in der Unterrichtsgestaltung, die Fokussierung von Respekt und Wertschätzung im Umgang aller Beteiligten sowie die Vielfalt in der Leistungsbewertung führen zu enormen Fortschritten. Diese genannten Kriterien können bereits durch einzelne Lehrpersonen oder die Schulleitung umgesetzt werden und verlangen keine komplette Umstrukturierung der Schule.

Zusätzlich zeigt sich eine Altersheterogenität in den Klassen als vorteilhaft für ein angenehmes Klassenklima. Solche jahrgangsgemischten Klassen werden bereits an verschiedenen Schulstandorten angeboten, tragen aber noch den „Exoten-Status".

Unter anderem beweist sich ein qualitätsvoller Austausch auf Seiten der Lehrkräfte als besonders hilfreich im Hinblick auf Frage- und Problemstellungen zur Weiterentwicklung des Schulsystems (Falch, 2021).

1.3.4 Interventionen

Achtsamkeitsübungen können besonders heilsam für Kinder, Jugendliche und Pubertierende mit Leistungsängsten, Schlafstörungen und anderen Angststörungen wirken. Sie erhöhen durch meditative Übungen die Stressresilienz und Konzentrationsfähigkeit und ermöglichen eine neue Sichtweise auf die Umwelt und die eigene Person (Wimmer, 2021).

Um die Nervosität in stressigen Situationen zu verringern und den Körper mit ausreichend Sauerstoff zu versorgen, können ruhige Atemübungen helfen. Entspannungsverfahren, wie Yoga oder autogenes Training, eignen sich ebenfalls gut, um Ängste zu reduzieren. Wenn diese Verfahren beherrscht werden, kann man mit Kindern auch die „Progressive Muskelrelaxation" nach Jacobson erarbeiten. Dabei wird die willkürliche Muskulatur angespannt und entspannt, bis Wärme, Schwere und Schläfrigkeit empfunden werden. Dadurch entspannen sich auch Nerven und Blutgefäße, infolgedessen sich das Angstniveau senkt (Melfsen & Walitza, 2013).

Veränderungen und Schwellensituationen, wie Lehrer*innen- oder Schulwechsel, sind oftmals Hauptauslöser von Ängsten in der Schule. Der erste Schultag in der Grundschule stellt hierbei oft eine besondere Herausforderung dar. Fehlendes Leistungsvermögen und das Gefühl nicht mithalten zu können, belasten Kinder und können Ängste auslösen. Dabei werden vor allem schwächere Schüler*innen und Kinder mit sonderpädagogischem Bedarf als betroffen genannt (Wimmer, 2021).

Lehrkräfte nennen Veränderungen im Schulalltag als Auslöser für Schulangst. Mangelnde Fähigkeiten und hoher Leistungsdruck, auch von Seiten der Eltern, können dazu führen, dass Schüler*innen ständig überfordert sind. Pädagog*innen der Grundschule sehen das System der vierjährigen Betreuung einer Klasse als sehr positiv an, da es den Aufbau einer Vertrauensbasis zu den Schüler*innen ermöglicht. Je offener und authentischer die Lehrkraft gegenüber den Schüler*innen ist, desto leichter lassen sich klärende Gespräche führen. Auch der Zusammenhalt im Kollegium, die Vermittlung gemeinsamer Werte und die konsequente Führung des Kollegiums durch die Schulleitung haben einen starken Einfluss auf das Klima im Schulalltag. Die Pädagog*innen betonen die Bedeutung einer gut funktionierenden Elternarbeit, in der eine Vertrauensbasis geschaffen wird, damit die Eltern wissen, dass ihre Kinder in der Schule gut integriert sind. Schwierigkeiten mit Kindern können nicht ohne die Hilfe der Eltern gelöst werden. Negative Schulerfahrungen der Eltern und deren Übertragung auf ihre Kinder können zu schwierigen Gesprächen führen. Um mit Angstsituationen umzugehen, werden verschiedene ergotherapeutische Übungen, Entspannungs- und Atemübungen praktiziert. Ein wichtiger Faktor beim Abbau von Ängsten ist es, den Leistungsdruck durch viele Übungsphasen zu reduzieren und das Leistungsniveau der Kinder zu berücksichtigen. Die Berücksichtigung des individuellen Niveaus der Kinder ermöglicht es, Übungsphasen so zu gestalten, dass sie weder überfordern noch unterfordern, wodurch ein sicherer Rahmen geschaffen wird, der Angst abbaut und das Selbstvertrauen stärkt. (Wimmer, 2021).

Zusammenfassung
Angststörungen gehören zu den häufigsten psychischen Erkrankungen weltweit. Im schulischen Kontext sind etwa 10 % der Kinder und Jugendlichen betroffen, wobei Ängste je nach Altersgruppe, Geschlecht und sozialem Umfeld variieren. Bei Lehrkräften treten Ängste vor allem in Verbindung mit beruflichen Herausforderungen wie Leistungsdruck oder Konflikten auf. Solche Ängste beeinträchtigen nicht nur das persönliche Wohlbefinden, sondern auch die schulischen Leistungen und die soziale Interaktion. Das Kapitel thematisierte, wie wichtig es ist, präventive Maßnahmen zu ergreifen, um Schüler*innen und Lehrkräften ein sicheres Umfeld zu bieten.

1.4 Themenaktuelle Relevanz der Angst

1.4.1 COVID-19: generelle Zunahme von Angststörungen

Wie aus einer zweiten Befragungswelle der BELLA-Studie (Ravens-Sieberer et al. 2008) hervorging, leiden etwa 10 % der Kinder und Jugendlichen in Deutschland unter akuten Angststörungen. Sie zählen somit zu den häufigsten Störungen des Kindes- und Jugendalters. Zentral ist, dass etwa die Hälfte aller Angststörungen bereits vor Beginn des elften Lebensjahres auftreten; sogar 75 % äußern sich vor Vollendung des 21. Lebensjahres.

Doch weshalb scheint die Thematik der Angststörung in den vergangenen Jahren einen immensen Aufschwung erlebt zu haben? Aus der Global Burden of Disease Study 2019 ging hervor, dass Angststörungen und auch Depressionen zu den häufigsten psychischen Störungen weltweit gezählt werden können (Yang et al., 2021). Zudem liefert die Erhebung Vergleichsdaten, die es ermöglichen, die zusätzlichen Veränderungen in der Prävalenz seit dem Frühjahr 2020, also seit Beginn der Corona-Pandemie, nachzuvollziehen. Hinsichtlich der Pathogenese verschiedener Subtypen der Angst scheinen nicht nur die direkten Auswirkungen der COVID-19-Pandemie bedeutsam, auch indirekte Maßnahmen zur Eindämmung des Infektionsgeschehens haben die Menschen in ihrer Wahrnehmung und ihrem Verhalten beeinflusst. Insbesondere Kinder und Jugendliche sind den Folgen der Schulschließungen, aber auch sekundären Veränderungen (körperlicher Abstand, soziale Einschränkungen oder sogar drohende existenzielle Verluste) abrupt ausgesetzt worden. Ein hiermit oft einhergehendes und dominantes Gefühl des Kontrollverlustes hat sich breit gemacht. Der zumeist wellenhafte Verlauf des Infektionsgeschehens verstärkte das Aufkommen von Unsicherheit und führte dazu, dass man sich vielmehr an die Erlernte Hilflosigkeit gewöhnte.

▶ **Definition Erlernte Hilflosigkeit** Psychologische Bezeichnung, die die ausgehend von negativen Erfahrungen gemachte Überzeugung beschreibt, gewisse Situationen mithilfe der eigenen Fähigkeiten nicht bewältigen zu können. Vielmehr wird der aversive Zustand und das vermeintliche Scheitern akzeptiert.

Dass die psychologischen Folgen der Pandemie vor allem im Bewusstsein junger Menschen Fuß gefasst haben, äußerte sich beispielsweise im Jugendwort des Jahres 2020: „lost" (Englisch für „verloren"). Insbesondere zwei Studien (Banks & Xu, 2020; Entringer und Kröger, 2020) berichten hier über eindrucksvolle Ergebnisse. Die SOEP-CoV-Studie (Entringer und Kröger, 2020) zeigte eindringlich, dass jüngere Menschen sowohl im ersten Lockdown (März/April 2020) als auch im Lockdown „light" (ab November 2020) stärker unter der Krise litten als ältere Menschen. Sie fühlten sich wesentlich einsamer und berichteten im Durchschnitt über deutlich mehr Angst- und Depressionssymptome. Auch geschlechtsspezifische Unterschiede konnten hier festgestellt werden: Frauen wiesen häufiger Angststörungen auf als Männer.

Wie sich das Angstempfinden innerhalb der Bevölkerung bedingt durch die Einschränkungen seit dem 20. März 2020 (in einem vierwöchigen Zeitraum) konkret veränderte, versucht auch die *Mannheimer Corona-Studie* (Naumann et al., 2020) darzulegen. Welche Teile der Bevölkerung berichten über erhöhte Angstzustände? Wie verändern sich angstbezogene Gefühlszustände bei Frauen und Männern, in unterschiedlichen Altersgruppen, bei Familien oder kinderlosen Paaren?

Zum Startzeitpunkt der Erhebung wurde das öffentliche Leben in Deutschland weitreichend eingedämmt. Schulen und Betreuungseinrichtungen wurden geschlossen, öffentliche Veranstaltungen untersagt, die Schließung von Sport- und Freizeiteinrichtungen sowie zahlreicher Einzelhandelsbetriebe (außerhalb der Lebensmittelversorgung) angekündigt oder stellenweise umgesetzt. In ganz Deutschland gab es bestätigte Fälle über Infektionen mit dem neuartigen Corona-Virus. Es folgten demnach weitere, umfassende Kontaktverbote. Rund um die Osterfeiertage 2020 (etwa zweieinhalb Wochen nach Beginn des Erhebungszeitraums) zeichneten sich erste Erfolge der Maßnahmen ab: Das Infektionsgeschehen war rückläufig. Dennoch wurde von politischer Seite eindrücklich appelliert, Kontaktsperren weiterhin aufrechtzuerhalten, weshalb am 16. April 2020 (Ende des Untersuchungszeitraums) eine Verlängerung der obigen Maßnahmen absehbar war. Im Rahmen der *Mannheimer Studie* wurden Befragte gebeten, auf einer vierstufigen Skala (1. „überhaupt nicht", 2. „ein wenig", 3. „ziemlich", 4. „sehr") angstbezogene Gefühlszustände einzuschätzen („wie sehr sind sie angespannt, aufgeregt, besorgt, beunruhigt, nervös, …"). Es zeichnete sich ab, dass Proband*innen zu Beginn der Erhebung etwas mehr als „ein wenig" ängstlich waren, hier demnach Werte zwischen zwei und drei erfasst wurden. Dieser Wert sank über den Erhebungszeitraum kontinuierlich ab; Versuchspersonen waren Mitte April etwas weniger als „ein wenig" besorgt. Die Sorgen der Bevölkerung äußerten sich auf unterschiedlichen Ebenen, wenngleich die Gesundheit der Angehörigen, potenzielle wirtschaftliche Folgen für das Land und die Folgen für die eigene Person auf physischer Ebene dominierten (Tab. 1.2).

Es scheint erst einmal selbstverständlich, dass in Ausnahmesituationen Gefühle der Angst und des Kontrollverlustes aufkommen. Von Angststörungen in einem pathologischen Ausmaß spricht man erst dann, wenn jene Gefühle das alltägliche Leben vergleichbar mit einer physischen Erkrankung beeinträchtigen. Dies kann sowohl der Fall sein, wenn Angstgefühle in besonderem Ausmaß auftreten oder eben auch in abgeschwächter Form über einen längeren Zeitraum andauern. Letzteres scheint im Kontext der COVID-19-Pandemie bedeutsam. Zwar können die Gefühlszustände der Angst bei einem Großteil der Bevölkerung als „angemessen und durchschnittlich" eingestuft werden, die Tatsache, dass wir jedoch aus heutiger Sicht (Stand Juli 2024) eine Form der Dauerbelastung begutachten müssen, gibt Grund zu dem Anlass, dass die Häufigkeit angstbezogener Störungen in den vergangenen drei Jahren zugenommen hat.

1 Ängste an Schulen – ein Überblick

Tab. 1.2 „Was sind Ihre Hauptsorgen oder Bedenken bezüglich der COVID-19/Corona-Pandemie?" (Stand: 31.05.2020; Erhebungszeitraum 25.05.2020 bis 31.05.2020 Deutschland; Statista, 2020)

Ängste	in %
Die Gesundheit meiner Familie	67
Die wirtschaftliche Stabilität meines Landes	58
Die Gesundheit meiner Eltern/älterer Freund*innen	50
Meine körperliche Gesundheit	50
Meine finanzielle Situation	36
Die politische Stabilität meines Landes	26
Mein psychisches Wohlergehen	23
Meine Arbeitsplatzsicherheit	21
Lebensmittelknappheit	18
Unruhen oder Plünderungen	15
Sonstige	0
Weiß nicht	2

Angaben zu Prävalenzen von Angststörungen bei Kindern und Jugendlichen
Um die Zunahme angstbezogener Störungen mit dem Auftreten der COVID-19 Pandemie besser veranschaulichen zu können, sollen exemplarisch Daten aus verschiedenen Quellen herangezogen werden, die einen Vergleich zwischen den Prävalenzen „prä" und „peri/post" COVID-19 zulassen. In einer Überblicksarbeit von Ihle und Esser (2002) werden die wichtigsten Studien zur Entwicklungsepidemiologie psychischer Störungen im Kindes- und Jugendalter aufgeführt. Wie auch in der BELLA-Studie aus dem Jahr 2008 konnten hier durchschnittlich Periodenprävalenzen (Sechsmonats- bis Lebenszeitprävalenzen) von etwa 10 % (+) ausfindig gemacht werden. Die Übersicht in Tab. 1.3 stellt Prävalenzdaten (Zeitraum der Prävalenzerhebung zwischen sechs Monaten und einem Jahr) von Angststörungen aus verschiedenen epidemiologischen Studien aus dem deutschen Raum vor.

Hinsichtlich der im Zeitraum der COVID-19-Pandemie wahrgenommenen Zunahme an Angststörungen kann die retrospektive Querschnittsstudie von Kostev et al. (2021) herangezogen werden. Sie basiert auf den Daten der Disease Analyzer Datenbank (IQVIA), die Informationen zu Konsultationen kinderärztlicher Praxen liefert. Der Anteil von Kindern

Tab. 1.3 Prävalenzraten (in %) von Angststörungen im Kindes- und Jugendalter (angelehnt an: In-Albon, 2011)

	Federer et al. (2000)	Steinhausen et al. (1998)	Essau et al. (1998)	Wittchen et al. (1998)
Alter (Jahre)	8	7–16	12–17	14–24
Stichprobengröße	826	1964	3021	1035
Angststörungen (in %)	9,5	11,4	11,3	9,3

mit Symptomen depressiver oder angstbezogener Störungen im Alter von 2–17 Jahren, die im Zeitraum zwischen April und Dezember 2019 ($n = 454.741$) oder zwischen April und Dezember 2020 ($n = 417.979$) mindestens einen Besuch in einer von 168 registrierten deutschen Kinderarztpraxen tätigten, nahm signifikant zu. Angstdiagnosen verzeichneten einen Zuwachs von 9 %. Mädchen wiesen auch hier höhere Werte auf als Jungen. Ergebnisse von Nearchou et al. (2020) begutachtend konnten die Prävalenzen von Angststörungen bei Kindern und Jugendlichen während der COVID-19-Pandemie auf Werte zwischen 18,9 % und 37,4 % beziffert werden.

Stellt man demnach die Prävalenzdaten der oben gelisteten Studien rund um die Jahrtausendwende denen des Pandemiezeitraums gegenüber, so kann man (mindestens) von einer Verdopplung an pathologisch relevanten Angstsymptomen sprechen.

1.4.2 COVID-19: Ängste im Schulkontext

Das Ministerium für Schule und Bildung des Landes Nordrhein-Westfalen versuchte das Aufkommen, aber auch die Funktionalität von Ängsten im Schulkontext transparent darzulegen. Generell kann Angst aus evolutionärer Sicht als eine erfolgreiche Strategie bezeichnet werden, die das Überleben des Organismus absichern soll. Aus heutiger Sicht ist diese Perspektive in ihrer Wertigkeit jedoch weniger bedeutsam und angebracht. Der Mensch entwickelt selbst dann Ängste, wenn keine direkte Gefahr mehr zu erkennen ist. Zudem scheint er sich wie zuvor dargelegt an anhaltende Bedrohungen oder den Zustand der Hilflosigkeit zu gewöhnen. Beispielsweise aus der medialen oder direkten Dauerkonfrontation mit einem angstauslösenden Reiz scheint eine Art „Abgestumpftheit" zu resultieren. Doch welche Einschätzung ist nun eigentlich angemessen? Betrachten wir das Ganze aus der Perspektive eines/einer Schüler*in, so können drei Ausprägungsgrade differenziert werden:

- Schüler*innen, die sich ernstzunehmende und begründete Sorgen um ihr Leben machten, da sie einer Risikogruppe angehörten oder beispielsweise im näheren Umfeld einen schwerwiegenden Krankheitsverlauf beobachten konnten.
- Schüler*innen, die übertrieben ängstlich reagierten, da sie sich stark von der medialen Überflutung des Pandemiegeschehens beeinflussen ließen und den Informationsüberschuss als zentral hinsichtlich der Bedrohlichkeit erachteten.
- Solche, die die Problematik als geringfügig einschätzten und mangelnde Fähigkeiten der Perspektivübernahme für die Gruppe der ängstlichen Menschen besaßen. Durch ihr Verhalten verunsicherten bzw. verstärkten sie wiederum die angstbezogenen Gedanken der anderen.

Jene drei Haltungen wurden ihrerseits durch unterschiedliche Aspekte verstärkt: Die unübersichtliche oder teils für jüngere Schüler*innen nicht erfassbare Informationslage;

die Wahrnehmung teilweise extremer Maßnahmen, die zur Eindämmung der Infektion ergriffen wurden (so etwa das Tragen von Masken, die Aufteilung von Klassen in kleinere Lerngruppen, Maßnahmen zur Wahrung von Distanz bis hin zur Schulschließung bzw. dem Homeschooling); mögliche Existenzängste aus Sorgen um die wirtschaftliche Entwicklung (eher relevant bei älteren Schüler*innen); Sorgen hinsichtlich der Bewältigung alltäglicher und entwicklungsbezogener Anforderungen (Bewältigung des Unterrichtsstoffes, Absolvieren wichtiger (Abschluss-)Prüfungen).

▶ **Definition Homeschooling** Bildungsansatz, bei dem Kinder in ihrem eigenen häuslichen Umfeld zeitweise oder dauerhaft lernen, anstatt eine staatliche oder private Schule zu besuchen. Im Kontext der COVID-19-Pandemie wurde der Begriff zudem verwendet, um ein meist digitales Bildungskonzept zu beschreiben. Es fand demnach keine direkte Begegnung zwischen Lehrpersonal und Schüler*innen statt, man begegnete sich vielmehr über digitale Foren (Webex, Microsoft Teams etc.).

Die Form der Betroffenheit äußerte sich in Abhängigkeit von der Altersstufe ganz unterschiedlich: Bei jüngeren Schüler*innen (Unter- und Mittelstufe) schienen existenzielle Sorgen noch hintergründig, es dominierten Ängste im sozialen und krankheitsbezogenen Bereich („Wann kann ich meine Freunde wieder sehen?" oder „Werden Oma und Opa sterben?"). Vor allem die Konfrontation mit ungefilterten und nicht altersgerechten Nachrichten begünstigten hier eine Verunsicherung. Seitens älterer Schüler*innen (Oberstufe) äußerte sich anfänglich eine kurzzeitige Freude über den Ausfall der Schule, die in einer zweiten Phase jedoch von Schwierigkeiten ausgehend von mangelnden Alltagsstrukturen und Ablenkung abgelöst wurde. Auch Sorgen hinsichtlich anfallender Prüfungen, Schulleistungen und dem weiteren beruflichen Werdegang machten sich breit. Fragen, die hier ebenso bedeutsam waren, lauteten: „Wie und wann können wir mit dem Unterricht fortfahren?" oder „Sind meine Freunde noch meine Freunde, wenn alles wieder normal ist?". Von übergeordnetem Stellenwert schien hier die Angst vor der Ungewissheit. Die Genese von Ängsten bei Schüler*innen wurde ihrerseits durch die Herausforderungen der Eltern und Lehrkräfte verstärkt. Bedingt durch die Schließung vieler Arbeitsstätten und dem daraus resultierenden Arbeiten im Homeoffice ergab sich eine große Veränderung in den Alltagsstrukturen und dem häuslichen Miteinander: Eltern waren nunmehr gezwungen, Kinderbetreuung, Arbeit und Sorgen um die eigene Gesundheit und die der Angehörigen gleichzeitig zu stemmen; zudem sollten sie plötzlich in die Rolle des Lehrpersonals schlüpfen und den Unterrichtsstoff vermitteln. Diese Mehrfachbelastung gepaart mit der Übernahme multipler, teils neuer und widersprüchlicher Rollen kann als Nährboden für Konflikte erachtet werden, die erneut auch das direkte Umfeld (so Partner*innen und Kinder) belasteten. Seitens der Lehrkräfte konnte eine Doppelbeanspruchung beobachtet werden, die sich einerseits aus der wachsenden Verantwortung gegenüber der Schüler*innen ergab (neben der Vermittlung von reinem Lehrmaterial schien nun auch die Aufklärung und Betreuung hinsichtlich der pandemischen, sozialen sowie emotionalen Situation bedeutsam) und andererseits durch die Neuartigkeit der Arbeitsbedingungen resultierte. Diese Form der Entfremdung bzw. Andersartigkeit in der Verantwortung kann als eine weitere den Schulkontext betreffende, unvorhersehbare Entwicklung bewertet werden.

Angst vor einer Infektion – beispielhafte Konsequenzen: Tragen von Gesichtsmasken und Homeschooling aus psychologischer Perspektive

Neben dieser generellen, von Ungewissheit dominierten Dynamik muss dem Aspekt der Gesundheit und der aufkommenden Angst vor einer Infektion mit dem Sars-CoV-2-Virus ein gesonderter Stellenwert zugeschrieben werden. Was macht die Pandemie mit Menschen, die von sich aus ängstlich veranlagt sind oder sogar Zwangsgedanken hegen? Schüler*innen wurden mit Beginn des Infektionsgeschehens darin geschult, hygienischen Maßnahmen bewusster und mit besonderer Sorgfalt nachzukommen. Ausgewählte Schutzmaßnahmen zur Eindämmung der Pandemie stellen das gründliche Waschen und Desinfizieren der Hände, das Beachten von Mindestabständen im sozialen Miteinander und das Tragen eines Mund-Nasen-Schutzes dar. Doch was passiert, wenn die Einschätzung der Bedrohung bedingt durch den Nachrichtenüberfluss und die generell sehr abweichenden Krankheitsverläufe einmal mehr erschwert wird? Gewiss ist, dass die COVID-19-Pandemie eine reale Bedrohung für den Menschen darstellte; man in diesem Kontext also in vielerlei Hinsicht von Realängsten sprechen konnte. Es scheint insofern nur logisch, dass die Präsenz von Zwangsgedanken (sich immer wieder aufdrängenden Gedanken) zugenommen hat. Fortwährend sorgte man sich um die eigene Gesundheit oder die nahestehender Personen; man versuchte, sich bewusst zu distanzieren und den Kontakt zu potenziell beschmutzten Objekten zu minimieren. Nehmen diese Gedanken ein nunmehr pathologisches Ausmaß an, so äußern sich Zwangsimpulse, also sich gegen den eigenen Willen aufdrängende Impulse – Handlungen der Extremform, die dem Selbstschutz dienen sollen. Sie sind mit der Angst verbunden, eine spezifische Situation, deren Vermeidung unabdingbar wäre, könnte tatsächlich eintreten.

Erkannten Schüler*innen in der COVID–19-Pandemie eine reale Bedrohung, so ist ein verändertes Verhalten im Sinne eines solchen Selbstschutzes durchaus nachvollziehbar. Zwangsgedanken können hier teils so dominant werden, dass die Vermeidung der Schule zwingend durchgesetzt werden muss. Diesen Gedanken verfolgend müssen die politisch festgesetzten Schutzmaßnahmen im Rahmen des Pandemiegeschehens aus zweierlei psychologischen Perspektiven betrachtet und evaluiert werden. Auf einer ersten Ebene symbolisieren sie die Ernsthaftigkeit der neuen, mit Gefahr einhergehenden Situation. Die externen Verhaltensvorschriften fungieren also als eine Art funktionaler Bewertungsmaßstab, der über die Relevanz der Pandemie heuristisch aufklärt. Auf einer zweiten Ebene müssen die Konsequenzen der einzelnen Maßnahmen selbst betrachtet werden. Exemplarisch soll hierbei näher auf das **Tragen von Gesichtsmasken** eingegangen werden. Ausgeklammert werden dabei die Aspekte der reduzierten Infektionswahrscheinlichkeit sowie physische Nebenwirkungen des Tragens. Spitzer (2020) führt in seiner Publikation

"Gesichtsmasken im Unterricht" die menschliche Bedeutung und Präferenz der Gesichtserkennung an. Er beschreibt die natürliche und biologische Vorprogrammiertheit dahingehend, Gesichter (wieder) zu erkennen. Die Fähigkeit einander zu kennen und zu erkennen wird normalerweise als selbstverständlich vorausgesetzt und dient als grundlegender Orientierungs- und Sicherheitsfaktor. Darüber hinaus fungiert das Gesicht als das wichtigste Mittel der menschlichen Kommunikation, insbesondere auch der nonverbalen Kommunikation. Selbst bei bestehenden Sprachbarrieren oder Unbekanntheit können Gesichtsausdrücke genutzt werden, um die Sinnhaftigkeit des Kommunizierten interpretieren zu können und sich so zu verständigen. Man muss demnach festhalten, dass das Tragen von Masken zu einem Verlust genereller Interaktionsfähigkeiten führt und dem Menschen eine zentrale soziale Ressource vorenthält.

Richtet man den Blickwinkel auf sekundäre Konsequenzen der Maßnahmen zur Eindämmung der Pandemie, so müssen auch die Herausforderungen des **Homeschoolings** betrachtet werden. Die Fachhochschule Erfurt führte hierzu gemeinsam mit dem Kinderschutzbund des Landesverband Thüringen eine explorative Studie basierend auf einer Online-Eltern-Befragung im Zeitraum vom 01. bis 12. April 2020 durch (Lochner, 2020). Eltern äußerten hier in fast 80 % der Fälle, dass ihre Kinder etwas vermissten. Am häufigsten genannt wurden Freund*innen und Spielkamerad*innen, Bezugspersonen aus dem Familienkreis, aber eben auch Bildungs- und Spielangebote in Schulen und/oder Kindertageseinrichtungen sowie außerfamiliäre Bezugspersonen. Die Betreuung und Bewältigung schulischer Aufgaben im häuslichen Umfeld stellte für rund 85 % der Eltern eine zumindest teilweise Belastung dar. Grund hierfür waren die Mehrfachbelastungen einerseits und die fachlichen und didaktischen Anforderungen der Aufgabenbetreuung andererseits. Zudem wird das Unterrichten im häuslichen Umfeld durch die nicht mehr eindeutige Sozialbeziehung Eltern-Kind bzw. Lehrkraft-Schüler*in erschwert. Es wird also deutlich, dass die Umsetzung des Homeschoolings für die Schüler*innen einerseits zu einem Verlust zentraler, sozialer Ressourcen führte, andererseits resultierte daraus eine häusliche Umstrukturierung, die das Verhältnis zu primären Bezugspersonen veränderte. Dieser Wandel der extremen Form stellt eine weitere, das Individuum verunsichernde und potenziell angstbegründende Facette dar, die die aufkommende Relevanz von Angststörungen im Schulkontext begründen kann.

Subjektive Einschätzungen von Schüler*innen und Lehrkräften
Um die im Schulkontext aufkommenden Sorgen und Ängste besser erfassen zu können, haben die Autor*innen dieses Buches Schüler*innen und Lehrkräfte an einem saarländischen Berufsbildungszentrum gebeten, ihre Gedanken hinsichtlich wahrgenommener Herausforderungen während der COVID-19-Pandemie einmal offenzulegen. Die folgenden Zitate bilden dabei einen Ausschnitt der Erzählungen der Befragten ab, der es ermöglicht, besser nachzuvollziehen, welche Aspekte der Viruserkrankung und welche politischen Entscheidungen zur Eindämmung der Pandemie Unsicherheiten und Besorgnis begründet haben. Dabei wird insbesondere deutlich, inwiefern der Wegfall gewohnter alltäglicher

Strukturen und sozialer Kontakte als Verlust von wertvollen Ressourcen angesehen werden muss:

Zitat Schüler: „Die Pandemie begann in meinem persönlichen Fall etwa zeitgleich mit einem schulischen Umbruch. Durch das Eintreten in die Oberstufe wurden auch Klassen neu geordnet. Gerade hier schufen Masken beim Kennenlernen eine Art Barriere; man hatte das Gefühl die neuen Mitschüler*innen nicht richtig kennenlernen zu können. Nach Einführung des Homeschoolings begegnete man zudem einer technischen Herausforderung. Die meist langen Quarantänezeiten und recht strengen Kontaktregeln führten dazu, dass man sich bei einer Infektion neben den körperlichen Beschwerden sehr einsam fühlte. Zudem war es nicht möglich, gewohnte Freizeitaktivitäten, die für mich vor allem einen Ausgleich zum Schulalltag darstellten, wahrzunehmen."

Zitat Lehrerin: „Das größte Problem ergab sich für mich aus den veränderten Anforderungen meines Berufs und der aufkommenden Betreuungsfrage für mein eigenes Kind. Eine mögliche Schließung von Kitas stand im Raum und für meinen Partner und mich war ausgehend von bestehenden Vorerkrankungen eine Betreuung durch die Großeltern nicht denkbar. Zudem musste auch ich mich erst einmal mit den durch das Homeschooling aufkommenden technischen Herausforderungen auseinandersetzen und zeitgleich den eigenen Ängsten und denen der Schüler*innen begegnen. Generell hatte der Beruf, den ich im Kontext der Pandemie ausübte, kaum mehr etwas mit meiner eigentlichen Tätigkeit zu tun."

1.4.3 Ukraine-Konflikt: Ängste im Kriegsgeschehen

Anfang März 2022 – „Vom Konflikt zum Krieg": Der Machtwechsel in der Ukraine vor mehr als acht Jahren hat den Konflikt mit Russland entfacht. Im Dezember 2013 gingen in der ukrainischen Hauptstadt Kiew hunderttausende Menschen auf die Straße, um gegen den prorussischen Präsidenten Viktor Janukowitsch zu protestieren, denn seine Regierung stellte ein Risiko für das Partnerschaftsabkommen mit der Europäischen Union (EU) dar. Der Maidan-Unabhängigkeitsplatz wurde zum Symbol, es herrschten Unruhen. Im Februar des Folgejahrs flieht Janukowitsch nach Russland; Moskau reagiert und besetzt die ukrainische Schwarzmeerhalbinsel Krim. Es folgt ein nicht anerkanntes Referendum auf der Krim, welches diese als russischen Landesteil eingliedert. Die USA und die EU reagieren mit Sanktionen gegen Moskau. Kurze Zeit später rufen von Moskau unterstützte Separatisten in der Ostukraine die Volksrepubliken Donezk und Luhansk aus; im Juni 2014 schießen die Rebellen ein Militärflugzeug beim nächtlichen Landeanflug auf den Flughafen Luhansk ab, im Folgemonat kommt es zum Abschuss des Passagierfliegers der Linie Malaysia-Airlines. Es gibt keine Überlebenden. Während noch im Sommer 2017 prorussische Separatisten selbst in den einverleibten Regionen ihren neuen Staat „Kleinrussland" ausrufen, so erkennt auch Kiew etwa ein halbes Jahr später die abtrünnigen Gebiete im Osten als von Russland besetzt an. Immer deutlicher werden die Annektierungsversuche Russlands ab November 2018. Die russische Küstenwache besetzt an der

1 Ängste an Schulen – ein Überblick

Meerenge von Kertsch drei ukrainische Marineschiffe, russische Pässe werden an ukrainische Bürger*innen in den besetzten Gebieten der Donbass-Region ausgehändigt, erste Truppen aus Moskau besetzen im Frühjahr 2021 die Grenzgebiete zur Ostukraine. Diplomatische Gespräche auf allen Ebenen scheitern. Im Februar 2022 beginnt der Krieg: Die Ukraine wird aus mehreren Richtungen angegriffen. Luftangriffe im ganzen Land, Panzer aus den umstellten Grenzregionen stoßen vor (Weser Kurier, 2022).

Kriegserleben deutscher Schüler*innen
Diese Ereignisse wurden in den vergangenen Jahren und Jahrzehnten in den deutschen Medien immer wieder laut, wenngleich erst in den Monaten unmittelbar vor Kriegsbeginn das Bewusstsein dafür wuchs, dass hier ein Szenario droht, aus welchem sich Analogien zum Zweiten Weltkrieg ableiten lassen. Krieg an sich, verstanden als längerer, mit Waffengewalt ausgetragener Konflikt, stellt eine der, wenn nicht sogar die, schwerwiegendste Bedrohung für das menschliche Leben dar. Die Flut an beunruhigenden Nachrichten und furchtbaren Bildern im Zusammenhang mit kriegerischen Auseinandersetzungen trifft den Menschen im Zentrum seiner Angst. Auch an Kindern und Jugendlichen in Schulen geht die Informationsflut, die die aktuellen Geschehnisse in der Ukraine beschreibt, nicht spurlos vorbei. Kann der Krieg auch zu uns kommen? Wann ist der Krieg zu Ende, oder können wir selbst etwas gegen ihn tun? Mit solchen Fragen werden Lehrkräfte in den vergangenen Monaten immer wieder konfrontiert. Die Debatte dahingehend, ob und wie die Thematik in Schulklassen aufgegriffen werden kann oder sollte, ist groß und oft sehr heterogen. Viele Schulen handhaben es so, dass dann darüber gesprochen wird, wenn Redebedarf besteht und der Diskurs sich selbst entwickelt. Auch sekundär kann nach Gefühlszuständen gefragt werden: „Wie geht es euch heute? Gibt es ein Thema, über das ihr gerne sprechen würdet?" Sind hier keine Reaktionen zu erkennen, so ist es nicht unbedingt notwendig, das Gespräch auf den Krieg zu lenken. Andere Bildungsstätten wiederum erachten es als unumgänglich, die Geschehnisse aktiv im Unterricht zu behandeln, insbesondere da viele Schüler*innen Verwandte und Kontakte in Russland und der Ukraine haben. Es ist eine Gradwanderung, Ängste zwar anzusprechen und einzuordnen, zugleich jedoch auch nicht zusätzlich zu dramatisieren und zu verstärken. Wichtig scheint daher, besonders sensitiv auf das Klassenklima zu achten. Das Universitätsklinikum Freiburg führt drei zentrale, generelle Strategien an, die helfen können, Ängste, sofern sie sich äußern, zu mildern:

- **Akzeptanz und Suche nach Handlungsmöglichkeiten:**

Es scheint erst einmal kontraintuitiv, aber Ängste besitzen eine grundlegende Funktion: Sie sollen uns Gefahren erkennen lassen, um so mit Schutzmaßnahmen reagieren zu können. Demnach ist es wichtig, Ängste zu spüren und zu akzeptieren. Gerade dann, wenn gegenwärtige Situationen als unkontrollierbar eingestuft werden. Es geht darum, resilient zu agieren, die Gegebenheiten anzunehmen, ohne sie dabei schön reden zu wollen. Eng mit den eigentlichen Ängsten verknüpft sind Gefühle der Hilflosigkeit. Denn besonders dann, wenn man erwartet, eine gewisse Situation nicht meistern zu können, fühlen wir uns ausgeliefert. Gerade im Kontext eines Krieges, der hier aus politischen Motiven heraus zwischen zwei Ländern herrscht, scheint das Handeln einzelner Bürger*innen wenig hilfreich. Dennoch gibt es sekundäre Möglichkeiten aktiv zu werden. So kann man beispielsweise mittels finanzieller oder materieller Spenden oder vielleicht durch Beistand und Unterstützung in bürokratischen Belangen (Ankommen in einem fremden Land als Flüchtling) diejenigen unterstützen, die konkret betroffen sind.

- **Regulation physischer und psychischer Reaktionen:**

Ein direktes Resultat angstauslösender Situationen auf physiologischer Ebene stellen Symptome wie Herzrasen oder Zittern dar. Eine flache und stockende Atmung signalisiert dem Gehirn: Hier droht Gefahr. Werden jene Effekte beobachtet, so können gezielte Atemübungen helfen, den Körper zu beruhigen und die Angst zumindest stellenweise einzudämmen. Bedeutend aus psychologischer Perspektive scheint es, Gedanken, Sorgen und Ängste im Miteinander zu kommunizieren. Hier geht es erneut weniger um die Reduktion der Angst an sich, vielmehr wird versucht, den Blickwinkel dahingehend zu verschieben, dass auch andere die gegenwärtige Situation als bedrückend erleben.

- **Medienkonsum deckeln:**

Dieser Aspekt kann im Hinblick auf die mediale Beleuchtung des Russland-Ukraine-Kriegs – aber gewiss auch im Kontext der COVID-19-Pandemie – als zentral erachtet werden. Schaut man sich die Präsenz kriegsbezogener Berichte in den deutschen Medien in den Monaten vor, aber auch seit dem 24. Februar 2022 an, so befand man sich quasi unwillentlich in einer Art „Kriegsblase". Nachrichtensender lieferten rund um die Uhr die neuesten Meldungen, die acht deutschen Leitmedien (FAZ, Süddeutsche Zeitung, Bild, Spiegel, Zeit, ARD-Tagesschau (20 Uhr), ZDF Heute (19 Uhr), RTL Aktuell (18.45)) berichteten im Kanon (Maurer et al., 2022). MDR.DE beschrieb sogar den auf der digitalen Entertainment-Plattform TikTok ausgetragenen „WarTok". Gemeint ist, dass die ursprüngliche Entertainment-App nunmehr authentische Einblicke in den Kriegsalltag lieferte. Natürlich ist ein gewisses Maß an faktenbasierter Berichterstattung als wichtig und sinnvoll anzuerkennen, sie fungiert als Orientierungsmaß. Doch es stellt sich die Frage, ob die Omnipräsenz der Thematik selbst auf Plattformen der Unterhaltung nicht vielmehr kontraproduktiv als funktional ist. Eine Reduzierung des Medienkonsums scheint insofern sinnvoll, die generelle Verunsicherung und Besorgnis nicht noch zusätzlich zu fördern. Es geht darum, auch mal Abstand zu finden, sich positiven Nachrichten oder Ereignissen hinzugeben und die Aufmerksamkeit so bewusst umzulenken.

1.4.3.1 Kriegserleben ukrainischer Schüler*innen

Doch nicht nur die hier beschulten Kinder allein sind durch die Thematik Krieg einmal mehr verunsichert und mit neuen Ängsten konfrontiert. Ausgehend von den unmenschlichen Zuständen, die in der Ukraine seit spätestens Februar 2022 herrschen, haben sich immer mehr Familien – oder zumindest Mütter mit ihren Kindern – dazu entschieden, ihr Heimatland zu verlassen und in einem neuen Land Zuflucht zu suchen. Demnach nimmt auch die Bevölkerungsanzahl in Deutschland stetig zu. Laut Statistischem Bundesamt (Destatis, 2024) konnten zum 30. April 2024 1.197.000 ukrainischen Staatsbürger*innen in Deutschland registriert werden. Das sind über sieben Mal mehr als noch Ende Februar 2022. Kinder sind dabei überproportional häufig vertreten (Vgl. Abb. 1.2).

Ausgehend von dieser Datengrundlage ist auch der Anteil ukrainischer Schüler*innen an deutschen Schulen angestiegen. Die Bundesländer vermeldeten laut Kultusministerkonferenz im November 2022 einen Zuwachs von ukrainischen Schüler*innen auf mehr als 200.000 (Kuhn, 2022). Hier ergeben sich nun neue Herausforderungen im Rahmen der Inklusion. Ein Großteil der Kinder und Jugendlichen, die aus der Ukraine geflohen sind, haben traumatische Erfahrungen gemacht. Sie haben Eindrücke gesammelt und Situationen erlebt, die in ihrer Qualität massiv verstörend, unkontrollierbar und angstfördernd waren. Traumata, die infolgedessen entstanden sind, äußern sich auf ganz unterschiedliche Art und Weise. Manche können nicht mehr einschlafen oder werden durch Albträume aus dem Schlaf gerissen. Andere wiederum ziehen sich zurück, verweigern unter Umständen sogar jegliche Form der Kommunikation. Dennoch besuchen viele dieser betroffenen

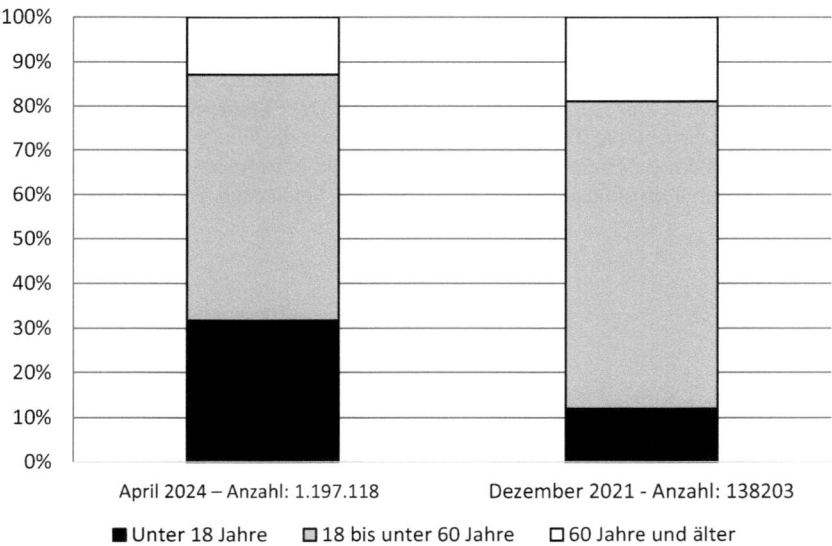

Abb. 1.2 Prozentuale Anteile der ukrainischen Bevölkerung in Deutschland (Destatis, 2024)

Kinder eine deutsche Schule. Neben der klassischen Gestaltung des Unterrichts ergeben sich für Lehrkräfte daher gesonderte Anforderungen. Einerseits müssen Mitschüler*innen hinsichtlich der Aufnahme der neuen Klassenkamerad*innen vorbereitet werden. Hierbei scheint es besonders wichtig, die Kinder dahingehend zu sensibilisieren, dass es denen, die nun neu in die Klasse kommen werden, bedingt durch das erfahrene Kriegsgeschehen wahrscheinlich nicht so gut geht, dass sie vielleicht schüchterner reagieren und viel Zeit brauchen, bis sie „ankommen". Andererseits müssen dann die womöglich sehr abweichenden Bedürfnisse der „Neuankömmlinge" wahrgenommen und individuell gestillt werden. Das meint neben einer zusätzlichen Materialgestaltung (zu Beginn meist nicht sprachbasierte Materialien; später dann Einführung in die deutsche Sprache) auch die Begegnung mit einer anderen Kultur. Darüber hinaus sollten im Unterricht thematische Aspekte aufgegriffen werden, die gezielt dabei helfen können, die Gefühlszustände und Gedanken der Kinder zu erkennen und einzuordnen. Exemplarisch könnte hier die Gestaltung von Bildern zum Thema Frieden oder „Was ich mir wünsche!" sinnvoll sein.

Aber was bedeutet das genau für Lehrkräfte? Kurz gesagt: eine Doppelbelastung. Auf der einen Seite gilt es, die Schüler*innen, die bereits seit längerer Zeit im Klassenverband sind, dem Entwicklungs- und Bildungsstand angemessen voranzubringen. Gleichzeitig sollen jene Kinder und Jugendliche aufgenommen und integriert werden, die neben der wohl auch zentralen Sprachbarriere ganz andere Konflikte bewältigen müssen. Die Heterogenität in den Anforderungen scheint so groß, dass die Bewältigung anspruchsvoll, wenn nicht gleich unmöglich erscheint.

Zusammenfassung
Die COVID-19-Pandemie und der Ukraine-Konflikt haben die Prävalenz von Ängsten weltweit erhöht, insbesondere bei Kindern und Jugendlichen. Die Pandemie führte zu sozialer Isolation, Lernunterbrechungen und einem Anstieg allgemeiner Unsicherheiten, was häufig mit Ängsten vor Ansteckung und dem Verlust von Angehörigen einherging. Der Ukraine-Konflikt hat zusätzlich traumatische Erfahrungen wie die Trennung von Familien oder die Flucht vor Gewalt in den Fokus gerückt. Schulen übernehmen eine Schlüsselrolle, indem sie Betroffenen psychologische Unterstützung bieten und durch Sensibilisierung zu einem besseren Verständnis von Angst beitragen.

Literatur

American Psychiatric Association. (2013). *Diagnostic and statistical manual of mental disorders* (5. Aufl.). American Psychiatric Publishing.

Bagdonas, A. (2004). *Schulstress und Schulangst: Eine Lehrermeinungsforschung.* https://etalpykla.lituanistika.lt/object/LT-LDB-0001:J.04~2004~1367156661253/J.04~2004~1367156661253.pdf.

Banks, J., & Xu, X. (2020). The mental health effects of the first two months of lockdown during the COVID-19 pandemic in the UK. *Fiscal Studies, 41*(3), 685–708.

Beushausen, U. (2009). *Sprechangst: Ein Ratgeber für Betroffene, Therapeuten und Angehörige pädagogischer Berufe*. Idstein: Schulz-Kirchner. https://www.skvshop.de/shop/images/files/editor/file/downloads/428.pdf.

Birbaumer, N., & Schmidt, R. F. (2010). *Biologische psychologie*. Springer.

Blankenbach, M. (2015). *Phasic und Sustained Fear im Startle Versuch*. Julius-Maximilians-Universität.

Bradley, B. P., Mogg, K., & Lee, S. C. (1997). Attentional biases for negative information in induced and naturally occurring dysphoria. *Behaviour research and therapy, 35*(10), 911–927. https://doi.org/10.1016/S0005-7967(97)00053-3.

Büch, H., Döpfner, M., & Petermann, U. (2015). *Soziale Ängste und Leistungsängste*. Hogrefe.

Deutsche Traumastiftung. (2024). *Was ist ein Trauma?* https://www.deutsche-traumastiftung.de/trauma/.

Destatis (2024). *Gesellschaft*. https://www.destatis.de/DE/Im-Fokus/Ukraine/Gesellschaft/_inhalt.html.

Ekman, P. (1992). An argument for basic emotions. *Cognition and Emotion, 6*(3–4), 169–200. https://doi.org/10.1080/02699939208411068.

Entringer, T. M., & Kröger, H. (2020). Einsam, aber resilient – Die Menschen haben den Lockdown besser verkraftet als vermutet. *DIW aktuell, 46*, 1–6. https://www.diw.de/de/diw_01.c.791408.de/publikationen/diw_aktuell/2020_0046/einsam__aber_resilient_____die_menschen_haben_den_lockdown_besser_verkraftet_als_vermutet.html.

Epstein, S. (1967). Toward a unified theory of anxiety. In B. A. Maher (Hrsg.), *Progress in experimental personality research* (4. Aufl., S. 2–89). Academic.

Eschenbeck, H., Heim-Dreger, U., Hock, M., & Kohlmann, C.-W. (2023). Angst und Freude in schulischen Kontexten. *Zeitschrift für Pädagogische Psychologie, 37*(1–2), 57–71. https://doi.org/10.1024/1010-0652/a000284.

Essau, C. A., Karpinski, N. A., Petermann, F., & Conradt, J. (1998). Häufigkeit und Komorbidität von Angststörungen bei Jugendlichen: Ergebnisse der Bremer Jugendstudie. *Verhaltenstherapie, 8*(3), 180–187.

Eysenck, M. W., Derakshan, N., Santos, R., & Calvo, M. G. (2007). Anxiety and cognitive performance: Attentional control theory. *Emotion, 7*(2), 336–353. https://doi.org/10.1037/1528-3542.7.2.336.

Falch, V. (2021). *Zwischen Schulfreude und Schulangst – alternative Schulkonzepte als Weg?* https://kidoks.bsz-bw.de/frontdoor/deliver/index/docId/2542/file/Falch_Verena_Masterthese.pdf.

Federer, M., Margraf, J., & Schneider, S. (2000). Leiden schon Achtjährige. *Zeitschrift für Kinder- und Jugendpsychiatrie und Psychotherapie, 28*(3), 205–214.

Feinstein, J. S., Adolphs, R., Damasio, A., & Tranel, D. (2011). The human amygdala and the induction and experience of fear. *Current biology, 21*(1), 34–38. https://doi.org/10.1016/j.cub.2010.11.042.

Fischer, A.-C., Dunkake, I., & Ricking, H. (2022). *Ergebnisse einer quantitativen Untersuchung an Schulen zu Risikofaktoren bei Schulangst. Zeitschrift für Kinder- und Jugendpsychiatrie und Psychotherapie, 50*(6), 447–456. https://econtent.hogrefe.com/doi/epdf/10.1024/1422-491.

Freud, S. (1971a). Über die Berechtigung, von der Neurasthenie einen bestimmten Symptomenkomplex als „Angstneurose" abzutrennen. In A. Mitscherlich, A. Richards, & J. Strachey (Hrsg.), *Sigmund Freud. Studienausgabe, Band VI, Hysterie und Angst* (S. 227–308). Fischer.

Freud, S. (1971b). Hemmung, Symptom und Angst. In A. Mitscherlich, A. Richards, & J. Strachey (Hrsg.), *Sigmund Freud. Studienausgabe, Band VI, Hysterie und Angst* (S. 9–24). Fischer.

Gonschorek, G., & Schneider, S. (2020). *Einführung in die Schulpädagogik und die Unterrichtsplanung* (9. Aufl.). Auer.

Grossmann, K. E., & Winkel, R. (1977). *Angst und Lernen: Angstfreie Erziehung in Schule und Elternhaus.* Kindler.

Gullone, E. (2000). The development of normal fear. *Clinical Psychology Review, 20*(4), 429–451. https://doi.org/10.1016/s0272-7358(99)00034-3.

Hardy, L. (1999). Stress, anxiety and performance. *Journal of Science and Medicine in Sport, 2*(3), 227–233. https://doi.org/10.1016/s1440-2440(99)80175-3.

Heeren, A. (2020). On the distinction between fear and anxiety in a (post)pandemic world: A commentary on Schimetti et al. (2020). *Clinical Neuropsychiatry, 17*(3), 189–191. https://doi.org/10.36131/cnfioritieditore20200307.

Hoyer, J., Helbig, S., & Margraf, J. (2005). *Diagnostik und Angststörungen* (8. Aufl.). Hogrefe.

Hurlemann, R., Schlaepfer, T. E., Matusch, A., Reich, H., Shah, N. J., Zilles, K., & Bauer, A. (2009). Reduced 5-HT2A receptor signaling following selective bilateral amygdala damage. *Social Cognitive and Affective Neuroscience, 4*(1), 79–84. https://doi.org/10.1093/scan/nsn039.

Ihle, W., & Esser, G. (2002). Epidemiologie psychischer Störungen im Kindes- und Jugendalter: Prävalenz, Verlauf. Komorbidität und Geschlechtsunterschiede. *Psychologische Rundschau, 53*(4), 159–169. https://doi.org/10.1026/0033-3042.53.4.159.

In-Albon, T. (2011). *Kinder und Jugendliche mit Angststörungen: Erscheinungsbilder, Diagnostik, Behandlung, Prävention.* Kohlhammer.

Jonas, K., Stroebe, W., & Hewstone, M. (Hrsg.). (2014). *Sozialpsychologie* (6. Aufl.). Springer.

Kessler, R. C., Berglund, P., Demler, O., Jin, R., Merikangas, K. R., & Walters, E. E. (2005). Lifetime prevalence and age-of-onset distributions of DSM-IV disorders in the national comorbidity survey replication. *Archives of General Psychiatry, 62*(6), 593–602. https://doi.org/10.1001/archpsyc.62.6.593.

Kostev, K. et al. (2021). Zunahme von Depressions- und Angststörungsdiagnosen während der Covid-19-Pandemie bei Kindern und Jugendlichen. *Monitor Versorgungsforschung, 4,* 57–61. https://doi.org/10.24945/MVF.04.21.1866-0533.2334.

Krohne, H. W. (2010). *Psychologie der Angst.* Kohlhammer.

Kuhn, A. (2022). *Wie die Schulen geflüchtete Kinder aus der Ukraine aufnehmen.* https://deutsches-schulportal.de/bildungswesen/ukraine-wie-schulen-gefluechtete-kinder-aufnehmen/.

Kultusministerkonferenz. (2022). Geflüchtete Kinder/Jugendliche aus der Ukraine an deutschen Schulen – 2022. https://www.kmk.org/dokumentation-statistik/statistik/schulstatistik/gefluechtete-kinderjugendliche-aus-der-ukraine/2022.html.

Lamb, D. H. (1973). The effects of two stressors on state anxiety for students who differ in trait anxiety. *Journal of Research in Personality, 7*(2), 116–126. https://doi.org/10.1016/0092-6566(73)90045-7.

Ledoux, J. E. (2007). *The emotional brain: The mysterious underpinnings of emotional life.* Simon & Schuster.

Lewis, M., & Haviland-Jones, J. (2008). *Handbook of emotions* (3. Aufl.). Guilford.

Linderkamp, F., & Grünke, M. (2007). Lern- und Verhaltensstörungen: Klassifikation, Prävalenz & Prognostik. In F. Linderkamp & M. Grünke (Hrsg.), *Lern- und Verhaltensstörungen: Genese, Diagnostik, Intervention* (S. 14–28). Beltz.

Lochner, B. (2020). *Thüringer Familien in Zeiten von Corona – Wohlbefinden der Kinder, Herausforderungen des Homeschooling & Unterstützungsbedarfe der Eltern. Erste Befunde.* Fachhochschule. https://www.forum-transfer.de/fileadmin/user_upload/20-04-25_Befr.Familien-1.Befunde.pdf.

Mainhard, T., Oudman, S., Hornstra, L., Bosker, R., & Goetz, T. (2018). Student emotions in class: The relative importance of teachers and their interpersonal relations with students. *Learning and Instruction, 53,* 109–119. https://doi.org/10.1016/j.learninstruc.2017.07.011.

Marks, I. (2013). *Bewältigung der Angst: Furcht und nervöse Spannung-leichter gemacht.* Springer.

Maurer, M., Haßler, J., & Jost, P. (2022). *Die Qualität der Medienberichterstattung über den Ukraine-Krieg. Forschungsbericht zu ersten Befunden.* https://www.otto-brenner-stiftung.de/fileadmin/user_data/stiftung/06_Aktuelles/2022_Ukraine_Berichterstattung/2022_Ukraine_Zwischenbericht.pdf.

Mazur, J. E. (2004). *Lernen und Gedächtnis.* Pearson.

Melfsen, S., & Walitza, S. (2013). *Soziale Ängste und Schulangst: Entwicklungsrisiken erkennen und behandeln.* Beltz.

Melzer, W. (1987). *Familie und Schule als Lebenswelt: Zur Innovation von Schule durch Elternpartizipation.* Deutsches Jugendinstitut.

Miller, N. E. (1948). Studies of fear as an acquirable drive: I. Fear as motivation and fear reduction as reinforcement in the learning of new responses. *Journal of Experimental Psychology, 38*(1), 89–101. https://doi.org/10.1037/h0058455.

Naumann, E., Mata, J., Reifenscheid, M., Möhring, K., Wenz, A., Rettig, T., ..., & Blom, A. G. (2020). *Die Mannheimer Corona-Studie: Schwerpunktbericht zum Angstempfinden in der Bevölkerung.* https://madoc.bib.uni-mannheim.de/55136/1/Schwerpunktbericht_Angstempfinden_Mannheimer_Corona_Studie.pdf.

Nearchou, F., Flinn, C., Niland, R., Subramaniam, S. S., & Hennessy, E. (2020). Exploring the impact of COVID-19 on mental health outcomes in children and adolescents: A systematic review. *International Journal of Environmental Research and Public Health, 17*(22), 8479. https://doi.org/10.3390/ijerph17228479.

Nuding, A. (1984). Lehrerangst im Schulalltag. Informelle Erhebung mit Berücksichtigung der kognitiven und emotionellen Dimension. *Psychologie in Erziehung und Unterricht, 31,* 292–297.

Peez, H. (1983). Angst als Begleiter im Lehrerleben. Berufsbezogene Ängste in der Selbstwahrnehmung und im Urteil der Schüler. *Bayerische Schule, 36*(2), 15–18.

Pekrun, R., Goetz, T., Titz, W., & Perry, R. P. (2002). Academic emotions in students' self-regulated learning and achievement: A program of qualitative and quantitative research. *Educational Psychologist, 37*(2), 91–105. https://doi.org/10.1207/s15326985ep3702_4.

Pervin, L. A., Cervone, D., & John, O. P. (2005). *Persönlichkeitstheorien.* Reinhardt.

Philipps Universität Marburg. (o. J.). *Soziale Ängstlichkeit.* https://www.uni-marburg.de/de/fb04/team-christiansen/lehre/living-library-1/fact-sheets/fact-sheet-soziale-angst.pdf.

Pock, L. (2011). *Depression und Schulangst bei Grundschulkindern.* Klagenfurt: Alpen-Adria-Universität. https://netlibrary.aau.at/obvuklhs/content/titleinfo/2410924/full.pdf.

Prävalenz. (2017). In M. A. Witz (Hrsg.), *Dorsch – Lexikon der Psychologie* (S. 1314). Hogrefe.

Rammsayer, T., & Weber, H. (2016). *Differentielle Psychologie-Persönlichkeitstheorien.* Hogrefe.

Ravens-Sieberer, U., Wille, N., Bettge, S., & Erhart, M. (2007). Psychische Gesundheit von Kindern und Jugendlichen in Deutschland. Ergebnisse aus der BELLA-Studie im Kinder- und Jugendgesundheitssurvey (KiGGS). *Bundesgesundheitsblatt, 50,* 871–878. https://doi.org/10.1007/s00103-007-0250-6.

Ravens-Sieberer, U., Wille, N., Erhart, M., Bettge, S., Wittchen, H. U., Rothenberger, A., et al., & BELLA Study Group. (2008). Prevalence of mental health problems among children and adolescents in Germany: Results of the BELLA study within the National Health Interview and Examination Survey. *European Child & Adolescent Psychiatry, 17,* 22–33. https://doi.org/10.1007/s00787-008-1003-2.

Ricking, H., & Hagen, T. (2016). *Schulabsentismus und Schulabbruch: Grundlagen – Diagnostik – Prävention.* Kohlhammer.

Riemann, F. (2022). *Grundformen der Angst* (47. Aufl.). Reinhardt.

Rosemann, H. (1978). *Kinder im Schulstress.* Fischer.

Rosenbusch, H. (1994). *Lehrer und Schulräte. Ein strukturell gestörtes Verhältnis.* Klinkhardt.

Schmithüsen, F. (Hrsg.). (2014). *Lernskript Psychologie.* Springer.

Schneider, S., & Seehagen, S. (2014). Angststörungen im Kindes- und Jugendalter. *Pädiatrie up2date, 9*(4), 355–368. https://doi.org/10.1055/s-0034-1378087.

Schwarzer, R. (2000). *Stress, Angst und Handlungsregulation* (4. Aufl.). Kohlhammer.

Sonnenmoser, M. (2013). Trennungsangststörung im Erwachsenenalter: Häufig nicht erkannt. *Deutsches Ärzteblatt, 10,* 454–455. https://www.aerzteblatt.de/archiv/147519/Trennungsangststoerung-im-Erwachsenenalter-Haeufig-nicht-erkannt.

Spitzer, M. (2020). Gesichtsmasken im Unterricht. Vor- und Nachteile der Bedeckung der unteren Gesichtshälfte in Zeiten der Corona-Pandemie. *Nervenheilkunde, 39*(9), 522–532. https://doi.org/10.1055/a-1162-5343.

Sroufe, L. A. (1977). Wariness of strangers and the study of infant development. *Child Development, 48*(3), 731–746. https://doi.org/10.2307/1128323.

Stahl, C. D. (2000). *Grundformen der Angst aus psychologischer und astrologischer Sicht* (2. Aufl.). Autor. http://gesunder.pink-panther.org/pflege/clausstahl_grundformen-der.pdf.

Statista. (2020). *Was sind Ihre Hauptsorgen oder Bedenken bezüglich der COVID-19/Corona-Pandemie?.* https://de.statista.com/statistik/daten/studie/1108157/umfrage/hauptsorgen-und-aengste-wegen-der-covid-19-corona-pandemie/.

Steinhausen, H.-C., Metzke, C. W., Meier, M., & Kannenberg, R. (1998). Prevalence of child and adolescent psychiatric disorders: The Zürich Epidemiological Study. *Acta Psychiatrica Scandinavica, 98*(4), 262–271. https://doi.org/10.1111/j.1600-0447.1998.tb10082.x.

Tücke, M. (2005). *Psychologie in der Schule, Psychologie für die Schule: Eine themenzentrierte Einführung in die pädagogische Psychologie für (zukünftige) Lehrer.* LIT.

Watson, J. B., & Rayner, R. (1920). Conditioned emotional reactions. *Journal of Experimental Psychology, 3*(1), 1–14. https://doi.org/10.1037/h0069608.

Weser Kurier. (2022). *Wie der Konflikt eskaliert und was im Krieg bisher geschah.* https://www.weser-kurier.de/politik/ausland/zeitstrahl-zum-ukraine-konflikt-so-hat-sich-der-krieg-entwickelt-doc7jukz3zmz7q1a1qokldu.

Westenberg, P., Drewes, M. J., Goedhart, A. W., Siebelink, B. M., & Treffers, P. D. A. (2004). A developmental analysis of self-reported fears in late childhood through mid-adolescence: Social-evaluative fears on the rise? *Journal of Child Psychology and Psychiatry, 45*(3), 481–495. https://doi.org/10.1111/j.1469-7610.2004.00239.x.

Wimmer, R. (2021). *Angst und Schulabsentismus.* Private Pädagogische Hochschule der Diözese Linz. https://kidoks.bsz-bw.de/frontdoor/deliver/index/docId/2448/file/Abgabe_Masterarbeit.pdf.

Wirtz, M. A. (Hrsg.). (2017). *Dorsch: Lexikon der Psychologie.* Hogrefe.

Wittchen, H. U., Nelson, C. B., & Lachner, G. (1998). Prevalence of mental disorders and psychosocial impairments in adolescents and young adults. *Psychological Medicine, 28*(1), 109–126. https://doi.org/10.1017/S0033291797005928.

Wolf, D. (2021). *Was bei Angst im Körper passiert.* PAL. https://www.palverlag.de/angst-koerper.html.

Yang, X., Fang, Y., Chen, H., Zhang, T., Yin, X., Man, J., Yang, L., & Lu, M. (2021). Global, regional and national burden of anxiety disorders from 1990 to 2019: Results from the global burden of disease study 2019. *Epidemiology and Psychiatric Sciences, 30,* 1–11. https://doi.org/10.1017/S2045796021000275.

Welche Ängste begleiten Schüler*innen und Lehrkräfte?

2

Lisa Zeuch, Natacha Stevenin, Ines Müller, Lisa Ripoll Y Schmitz, Theresa Karge und Zoi Vratidou

Zusammenfassung

Schüler*innen und Lehrkräfte sind häufig mit verschiedenen Formen von Ängsten konfrontiert, die den schulischen Alltag maßgeblich beeinflussen. *Prüfungsangst* führt zu erheblichem Stress, selbstwertbedrohlichen Befürchtungen und eingeschränktem Leistungsvermögen, wobei sowohl familiäre als auch schulische Faktoren eine Rolle spielen. *Schulabsentismus,* manifestiert als Schulschwänzen, angstbedingte Schulverweigerung oder elternbedingte Schulversäumnisse, betrifft Schüler*innen aller Schultypen und erfordert eine umfassende Herangehensweise zur Prävention und Bewältigung, um die individuellen Bedürfnisse von Lernenden, Eltern und Lehrkräften zu berücksichtigen. *Schüchternheit,* ein nicht-klinisches, jedoch weit verbreitetes Phänomen, kann zu verzerrten Leistungseinschätzungen und sozialen Hemmungen im Schulkontext führen, die von der Kindheit bis ins Erwachsenenalter nachwirken. Die Erkennung und das Verständnis dieser Angstformen sind essenziell, um eine förderliche und sichere Lernumgebung zu schaffen, in der alle Beteiligten unterstützt und befähigt werden, ihre Potenziale voll zu entfalten.

Schlüsselwörter

Schüchternheit an Schulen · Angst an Schulen · Verhaltenshemmung · Soziale Angst · Soziale Kompetenz · Evaluationsangst · Schüchternheitsmessung · Umgang mit Schüchternheit

---

L. Zeuch (✉) · N. Stevenin · I. Müller · L. R. Y. Schmitz · T. Karge · Z. Vratidou
Esch-sur-Alzette, Luxembourg
E-Mail: lisa.zeuch@alumni.uni.lu

© Der/die Autor(en), exklusiv lizenziert an Springer Fachmedien Wiesbaden GmbH, ein Teil von Springer Nature 2025
M. Böhmer und G. Steffgen (Hrsg.), *Angst an Schulen,*
https://doi.org/10.1007/978-3-658-46278-9_2

> **Übersicht**
>
> Das zweite Kapitel widmet sich den spezifischen Ängsten, die den Schulalltag sowohl für Schüler*innen als auch für Lehrkräfte prägen. Prüfungsangst, eine der häufigsten Erscheinungen, wird durch Leistungsdruck, Bewertungsängste und die Furcht vor Versagen ausgelöst. Sie zeigt sich in kognitiven (z. B. negative Gedanken), emotionalen (z. B. Nervosität) und körperlichen Symptomen (z. B. Herzrasen) (Abschn. 2.1.2). Subtypen wie die somatische und die kognitive Prüfungsangst werden ebenso beleuchtet wie mögliche langfristige Folgen, etwa ein dauerhaft verringertes Selbstwertgefühl oder die Vermeidung von Leistungsanforderungen (Abschn. 2.1.6). Gleichzeitig zeigt das Kapitel Wege auf, wie Betroffene mit diesen Ängsten umgehen können, etwa durch Entspannungsmethoden oder kognitive Strategien (Abschn. 2.1.8). Fallbeispiele illustrieren, wie konkrete Interventionsansätze in der Praxis umgesetzt werden können (Abschn. 2.1.9).
>
> Ein weiteres zentrales Thema ist der Schulabsentismus, der oft durch tief verwurzelte Ängste wie Trennungsangst oder soziale Phobien bedingt ist (Abschn. 2.2.1). Hier wird deutlich, dass es sich um mehr als ein individuelles Problem handelt – die gesamte Schulgemeinschaft ist von den Folgen betroffen. Vermeidungsverhalten, Angst vor sozialen Interaktionen oder vor der Rückkehr in die Schule können den Schulalltag nachhaltig beeinträchtigen. Schüchternheit, die in ihrer milden Form oft als Charakterzug abgetan wird, kann in stärkerer Ausprägung zu ernsthaften Schwierigkeiten im schulischen und sozialen Kontext führen (Abschn. 2.3.1). Die Abgrenzung zur sozialen Angststörung wird hierbei besonders hervorgehoben, um ein besseres Verständnis für die Vielfalt dieser Erscheinungen zu schaffen (Abschn. 2.3.2). Praktische Hinweise, wie Lehrkräfte und Schulpsycholog*innen betroffene Schüler*innen unterstützen können, runden das Kapitel ab (Abschn. 2.3.9–2.3.11). Insgesamt zeigt dieses Kapitel, wie vielschichtig Ängste im Schulalltag sein können und wie wichtig ein sensibler Umgang mit ihnen ist.

2.1 Prüfungsangst

Prüfungsangst ist eine anhaltende und spürbare Anspannung in Leistungssituationen oder bei Prüfungsvorbereitungen, die zu selbstwertbedrohlichen Befürchtungen, eingeschränktem Leistungsvermögen und psychologischem Stress führen kann. Obwohl die Ausprägung einer Prüfungsangst interindividuell variiert, äußern sich ihre Symptome grundsätzlich auf physiologischer, kognitiver, emotionaler und/oder behavioraler Ebene. Dabei ist vor allem die subjektive Interpretation der Prüfungssituation ausschlaggebend. Die Definitionsvielfalt und das Fehlen etablierter Messinstrumente führen zu unklaren Prävalenzen von Prüfungsangst. Der allgemein vermerkte Anstieg unterstreicht dennoch die Notwendigkeit, betroffene Kinder im schulischen Kontext adäquat und fachspezifisch zu unterstützen. Die Ursachen einer Prüfungsangst lassen sich nicht ausschließlich dem prüfungsängstlichen Kind zuschreiben, weshalb vielmehr die Wechselwirkung zwischen unterschiedlichen Risiko-, Entstehungs- und Aufrechterhaltungsfaktoren betrachtet werden sollte. Prüfungsangst kann durch das familiäre Umfeld und den schulischen Kontext begünstigt werden, was sich wiederum in Leistungssituationen äußern und durch negative Konsequenzen aufrechterhalten werden kann. Im Sinne einer korrekten Leistungsabbildung sollten die genannten Faktoren zunächst identifiziert werden, um entsprechende Schutzfaktoren und passende Interventionsprogramme ableiten zu können. Da die Schule als zentraler Angelpunkt für von Prüfungsangst betroffene Kinder fungiert, soll der folgende Abschnitt einen Überblick über die Bedeutsamkeit und Komplexität dieser Angstform schaffen sowie zur Gestaltung einer förderlichen und sicheren Lernumgebung beitragen.

2.1.1 Was ist Prüfungsangst?

Prüfungsangst, in der Literatur oftmals synonym verwendet mit Leistungsangst, wird als eine andauernde und deutlich spürbare Anspannung in Leistungssituationen und/oder während der Prüfungsvorbereitung definiert, die den jeweiligen Bedingungen nicht angemessen ist (Melfsen & Walitza, 2013). Die Angst vor der Bewertung der eigenen Leistung durch andere Personen ist so stark ausgeprägt, dass sie das Leistungsvermögen einschränken kann (Bröscher et al., 2022). Als klinisch relevant gilt eine Angstreaktion, wenn sie von „einem Übermaß an selbstwertbedrohlichen Befürchtungen und Sorgen sowie physiologischer Erregung und mentaler Desorganisiertheit charakterisiert ist" (Melfsen & Walitza, 2013, S. 70; Sarason, 1986). Da Prüfungsangst eine deutliche Beeinträchtigung im alltäglichen Leben und/oder im schulischen Fortschritt zur Folge haben kann, ist ihre entsprechende Behandlung für das Wohlbefinden und die psychische Gesundheit betroffener Schüler*innen äußerst relevant (Bröscher et al., 2022; Fehm et al., 2022; Melfsen & Walitza, 2013).

▶ **Definition Prüfungen** Meist formal festgelegte Situationen, die mündliche, schriftliche oder praktische Aufgaben enthalten können und im schulischen Kontext normalerweise auf wenige Stunden Dauer begrenzt sind (Fehm et al., 2022).

In gewissen Prüfungskontexten kann eine Angstreaktion naheliegend und situationsädaquat sein, da die eigene Handlung und Tüchtigkeit anhand eines Maßstabs bewertet werden und zumeist von einem Machtgefälle zwischen Prüfer*in und Prüfling geprägt sind (Melfsen & Walitza, 2013; Rheinberg, 2004).

Bei einer Prüfungsangst zeigen sich hingegen zwei Wirkrichtungen (vgl. Krohne & Hock, 1994). Einerseits kann eine hohe Prüfungsangst die Leistungsfähigkeit verringern, andererseits kann eine geringe Leistungsfähigkeit auch die Prüfungsangst steigern. Diese Verläufe sind unter anderem durch Persönlichkeitsvariablen, Dispositionen, Defizite hinsichtlich der Konzentrationsfähigkeit und des Arbeitsverhaltens, geringe Fähigkeitseinschätzung, Teilleistungsschwächen oder auch durch generelle Überforderung und einen zu hohen Leistungsstandard beeinflussbar (Melfsen & Walitza, 2013). Auf diese Aspekte wird in Abschn. 2.1.6 genauer eingegangen.

Exkurs Anforderungskomplexität
Das Yerkes-Dodson-Gesetz (Melfsen & Walitza, 2013; Rost et al., 2018; Rosenkranz, 2001 angelehnt an Yerkes & Dodson, 1908) beschreibt den Zusammenhang zwischen Erregungsniveau und Leistungsfähigkeit. Es besagt, dass ein mittleres Maß an Erregung die Leistung optimiert, während sowohl zu hohe als auch zu niedrige Aktivierung die Leistungsfähigkeit beeinträchtigen kann. Bei Prüfungsangst spielt die Anforderungskomplexität eine entscheidende Rolle. Insbesondere bei anspruchsvollen Aufgaben, die weder Fantasie noch Einfallsreichtum oder produktives Denken erfordern, kann bereits ein leichtes Angsterleben zu einer eingeschränkten Leistungsfähigkeit führen. Geht die hohe Aufgabenkomplexität zudem mit Bedingungen wie hohem Leistungsdruck oder hohen Erwartungen einher, könnte das Gedankenkreisen um potenzielles Versagen zu einer geminderten Kapazität führen, aufgabenbezogene Lösungswege herzuleiten.

2.1.2 Symptomatik

Im Sinne der Vereinfachung lassen sich die bei einer Prüfungsangst auftretenden Symptome in physiologische (Körper), kognitive (Gedanken), emotionale (Gefühle) und behaviorale (Verhalten) Merkmale aufgliedern, wobei interindividuell unterschiedliche Ausprägungsgrade und Kombinationen der Symptome möglich sind.

Physiologische Merkmale
Physiologische Symptome von Prüfungsangst sind in erster Linie sympathische und parasympathische Aktivierungsreaktionen (des Nervensystems), die einer Stressreaktion ähneln können. Dazu zählen erhöhter Puls und Blutdruck, Zittern, Schwindel, Herzklopfen bzw. Herzrasen, Harndrang, Kopfschmerzen, Schweißausbruch, muskuläre Anspannung, Magen-Darm-Probleme, Übelkeit, Schlafschwierigkeiten (Ein- und Durchschlafstörungen) und körperliches Schwächegefühl. Auch Artikulationsstörungen bis hin zu Sprechblockaden sowie sensorische Wahrnehmungsstörungen (z. B. die Stimme der Lehrperson nur noch ganz entfernt hören) können auftreten (Bröscher et al., 2022; Melfsen & Walitza, 2013; Rost et al., 2018). Es wird zudem bei jüngeren Kindern von physiologisch unspezifischeren Begleitsymptomen im Vergleich zu Älteren ausgegangen (Melfsen & Walitza, 2013). Dass die Ausprägungen und Kombinationen dieser Symptome von Schüler*in zu Schüler*in stark variieren können, spiegelt sich ebenfalls in verfügbaren Forschungsbefunden wider, nach

denen sich in der Psychophysiologie von Prüfungsangst keine eindeutigen Reaktionsmuster erkennen lassen. Anhand physiologischer Parameter kann demnach eine stark ausgeprägte Prüfungsangst nicht zuverlässig von einer gering ausgeprägten Prüfungsangst unterschieden werden (Fehm et al., 2022; Zeidner, 1998).

Exkurs Stressreaktion
Bei einer akuten Stressbelastung des Organismus werden im Hypothalamus-Nebennierenmark-System verstärkt Katecholamine wie Adrenalin und Noradrenalin ausgeschüttet. Diese Hormone beschleunigen zum Beispiel die Atmung oder die Herzfrequenz und sollen die körperlichen Funktionen auf eine Kampf- oder Fluchtsituation („fight-or-flight-reaction"; Cannon, 1932) vorbereiten (Knoll et al., 2017). Physiologisch kann die Prüfungsangst einer solchen Stressreaktion ähneln.

Kognitive Merkmale
Die kognitive Symptomatik einer Prüfungsangst charakterisiert sich durch die Ausrichtung sorgenvoller Gedanken auf negative Aspekte der gegenwärtigen Prüfungssituation, wie Bedrohungen, antizipierte Misserfolge bzw. Blamagen und die Erwartung dramatisierter Konsequenzen. Aufgrund eines übermäßigen Zweifels an den eigenen Kompetenzen ist die Aufmerksamkeitsfokussierung erschwert und sind möglicherweise die allgemeinen Informationsverarbeitungsprozesse gestört, was sich in einer Minderung der mentalen Leistungsfähigkeit wie Gedankenblockaden und kurzzeitigem Gedächtnisverlust („Blackout") äußern kann. Bereits vor der Prüfung sind schon pessimistische, selbstabwertende Annahmen im Mittelpunkt des Denkens vorhanden. So kreisen die Gedanken ausschließlich um die potenziell schwierigen Fragen in der bevorstehenden Prüfung oder auch um langfristig befürchtete Konsequenzen bei Prüfungsversagen. Dies könnte unter anderem das Nichterreichen bestimmter Ausbildungsziele, im schulischen Kontext beispielsweise die Versetzung in die nächste Klassenstufe oder der Schulabschluss, sein. Das (antizipierte) Scheitern würde dann durch die überdauernden Versagenskognitionen als unwiderlegbarer Beweis für die eigene Unfähigkeit interpretiert werden und die Angst, möglicherweise wichtige Bezugspersonen zu enttäuschen, steigern (Bröscher et al., 2022; Melfsen & Walitza, 2013; Rost et al., 2018).

▶ **Definition Blackout** Eine Art Gedankenleere oder Denkblockade, die das Abrufen von Gedächtnisinhalten sowie kreative Problemlösungen oder Transferleistungen unmöglich machen (Bröscher et al., 2022; Melfsen & Walitza, 2013).

Emotionale Merkmale
Das emotionale Erleben bei einer Prüfungsangst geht mit einer starken physiologischen Erregung einher, die sich teilweise sogar in panikartigen Gefühlsausbrüchen oder Aggressivität äußern kann. Betroffene Schüler*innen erleben eine aufsteigende Selbstwertbedrohung, Gereiztheit, unangenehme innere Aufgeregtheit, Unruhe und Anspannung sowie Hoffnungslosigkeit, Hilflosigkeit, Niedergeschlagenheit, Unlust oder depressive Verstimmungen. Die oftmals daraus resultierenden Versagens- und Minderwertigkeitsgefühle haben ebenfalls

hohe selbstreflektierende und kognitive Anteile. Da die kognitiv-emotionalen Aspekte eng miteinander verknüpft sind, sollte sich der Behandlungsschwerpunkt einer Prüfungsangst besonders auf kognitive Interventionen richten (Bröscher et al., 2022; Fehm et al., 2022; Melfsen & Walitza, 2013; Rost et al., 2018).

Behaviorale Merkmale
Die Verhaltensweisen bei einer Prüfungsangst können sich typischerweise in zwei Ausprägungen zeigen. Einerseits könnten sich ungünstige Lernstrategien bei der Prüfungsvorbereitung negativ auf die Prüfungsangst auswirken. Andererseits kann Vermeidungsverhalten gezeigt werden, welches sich auf die Zeit vor der Prüfung (z. B. Prokrastination oder Ablenkung durch andere Tätigkeiten) sowie auf die Prüfungssituation selbst (z. B. Absagen einer Prüfung oder Flucht) ausrichten kann. Dieses Verhalten zielt darauf ab, die erlebten Anspannungs- und Angstzustände zumindest für einen gewissen Zeitraum zu reduzieren (Fehm et al., 2022). Ungeeignetes Arbeitsverhalten kann sich auch im Ausweichen auf leichtere Aufgaben oder stattdessen in exzessivem Lernen und Wiederholen zeigen (Bröscher et al., 2022). Unangemessene Lern- und Vorbereitungsstrategien gelten demnach als hauptsächliche Verhaltensproblematik im Rahmen der Prüfungsangst (Fehm et al., 2022).

Im sozialen Kontext lassen sich Verhaltensweisen wie soziale Vereinnahmung in Gruppen, sozialer Rückzug sowie geminderte Empathiefähigkeit in Akutsituationen beobachten (Bröscher et al., 2022).

Insgesamt sei angemerkt, dass nicht der neurologische, physiologische oder behaviorale Zustand das Leistungsangsterleben per se bestimmen. Vielmehr spielt es eine Rolle, ob eine Bewertungs- oder Prüfungssituation subjektiv als solche interpretiert wird (Rost et al., 2018). Mit anderen Worten ist also nicht die Prüfungssituation selbst, sondern die gedankliche Vorausbewertung und Annahme eines eventuellen Misserfolgs ursächlich für eine erlebte Prüfungsangst (Melfsen & Walitza, 2013).

2.1.3 Subtypen von Prüfungsangst

Nach Zeidner (1998) lässt sich die Prüfungsangst in sechs Subtypen unterteilen. Diese Einteilung ist empirisch nicht begründet, kann allerdings im Sinne einer besseren Einordnung betroffener Schüler*innen im Behandlungskontext hilfreich sein, bzw. den Blick auf möglicherweise weniger beachtete Aspekte der Prüfungsangst richten (Fehm et al., 2022; Melfsen & Walitza, 2013):

▶ **Subtypen**

- *Mangelnde bzw. nur gering ausgebildete Lernfertigkeiten oder Lerntechniken:* Wissen kann nicht adäquat aufgenommen oder abgerufen werden.

- *Angstblockaden:* Vorhandenes Wissen und/oder notwendige Lernfertigkeiten lassen sich nicht oder nur begrenzt abrufen (siehe „Blackout").
- *Resignation:* Die Kombination aus geringen Lernfertigkeiten und geringer akademischer Eignung, Versagenserfahrungen und Antizipation von Misserfolgen kann zu Gefühlen der Unzulänglichkeit führen und in Ängsten/Sorgen im Hinblick auf die Prüfungsanforderungen resultieren.
- *Misserfolgsvermeidung:* Ausgeprägte bis exzessive Prüfungsvorbereitungen werden zur Kompensation des als bedrohlich wahrgenommenen, antizipierten Misserfolgs eingesetzt, der Prüfungserfolg ist für die Aufrechterhaltung des Selbstwertgefühls wesentlich, welches durch das genannte Verhalten zumindest temporär stabilisiert wird.
- *Boykott:* Prüfungsangst wird als Erklärung und somit als interpretativer Selbstschutz für das Misserfolgserleben herangezogen.
- *Dysfunktionale Perfektion:* dauerhafte Unzufriedenheit mit den eigenen (akademischen) Leistungen und ein hohes Maß an Selbstkritik, entsteht durch sehr hohe eigene Standards, exzessives Arbeitsverhalten und verstärktes Minderwertigkeitsempfinden, nur die absolut besten eigenen Resultate werden anerkannt.

2.1.4 Klassifikation

In den für die Psychologie relevantesten Klassifikationssystemen ICD-10 („Internationale statistische Klassifikation der Krankheiten und verwandter Gesundheitsprobleme", Weltgesundheitsorganisation; Dilling & Freyberger, 2006) und DSM-5 („Diagnostic and Statistical Manual of Mental Disorders", American Psychiatric Association, dt. Version: APA/Falkai et al., 2015) sind uneinheitliche Kriterien für die Prüfungsangst vorzufinden. Da sie nicht als eigene, definierte Störungskategorie „mit Krankheitswert" expliziert wird, kann sie insbesondere in öffentlichen Prüfungssituationen sowohl als Teil einer sozialen als auch einer spezifischen Phobie sowie einer Generalisierten Angststörung eingeordnet werden (Bröscher et al., 2022; Fehm et al., 2022). Während die Prüfungsangst [Examensangst] im ICD-10 als Beispiel einer spezifischen Phobie aufgeführt wird (Dilling & Freyberger, 2006, S. 152), gibt es mit Einführung des DSM-5, im Gegensatz zur Vorgängerversion DSM-IV, die Neuerung der sozialen Angststörung mit Spezifikation „nur in Leistungssituationen" (Bröscher et al., 2022; Fehm et al., 2022). Diese Spezifikation tritt in Kraft, sofern sich die Soziale Phobie ausschließlich auf das Sprechen oder die Leistungserbringung vor anderen Personen, bzw. in der Öffentlichkeit, limitiert. Für den schulischen Kontext wird angegeben, dass diese Leistungsängste auch im Unterricht auftreten, sofern regelmäßige Darbietungen vor anderen erforderlich sind (APA/Falkai et al., 2015, S. 275).

Das Einhergehen der Ängste mit körperlichen Symptomen (u. a. Schwitzen, starkes Herzklopfen, Übelkeit, Schwindel), welche sogar dem Erscheinungsbild einer Panikattacke ähneln können, sowie das Bedürfnis eine angstauslösende Situation vermeiden oder verlassen zu wollen, ist beiden Klassifikationssystemen gemein (Fehm et al., 2022).

2.1.5 Prävalenz und Entwicklungsverlauf

Da die Prüfungsangst, wie zuvor bereits erwähnt, keiner einheitlichen Definition unterliegt, wird sie oftmals in Häufigkeitsstudien nicht als solche erfasst. Ebenso trägt das Fehlen eines übereinstimmend akzeptierten Messinstruments mit Vergleichswerten dazu bei, dass sich zum aktuellen Zeitpunkt keine genauen Prävalenzen für Prüfungsangst bei Schüler*innen angeben lassen, bzw. diese stark variieren. Darüber hinaus erschweren in bisherigen Häufigkeitsstudien niedrige Rücklaufquoten und methodische Mängel, wie fehlende Angaben zu den genutzten Messinstrumenten, die Generalisierbarkeit der Ergebnisse auf die Allgemeinbevölkerung (Fehm et al., 2022). Obwohl gemeingültige Prävalenzangaben noch nicht ausreichend durch empirische Forschung gestützt sind, kann eine Studie zum Phobiefragebogen für Kinder und Jugendliche (PHOKI) als Anhaltspunkt für konkretere Zahlen herangezogen werden. In einer repräsentativen Stichprobe aus Deutschland wurde festgestellt, dass etwa 20 % der 277 teilnehmenden Kinder und Jugendlichen zwischen 8 und 18 Jahren sich davor ängstigen, in einer Prüfung durchzufallen bzw. allgemein schlechte Noten zu schreiben (ca. 14 %) (Döpfner et al., 2006).

Insgesamt wird davon ausgegangen, dass die Prüfungsangst vor allem im Verlauf der Grundschule verhältnismäßig ansteigt, anschließend jedoch für den Durchschnitt der Schüler*innen konstant bleibt (Frenzel et al., 2020). Dies ist höchstwahrscheinlich darauf zurückzuführen, dass Neugier, universelle Interessen und unbegrenzte Überzeugung bezüglich der eigenen Fähigkeiten in der Grundschule durch wiederholte Misserfolgserlebnisse gedämpft werden und den Schüler*innen möglicherweise ihre eigenen Unzulänglichkeiten vor Augen führen (Hellmich, 2011). Darüber hinaus steigen die schulischen Anforderungen dann in der Sekundarstufe (subjektiv) stark an und erfordern entsprechend verstärkte Anstrengungen und emotionale Kosten seitens der Schüler*innen, um den eigenen Erwartungen (und auch der Eltern und Lehrkräfte) dennoch gerecht werden zu können. Auch der Fokus auf vermehrt außerschulische soziale Themen, statt auf schulische Angelegenheiten, trägt zu einer höheren Prävalenz von Prüfungsangst in der weiterführenden Schule bei. Unter einem sozialen Gesichtspunkt könnten auch die veränderte Instruktionsstruktur oder das Klassenklima hierfür mitverantwortlich sein, da das Wettbewerbs- und Konkurrenzverhalten mit den weiteren Schulstufen zunimmt (Frenzel et al., 2020). Beim Wechsel von der Primär- in die Sekundarschule, beispielsweise zum Gymnasium, verändert sich außerdem die heterogene Bezugsgruppe zu einer relativ homogenen Bezugsgruppe leistungsstarker Mitschüler*innen und verringert (bei sozialvergleichenden und am Klassenmaßstab orientierten Normen) die Chance auf gute Zensuren. In diesem Sinne konnte eine Studie zeigen, dass die Prüfungsangst bei hochbegabten Schüler*innen stärker ausgeprägt ist, wenn sie in eine Hochbegabtenklasse statt eine reguläre Klasse gehen (Preckel et al., 2008). Zudem spiegelt sich der Einfluss des Schulwechsels in der Angabe von Bröscher und Kolleginnen (2022) wider, dass die Prüfungsangst zu der häufigsten Angstform bei Neun- bis Zwölfjährigen zählt.

Hinsichtlich der Geschlechtsunterschiede beim Thema Prüfungsangst zeichnet sich ein ähnlich unscharfes Bild: Ein Großteil der Literatur geht davon aus, dass die Prüfungsangst bei Mädchen etwas stärker ausgeprägt ist als bei Jungen. Die Unterschiede seien allerdings weniger markant als bei anderen Angstformen (Federer et al., 2000). In Fragebögen zur Erfassung von Ängsten und Leistungsängstlichkeit erzielten Mädchen in annähernd allen Sub-Komponenten der Leistungsängstlichkeit höhere Mittelwerte als Jungen. Zudem sind in den meisten einschlägigen Tests getrennte Normen für Mädchen und Jungen zu finden, was wiederum auf einen Geschlechtsunterschied schließen lässt (Rost & Schermer, 2006; Rost et al., 2018).

Insgesamt wird eine stärkere Angstbesetzung bei mündlichen Prüfungen als bei schriftlichen Arbeiten angenommen und sie zeigt sich am häufigsten im Fach Mathematik (Melfsen & Walitza, 2013). Prüfungsangst begleitet Schüler*innen dabei nicht im gesamten Schulkontext, sondern die erlebten Emotionen sind je nach Unterrichtsfach unterschiedlich stark ausgeprägt. Daher ist es besonders für Lehrkräfte relevant, das emotionale Erleben ihrer Schüler*innen fachspezifisch zu beurteilen, um entsprechend gezielt intervenieren und unterstützen zu können (Melfsen & Walitza, 2013; Frenzel et al., 2020).

2.1.6 Folgen von Prüfungsangst

Prüfungsängste gehen für betroffene Schüler*innen mit unterschiedlichen negativen Konsequenzen einher. So zeigte beispielsweise eine längsschnittliche Studie, dass prüfungsängstliche Schüler*innen höheren Distress in der Sekundarschule empfanden (Wuthrich et al., 2021). Das Stresserleben und die damit verbundenen belastenden, emotionalen Prozesse wirken sich negativ auf das Wohlbefinden der Schüler*innen aus (Sieland et al., 2016). Prüfungssituationen sind, wie bereits erwähnt, mit einem Stresserleben verknüpft. Dies kann in der Folge Prüfungsangst auslösen. Stress entsteht nach der interaktionistischen Definition (Faltermaier 2017) bei einem empfundenen Ungleichgewicht zwischen den gestellten Anforderungen und den verfügbaren individuellen Ressourcen (Sieland et al., 2016). Bei einer längerfristig anhaltenden Prüfungsangst steigt die Wahrscheinlichkeit einer möglichen Chronifizierung (Eckert & Sieland, 2021).

Dies kann auch zu einer gesteigerten kognitiven Hilflosigkeit führen (Seligman, 1999), welche insbesondere von einem Gefühl des Kontrollverlusts geprägt ist (Chorpita & Barlow, 1998). Im Versuch mit diesem Stress umzugehen, kann es vorkommen, dass Schüler*innen dysfunktionale Stressbewältigungsstrategien einsetzen. Dazu zählen unter anderem Ablenkung, die Vermeidung einer Auseinandersetzung mit dem Stressor, die Selbstverurteilung bei erlebten Misserfolgen und die Resignation (Janke & Erdmann, 1997; Sieland et al., 2016).

▶ **Definition von Eustress vs. Distress**

Selye (1956, 1964) postulierte die Unterscheidung zweier Arten von Stress, 1) *Eustress* und 2) *Distress*.

- *Eustress:* positive Form von Stress, welche bei einem optimalen Anforderungsniveau die Leistungen steigert und keine Auswirkungen auf die Gesundheit hat.
- *Distress:* entsteht bei Unter- sowie Überforderung und ist mit negativen Folgen sowohl auf der Leistungs- als auch auf der Gesundheitsebene verbunden.

Mittlerweile wird jedoch hinterfragt, ob Stress tatsächlich in diese zwei Dimensionen mit gegensätzlichen Valenzen unterteilt werden kann oder ob die Überschneidungen nicht doch zu groß sind (Bienertova-Vasku et al., 2020).

Außerdem werden negative Folgen auf der Leistungsebene festgestellt, welche sich durch eine sinkende Konzentrations- und Aufmerksamkeitsfähigkeit, eingeschränkte sprachliche Kompetenzen und kognitive Verzerrungen bezüglich der eigenen Fähigkeiten kennzeichnen (Sieland et al., 2016). Dies kann auch als eine Art Tunnelblick beschrieben werden, bei dem die Aufmerksamkeit ausschließlich auf die Angst selbst fokussiert ist und so nicht genügend Raum für die Lösung der Aufgabe lässt.

Des Weiteren können sich Prüfungsängste auch negativ auf das schulische (Fähigkeits)Selbstkonzept auswirken (Mammarella et al., 2018; Melfsen & Walitza, 2013). Die Abnahme des schulischen Selbstkonzepts, die auch beim Wechsel von der Grundschule in die weiterführende Schule auftreten kann, wird von der Prüfungsangst beeinflusst (Fréchette-Simard et al., 2022).

Obwohl an sich nur niedrige Zusammenhänge, vor allem in den höheren Schuljahren, zwischen Intelligenz und Prüfungsangst bestehen, scheint letztere dennoch solche Speicherkapazitäten des Gedächtnisses zu beeinträchtigen, die für eine Vielzahl an Lern- und Denkprozessen maßgeblich sind (Eysenck, 1979, 1997; Dutke & Stöber, 2001; Rost et al., 2018).

Ebenfalls wurde in einer Studie gezeigt (Chang, 2021), dass insbesondere die ständigen Sorgen über Bewertungen ein maladaptives Motivationsengagement mit sich führen. Dies bedeutet, dass vielmehr die Vermeidung von Misserfolgen statt das Streben nach Erfolgen im Vordergrund steht. Im Rahmen von Leistungsmotiven können insbesondere misserfolgsmotivierte Schüler*innen, bei denen die Angst vor Misserfolgen das Streben nach Erfolgen übersteigt, eine Vermeidungstendenz gegenüber Leistungssituation aufweisen (Hasselhorn & Gold, 2022). Die Prüfungsangst wird in diesem Fall durch das Vermeidungsverhalten oder gar durch Schulabbrüche (dysfunktional) „gelöst" (Melfsen &

Walitza, 2013). Ähnlich wie bei der Sozialphobie wird bei langfristiger Betrachtung häufiger auf Schulabschlüsse verzichtet und es werden somit nur geringer qualifizierte Berufspositionen eingenommen. Höher qualifizierte Positionen sind zudem mit mehr Situationen dieser Art verbunden, die ein Angsterleben auslösen können (Fehm et al., 2022).

Die genannten Aspekte unterstreichen demnach die Relevanz, Prüfungsängste im schulischen Kontext ernst zu nehmen und bei Bedarf gezielt zu intervenieren.

2.1.7 Wie kann es zu Prüfungsangst kommen?

Risikofaktoren (Prädispositionen) und Entstehungsfaktoren
Die Risikofaktoren für Prüfungsängste lassen sich in unterschiedliche Bereiche einteilen:

1. das familiäre Umfeld,
2. das von der Prüfungsangst betroffene Kind und
3. der schulische Kontext.

Nichtsdestotrotz ist es sinnvoll, diese Komponenten in einer Wechselwirkung zu betrachten.
Das familiäre Umfeld kann die Entwicklung einer Prüfungsangst des Kindes verstärken, indem hohe Erwartungen und Anforderungen an das Kind gestellt bzw. Sorgen darüber geäußert werden, dass die schulischen Ansprüche die Kompetenzen des Kindes übersteigen (Brodersen & Castello, 2022; Melfsen & Walitza, 2013). Des Weiteren wurden Zusammenhänge zwischen der elterlichen konditionalen Wertschätzung und der Entwicklung von Prüfungsängsten gezeigt (Otterpohl et al., 2019). Elterliche konditionale Wertschätzung beschreibt einen an den schulischen Leistungen orientierten Erziehungsstil, bei dem die Eltern ihre Kinder nur bei Erfüllung ihrer Erwartungen loben und wertschätzen, sich jedoch bei Nicht-Erfüllung dieser Erwartungen von ihnen abwenden oder die Kinder bestrafen (Otterpohl et al., 2021). Ebenfalls können emotionale Distanz bzw. Kälte der Eltern gegenüber dem Kind, elterliche Vernachlässigung, inkohärente Erziehungspraktiken, ein unsicherer Bindungsstil zwischen Kind und Eltern sowie eine prüfungsängstliche Modellperson die Entstehung von Prüfungsängsten fördern. Im familiären Umfeld können auch Vergleiche zwischen Geschwistern zu einer Minderung des Selbstwertgefühls des betroffenen Kindes führen und somit das Prüfungsangsterleben verstärken (Bröscher et al., 2022; Melfsen & Walitza, 2013).

Beim Kind stellen ein niedriger, instabiler Selbstwert bzw. ein geringes schulisches Selbstkonzept weitere Risikofaktoren für die Entstehung von Prüfungsängsten dar (Jonberg et al., 2021; von der Embse et al., 2018). In einer Studie wurde Folgendes gezeigt: Je häufiger Gefühle von Einsamkeit beim Kind auftreten, desto stärker fallen die Prüfungsängste aus (Chen et al., 2023). Ebenfalls konnten gewisse Formen von Perfektionismus als Risikofaktoren für die Entstehung von Prüfungsangst identifiziert werden: Dies ist der Fall, sofern der Perfektionismus durch die Sorge über die externe Bewertung der eigenen Leistung

(„Evaluative concerns perfectionism"; Abdollahi et al., 2018) statt durch die eigenen hohen persönlichen Standards („Personal standards perfectionism"; ebd.) motiviert wird.

Darüber hinaus können vergangene Erfahrungen mit Misserfolgen in Prüfungssituationen das Risiko erhöhen, Prüfungsängste als Konditionierungsreaktionen zu entwickeln. Indem negative vergangene Erfahrungen auf die Zukunft projiziert werden („Post-event processing"; Hinsch & Pfingsten, 2015), könnte bei einer Prüfungsangst befürchtet werden, erneut Misserfolge und die damit verbundenen negativen Bewertungen und Kognitionen erleben zu müssen (Brodersen & Castello, 2022).

Da die Schule bei Kindern einen wichtigen Lebensbereich darstellt, der von einer Aneinanderreihung sozialer Situationen geprägt ist, kann die soziale Angst auch als Risikofaktor für Schul- bzw. Prüfungsangst betrachtet werden (Melfsen & Walitza, 2013). Da sozial ängstliche Schüler*innen ohnehin in zahlreichen sozialen Situationen angespannt sind, kann dies zu Erschöpfung und somit zu verminderter Leistungsfähigkeit führen (Toren et al., 2000). Das durch die Angst eingeschränkte Neugierverhalten mindert zudem den Lernantrieb. Die Prüfungsangst muss allerdings nicht zwingend in Kombination mit generalisierter oder spezifischer sozialer Phobie einhergehen oder aus diesen resultieren, sondern kann sich einzig auf die Prüfungssituation beziehen (Melfsen & Walitza, 2013).

Im schulischen Kontext können ein vorherrschend hoher Leistungsdruck, ein kompetitives Arbeitsklima in der Klasse, unklare Prüfungsanweisungen, aber auch eine herablassende und strenge Haltung der Lehrkraft gegenüber den Schüler*innen bei diesen Leistungsängste auslösen (Brodersen & Castello, 2022; Eckert & Sieland, 2021; Rost & Schermer, 2006). Wurden bereits negative Prüfungserfahrungen gemacht, beispielsweise aufgrund ungerechter, intransparenter Bewertung oder nur kurzfristig angekündigter Prüfungen, so kann das angstinduzierende, antizipierte Scheitern auch verstärkt bzw. aufrechterhalten werden (siehe Aufrechterhaltungsfaktoren im nächsten Abschnitt) (Bröscher et al., 2022).

Zusammenfassend sei angemerkt, dass die aufgeführten Risikofaktoren nicht exhaustiv sind, sondern vielmehr einem ersten umfassenden Eindruck über die Relevanz der Prüfungsangst dienen sollen. Risiko- und Entstehungsfaktoren lassen sich dabei nicht unbedingt getrennt voneinander betrachten und sollten auch als Ansatzpunkte für Präventionsmaßnahmen berücksichtigt werden. Zu den Entstehungsfaktoren von Prüfungsangst gehören somit die Prüfungssituation an sich, die dabei erforderte Leistungsfähigkeit sowie die (negativen) Konsequenzen, welche aufgrund der Bewertung durch andere in der Prüfungssituation erwartet werden (Brodersen & Castello, 2022; von der Embse et al., 2018). Abb. 2.1 zeigt eine grafische Übersicht zu den Risiko- und Entstehungsfaktoren.

Aufrechterhaltungsfaktoren

Nachdem die Prüfungsangst einmal aufgetreten ist, kann sie durch bestimmte Denk- und Verhaltensweisen aufrechterhalten werden (Brodersen & Castello, 2022). Kognitive Verzerrungen werden dabei automatisch aktiviert, wie zum Beispiel das Katastrophisieren der Situation und der Folgen (z. B. „Ich werde scheitern und alle werden denken, dass ich *dumm*

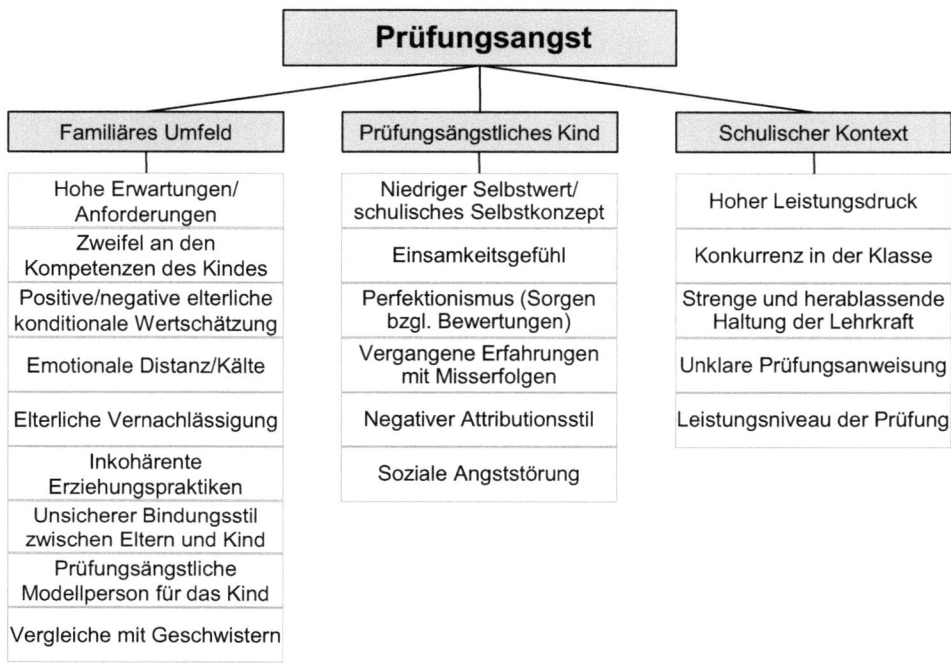

Abb. 2.1 Risiko- und Entstehungsfaktoren von Prüfungsangst

und wertlos bin"), dichotome Gedanken (z. B. „Ich werde *alle* Aufgaben falsch beantworten") oder die Generalisierung von Misserfolgen (z. B. „Ich versage *in jeder* Prüfung"). Problematisch bei solchen kognitiven Verzerrungen ist, dass diese unrealistisch, irrational und destruktiv für den eigenen Selbstwert sind (Feltham et al., 2017; McLeod, 2013). Negative Attributionsstile des Kindes führen zu einer Interpretation von Misserfolgen als internal, stabil und global (Weiner, 1994), sodass das Kind zum Beispiel die schlechten Noten darauf zurückführt, dass es dumm ist und nichts an der Situation ändern kann. Prüfungsängstliche tendieren somit zu einer Misserfolgsorientierung, sprich dazu, die häufigeren Misserfolge nicht externen Faktoren wie Aufgabenschwierigkeit, sondern stattdessen dem eigenen Unvermögen zuzuschreiben. Erfolge werden demgegenüber als external, variabel und spezifisch angesehen (ebd.). So glaubt das Kind beispielsweise, gute Ergebnisse aufgrund von Glück erhalten zu haben. Die ohnehin eher selten auftretenden Erfolge werden vielmehr auf den Zufall als auf die eigene Leistungsfähigkeit zurückgeführt. Das Kind lernt dabei, dass es nichts an der eigenen Situation ändern kann, und glaubt, den Misserfolgen ausgeliefert zu sein. Als Konsequenz stabilisiert sich das negative Selbstbild und mindert so längerfristig die Erfolgswahrscheinlichkeit (Rost et al., 2018).

Des Weiteren können solche negativen Gedanken eine selbsterfüllende Prophezeiung auslösen (Hinsch & Pfingsten, 2015). Kognitive Verzerrungen erhöhen die Selbst-Aufmerksamkeit während der Prüfungssituation, sodass die Kapazität, erlernte Wissensinhalte abzurufen, reduziert wird (Eckert & Sieland, 2021). Diese erhöhte Selbst-Aufmerksamkeit löst die Angst als emotionalen Prozess aus, der sich seinerseits in der physiologischen Reaktion widerspiegelt. Letztere wird von dem Kind als Beweis für die bedrohliche Prüfungssituation interpretiert, sodass das Vertrauen in die eigenen Kompetenzen sinkt und dementsprechend gehandelt wird. Dies wird wiederum von den Prüfenden als mangelnde Prüfungsvorbereitung und Wissensstand interpretiert und bewertet, welches die kognitiven Verzerrungen des Kindes konsolidiert. Es handelt sich um einen „Teufelskreis", der von Gefühlen eines Kontrollverlusts geprägt ist (Chorpita & Barlow, 1998; Pekrun & Perry, 2014; Frenzel et al., 2020). In Anlehnung an Pekruns Kontroll-Wert-Ansatz (2006) spielt die wahrgenommene Kontrolle über die eigene Leistungserbringung und deren Wert eine wesentliche Rolle in den ausgelösten Leistungsemotionen (Frenzel et al., 2020).

Die Vermeidung von Prüfungssituationen als dysfunktionale Bewältigungsstrategie wirkt als negative Verstärkung, indem Schüler*innen solche Situationen nicht genug üben und sich dadurch die Ängste verstärken.

2.1.8 Wie kann mit Prüfungsangst umgegangen werden?

Schutzfaktoren und Prävention
Im familiären Umfeld des Kindes kann eine von den schulischen Leistungen und Noten unabhängige Wertschätzung sowie soziale Unterstützung der Eltern das Risiko reduzieren, eine Prüfungsangst zu entwickeln (Brodersen & Castello, 2022). Dies fördert das Kind darin, seinen Wert nicht von seinen Schulleistungen abhängig zu machen und die soziale Unterstützung der Eltern als funktionale Bewältigungsstrategie einzusetzen.

Auch bei schon vorhandenen Prüfungsängsten können die Eltern (und auch Lehrkräfte) den Schüler*innen helfen, den zuvor beschriebenen Teufelskreis mittels einer kognitiven Umstrukturierung zu durchbrechen (Brodersen & Castello, 2022; Frenzel et al., 2020). Dies ermöglicht es, automatisch ausgelöste negative Gedanken der prüfungsängstlichen Schüler*innen zu identifizieren und zu reduzieren. Die Eltern könnten ihrem Kind erklären, dass die Misserfolge auf die Prüfungsangst und nicht auf die eigenen Fähigkeiten zurückzuführen sind und aufgrund des Vermeidungsverhaltens aufrechterhalten werden. Sie könnten betonen, dass sie die Kompetenzen des Kindes nicht anzweifeln, sondern diese bestärken und dass sie ihr Kind unabhängig von den Schulleistungen wertschätzen.

Im schulischen Kontext können vor der Prüfungssituation spezifische Zielsetzungen sowie das Einsetzen von Probeklausuren hilfreich sein, um der Prüfungsvermeidung entgegenzuwirken. Lehrkräfte können den Schüler*innen zusätzlich mitteilen, wie sie sich effektiv auf Prüfungen vorbereiten können, und insbesondere die prüfungsängstlichen Schüler*innen im Vorbereitungsprozess begleiten (Brodersen & Castello, 2022; Brohm & Endres, 2017).

2 Welche Ängste begleiten Schüler*innen und Lehrkräfte?

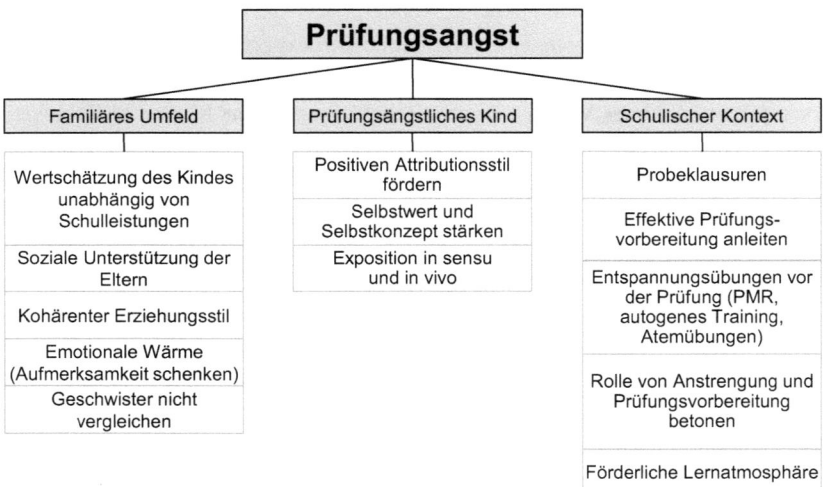

Abb. 2.2 Schutzfaktoren und Prävention von Prüfungsangst

Um günstigere Attributionsstile und ein positives schulisches Selbstkonzept zu fördern, können Lehrkräfte die Rolle der Anstrengung von Schüler*innen und der Prüfungsvorbereitungen in Prüfungsleistungen betonen, welche kontrollierbar, internal und variabel wären (Alderman, 2013; Brohm & Endres, 2017). Misserfolge werden demnach nicht auf eigene Leistungsfähigkeiten attribuiert, sondern auf eine uneffektive und ungünstige Prüfungsvorbereitung. Des Weiteren gewinnen Schüler*innen erneut ein Kontrollgefühl, da sie Verantwortung übernehmen und durch bessere Vorbereitung das Problem aktiv bewältigen können (Brohm & Endres, 2017).

Während der Prüfungssituation sollten Lehrkräfte darauf abzielen, den Distress der Schüler*innen so weit wie möglich zu reduzieren, indem die Äußerung der Ängste und die Konzentration gefördert werden (Brodersen & Castello, 2022). Entspannungsübungen wie zum Beispiel die Progressive Muskelrelaxation (PMR), ein autogenes Training, oder Atemübungen als Alternative können mit den Schüler*innen durchgeführt werden (Brohm & Endres, 2017; Melfsen & Walitza, 2013).

Abb. 2.2 zeigt eine grafische Übersicht zu den Schutzfaktoren und der Prävention von Prüfungsangst.

2.1.9 Fallbeispiel mit Interventionsansatz

Andreas (16) zeigte vor drei Jahren zum ersten Mal Symptome einer Prüfungsangst. Bis dahin kam es zwar hin und wieder vor, dass er in einer Prüfung nervös war, jedoch wirkte es sich nie negativ auf seine Leistungen aus und Andreas brachte stets gute Noten nach Hause. Erst in der siebten Klasse wendete sich die Situation, als er zum ersten Mal eine ungenügende Note in einer Mathematikarbeit erhält. Andreas versteckt seine Klassenarbeit und fälscht die Unterschrift seiner Eltern, damit diese seine Note nicht zu sehen bekommen. Andreas Vater ist Gymnasiallehrer und seine Mutter ist Rechtsanwältin. Seit Andreas Kindheit betonen seine Eltern, wie wichtig gute Noten seien, damit er später Medizin oder Ingenieurwesen studieren könne. Während der Schulzeit kontrollieren die Eltern seine Hausaufgaben und an Wochenenden oder im Urlaub stellt der Vater seinem Sohn gerne unangekündigte Testfragen in Mathematik. Weiß Andreas die Antwort darauf nicht, so reagiert der Vater enttäuscht und betont, dass diese Aufgabe sogar für vierjährige Kinder zu schaffen sei. Als seine Eltern zum ersten Mal eine schlechte Note auf dem Zeugnis ihres Sohnes sehen, reagieren sie entsetzt.

Andreas neuer Mathematiklehrer in der siebten Klasse ruft die Schüler*innen gerne ohne freiwillige Wortmeldung auf und reagiert gereizt oder hakt nach, sofern sie die richtige Lösung nicht nennen können. Sobald der Lehrer wie gewohnt andeutet, dass er jemanden aus der Klasse zufällig aufrufen wird, fängt Andreas an zu zittern und hofft nur noch, nicht drangenommen zu werden, anstatt sich auf die Aufgabe zu konzentrieren. Er geht zudem davon aus, dass er die Antworten ohnehin nicht wissen wird. In Prüfungen lächelt der Lehrer nur die besten Schüler*innen an. Andreas fürchtet sich vor der strengen und autoritären Haltung seines Lehrers und klagt an solchen Tagen über Bauchschmerzen, an denen er Mathematikunterricht hat. Sobald Andreas vor dem Klassenzimmer steht, fangen seine Hände an zu schwitzen und sein Herz fängt stark zu klopfen an. In der Klassenarbeit kann er sich nicht mehr gut konzentrieren, da er antizipiert, dass er mit Sicherheit scheitern wird. Denkt er während der Prüfung an die möglichen Konsequenzen, die sein Scheitern zu Hause haben könnte, gerät er in eine Denkblockade und verliert die letzte Hoffnung, noch den richtigen Lösungsweg herleiten zu können.

Die schlechten Ergebnisse führt er darauf zurück, dass er zu dumm sei, blendet dabei jedoch aus, dass seine Noten in den anderen Fächern im guten Bereich liegen.

Interventionsansatz
Zunächst sollte eine erste Exploration zur Ausprägung der Symptomatik stattfinden, die das Erscheinungsbild auf den vier Ebenen der Symptomatik in verschiedenen Phasen der Prüfungsvorbereitung und -durchführung abfragt. Darüber hinaus ist es wichtig zu wissen, seit wann die Prüfungsängste bestehen und ob weitere psychische oder sonstige Probleme vorliegen.

Nach der Exploration gibt es unterschiedliche Interventionsmöglichkeiten, wobei die genannten Aspekte wie Ausmaß und Dauer der Prüfungsängste, eventuelle bisherige Behandlungsversuche und das Vorliegen weiterer Problembereiche in diese Entscheidung einbezogen werden sollten (Fehm et al., 2022).

Zur Behandlung der Prüfungsangst kann bei den Schüler*innen selbst, in diesem Fall bei Andreas, am schulischen Kontext, hier konkret bei der Lehrkraft, sowie am Elternhaus angesetzt werden.

Die Symptome, die Andreas beschreibt, lassen auf eine Prüfungsangst schließen. Zudem scheint allein der Gedanke an den Mathematiklehrer und auch der bloße Anblick des Klassenraums auszureichen, um bei ihm eine Angstreaktion auszulösen. Die verhaltenstherapeutische Technik der (systematischen) Desensibilisierung in Kombination mit positiver Verstärkung kann bei Schüler*innen eine erfolgreiche Interventionsmaßnahme darstellen, um angstauslösende Situationen zu reduzieren (Ohm, 2000; Rost et al., 2018).

Da die Prüfungsangst darüber hinaus von dysfunktionalen Gedankenmustern aufrechterhalten wird, wie in Andreas Fall der Glaube zu dumm zu sein und ohnehin zu scheitern, könnten kognitive Umstrukturierungen dienlich sein. Dabei werden Andreas Einstellungen, seine Motivation sowie seine Denk- und Problemlöseprozesse exploriert, um ihn dabei zu unterstützen, seine eigene Leistungsfähigkeit realistisch einzuschätzen (z. B. gute Noten in anderen Fächern) und so sein Selbstvertrauen langfristig zu stärken (Rost et al., 2018). Auch könnte sein Leistungsangstmanagement bekräftigt werden, indem Andreas in einem Mathematik-Nachhilfeunterricht seine fachlichen Kompetenzen erhöht und potenzielle Wissenslücken kompensiert. Werden ihm dabei zusätzliche effektive Lerntechniken und -strategien an die Hand gegeben, könnten seine Erfolgserlebnisse wahrscheinlicher werden und sein Selbstwertgefühl dadurch stabilisiert bzw. erhöht werden (ebd.).

Die unangekündigten Aufgaben sowie die Prüfungssituation in Gegenwart seines strengen Mathematiklehrers könnten zur Entstehung von Andreas Prüfungsangst beigetragen haben. Um den Bedrohlichkeitscharakter der Prüfungssituation in Mathematik zu mindern, könnten oder sollten gewisse Maßnahmen seitens der Lehrkraft getroffen werden. Möglicherweise wäre eine Beratung zur lernpsychologischen Optimierung des Unterrichts ratsam, damit die Schüler*innen ihre Ängste reduzieren und stattdessen erfolgsorientiere Leistungserwartungen entwickeln können (ebd.).

Die hohen Erwartungen der Eltern bezüglich Andreas Zukunft sowie die positive und negative konditionale elterliche Wertschätzung hinsichtlich seiner schulischen Leistungen könnten als Risikofaktor zur Prüfungsangst beigetragen haben. Die Diskrepanz zwischen den Ansprüchen seiner Eltern und den von ihm so wahrgenommenen eigenen, unzureichenden Fertigkeiten setzen Andreas unter Druck. Hier wäre es sinnvoll, die schulischen Situationen nur zu bestimmten Zeitpunkten und vor allem frei von persönlichen Abwertungen zu besprechen. Da der Vater Gymnasiallehrer ist, könnte er seinen Sohn solidarisch in der selbstständigen Lösungsfindung unterstützen. Vor allem sollte die elterliche Reaktion für Andreas vorhersehbar und entsprechend kontinuierlich sein, er sollte als eigenständige Persönlichkeit mit individuellen Zielen betrachtet werden und die Anforderungen sollten an Andreas verfügbare Ressourcen und seinen Entwicklungsstand angepasst sein.

Zusammenfassung
Prüfungsangst ist eine der häufigsten Ängste im schulischen Kontext und äußert sich in kognitiven, emotionalen und körperlichen Symptomen wie negativen Gedanken, Nervosität und Herzklopfen. Sie kann in zwei Haupttypen unterschieden werden: kognitive Prüfungsangst, die durch negative Gedanken und Zweifel geprägt ist, und somatische Prüfungsangst, die sich durch körperliche Reaktionen äußert. Ursachen sind oft hohe Leistungsanforderungen, mangelndes Selbstvertrauen oder

frühere Misserfolge. Prüfungsangst kann die schulische Leistung erheblich beeinträchtigen und zu einem Teufelskreis aus Angst und Versagen führen. Das Kapitel diskutiert Bewältigungsstrategien wie Entspannungstechniken und kognitive Umstrukturierung sowie konkrete Interventionsansätze anhand eines Fallbeispiels.

2.2 Schulabsentismus

Dieser Abschnitt widmet sich dem Schulabsentismus, bei dem Schüler*innen dem Unterricht fernbleiben. Es werden drei Hauptformen von Schulabsentismus identifiziert:

1. Schulschwänzen,
2. angstbedingte Schulverweigerung/Schulmeidung und
3. elternbedingte Schulversäumnisse/Zurückhalten, bei welchen das Fehlen in der Schule von den Eltern initiiert oder toleriert wird (Ricking & Hagen, 2016).

Dieser Abschnitt erläutert Risiko-, Entstehungs- und Aufrechterhaltungsfaktoren des Schulabsentismus und illustriert diese anhand eines Fallbeispiels. Dabei werden Empfehlungen zur Bewältigung gegeben: Eltern sollten Vertrauen und Unterstützung bieten, Lehrkräfte eine positive Klassenatmosphäre schaffen und Schüler*innen ihre Einstellungen und Bewältigungsstrategien ändern. Schulabsentismus betrifft alle Schultypen und wird durch diverse Faktoren verursacht. Die Prävalenz variiert (5–15 %). Eine ganzheitliche Herangehensweise zur Prävention und Bewältigung ist essenziell, unter Berücksichtigung der Bedürfnisse von Schüler*innen, Eltern und Lehrkräften.

2.2.1 Definition

Begriffsklärung
Idealerweise ist die Schule ein Ort, an dem Schüler*innen ihre Fertigkeiten aufbauen, ihre Persönlichkeit entwickeln und im Allgemeinen gerne ihre Zeit verbringen. Sind jedoch bestimmte Aversionen oder Ängste involviert, verliert dieser Ort an Attraktivität und der Gang zur Schule wird somit beeinträchtigt oder unmöglich gemacht. Um als Lehrkraft oder als Eltern bezüglich der Angelegenheiten des Schulabsentismus Stellung zu nehmen, ist es wichtig, sich mit diesem komplexen Phänomen zu beschäftigen. In der Fachliteratur und Umgangsprache werden die Begriffe Schulverweigerung, Schulschwänzen, Schulvermeidung und Schulmüdigkeit als Synonyme verwendet. Das Schuleschwänzen und die Schulvermeidung beziehen sich auf ein vom Kind oder Jugendlichen aktiv ausgehendes Vermeidungsverhalten bezüglich des Schulbesuchs, während die Begriffe Schulvermeidung und Schulmüdigkeit auf psychische Störungen hinweisen. Der Begriff Schulabsentismus hat

sich allerdings in der wissenschaftlichen Perspektive als Oberbegriff für alle Formen und Ausmaße unberechtigter Schulversäumnisse gefestigt.

Abb. 2.3 bietet einen synoptischen Blick auf die Erscheinungsformen von Schulabsentismus nach Ricking (2014).

Schulschwänzen

Das Schulschwänzen umfasst nach Ricking und Hagen (2016) ein schulaversives Verhaltensmuster von Schüler*innen, bei welchem die Schüler*innen eine ablehnende Einstellung gegenüber der Institution Schule, den Lehrkräften oder dem Unterricht haben und dies durch ein unberechtigtes Fehlen in der Schule oder ein Zuspätkommen deutlich machen. Die Schüler*innen verbringen ihre Zeit mit anderen Beschäftigungen dem Unterricht. Dabei werden die Erziehungsberechtigten von den Schüler*innen nicht informiert und der Entschuldigungsgrund fehlt. Schulschwänzen beinhaltet demnach einen motivationalen Aspekt, der nicht nur durch das Fehlen im Unterricht herbeigeführt wird, sondern auch durch den Erhalt einer unbeaufsichtigten Zeit und einer eigenständigen Nebenbeschäftigung (Ricking, 2006).

Das Schulschwänzen kann weiter in drei verschiedene Subkategorien differenziert werden, die sich bezüglich der Dauer und Häufigkeit des Schwänzens unterscheiden (Kittl-Satran, 2011):

- Gelegenheitsschwänzen: Verspätungen und punktuelles Schwänzen,
- Regelschwänzen: umfasst zusätzlich tageweises Fernbleiben von der Schule,

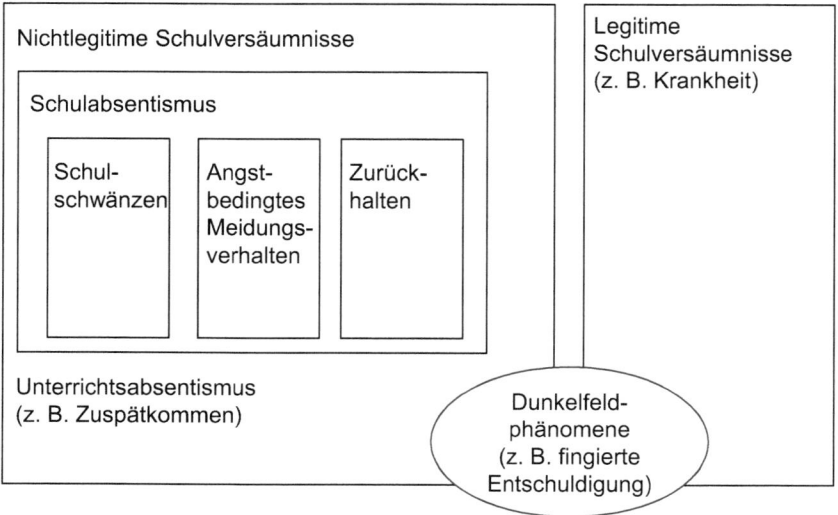

Abb. 2.3 Synoptischer Blick auf Erscheinungsformen von Schulabsentismus. (Nach Ricking, 2014)

- Massiv- oder Intensivschwänzen: stillschweigende Ausschulung.

Angstbedingte Schulmeidung/Schulverweigerung

Was ist unter angstbedingter Schulmeidung/Schulverweigerung zu verstehen?
Angstbedingte Schulmeidung oder Schulverweigerung bezieht sich auf das Verhalten von Schüler*innen, die aufgrund intensiver Angst oder anderer psychischer Belastungen die Schule meiden oder sich weigern, zur Schule zu gehen.

Was ist eigentlich Angst?
Angst ist ein Grundgefühl und wird im Allgemeinen als Reaktion auf eine subjektiv erlebte Bedrohung definiert.

Bei der angstbedingten Schulverweigerung unterscheidet man zwischen

- **Schulangst:** Angst vor konkreten Belastungen in der Schule,
- **Schulphobie:** Angst vor Trennung vom vertrauten Milieu, Angst vor Trennung von Bezugspersonen (ist häufig durch psychosomatische Symptome begleitet).

Schulangst
Eine Schulangst kann entweder auf leistungsbezogene oder auf soziale Problemlagen innerhalb des schulischen Kontexts zurück. Als Folge davon kann es zur Wahrnehmung der Schule als andauernde Bedrohung kommen. Übliche Kategorisierungen der Schulangst sind Trennungsangst, Leistungs- bzw. Prüfungsangst und soziale Angst. Die subjektiv empfundenen Bedrohungen können von Lehrer*innen oder Mitschüler*innen häufig in Form von Mobbing ausgehen. Außerdem können sie leistungsbedingt vorliegen oder ihren Ursprung in der Familie haben.

Schulphobie
Die Schulphobie tritt häufig als emotionale Störung mit Trennungsangst auf. Die Trennungsangst ist im ICD-11 unter der Ziffer 6B05 unter Angststörungen aufgeführt. Dabei besteht die Angst des/der Schüler*in hauptsächlich darin, durch den Schulbesuch von der Bindungsperson (z. B Mutter) getrennt zu werden. Die betroffenen Kinder befürchten häufig, dass der Bezugsperson während ihrer Abwesenheit etwas passieren wird, und reagieren mit hochgradig emotionalen Ausbrüchen.

Zurückhalten durch Eltern
Beim Zurückhalten vom Schulbesuch durch die Eltern handelt es sich oft um einen bewussten Verstoß gegen die Schulpflicht durch die Erziehungsberechtigten. Dies wird häufig durch die psychische oder körperliche Gesundheit der Eltern bzw. Geschwister begründet. Ebenso

Tab. 2.1 Schulabsentismusformen (Ricking & Schulze, 2012, S. 23)

Schulschwänzen	Schulverweigerung	Zurückhalten
Initiative der/des Schüler*in	Initiative der/des Schüler*in	Initiative der Eltern oder der Eltern und Schüler*in
Eltern wissen i. d. R. nichts vom Schulschwänzen	Eltern wissen um die Schulverweigerung, aber missbilligen sie	Eltern halten zurück
Aufenthalt außerhäuslich	Aufenthalt zu Hause	Aufenthalt i. d. R. zu Hause
Tendenz: Vernachlässigung	Tendenz: Überprojektion	Uneinheitlich
Kontext: dissoziale Störung (Disziplinprobleme, Delinquenz, Aggression)	Kontext: a) Trennungsangst, b) Angst vor der Schule, vor Lehrkräften oder Mitschüler*innen	Kontext: a) kulturelle Divergenz, b) Desinteresse oder Aversion der Eltern
Schulversagen	Kein Schulversagen	Uneinheitlich
Keine ausgeprägte Schulangst	Ausgeprägte Schulangst, häufig von somatischen Beschwerden maskiert: schwere Angstsymptome vor dem Schulbesuch	Uneinheitlich
Tendenz: niedriger sozioökonomischer Status	Tendenz: mittlerer sozioökonomischer Status	Uneinheitlich

sind kulturelle oder religiöse Überzeugungen, häuslicher Unterstützungsbedarf oder Verschleierung körperlicher Missbrauchssymptome mögliche Ursachen für diese Form von Schulabsentismus (Ricking & Albers, 2019).

Zusammenfassung
Tab. 2.1 präsentiert verschiedene Formen von Schulabsentismus. Diese Formen werden anhand von drei Hauptkategorien dargestellt: Schulschwänzen, Schulverweigerung und Zurückhalten. Jede Kategorie zeigt unterschiedliche Merkmale und Kontexte, die zur Entwicklung von Schulabsentismus beitragen können.

2.2.2 Prävalenz

Schulabsentismus kann sich auf jede/n Schüler*in beziehen. Die Häufigkeit dieses Phänomens weist keinen großen Unterschied zwischen den verschiedenen Formen einer Schule auf. Allerdings tritt es bei Mädchen seltener auf als bei Jungen (Steins et al., 2014). Es gibt aber zahlreiche Probleme bei der Erfassung der Häufigkeit von Schulabsentismus. Zum einen bestehen in vielen Bundesländern regionale Unterschiede hinsichtlich der Dokumentation und Regelung von Fehlzeiten. Aus diesem Grund ist es schwierig, einheitlich quantitativ festzulegen, ab wann Fehlzeiten „problematisch" sind. Zum anderen wurden in Studien zur Prävalenz dieses Phänomens sowohl verschiedene Zeitspannen als auch unterschiedliche Quellen (Lehrer*innen, Eltern oder Schüler*innen) für die Datenerhebung verwendet. Außerdem wird dabei relativ unsystematisch ein unterschiedlicher Prozentsatz an Fehltagen pro Zeitabschnitt als problematischer Schulabsentismus definiert. Aus diesem Grund sind die gefundenen Prävalenzen für „problematischen Schulabsentismus" uneinheitlich und betragen im Allgemeinen zwischen 5 und 15 % (Knollmann et al., 2010).

Eine Möglichkeit, Fehlzeiten systematisch zu erheben, bietet ein mittlerweile auch in deutscher Sprache vorhandener Kurzfragebogen von Heyne et al. (2019) zur Kategorisierung jedes Fehltags: die School Nonattendance Checklist (SNACK). Dabei handelt es sich um einen Elternfragebogen, der 14 potenzielle Gründe für Schulabwesenheit beinhaltet. Diese können in fünf Kategorien subsumiert werden: legitimes Fehlen z. B aufgrund von Krankheit, Schulverweigerung, Schulschwänzen, Schulausschluss und elterliche Zurückhaltung. Weil die Checkliste innerhalb von 2 bis 3 min ausgefüllt werden kann, ist sie zudem auch ein ökonomisches Mittel, Daten zu Schulabsentismus zu erfassen. Dabei wäre es notwendig, Eltern aufzufordern, zu jeder Entschuldigung die SNACK hinzuzufügen.

2.2.3 Risiko-, Entstehungs- und Aufrechterhaltungsfaktoren

Risikofaktoren
Familienbezogen
Risikofaktoren für Schulabsentismus sind Faktoren oder Umstände, die die Wahrscheinlichkeit erhöhen, dass Schüler*innen dem Schulunterricht fernbleiben. Ein familiärer Risikofaktor ist der sozioökonomische Status, wobei Kinder aus einkommensschwachen Familien tendenziell anfälliger für Schulabsentismus sind. Das Vorliegen elterlicher Krankheiten oder die Übernahme häuslicher Verpflichtungen aufgrund der psychischen oder physischen Beeinträchtigung eines oder beider Elternteile können ebenso das Risiko für Schulabsentismus steigern (Steins et al., 2014). Wenn Eltern psychisch erkrankt sind, kann dies auf verschiedene Arten auf ihre Kinder wirken, da sie oft bedingt durch ihre eigene Problematik nicht in der Lage sind, angemessene Unterstützung zu bieten.

Besondere Erwähnung verdient zudem die mangelnde Vermittlung von Erziehungskompetenzen durch die Eltern sowie eine ablehnende Haltung gegenüber der Schule und ihrer Verpflichtung. Diese Einstellungen können auf religiösen Überzeugungen oder negativen persönlichen Schulerfahrungen basieren (Seifried et al., 2021). Ebenso haben ungünstige familiäre Verhältnisse, Konflikte im Haushalt und die Anwesenheit vieler Geschwister einen negativen Einfluss auf die regelmäßige Schulpräsenz (Ricking et al., 2020).

Ein weiterer Aspekt, der als Risikofaktor für Schulabsentismus betrachtet werden kann, ist die geringe Wertschätzung schulischer Bildung oder das Desinteresse an schulischen Leistungen, da dadurch keine aktive Förderung stattfindet. Die Häufigkeit des Schulbesuchs kann auch durch die Qualität der Beziehung zwischen Eltern und Kindern beeinflusst werden. Wenn eine emotionale Distanz zwischen Eltern und Kindern besteht, unrealistische Erwartungen an schulische Leistungen gestellt werden und Konflikte im familiären Umfeld auftreten, verstärkt sich Schulabsentismus und Schulangst bei den Kindern (Steins et al., 2014).

Ähnliche Konsequenzen können auch aus einer weniger idealen Beziehung der Eltern oder aus deren Trennung resultieren. Eine Studie von Dunkake (2010) zeigt, dass Schüler*innen aus getrenntlebenden Familien öfter dem Unterricht fernbleiben als solche aus intakten Familien. Nicht zuletzt stellt Vernachlässigung oder Misshandlung von Kindern ebenfalls einen bedeutenden Risikofaktor für Schulabsentismus dar (Ricking et al., 2020).

Personenbezogen
Verschiedene individuelle Faktoren können ebenfalls dazu beitragen, dass Schulabsentismus auftritt. Zum einen spielen psychische Störungen oder körperliche Krankheiten eine entscheidende Rolle, ebenso wie die Unfähigkeit des Kindes, mit seinen persönlichen Herausforderungen angemessen umzugehen (Ricking et al., 2020). Ähnlich verhält es sich mit der Über- oder Unterforderung der Schüler*innen (Seifried et al., 2021). Hohe Fehlzeiten, schwache schulische Leistungen, geringes Selbstvertrauen sowie das Wiederholen von Klassen tragen gleichermaßen zum Schulabsentismus bei. Des Weiteren ist das Scheitern in schulischen Aufgaben, das durch wiederholte Misserfolge, Meidungsverhalten oder mangelnde Motivation verursacht wird, zu berücksichtigen. Aggressives Verhalten und eine geringe Bindung zur Schule spielen hierbei ebenfalls eine wichtige Rolle (Ricking et al., 2020).

Schüler*innen, die desinteressiert an schulischen Aufgaben und Themen sind oder die schulischen Anforderungen als übermäßig anspruchsvoll empfinden, zeigen eine geringe Selbstwirksamkeit und vertrauen nicht ausreichend in ihre eigenen Fähigkeiten (Döpfner & Walter, 2006). In einer Querschnittstudie von Fischer et al. (2022) über Risikofaktoren bei der Entwicklung von Schulangst wurde festgestellt, dass Selbstwirksamkeit einen schützenden Faktor gegenüber Schulabsentismus darstellt. Die Studie ergab eine Korrelation zwischen unberechtigten Fehlstunden und dem Ausmaß der schulischen Selbstwirksamkeit.

Schulbezogen
Von schulischer Seite lassen sich ebenfalls verschiedene Bedingungen identifizieren, die als Risikofaktoren für Schulabsentismus gelten können. Gemäß Ricking et al. (2020) kann eine negative Interaktion oder mangelnde Kooperation zwischen Lehrkräften und Schüler*innen sowie eine Gleichgültigkeit gegenüber ihrer Anwesenheit oder Abwesenheit zu vermehrtem Schulabsentismus führen. Schulen, denen es an einer klaren Struktur mangelt oder in denen die Schüler*innen das Gefühl haben, dass der Unterricht wenig Relevanz für ihr Leben hat, können zu Risikofaktoren werden und somit das Auftreten von Schulabsentismus verstärken.

Für Schüler*innen gestaltet es sich ebenfalls schwierig, wenn sie keine angemessene Unterstützung seitens der Lehrkräfte erfahren (Steins et al., 2014) oder wenn ungeeignete

Lehrmethoden angewendet werden. Das Empfinden, dass sie bei Hausaufgaben und schulischen Verpflichtungen allein gelassen werden, niedrigere Leistungsstandards sowie häufige Schulverweise oder Suspendierungen wirken sich negativ auf sie aus. Zusätzlich können individuelle Probleme im Zusammenhang mit Disziplin, Gewalt oder sozialen Beziehungen zu Gleichaltrigen sowie Schulwechsel als Risikofaktoren betrachtet werden, da sie das Wohlbehagen und die Unterstützung der Schüler*innen beeinträchtigen (Ricking et al., 2020).

Entstehungs- und Aufrechterhaltungsfaktoren
Familienbezogene Faktoren
Ein unausgeglichener und ungünstiger Erziehungsstil, wie zum Beispiel psychische Instabilität oder Desinteresse an den schulischen Leistungen und der Abwesenheit, kann sich negativ auf die Dauer des Schulabsentismus bei Kindern auswirken (Steins et al., 2014). Lehnen die Eltern das Kind ab oder unterstützen es nicht ausreichend, beeinflusst dieses Verhalten die Kontinuität der Absenz (Wilmers et al., 2002).

Personenbezogene Faktoren
Schulabsentismus kann auch durch das Vorliegen dreier Erscheinungsformen dieses Phänomens hervorgerufen werden. Kinder, die unter Trennungsängsten, Lern- und Leistungsängsten und/oder Stigmatisierungsängsten leiden, weisen eine höhere Neigung auf, von diesem Phänomen betroffen zu sein (Schulze, 2003).

Besonders erwähnenswert ist hierbei die Tatsache, dass Schüler*innen mit Trennungsangst weniger Zeit in der Schule verbringen. Sie fühlen sich unwohl damit, außerhalb des familiären Umfelds zu sein und Neues zu entdecken. Der Mangel an verschiedenen sozialen Anreizen sowie die Angst vor Unbekanntem führen zu sozialen Schwierigkeiten und negativen Erfahrungen mit ihren Mitschüler*innen in der nicht-familiären und als unsicher empfundenen Umgebung. Dies wiederum verstärkt ihre Ängste und hält sie von der Schule fern, um solche als „bedrohlich" empfundenen Situationen zu meiden (Steins et al., 2014).

Eine weitere aufrechterhaltende Komponente des Phänomens ist der Kontakt dieser Schüler*innen zu Gleichaltrigen, die ähnliche Erfahrungen gemacht haben (Dunkake, 2010). Mitschüler*innen oder Freund*innen mit problematischem Sozialverhalten tragen dazu bei, den Schulabsentismus aufrechtzuerhalten, da sie das Verhalten verstärken und die Abwesenheit von der Schule fördern. Dies kann auch mit den Freizeitaktivitäten des Kindes oder der/des Jugendlichen zusammenhängen, beispielsweise wenn es lieber Fußball spielt und diese Aktivität der Schule vorzieht. Im Laufe der Zeit kann dies zu einer allgemeinen Distanzierung von der Schule führen, da das Kind/der/die Jugendliche in seiner/ihrer Anwesenheit in der Schule kaum positive Signale sieht (Steins et al., 2014). Zudem kann die fortgesetzte Abwesenheit von der Schule bestehende Probleme weiter verschärfen.

Schulbezogene Faktoren
Schulbezogene Faktoren beziehen sich auf das Klassenklima, das Zugehörigkeitsgefühl und die Einstellung der Lehrkräfte (Steins et al., 2014). Da Schüler*innen einen beträchtlichen Teil ihrer Zeit in der Schule verbringen, haben ihre Interaktionen und Erfahrungen in dieser Umgebung eine immense Bedeutung.

Ein geringes Zugehörigkeitsgefühl, bei dem sich Kinder/Jugendliche ausgeschlossen fühlen, ist mit einer höheren Wahrscheinlichkeit für Absentismus verbunden. Dies steht in Verbindung mit dem Respekt und der Wertschätzung innerhalb der Klasse, was für Schüler*innen von großer Bedeutung ist. Wenn Kinder/Jugendliche das Gefühl haben, wenig Kontakt zu ihren Mitschüler*innen zu haben, distanziert sind und keine Freund*innen finden, steigt die Wahrscheinlichkeit von Schulabsentismus. Mobbing stellt ebenfalls einen bedeutsamen Entstehungsfaktor dar. Schüler*innen, die gemobbt werden, sehen oft das Fernbleiben von der Schule als einzige Möglichkeit, sich von den mobbenden Mitschüler*innen zu entfernen (Ricking et al., 2020).

Die Rolle der Lehrkräfte kann die Reaktionen und Interessen der Schüler*innen maßgeblich beeinflussen. Eine unfreundliche oder abweisende Haltung der Lehrkräfte oder das Gefühl der Nichtakzeptanz seitens der Lehrpersonen erhöht die Wahrscheinlichkeit von Schulabsentismus – auch bei Schüler*innen ohne vorherige Probleme oder Unzufriedenheit (Steins et al., 2014). Lehrkräfte können gelegentlich davon ausgehen, dass ein*e Schüler*in den Unterricht langweilig findet oder einfach nicht mitarbeitet. Diese Einschätzung kann dazu führen, dass die Lehrkräfte den Schüler*innen weniger Unterstützung bieten und ihre Motivation, der*m Schüler*in zu helfen, nachlässt.

Ein weiterer bedeutender schulbezogener Aufrechterhaltungsfaktor ist die Reaktion der Lehrkräfte auf die Abwesenheit der Schüler*innen. Wenn die Lehrkräfte die Abwesenheit eines Kindes/Jugendlichen kaum bemerken oder die Rückkehr nicht anerkennen und belohnen, kann sich der Schulabsentismus verlängern. Daher ist es entscheidend, regelmäßige Abwesenheit zu bemerken und angemessen darauf zu reagieren, da andernfalls der Schulabsentismus anhält und den Schüler*innen schaden kann.

Auch die Mitschüler*innen spielen eine entscheidende Rolle für betroffene Schüler*innen. Wenn die Abwesenheit einer*s Schüler*in von den Mitschüler*innen ignoriert wird, fehlt dem betreffenden Kind/Jugendlichen die Anerkennung und Unterstützung, was wiederum dazu führt, dass die Abwesenheit in der Schule verstärkt wird (Ricking & Hagen, 2016). Bei der Rückkehr der Schüler*in in die Klasse warten Einstellungen und Fragen der Klassenkamerad*innen sowie der Lehrkräfte auf sie/ihn, was ebenfalls innere Unruhe bei den Betroffenen hervorrufen kann (Steins et al., 2014). Zudem spielen schulische Leistungen als ein weiterer Aufrechterhaltungsfaktor eine Rolle. Wenn die schulischen Leistungen über einen längeren Zeitraum hinweg schlecht bleiben, weil das Kind/der/die Jugendliche häufig abwesend ist, wird die Abwesenheit in der Schule unterstützt, da die Motivation nachlässt (Ricking, 2003). Dies kann zu einem Teufelskreis aus schlechten schulischen Leistungen, geringer Motivation/Selbstwirksamkeit und vermehrter Abwesenheit führen.

2.2.4 Fallbeispiel und Umgang

Schulabsentismus kann in verschiedenen Formen auftreten (siehe Tab. 2.1). Im Folgenden wird der Fall von Thomas betrachtet, der sich auf das Schulschwänzen konzentriert. Anschließend werden die Maßnahmen beschrieben, die in diesem Fall geholfen haben.

> **Fall von Thomas**
>
> Thomas, 14 Jahre alt, hat sich über zehn Tage hinweg in der Schule allmählich abwesend gezeigt. Er lebt mit seinen Eltern in einer Stadt, beide arbeiten Vollzeit. Aufgrund finanzieller Probleme arbeiten seine Eltern in letzter Zeit mehr als üblich, was dazu führt, dass sie weniger Zeit mit ihm verbringen können und die Stimmung zu Hause gedrückt ist. Thomas beginnt zu empfinden, dass seine Probleme wertlos sind und er zu Hause unsichtbar ist. Zudem hat er Schwierigkeiten in Mathematik, weshalb er angefangen hat, den Unterricht zu meiden und absichtlich zu spät zu kommen, um den schwierigsten Teil des Tages zu vermeiden. Er hat keine Lust auf das Fach und wird von einigen Mitschülern verspottet. Er bevorzugt Stunden ohne Mathematik, in denen er Fußball spielen und tun kann, was er will.
>
> Als die Schule Thomas Eltern über das Problem informiert, wird ihnen klar, dass er Unterstützung braucht, um regelmäßig am Unterricht teilzunehmen. Es ist entscheidend, dass die Eltern ihr Verhalten anpassen und mehr Interesse an seinem Wohl und seiner schulischen Entwicklung zeigen.
>
> Empfohlene Ansätze für den Umgang mit Thomas und seinem Schulbesuch, die von Psycholog*innen vorgeschlagen wurden (Melfsen & Walitza, 2013; Ricking, 2003) umfassen Offenheit für Thomas Anliegen oder Ängste, um ihm zu zeigen, dass seine Eltern für ihn da sind, sowie ihre bedingungslose Liebe und Vertrauen in ihn auszudrücken. Die Anerkennung seiner Anwesenheit in der Schule und das Lob für seine Leistungen durch Freizeitaktivitäten auszusprechen, können eine wichtige Rolle bei der Erfüllung seiner Schulpflicht spielen. Häufige Gespräche mit den Lehrkräften über Probleme und Verhalten des Kindes, die Stärkung seines Selbstwertgefühls durch außerschulische Aktivitäten, das Vorleben eines guten Umgangs mit Schwierigkeiten und das Betonen der Bedeutung regelmäßiger Schulbesuche sind wertvolle Schritte von Seiten der Eltern.
>
> Die Rolle der Lehrkräfte ist ebenfalls wichtig für die Rückkehr von Thomas zur Schule. Es ist hilfreich (Melfsen & Walitza, 2013; Ricking, 2003), eine positive Klassenatmosphäre zu schaffen, die Bedeutung seiner Anwesenheit zu betonen und seine Fähigkeiten zu fördern. Zudem ist es notwendig, sein Interesse am Unterricht aufrechtzuerhalten und auszubauen, einen einladenden Klassenraum zu gestalten, den Schüler*innen (einschließlich Thomas) zu erlauben, Fehler zu machen, und die Kooperation unter den Schüler*innen zu stärken. Die Gewährleistung von Respekt

in der Klasse, die Belohnung des Schulbesuchs und die Steigerung der Motivation sind in der Lage das Interesse der Schuler*innen zu fördern.

Für Thomas selbst ist es wichtig (Melfsen & Walitza, 2013), seine negativen Gedanken durch positive zu ersetzen, die Zeit für Sorgen zu begrenzen, seine Ängste zu kontrollieren und seine Einstellung dahingehend zu ändern, dass Probleme nicht unüberwindbar sind. Es kann sich zudem positiv auswirken, Sport zu treiben und neue Aktivitäten auszuprobieren, vor Mathematikübungen Atemübungen zu machen und kleine Schritte zur Verbesserung des Schulbesuchs zu unternehmen, um diesen attraktiver zu gestalten.

Die Zufriedenheit bei Abwesenheit zu verringern, ist entscheidend (Ricking, 2003). Daher ist es hilfreich, wenn Lehrkräfte durch Hausbesuch die Gründe der Abwesenheit ermitteln, Mitschüler*innen kommunizieren lassen und über Hausaufgaben informieren, und die Eltern in direkten Kontakt mit der Schule treten, um die Abwesenheit zu erklären.

Die Unterstützung durch eine*n Psycholog*in in der Schule ist essenziell (Melfsen & Walitza, 2013). Nach Umsetzung dieser Maßnahmen macht Thomas Fortschritte. Es ist wichtig, dass alle Beteiligten kooperieren und kontinuierlich daran arbeiten, das Problem zu bewältigen, wie in Abb. 2.4 von verschiedenen Expert*innen dargestellt.

Zusammenfassung
Schulabsentismus beschreibt das wiederholte Fernbleiben von der Schule, häufig ausgelöst durch tief verwurzelte Ängste wie Trennungsangst, soziale Phobien oder Mobbing. Die Abwesenheit kann in milderen Formen wie dem Schulschwänzen bis hin zu schwerwiegenden Ausprägungen wie Schulverweigerung reichen. Ursachen liegen oft in familiären Konflikten, psychischen Belastungen oder negativen Schulerfahrungen. Die Folgen reichen von akademischen Rückständen bis hin zu sozialer Isolation. Das Kapitel zeigt, wie Schulen durch ein besseres Verständnis der Ursachen und durch präventive Maßnahmen betroffene Schüler*innen unterstützen können, und illustriert dies mit einem Fallbeispiel.

2.3 Schüchternheit

„Into the dark night

Resignedly I go,

I am not so afraid of the dark night

As the friends I do not know,

I do not fear the night above

As I fear the friends below."

(Smith, 1983, S. 186)

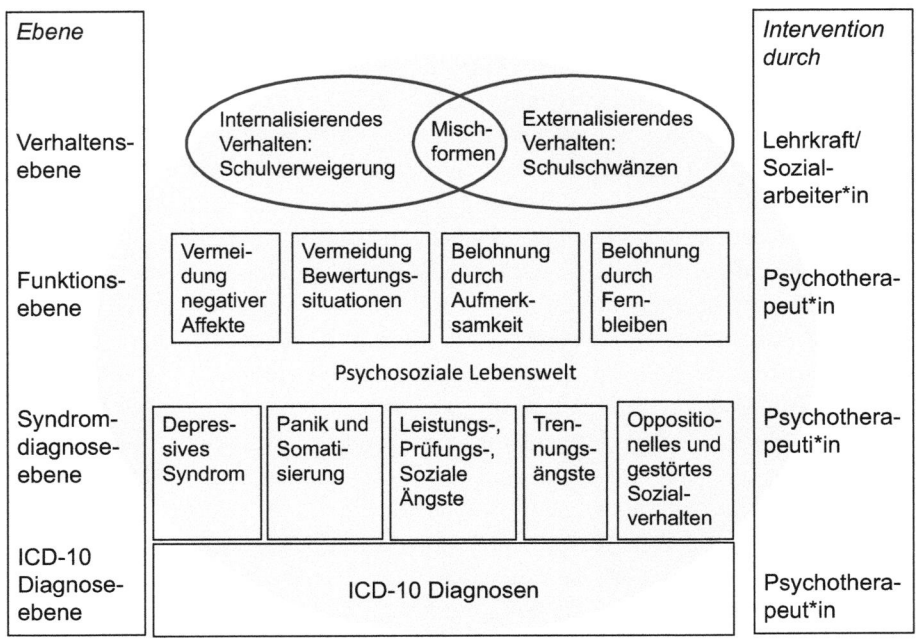

Abb. 2.4 Multidimensionales Modell der Schulvermeidung nach Reissner, Herwig und Knollmann (Steins et al., 2014, S. 42)

2.3.1 Was ist Schüchternheit?

Schüchternheit ist ein vor allem von der Sozialpsychologie betrachtetes nicht-klinisches Phänomen, das inhaltlich von sozialer Phobie und Introversion abzugrenzen ist. Der bekannte Sozialpsychologe Philip Zimbardo, der sich an der Stanford University seit den 1970er-Jahren intensiv mit Schüchternheit beschäftigte, beschreibt: „Shyness is a fuzzy concept; the closer we look, the more varieties of shyness we discover" (Zimbardo, 1977). Dieser nähere Blick kann sich dabei auf eine Reihe von Bereichen und Dimensionen von Schüchternheit richten.

Zunächst einmal lässt sich unterscheiden, ob Schüchternheit als *Persönlichkeitseigenschaft (trait)* oder als *emotionaler Zustand (state)* betrachtet wird. Schüchternheit als Persönlichkeitseigenschaft beinhaltet einen exzessiven Selbstfokus, negative Selbstevaluation und Verhaltenshemmung, sowie unangenehme Gefühle in sozialen Situationen. Dabei steht Schüchternheit als Personeneigenschaft der betroffenen Person bei der Erreichung ihrer persönlichen und beruflichen Ziele im Weg. Schüchternheit als Zustand wird beschrieben als ein evolutionär adaptiver Prozess, gekennzeichnet durch eine Mischung aus den Emotionen Angst und Interesse (Henderson et al., 2010). Ein solcher Konflikt zwischen sozialer Angst einerseits und Interesse andererseits wird auch von

Asendorpf (1993) beschrieben. Demnach führt Schüchternheit zu einem Annäherungs-Vermeidungskonflikt, der bei Kindern vor allem dann zu beobachten ist, wenn sie auf andere fremde Kinder treffen. Extrem schüchterne Kinder weisen dabei starke Vermeidungstendenzen, gleichzeitig aber auch Annäherungstendenzen auf. Der Konflikt führt entweder zu Phasen von *Ambivalenz,* wobei andere Kinder aus der Distanz beobachtet werden; zu *schwankendem Verhalten,* wobei das Kind sich in der Nähe der Gruppe bewegt; zu *Kompromissverhalten,* wie leises Parallelspielen, oder zur *Lösung des Konflikts* durch Rückzug zum Einzelspiel.

Buss (1986) beschreibt eine Unterteilung in *ängstliche* und *selbstaufmerksame* Schüchternheit. Ängstliche Schüchternheit beginnt demnach bereits gegen Ende des ersten Lebensjahrs in Form von Angst vor Fremden. Bei schüchternen Kindern bleibt diese Angst im Laufe der Kindheit erhalten und äußert sich in Verhaltenshemmung in sozialen Situationen. Dem entgegen stellt Buss selbstaufmerksame Schüchternheit. Hierbei liegt der Fokus auf Kognitionen zu negativen sozialen Evaluationen. Da für diese Art von Kognitionen ein Konzept des Selbst notwendig ist, das junge Kinder noch nicht besitzen, verortet Buss den Anfang dieser Schüchternheitskomponente zu einem späteren Zeitpunkt in der Kindheit mit ca. 6 Jahren.

Verschiedene Forschungsgruppen beschreiben zudem zwei unterschiedliche Typen als *öffentliche* und *private Schüchternheit* (Pilkonis, 1977; Stöckli, 2004). Die öffentliche oder sichtbare Seite der Schüchternheit ist, was man im Alltag oft unter Schüchternheit versteht: Von außen beobachtbare Symptome wie Redehemmung, Vermeidung von Blickkontakt, Erröten oder Vermeidung von sozialem Kontakt (Stöckli, 2004). Der Fokus liegt dabei auf Verhaltensdefiziten, z. B. im Gespräch keine oder nur eine unangemessene Antwort geben zu können (Pilkonis, 1977). Gleichzeitig besteht eine subjektive Angst vor oder in sozialen Situationen, die die private Seite der Schüchternheit darstellt. Angst besteht vor allem vor einer vorgestellten oder tatsächlich vorhandenen sozialen Bewertung, weshalb Situationen, in denen es zu einer Bewertung kommen könnte, möglichst vermieden werden (Stöckli, 2004). Daneben stehen bei evaluativ-ängstlichen Schüchternen auch andere interne Prozesse wie subjektives Unwohlsein und physiologisches Arousal (z. B. Anstieg des Blutdrucks und der Atemfrequenz) in der sozialen Situation im Fokus (Pilkonis, 1977). Auch schulische Leistungs- und Beurteilungssituationen können von dieser inneren Schüchternheitskomponente beeinflusst werden. Im Schulalltag kommt es immer wieder zu sozialen Evaluationen, beispielsweise nach einer Wortmeldung im Unterricht oder wenn im Sportunterricht durch das Wählen von Mitgliedern Gruppen gebildet werden.

Henderson et al. (2010) unterscheiden des Weiteren basierend auf der Häufigkeit des Auftretens der Schüchternheit zwischen *chronischer* Schüchternheit, bei der man sich selbst als schüchtern bezeichnet und sie situationsübergreifend erlebt, und *situationsspezifischer* Schüchternheit, bei der sie nur in manchen sozialen Situationen wahrgenommen wird.

Schüchternheit kann auf kognitiver, affektiver, physiologischer und behavioraler Ebene erlebt werden und wird in der Regel von situationalen Hinweisreizen ausgelöst. Auslösende Situationen sind z. B. Interaktionen mit Autoritätspersonen, Eins-zu-Eins-Interaktionen mit einer andersgeschlechtlichen Person und unstrukturierte soziale Situationen (ebd.). Unstrukturierte Situationen sind laut Pilkonis (1977) solche Situationen, in denen unklar ist, welches Verhalten angemessen oder wünschenswert ist. In einer strukturierten Atmosphäre, z. B. beim Halten einer vorbereiteten Rede vor wenigen Zuschauer*innen, spielt Schüchternheit demnach eine kleinere Rolle als in einer unstrukturierten Situation, wie einem spontanen Gespräch mit einer Person eines anderen Geschlechts. In einer Studie von Crozier (1995) nannten die teilnehmenden 8- bis 11-jährigen Kinder die folgenden Schüchternheit auslösenden Situationen: unbekannte Situationen mit Lehrer*innen, anderen Erwachsenen oder anderen Kindern; vor der Klasse sprechen, gehänselt werden, Ärger bekommen, fotografiert werden, Schulfreund*innen ein Foto von sich zeigen und Partys besuchen.

▶ **Dimensionen von Schüchternheit**

- State – Trait
- ängstlich – selbstaufmerksam
- privat – öffentlich
- chronisch – situationsspezifisch
- Selbsteinschätzung – Fremdeinschätzung

Schüchternheit scheint ein universelles Phänomen zu sein, das sich in verschiedenen Kulturen finden lässt, allerdings mit unterschiedlich hohen Prävalenzraten. Interkulturelle Unterschiede werden mit der Differenzierung zwischen kollektivistischen und individualistischen Kulturen erklärt, wobei man in kollektivistischen Kulturen mehr Schüchternheit findet als in individualistischen (Henderson et al., 2010). Der Wert der Gruppe wird hier über den des Selbst gestellt, weshalb eher eine Kontrolle der Emotionen und Hemmung von Verhalten erwartet wird. In individualistischen Kulturen hingegen wird der Wert des Individuums stärker hervorgehoben und ein Ausdrücken von Emotionen gefördert (ebd.).

In diesem Zusammenhang ist zu beachten, dass Schüchternheit trotz der negativen Folgen für Betroffene auch Vorteile mit sich bringen kann und dass vor allem aktuellere Literatur auf die Stärken schüchterner Menschen eingeht. Archer (2018) vermutet in Schüchternheit einen evolutionären Vorteil. Das Vermeiden von sozialen Fehlern war in der Steinzeit essenziell, um nicht aus der Gemeinschaft ausgeschlossen zu werden und beim Zusammentreffen mit Feinden auf sich selbst gestellt zu sein. Schüchternheit konnte insofern ein Vorteil sein, als dass die Aufmerksamkeit für subtile soziale Hinweisreize erhöht war und so Verhaltensweisen schneller erkannt werden konnten, die potenziell soziale Konflikte auslösen. Stärken schüchterner Personen können außerdem genaues

Zuhören, Sensibilität, bewusste und durchdachte Entscheidungen, Unabhängigkeit, produktives Nutzen von Einsamkeit und Fürsorge sein. Außerdem ist sie korreliert mit adaptiver interpersonaler Sensitivität, emotionaler Empathie und prosozialem Verhalten (Henderson et al., 2010).

2.3.2 Abgrenzung von Sozialer Angststörung

Das Konzept der Schüchternheit hat viele Überschneidungen mit dem klinischen Konzept der sozialen Angststörung. Gemeinsame zentrale Elemente sind vor allem Unwohlsein und Ängstlichkeit in sozialen Situationen sowie die damit verbundenen Verhaltenskonsequenzen – Hemmung von sozial-angemessenem Verhalten, Vermeidung sozialer Situationen und verschiedene körperliche Reaktionen (Turner et al., 1990). Die größte Gemeinsamkeit der beiden Zustände sind die begleitenden kognitiven Prozesse. Beide gehen einher mit Angst vor negativer sozialer Evaluation sowie negativen Gedanken in Verbindung mit sozialen Situationen.

▶ **Definition Soziale Angststörung** „Die Soziale Angststörung ist gekennzeichnet durch ausgeprägte und übermäßige Furcht oder Angst, die immer wieder in einer oder mehreren sozialen Situationen auftritt, z. B. bei sozialen Interaktionen […]. Die Person ist besorgt, dass sie sich so verhält oder Angstsymptome zeigt, dass sie von anderen negativ bewertet wird. Einschlägige soziale Situationen werden konsequent vermieden oder mit intensiver Angst oder Furcht ertragen." (World Health Organization, 2019)

Jedoch handelt es sich keinesfalls um dasselbe Konstrukt. Auch wenn viele Menschen gleichzeitig von Schüchternheit und Sozialer Angststörung betroffen sind, unterscheiden sich beide stark in ihrer Auftretenswahrscheinlichkeit über die Lebensspanne hinweg. Die Lebenszeitprävalenz von sozialer Angststörung in den USA liegt bei 9,1 % (National Institute of Mental Health, o. J.), während in einer Befragung von Zimbardo et al. (1975) 90 % der Befragten angaben, bereits an einem Punkt ihres Lebens einmal schüchtern gewesen zu sein. Im Vergleich zu sozial-ängstlichen Personen liegen außerdem die alltäglichen Einschränkungen schüchterner Personen in einer normalen Spannweite und sind nicht klinisch relevant (Turner et al., 1990). Sozial-ängstliche Patient*innen vermeiden zudem wahrscheinlicher als Schüchterne soziale Situationen gänzlich.

Henderson et al. (2010) sehen die Soziale Angststörung als Subkategorie von Schüchternheit auf einem Kontinuum von milder sozialer Befangenheit bis zur vollständig hemmenden sozialen Angststörung. Man kann außerdem sagen, dass die Soziale Angststörung ein klinisches Phänomen darstellt, während Schüchternheit hauptsächlich von Seiten der Sozialpsychologie betrachtet wird (Turner et al., 1990). Turner et al. erklären sich das schwache Interesse der klinischen Psychologie an Schüchternheit mit der hohen Heterogenität des Begriffs, welcher deshalb für das klinische Verständnis wenig Nützlichkeit aufweist.

Ein weiteres Unterscheidungsmerkmal ist die Zeitperspektive. Laut der bereits genannten Befragung von Zimbardo et al. (1975) waren 90 % der Befragten bereits *im Laufe ihres Lebens* einmal schüchtern, während sich zum Zeitpunkt der Befragung nur ca. 40 % als *aktuell* schüchtern einschätzen. Schüchternheit könnte (zumindest bei manchen Schüchternen) also ein vorübergehender Zustand sein, während eine Soziale Angststörung eher chronisch verläuft. Des Weiteren wird der Beginn der sozialen Angststörung in der mittleren Adoleszenz verortet, während Schüchternheit viel früher beginnt. Schon bei Kleinkindern lassen sich Anzeichen von sozialer Verhaltenshemmung finden (Turner et al., 1990).

2.3.3 Verhalten und Erleben von Betroffenen

Wie fühlen sich Menschen, die Schüchternheit erleben, und wie schlägt sich Schüchternheit in ihrem Verhalten nieder? Ein akutes Auftreten von Schüchternheit ist vor allem durch Verhaltenshemmung gekennzeichnet. Pilkonis (1977) fand auf der Verhaltensebene bei schüchternen Menschen mehr Lächeln, Herumspielen am eigenen Körper oder mit Gegenständen und in Unterhaltungen mehr Nicken als bei Nicht-Schüchternen. Crozier (1995) untersuchte den Zusammenhang von Schüchternheit und Selbstwert bei Kindern zwischen 9 und 12 Jahren. Niedriger Selbstwert ist gekennzeichnet von Zweifeln darüber, effektiv zu einer sozialen Situation beitragen zu können, und von Angst vor negativer Bewertung. Daraus folgt *Verhaltenshemmung* und soziale Ängstlichkeit. Dieser Rückzug bzw. dieses defensive Verhalten ist assoziiert mit *negativer Selbstevaluation* und reduziert wiederum den Selbstwert. Insgesamt entstehen so außerdem weniger Situationen, in denen Erfahrungen mit erfolgreichem Sozialverhalten gemacht werden können. Demnach beeinflussen Schüchternheit und negativer Selbstwert sich gegenseitig und es kommt zu einem Teufelskreis. Crozier konnte nicht nur einen Zusammenhang zwischen Schüchternheit und globalem Selbstwert, sondern auch mit der Selbstwert-Unterkomponente selbstberichteter schulischer Kompetenz finden.

2.3.4 Mögliche Folgen

Im vorherigen Abschnitt wurde bereits ersichtlich, dass Schüchternheit mit verschiedenen Konsequenzen für das Leben von Betroffenen einhergehen kann. Durch Schüchternheit profitieren Betroffene weniger von sozialen Situationen. Erwachsene haben weniger Dates, drücken sich weniger häufig aus und sind öfter einsam. Es besteht durch andauernde Schüchternheit außerdem die Gefahr des Alkoholmissbrauchs als Mittel zur

Entspannung in sozialen Situationen. Häufig kommt es auch zu selbsterfüllenden Prophezeiungen („Ich kann das nicht, weil ich schüchtern bin") (Henderson et al., 2010). Laut Pilkonis (1977) werden Schüchterne als weniger freundlich, weniger durchsetzungsfähig, weniger entspannt und weniger physisch attraktiv eingeschätzt als Nicht-Schüchterne.

Auch im Schulkontext finden sich Auswirkungen von Schüchternheit. Laut Stöckli (2004) weisen verschiedene empirische Ergebnisse darauf hin, dass „stille Kinder" im Grundschulalter schlechtere Ergebnisse als andere im Wortschatztests erreichen. Es ist aber fraglich, ob diese Ergebnisse mit der tatsächlichen Kompetenz der Kinder gleichzusetzen sind, da diese in einer Prüfungssituation erhoben wurden, welche bei evaluativ-schüchternen Kindern angstauslösend sein kann. Somit kann nicht die volle Leistungsfähigkeit erreicht werden. Mehrere Studien finden keinen Zusammenhang zwischen Schüchternheit und Schulleistung (Stöckli, 2004). Der Zusammenhang zwischen Schüchternheit und Leistungen in Wortschatztests wird im weiteren Verlauf dieses Abschnitts unter „Konsequenzen von Schüchternheit in der Schule" diskutiert.

Viele schüchterne Schüler*innen und Studierende bewerten die eigene Schüchternheit als Problem, mögen sie nicht und möchten daran arbeiten (Turner et al., 1990). Betroffene Personen berichten von Schwierigkeiten, Freundschaften zu schließen, Depression, Einsamkeit, Schwierigkeiten, die eigene Meinung auszudrücken und sich durchzusetzen, Konzentrationsschwierigkeiten in sozialen Situationen und Beschäftigt-sein mit sich selbst (ebd.). Sie erleben als Folgen außerdem Vermeidungsverhalten und defizitäre soziale Fertigkeiten wie lange Stille in Unterhaltungen, unzureichende Stimmlautstärke oder Blickkontakt, mangelnde Durchsetzungsfähigkeit und die Unfähigkeit, sinnvolle Unterhaltungen aufrechtzuerhalten.

Stöckli (2004) weist zudem auf die Gefahr hin, dass es durch Erwartungen und Fehlattributionen von Lehrer*innen bei schüchternen Kindern zu einer schlechteren Bewertung der schulischen Leistung kommen kann. Er findet in seiner Studie Anzeichen für die Verflechtung der Benotung durch Lehrer*innen mit der wahrgenommenen sozialen Kompetenz der Schüler*innen.

In Daten aus einer Langzeitstudie (Caspi et al., 1988) wurden die Verhaltensmuster von Kindern, die in der späten Kindheit Schüchternheit aufwiesen, über 30 Jahre hinweg nachgezeichnet. Schüchternheit wurde zwischen 8 und 10 Jahren durch Eltern- und Lehrer*innen-Ratings erhoben und die dann erwachsenen Teilnehmer*innen mit 30 und mit 40 Jahren interviewt. Demnach heiraten schüchterne Jungen später, werden später Eltern und weisen erst später ein gesichertes Arbeitsverhältnis auf als nicht schüchterne Gleichaltrige. Schüchterne Mädchen nehmen eher als nicht schüchterne Gleichaltrige eine traditionelle Rolle als Ehefrau, Mutter und Hausfrau ein. Das Muster des schüchternen Verhaltens hat also einen erheblichen Einfluss auf den Lebensverlauf der Kinder.

2.3.5 Messung

Schüchternheit bei Kindern wird in der Regel entweder durch Selbstaussagen, Verhaltensbeobachtungen oder durch Eltern-/Lehrer*innen-Ratings gemessen. Inwiefern diese unterschiedlichen Methoden dasselbe Konzept oder dieselben Facetten davon messen, ist fraglich. In der Literatur finden sich nur sehr schwache bis keine Korrelationen zwischen Lehrer*innen-Einschätzungen von Schüchternheit und entsprechenden Schüler*innen-Selbsteinschätzungen (Stormshak et al., 1999; Melfsen et al., 1999). In einer Studie von Spooner et al. (2005) wurde ein Drittel der Kinder, die sich selbst als schüchterne Person beschreiben, durch Eltern- und Lehrer*innen-Ratings nicht als solche erkannt. Crozier (1995) liefert als Argument gegen eine reine Messung von Schüchternheit durch Verhaltensbeobachtung, dass es kognitive und somatische Schüchternheitskomponenten gibt, die nicht unbedingt mit erkennbarem Verhalten einhergehen müssen und dass beobachtete Verhaltenshemmung nicht in jedem Fall ein Ausdruck von Schüchternheit ist, sondern z. B. auch ein Zeichen von Introversion sein kann. Vor allem die von Pilkonis (1977) beschriebene private Schüchternheit lässt sich kaum durch Außenstehende beobachten.

Crozier entwickelte daraufhin 1995 eine *Shyness Scale* basierend auf Assoziationen von Kindern (8–11 Jahre) mit dem Ausdruck „schüchtern sein". Aus den Aussagen extrahierte er 26 Items bestehend aus Beschreibungen sozialer Situationen und entsprechender Reaktionen darauf, z. B. „Ich fühle mich nervös, wenn ich mit wichtigen Leuten zusammen bin". Die Schüchternheitsskala korrelierte signifikant negativ mit dem globalen Selbstwert ($r = -{,}623$) und mit selbstberichteter schulischer Kompetenz ($r = -{,}382$).

Horton entwickelte 2021 die *Manifestations of Shyness Scale,* um Schüchternheit bei Kindern zu messen. Ziel dabei war die Erstellung einer Skala, basierend auf einer Schüchternheitsdefinition, die nicht verschmolzen ist mit Introversion oder sozialer Angststörung. Sie definiert demnach Schüchternheit wie folgt: „a set of reactionary behaviors to novel situations including somatic behaviors, overtly avoidant behaviors, and anxious thoughts" (ebd., S. 23). Schüchternheit ist also ein temporärer, situationsgebundener Zustand, der mit beobachtbarem Verhalten einhergeht. Die Skala umfasst 9 Items, bestehend aus Situationsbeschreibungen (z. B. „Stelle Dir eine Situation vor, in der du mit unbekannten Menschen zusammen warst."), die drei Ausdrucksformen *(Manifestationen)* von Schüchternheit enthalten: Somatik, Gedanken und Verhalten (Beispiel Somatik: „Hast Du geschwitzt?"). In der Studie wurde der Fragebogen mit einer Gruppe von 40 Grundschüler*innen (3.–6. Klasse) in den USA getestet. Auch hier korrelierte die Messung nicht signifikant mit Lehrer*innen-Ratings.

Es gibt also verschiedene Ansätze, um Schüchternheit von Schulkindern zu messen, jedoch muss dabei deutlich darauf geachtet werden, mit welcher Definition von Schüchternheit gearbeitet wird und welche Facette von Schüchternheit tatsächlich gemessen wird.

2.3.6 Prävalenz

Aufgrund der Vielschichtigkeit des Schüchternheitsbegriffs ist es nicht einfach, generelle Zahlen für die Prävalenz des Phänomens einzuschätzen. Eine frühe Messung erfolgte durch Zimbardo und seine Studierenden an der Stanford University in der *Stanford Shyness Survey* (Zimbardo et al., 1977). Über 800 Studierende aus der Universität und High School mit einem Durchschnittsalter von 20 Jahren gaben Selbstauskunft zu ihrer Schüchternheit. Über 40 % beschrieben sich darin als aktuell schüchtern und über 82 % gaben an, bereits einmal in ihrem Leben eine „schüchterne Person" gewesen zu sein. 17 % gaben an, in bestimmten Situationen schüchtern zu reagieren, und nur 1 % gaben an, noch nie in irgendeiner Weise Schüchternheit erlebt zu haben. Geschlechterunterschiede wurden in dieser Befragung nicht gefunden. Die Tendenz scheint steigend zu sein. Im Jahr 1999 bezeichneten sich in einer vergleichbaren Umfrage bereits 48 % als aktuell schüchtern (Carducci, 1999) und in noch neueren Studien wird von einer Rate von 60 % gesprochen (Henderson et al., 2010).

Stöckli (2004) führte eine Studie zu Schüchternheit mit 227 Kinder der vierten Klasse (Durchschnittsalter 10 Jahre) in deutschsprachigen Kantonen der Schweiz durch. 45,5 % der Mädchen und 36,9 % der Jungen bezeichnen sich darin als teilweise oder stärker sozial ängstlich. Ca. 15 % der Klasse wurden von Mitschüler*innen als ein wenig oder mehr schüchtern beurteilt. Die Werte der Selbst- und Fremdeinschätzung korrelierten nicht. Lehrpersonen bewerteten 31,4 % der Schüler*innen als teilweise, ziemlich oder sehr schüchtern.

Nachdem nun im ersten Teil dieses Abschnitts beleuchtet wurde, wie Schüchternheit definiert wird, wie sie gemessen werden kann und wie häufig sie auftritt, wird der Fokus im folgenden Teil darauf liegen, wie sich Schüchternheit im schulischen Kontext äußert, welche Ursachen und Konsequenzen sie hat und wie im Klassenzimmer unter Berücksichtigung der Bedürfnisse des jeweiligen Kindes erfolgreich mit ihr umgegangen werden kann.

2.3.7 Fallbeispiel

Um besser veranschaulichen zu können, wie sich Schüchternheit im Schulkontext äußern und auswirken kann, welche Risiko- und Aufrechterhaltungsfaktoren sie beeinflussen und wie mit ihr umgegangen werden kann, soll zunächst folgendes Fallbeispiel vorgestellt werden:

> **Fall von Lea**
> Die achtjährige Lea geht in die Grundschule und besucht dort die zweite Klasse. Sie hat diese Klasse schon einmal besucht, da sie den Sprung in die dritte Klasse nicht geschafft hat und nun ein Wiederholungsjahr macht. Ihre Lehrkräfte sind schon vor längerer Zeit auf die Eltern zugegangen und haben angemerkt, dass Lea sich in der Klasse nie zu Wort melde, sehr leise spreche und auch nach Aufforderungen seitens der Lehrkräfte kaum ein Wort hervorbringe und meistens mit „Ich weiß es nicht." antworte. In den Pausen ist Lea froh, ihre beste Freundin Emma zu haben, denn von alleine würde sie nie auf die anderen Kinder zugehen und fragen, ob sie zusammen spielen wollen. Doch das ist nicht nur innerhalb der Schule der Fall. Auch in ihrem Turnverein gilt sie eher als Einzelgängerin, geht nicht auf andere Kinder zu und ist in Gruppenaktivitäten sehr gehemmt. Sie selbst sieht darin kein Problem. Solange sie ihre beste Freundin Emma hat, braucht sie keine anderen Freund*innen und wenn sie doch einmal etwas vor der Klasse vortragen muss, so lässt sie sich nichts anmerken, ist aber froh, wenn die Situation vorbei ist. Sie mag es nicht, im Mittelpunkt zu stehen, ist gerne für sich und arbeitet still vor sich hin. Leas Eltern und insbesondere Leas Lehrkräfte sehen im Gegensatz dazu jedoch sehr wohl ein Problem. Per se stört Leas Schüchternheit sie nicht, da jedes Kind anders ist und es wohl einfach ihre Persönlichkeit ist. Doch Leas Noten sind problematisch. Weil sie sich nie von sich aus mündlich im Unterricht beteiligt, werden ihre Noten zunehmend schlechter, was auch erklärt, warum sie die Klasse wiederholt. Auch wenn Leas schriftliche Leistungen über alle Fächer hinweg gut sind, betonen die Lehrkräfte, dass Leas Schüchternheit ihr in der Schule zum Verhängnis werden kann und etwas getan werden muss.

Bevor betrachtet wird, wie mit Leas Schüchternheit in der Schule umgegangen werden kann, sollte jedoch erst einmal geklärt werden, wie ihre Schüchternheit überhaupt zustande gekommen ist, wie sie aufrechterhalten wird und warum die Schüchternheit im Schulkontext zu Problemen führen kann.

2.3.8 Wie entsteht Schüchternheit?

Schüchternheit kann durch verschiedene Faktoren bedingt sein. Es wird schon lange diskutiert, ob sie überwiegend durch biologische oder soziale Faktoren entsteht. Da es für beide Ansätze umfangreiche Studien und Belege gibt, wird sich heutzutage darauf geeinigt, dass Schüchternheit durch eine Interaktion aus Genetik, Biologie und sozialem Umfeld erklärt werden kann.

Auf biologischer Seite gibt es Befunde für eine Dysregulation bestimmter Komponenten des „Angstzentrums" im Gehirn. Diese Dysregulation ist höchstwahrscheinlich genetisch bedingt und bezieht sich maßgeblich auf die Amygdala – eine Struktur des sogenannten limbischen Systems im Gehirn, welche bei emotionalen Reaktionen wie Angst beteiligt ist. Dieser Teil des Gehirns scheint bei schüchternen Kindern reaktiver zu sein, was bedeutet, dass z. B. durch neue Situationen schneller und stärker Angst ausgelöst wird (Schmidt et al., 2001). In diesem Zusammenhang spielt auch das Temperament des Kindes eine entscheidende Rolle.

Kagan et al. (1984) beschreiben dabei eine Art von Temperament, das sie als „Verhaltenshemmung gegenüber dem Ungewohnten" bezeichnen und. auf die initiale Reaktion eines Kindes auf unbekannte Menschen und Situationen beziehen. Die Befunde von Kagan et al. sprechen dafür, dass es einen starken Zusammenhang zwischen dieser Temperamentsform und Schüchternheit gibt. Dabei ist es wichtig zu betonen, dass das Temperament eines Kindes angeboren, genetisch bedingt und zeitstabil ist. Schüchternheit wird daher mehrheitlich als feste Persönlichkeitseigenschaft angesehen, die eine genetische Basis hat. Doch auch wenn es viele Befunde gibt, die biologische und genetische Faktoren als Ursache für Schüchternheit festlegen, so sind soziale und familiäre Einflüsse ebenso relevant und einflussreich.

In diesem Kontext spielen einerseits der elterliche Erziehungsstil als auch Erfahrungen mit Gleichaltrigen eine große Rolle. Wenn die Eltern beispielsweise selbst sehr schüchtern sind, so übernehmen Kinder dies schnell mittels des Modellernens.

▶ **Was ist Modelllernen?** Das Lernen am Modell ist eine Lerntheorie von Albert Bandura. Dieser fand heraus, dass Personen sich bestimmte Verhaltensweisen aneignen, indem sie eine andere Person – das Modell – beobachten und imitieren. So können sowohl bewusst als auch unbewusst neue und komplexe Verhaltensweisen erlernt werden (Bandura & Kober, 1976).

Ebenso zeigt sich, dass Kinder von sehr überbehütenden oder strengen Eltern ein erhöhtes Risiko haben, Schüchternheit zu entwickeln (Asendorpf, 2002). Nach Bowlby (1969), einem Pionier der Bindungsforschung, ist zudem die frühe Mutter-Kind-Beziehung ausschlaggebend für die spätere soziale und emotionale Entwicklung des Kindes, welche dann wiederum ein Risikofaktor für die Entstehung von Schüchternheit sein kann. Bowlbys Erklärungen nach kann dabei ein unsicherer Bindungsstil mitverantwortlich dafür sein, dass ein Kind nicht ausreichend Sozialkompetenzen entwickelt, soziale Situationen eher meidet und somit schüchtern wird. Denn die nötige soziale Kompetenz, die es für soziale Interaktionen braucht, entsteht laut Bowlby aus einer sicheren Bindung zur Bezugsperson in den ersten Lebensmonaten und -jahren. Ein sicherer Bindungsstil gibt dem Kind ein Gefühl von Sicherheit und Vertrauen, sodass es sich zutraut, seine Umwelt ausgiebig zu explorieren. Durch dieses Explorationsverhalten entwickelt das Kind folglich soziale Fähigkeiten, da es mit fremden Kindern interagiert und Erfahrungen in sozialen Situationen sammelt, die es später dazu bewegt, sich gerne in soziale Situationen zu begeben, statt diese zu vermeiden. In diesem Zusammenhang spielt ebenso die elterliche

Sensitivität (Feinfühligkeit) eine wichtige Rolle. Elterliche Sensitivität definiert sich dabei durch vier zentrale Merkmale:

1. Werden die Bedürfnisse des Kindes wahrgenommen?
2. Erkennt die Bezugsperson, was das Kind braucht?
3. Reagiert die Bezugsperson innerhalb eines angemessenen Zeitfensters?
4. Geht die Bezugsperson angemessen auf die kindlichen Bindungsbedürfnisse ein? (Zemp & Bodenmann, 2019).

Können diese Merkmale bejaht werden, so ist es wahrscheinlicher, dass Kinder soziale Fähigkeiten erlernen und sich gerne in soziale Situationen begeben, als wenn die Bezugspersonen distanziert und ablehnend sind. Beispielsweise konnten Hetherington und Martin (1986) zeigen, dass eine niedrige elterliche Sensitivität mit sozialem Rückzug bzw. sozialer Zurückhaltung bei Kindern in Verbindung steht. Aber auch bestimme Erfahrungen, die ein Kind macht, können dazu beitragen, dass es schüchtern wird. Werden Kinder beispielsweise ausgelacht oder ausgegrenzt, so speichern sie dies schnell als negatives Bild ab und entwickeln schlechte Einstellungen über sich selbst. Dies kann sich in sogenannten Katastrophenerwartungen widerspiegeln, wie etwa „Ich werde abgelehnt werden, wenn ich etwas sage" oder zu einem negativen Selbstbild führen wie etwa „Mit mir stimmt irgendetwas nicht".

Zusammenfassend lassen sich die Ursachen von Schüchternheit also in einer Interaktion aus biologischen, genetischen und sozialen Faktoren erklären.

2.3.9 Umgang mit Schüchternheit in der Schule

Wie in der Einführung und im Fallbeispiel bereits ersichtlich wird, ist Schüchternheit per se erst einmal nichts Problematisches. Solange kein Leidensdruck bei dem betroffenen Kind herrscht, gibt es demnach keine triftigen Gründe, die Schüchternheit zu „bekämpfen" und das Kind zu mehr sozialen Interaktionen zu treiben oder es dazu zu bringen, mehr zu sprechen. Doch im oben genannten Fallbeispiel wirkt sich die Schüchternheit offensichtlich negativ auf die schulischen Leistungen des Kindes aus, weswegen es ratsam wäre zu intervenieren. Die Frage ist also: Wie sollte mit Schüchternheit im schulischen Kontext umgegangen werden und wie kann schüchternen Kindern bestmöglich geholfen werden, falls Bedarf besteht? Dafür soll jedoch erst einmal betrachtet werden, was für Konsequenzen es hat, wenn ein Kind in der Schule übermäßig schüchtern ist.

2.3.10 Konsequenzen von Schüchternheit in der Schule

Obwohl Schüchternheit ein sehr vages Konstrukt ist, ist Konsens, dass schüchterne Kinder reserviert sind und weniger sprechen als die meisten Kinder (McCroskey & Richmond, 1982). Neben charakteristischen Verhaltensweisen, wie Distanz zu anderen Menschen zu wahren, sich wegzudrehen und Augenkontakt zu vermeiden, ist das reduzierte Sprechverhalten der charakteristischste Aspekt der Schüchternheit und ihrer vielleicht extremsten Ausprägung, dem selektiven Mutismus.

▶ **Definition selektiver Mutismus** Man spricht von selektivem Mutismus, wenn Kinder unfähig sind, in spezifischen sozialen Situationen (z. B. Schule) oder mit bestimmten Personen (z. B. fremde, autoritäre Personen) zu sprechen (Katz-Bernstein, 2019).

In diesem Kontext konnte gezeigt werden, dass schüchterne Kinder weniger spontane Kommentare abgeben und weniger mit Erwachsenen und anderen Kindern beim freien Spielen reden. Diese verbale Zurückhaltung scheint über die Zeit fest verankert zu sein. Um jedoch mit seinem sozialen Umfeld interagieren zu können und soziale Fähigkeiten zu erlernen, muss man offensichtlich in der Lage sein, sich verbal zu äußern.

Für Buss (1984) ist Schüchternheit zudem dadurch gekennzeichnet, dass zurückhaltende Personen am Rande sozialer Gruppen bleiben, nicht das Wort ergreifen und nur minimale, leise Antworten geben, wenn sie angesprochen werden. Dies ist vor allem in neuen und formalen Situationen der Fall, in denen man sich selbst als untergeordnet oder fremd ansieht, oder in Situationen, in denen man im Mittelpunkt steht/bewertet wird (Asendorpf, 1989; Ayers, 1990).

Diese Aspekte sind in der Schule noch einmal von besonderer Bedeutung. In diesem Zusammenhang zeigt sich, dass schüchterne Kinder in der Schule deutlich weniger sprechen als ihre Klassenkamerad*innen, wenn sie in der Schule ankommen. Zudem ist ihre mündliche Beteiligung und Diskussionszeit im Klassenzimmer deutlich geringer, ebenso wie in den Schulpausen und beim Verlassen der Schule (Asendorpf & Meier, 1993; Evans, 1987). Dabei ist es laut Tancer (1992) nicht überraschend, dass der Schuleintritt ein Hauptauslösefaktor für selektiven Mutismus ist und dass schüchterne Kinder zu Hause weitaus aufgeschlossener und gesprächiger sind als in der Schule (Asendorpf & Meier, 1993). Doch inwiefern könnte dies problematisch sein? Mehrere Studien zeigen, dass schüchterne Kinder im Durchschnitt weniger verbale Kompetenzen besitzen als nicht-schüchterne Klassenkamerad*innen. So konnte beispielsweise Asendorpf (1994) einen negativen Zusammenhang zwischen einem Untertest des Hamburg-Wechsler-Intelligenztests, der den Wortschatz eines Kindes erfasst, und Hemmung im Klassenzimmer feststellen. Darüber hinaus fand Asendorpf heraus, dass der verbale IQ in der Gruppe der gehemmten Kinder signifikant geringer war als in der Gruppe der nicht-gehemmten Kinder. Dies konnte ebenso von Rubin (1982) bestätigt werden, welcher zeigte, dass Kinder, die lieber allein waren und für sich spielten, niedrigere Werte in Sprachtests erzielten als Kinder, die gerne Zeit mit anderen Kindern in der Klasse verbrachten und mehr aus sich herausgingen.

Da es einen positiven Zusammenhang zwischen Sprachkompetenzen und Schulerfolg gibt und weil Kommunikation und soziale Interaktion wichtig sein können, um Lernziele zu erreichen (Daly & Korinek, 1980), könnten schüchterne Individuen potenziell gefährdet sein, schlechtere schulische Leistungen zu erzielen. Beispielsweise zeigten Swift und Spjvack (1969), dass schlechtere Noten mit Zurückhaltung bei Sekundarschüler*innen assoziiert war. Doch dies ist nicht immer der Fall. In den meisten Fällen zeigen schüchterne Schüler*innen gute bis sehr gute schriftliche Leistungen, werden jedoch ungerechtfertigterweise durch ihre niedrige mündliche Beteiligung schlechter benotet. Demnach ist es wichtig, Maßnahmen im Klassenzimmer zu ergreifen, die schüchternen Schüler*innen helfen können, damit sie nicht lediglich aufgrund ihrer Schüchternheit schlechter abschneiden als weniger schüchterne Mitschüler*innen.

2.3.11 Praktische Hinweise für den Umgang mit schüchternen Schüler*innen

Bezugnehmend auf das Fallbeispiel, das in Abschn. 2.3.7 dargestellt wurde, gibt es verschiedene Möglichkeiten, auf Schüchternheit im schulischen Kontext zu reagieren und – in unserem Fall – Lea zu unterstützen. Zu Beginn ist wichtig zu betonen, dass man schüchterne Kinder nicht in soziale Interaktionen drängen sollte (Honig, 1987). Stattdessen sollten Lehrkräfte bestimmte Aktivitäten auswählen, die auf spielerische Art und Weise dafür sorgen, dass die Kinder miteinander sprechen und interagieren. Pellegrini (1984) erwähnt in diesem Zusammenhang, dass einige Aktivitäten eher bewirken, dass die Schüler*innen untereinander sprechen als andere Aktivitäten. Beispielsweise wird bei Malaufgaben oder Puzzeln weniger gesprochen als bei Aufgaben, die mit Bauklötzen oder Ähnlichem zu tun haben. Zudem kommt es in kleineren Gruppen mit einer Lehrkraft, die sich weitestgehend zurückhält, zu vielfältigeren und spontaneren Gesprächen als in großen Gruppen, in denen die Lehrkraft anleitet. Somit wäre es ratsam, kleine Gruppen von bis zu fünf Schüler*innen zu bilden oder sie zusammen mit einer/einem Partner*in arbeiten zu lassen. Zusätzlich kann es hilfreich sein, bestimmte Spiele in diesen Gruppen zu spielen, in denen die Kinder abwechselnd miteinander sprechen und zuhören müssen und sich gegenseitig Fragen stellen. Somit wird die verbale Kommunikation angeregt und jedem Kind wird die Chance gegeben, zu Wort zu kommen (Koplow, 1983).

Ein weiterer Befund, der im Klassenzimmer eingesetzt werden könnte, ist, dass schüchterne Kinder oft besser mit jüngeren Kindern interagieren können bzw. es ihnen dort leichter fällt, eine führende Rolle einzunehmen. Somit könnte das schüchterne Kind zu einem „Buddy" für ein jüngeres Kind gemacht werden, um ihm zu zeigen, dass eine verantwortungsvolle Rolle, in der das schüchterne Kind die Führung übernimmt, nichts Bedrohliches ist (Furman et al., 1979).

Auch bezüglich der Sitzordnung im Klassenzimmer könnte es Konstellationen geben, die schüchterne Kinder eher ermutigen, sich mündlich zu beteiligen, als andere Plätze. So sprechen Totusek und Staton-Spicer (1982) von einer sogenannten „central action zone" im Klassenzimmer. Diese befindet sich einerseits in der ersten Reihe und andererseits auf den Plätzen entlang der Mitte im Klassenzimmer. Interessanterweise konnte gezeigt werden, dass es Persönlichkeitsunterschiede zwischen denen, die gerne auf diesen Plätzen sitzen, und denen, die diese Plätze eher meiden, gibt. Diejenigen, die angaben, nicht gerne in der „central action zone" zu sitzen, schienen weniger kompetitiv, selbstbewusst und gesprächig zu sein. Es zeigte sich jedoch, dass es nur bei ohnehin schon gesprächigeren Kindern etwas brachte, sie in die „central action zone" zu setzen, während die mündliche Beteiligung bei schüchternen Kindern nicht signifikant anstieg (Kenoya, 1976). Dies lässt vermuten, dass Methoden, um die mündliche Beteiligung von schüchternen Kindern zu stärken, eher mit dem Interaktionsstil der Lehrkraft zusammenhängen könnten als mit der Sitzordnung im Klassenzimmer.

Darauf bezugnehmend besagt der klassisch behavioristische Ansatz, dass Bestärkung und Lob die mitunter wichtigsten Bestandteile sind, um schüchterne Kinder dazu zu ermutigen, sich mündlich im Unterricht zu beteiligen. Comadena und Prusank (1988) sehen jedoch eine Gefahr darin, schüchterne Kinder übermäßig zu loben, da sich die Aufmerksamkeit der Klasse in solch einer Situation vermehrt auf das Kind richtet, das Kind dadurch befangen/verlegen werden könnte und es somit zu einem negativen Affekt führen könnte. Paget et al. (1984) schildern in diesem Zusammenhang, dass zurückhaltende Kinder zwar mehr auf Lob reagieren als gesprächigere Kinder, dieses Lob jedoch nur effektiv ist, wenn es unauffällig gegeben wird. Lehrkräfte sollten daher möglichst unterschwellig loben und auf nonverbale Kommunikation zurückgreifen. Dies wäre beispielsweise eine Möglichkeit, in Gruppen Lob auszudrücken, ohne dass die Aufmerksamkeit aller auf das schüchterne Kind geht (Richey & Richey, 1978).

Aus Interviews, in denen Lehrkräfte der ersten Klassenstufe ihre Erfahrungen mit der Förderung mündlicher Beteiligungen bei schüchternen Kindern schilderten, wurden zudem Faktoren bekannt, wie ein ruhiges und ordentliches Klassenzimmer oder mit dem schüchternen Kind zu sprechen, wenn keine anderen Personen dabei sind, wie z. B. nach dem Unterricht. Dort kann dann bspw. über die Familie des Kindes oder generelle nichtschulische Themen gesprochen werden, sodass Vertrauen zu der Lehrkraft aufgebaut wird und dem Kind die Möglichkeit gegeben wird zu sprechen.

Den befragten Lehrkräften fiel zudem bei Gruppenarbeiten auf, dass die gesprächigeren Klassenkamerad*innen oft für die schüchternen Kinder redeten und damit ihre Versuche zu sprechen behinderten (Evans, 2001). Somit kann es hilfreich sein, zuerst die schüchternen Kinder nach ihrer Antwort zu fragen und geschlossene sowie offene Fragen zu stellen, bei denen man sich sicher sein kann, dass das Kind sie erfolgreich beantworten können wird.

Des Weiteren sollten Lehrkräfte sich gegebenenfalls bezüglich ihrer Sprechgeschwindigkeit und ihrer Art Fragen zu stellen anpassen, um Kindern mehr Raum in Gesprächen zu geben. In diesem Kontext zeigte beispielsweise Evans (1987), dass schüchterne Kinder oft Fragen von Lehrkräften erhalten, die lange unbeantwortet bleiben und die Lehrkraft so lange weiterfragt, bis die Frage nur noch mit einer ja/nein-Antwort beantwortet werden kann, beispielsweise in Spielen, in denen die Kinder etwas erzählen sollen. Zudem antworteten viele Lehrer*innen oft sehr harsch und warteten nur sehr kurz ab, bis das Kind antwortete, bis sie eine weitere Aufforderung an das Kind gaben (Evans et al., 1991). In einer weiteren Studie von Evans und Bienert (1992) reduzierten die Lehrkräfte die Anzahl an Fragen und machten stattdessen persönliche Beiträge und ermutigende Anmerkungen (z. B. „Ach wirklich!"). Daraufhin sprachen die schüchternen Kinder mehr und hatten größere Redeanteile, obwohl sie weniger explizit aufgefordert wurden, eine Antwort zu geben. Lehrkräfte sollten also versuchen, geduldig und aufmerksam zuzuhören und weniger versuchen, die Konversation durch bestimmte Fragen zu leiten, sondern stattdessen lediglich kurze Kommentare abgeben (s. Beispiel).

> **Beispiel**
>
> L: „Möchtest du uns heute etwas erzählen?"
> K: „Mein Opa hat sich gestern ein neues Pferd für seinen Bauernhof gekauft."
> L: „Aha, mein Opa hatte früher ganz viele Kühe, aber wir hatten nie Pferde!"
> K: „Mein Opa hat auch Kühe, jetzt hat er sogar ein Kalb."
> L: „Hmm, wir haben unseren immer gerne Namen gegeben."
> K: „Den Namen weiß ich nicht mehr."
> L: „Hmhm, willst du uns erzählen, wie du heute zur Schule gekommen bist und wer mit dir gekommen ist?"
> K: „Ich selbst."
> L: „Ich habe jemanden gesehen, der mit dir gekommen ist."
> K: „Meine Schwester und meine Nachbarin."
> ◄

Zuletzt ist es wichtig zu erwähnen, dass die Benotung und Evaluation in jedem Fall angepasst werden sollten, sodass schüchterne Kinder nicht für ihre Schüchternheit oder ihre Angst zu sprechen bestraft werden (Comadena & Prusank, 1988). Zudem sollte eine Atmosphäre kreiert werden, in der jedes Kind merkt, dass es erlaubt ist, Fehler zu machen und niemand für irgendetwas verurteilt wird. Nach Zimbardo (1977) ist die Unfähigkeit bzw. Hemmung nach Hilfe zu fragen eines der häufigsten Charakteristika von Schüchternheit, sodass spezifisches und direktes Coaching von sozialen Fertigkeiten und Gesprächstechniken hilfreich sein könnte. Ebenso können Rollenspiele dabei helfen, schüchterne Kinder selbstsicherer zu machen, für sich selbst einzustehen und eigene Bedürfnisse zu erkennen und zu kommunizieren. Dies kann insbesondere für Kinder mit Sprach-/Lernschwierigkeiten von Bedeutung sein, da die Schüchternheit sie bereits anfälliger dafür macht, weniger am Unterricht teilzunehmen, und sie somit schlechtere schulische Leistungen erzielen. Kurzum können gewisse Trainingsprogramme, wie etwa Selbstbehauptungstrainings, starke soziale Netzwerke, eine angenehme Klassenatmosphäre und das Verhalten der Lehrkraft einen starken Einfluss auf schüchterne Kinder haben und dazu beitragen, dass die Schüchternheit im schulischen Kontext kein Problem darstellt (Olweus, 1991).

Zusammenfassung
Schüchternheit ist eine häufige Eigenschaft, die oft mit sozialer Angst verwechselt wird, sich jedoch in einer geringeren Intensität äußert. Betroffene fühlen sich in sozialen Interaktionen unsicher und vermeiden oft Situationen, in denen sie im Mittelpunkt stehen könnten. Ursachen sind genetische Prädispositionen, Erziehungsstile oder frühere negative Erfahrungen. Schüchternheit kann langfristig das Selbstvertrauen und die sozialen Fähigkeiten beeinträchtigen. Im schulischen Kontext führt sie häufig zu einem verminderten Engagement, was wiederum den schulischen Erfolg und die sozialen Beziehungen beeinflussen kann. Das Kapitel bietet praxisnahe Hinweise für den Umgang mit schüchternen Schüler*innen und beschreibt konkrete Unterstützungsansätze.

Literatur

Abdollahi, A., Carlbring, P., Vaez, E., & Ghahfarokhi, S. A. (2018). Perfectionism and test anxiety among high-school students: The moderating role of academic hardiness. *Current Psychology, 37*(3), 632–639. https://doi.org/10.1007/s12144-016-9550-z.
Alderman, M. K. (2013). *Motivation for achievement: Possibilities for teaching and learning*. Routledge. https://doi.org/10.4324/9780203823132.
APA (American Psychiatric Association), & Falkai, P., et al. (2015). *Diagnostisches und Statistisches Manual Psychischer Störungen DSM-5*. Hogrefe.
Archer, D. (2018). *Nicht normal, aber ziemlich genial: Warum unsere psychischen Störungen unsere Stärken sind*. Mvg.
Asendorpf, J. B. (1989). Shyness as a final common pathway for two kinds of inhibition. *Journal of Personality and Social Psychology, 53*, 542–549.
Asendorpf, J. B. (1993). Abnormal shyness in children. *Journal of Child Psychology and Psychiatry, 34*(7), 1069–1083.
Asendorpf, J. B. (1994). The malleability of behavioural inhibition: A study of individual developmental functions. *Developmental Psychology, 30*, 912–919.
Asendorpf, J. B. (2002). Risikofaktoren in der Kindheit für Soziale Phobien im Erwachsenenalter. In: Stangier, U. & Fydrich, T. (Hrsg.), *Soziale Phobie und Soziale Angststörung. Psychologische Grundlagen, Diagnostik und Therapie* (S. 246–263). Hogrefe.
Asendorpf, J. H., & Meier, G. (1993). Personality effects on children's speech in everyday life: Sociability-mediated exposure and shyness-mediated reactivity to social situations. *Journal of Personality and Social Psychology, 64*, 1072–1083.
Ayers, J. (1990). Situational factors and audience anxiety. *Communication Education, 39*, 283–291.

Bandura, A., & Kober, H. (1976). *Lernen am Modell: Ansätze zu einer sozial-kognitiven Lerntheorie*. Klett.

Bienertova-Vasku, J., Lenart, P., & Scheringer, M. (2020). Eustress and distress: Neither good nor bad, but rather the same? *BioEssays, 42*(7), 1900238. https://doi.org/10.1002/bies.201900238.

Bowlby, J. (1969). *Attachment and loss: Attachment* (Bd. 1). Basic.

Brodersen, G., & Castello, A. (2022). *Schulangst: Pädagogische Förderung im Alltag*. Kohlhammer.

Brohm, M., & Endres, W. (2017). *Positive Psychologie in der Schule: Die „Glücksrevolution" im Schulalltag* (2. Aufl.). Beltz.

Bröscher, N., Lindel, C., & Schadow, T. (2022). *Unerwartete Perspektiven der Schulpsychologie: ADHS, Kindeswohl, Wut, Mobbing, Prüfungsangst, Schulschwänzen*. Springer.

Buss, A. H. (1984). A conception of shyness. In J. A. Daly & J. C. McCroskey (Hrsg.), *Avoiding communication: Shyness, reticence and communication apprehension* (S. 39–50). Sage.

Buss, A. H. (1986). A theory of shyness. In W. H. Jones, J. M. Cheek, & S. R. Briggs (Hrsg.), *Shyness: Perspectives on research and treatment* (S. 39–46). Plenum Press. https://doi.org/10.1007/978-1-4899-0525-3_4.

Cannon, W. B. (1932). *The wisdom of the body*. Norton.

Carducci, B. J. (1999). *Shyness: A bold new approach: The latest scientific findings, plus practical steps for finding your comfort zone*. HarperCollins.

Caspi, A., Elder, G. H., & Bem, D. J. (1988). Moving away from the world: Life-course patterns of shy children. *Developmental Psychology, 24*(6), 824.

Chang, Y.-F. (2021). 2-dimensional cognitive test anxieties and their relationships with achievement goals, cognitive resources, motivational engagement, and academic performance. *Learning and Individual Differences, 92,* 102084. https://doi.org/10.1016/j.lindif.2021.102084.

Chen, C., Liu, P., Wu, F., Wang, H., Chen, S., Zhang, Y., Huang, W., Wang, Y., & Chen, Q. (2023). Factors associated with test anxiety among adolescents in Shenzhen, China. *Journal of Affective Disorders, 323,* 123–130. https://doi.org/10.1016/j.jad.2022.11.048.

Chorpita, B. F., & Barlow, D. H. (1998). The development of anxiety: The role of control in the early environment. *Psychological Bulletin, 124,* 3–21. https://doi.org/10.1037/0033-2909.124.1.3.

Comadena, M. E., & Prusank, D. T. (1988). Communication apprehension and academic achievement among elementary and secondary school students. *Communication Education, 37,* 270–277.

Crozier, W. R. (1995). Shyness and self-esteem in middle childhood. *British Journal of Educational Psychology, 65*(1), 85–95.

Daly, A., & Korinek, J. (1980). Interaction in the classroom: An overview. In D. Nimrno (Hrsg.), *Communication Yearbook, 4* (S. 515–532). Transaction Books.

Dilling, H., & Freyberger, H. J. (2006). *Taschenführer zur ICD-10-Klassifikation psychischer Störungen*. Huber.

Döpfner, M., & Walter, D. (2006). Schulverweigerung. In H.-C. Steinhausen (Hrsg.), *Schule und psychische Störungen* (S. 218–235). Kohlhammer.

Döpfner, M., Schnabel, M., Goletz, H., & Ollendick, T. H. (2006). *PHOKI. Phobiefragebogen für Kinder und Jugendliche*. Hogrefe.

Dunkake, I. (2010). *Der Einfluss der Familie auf das Schulschwänzen. Theoretische und empirische Analysen unter Anwendung der Theorien abweichenden Verhaltens*. S Verlag.

Dutke, S., & Stöber, J. (2001). Test anxiety, working memory, and cognitive performance: Supportive effects of sequential demands. *Cognition and Emotion, 15,* 381–389.

Eckert, M., & Sieland, B. (2021). Bewertungs- und Prüfungsängste in der Schule bewältigen. In K. Seifried, S. Drewes, & M. Hasselhorn (Hrsg.), *Handbuch Schulpsychologie: Psychologie für die Schule* (S. 228–238). Kohlhammer.

Evans, M. A. (1987). Discourse characteristics of reticent children. *Applied Psycholinguistics, 8*, 171–184.

Evans, M. A. (2001). Shyness in the classroom and home. In W. R. Crozier & L. E. Alden (Hrsg.), *International handbook of social anxiety: Concepts, research and interventions relating to the self and shyness* (S. 159–183). Wiley.

Evans, M. A., & Bienert, H. (1992). Control and paradox in teacher conversations with shy children. *Canadian Journal of Behavioural Science, 24*, 502–516.

Evans, M. A., Hauer, R., & Bienert, H. (1991). *Conversational response latencies of teachers and reticent children*. Poster presented at the Biennial meeting of the Society for Research in Child Development, Seattle.

Eysenck, M. W. (1979). Anxiety, learning and memory: A reconceptualization. *Journal of Research in Personality, 13*, 363–385.

Eysenck, M. W. (1997). *Anxiety and cognition: A unified theory*. Psychology Press.

Faltermaier, T. (2017). *Gesundheitspsychologie*. Kohlhammer.

Federer, M., Schneider, S., Margraf, J., & Herrle, J. (2000). Angstsensitivität und Angststörungen bei Achtjährigen. *Kindheit und Entwicklung, 9*(4), 241–250.

Fehm, L., Fydrich, T., & Sommer, K. (2022). *Prüfungsangst* (2. Aufl.). Hogrefe.

Feltham, C., Hanley, T., & Winter, L. A. (2017). *The SAGE handbook of counselling and psychotherapy*. Sage.

Fischer, A. C., Dunkake, I., & Ricking, H. (2022). Ergebnisse einer quantitativen Untersuchung an Schulen zu Risikofaktoren bei Schulangst. *Zeitschrift für Kinder- und Jugendpsychiatrie und Psychotherapie, 50*(6), 447–456. https://doi.org/10.1024/1422-4917/a000880.

Fréchette-Simard, C., Plante, I., Duchesne, S., & Chaffee, K. E. (2022). The mediating role of test anxiety in the evolution of motivation and achievement of students transitioning from elementary to high school. *Contemporary Educational Psychology, 71*, 102116. https://doi.org/10.1016/j.cedpsych.2022.102116.

Frenzel, A. C., Götz, T., & Pekrun, R. (2020). Emotionen. In E. Wild & J. Möller (Hrsg.), *Pädagogische Psychologie* (3. Aufl., S. 211–234). Springer.

Furman, W., Rahe, D., & Hartup, W. W. (1979). Rehabilitation of socially withdrawn preschool children through mixed-age and same-sex socialization. *Child Development, 50*, 915–922.

Hasselhorn, M., & Gold, A. (2022). *Pädagogische Psychologie: Erfolgreiches Lernen und Lehren* (5. Aufl.). Kohlhammer.

Hellmich, F. (2011). *Selbstkonzepte im Grundschulalter: Modelle, empirische Ergebnisse, pädagogische Konsequenzen*. Kohlhammer.

Henderson, L., Zimbardo, P., & Carducci, B. J. (2010). Shyness. In W. E. Craighead & C. B. Nemeroff (Hrsg.), *The Corsini encyclopedia of psychology* (S. 1522–1523). Wiley.

Hetherington, E. M., & Martin, B. (1986). Family factors and psychopathology in children. In H. C. Quay & J. S. Werry (Hrsg.), *Psychopathological disorders of childhood* (3. Aufl., S. 332–390). Wiley.

Heyne, D., Gren-Landell, M., Melvin, G., & Gentle-Genitty, C. (2019). Differentiation between school attendance problems: Why and how? *Cognitive and Behavioral Practice, 26*(1), 8–34. https://doi.org/10.1016/j.cbpra.2018.03.006.

Hinsch, R., & Pfingsten, U. (2015). *Gruppentraining sozialer Kompetenzen GSK*. Beltz.

Honig, A. S. (1987). The shy child. *Young children, 42*(4), 54–64.

Horton, A. G. (2021). *Measuring shyness in children. Designing the manifestation of shyness scale*. Oklahoma State University. https://openresearch.okstate.edu/server/api/core/bitstreams/4607ee21-797a-45e9-88f1-3298dd7f35b1/content.

Janke, W., & Erdmann, G. (1997). *Stressverarbeitungsfragebogen (SVF120) nach W. Janke, G. Erdmann, K. W. Kallus & W. Boucsein*. Hogrefe.

Jonberg, A., Kastens, C. P., & Lipowsky, F. (2021). Prüfungsangst in Mathematik am Ende der Grundschulzeit: Entwicklung und Interaktionen mit Leistung und Selbstkonzept. *Zeitschrift für Erziehungswissenschaft, 24*(3), 621–639. https://doi.org/10.1007/s11618-021-01007-6.

Kagan, J., Reznick, J. S., Clarke, C., Snidman, N., & Garcia-Coll, C. (1984). Behavioral inhibition to the unfamiliar. *Child Development, 55*(6), 2212–2225.

Katz-Bernstein, N. (2019). *Selektiver Mutismus bei Kindern: Erscheinungsbilder, Diagnostik, Therapie*. Reinhardt.

Kenoya, M. (1976). Location and interaction in row and column seating arrangements. *Environment and Behaviour, 8*, 265–282.

Kittl-Satran, H. (2011). Schulabsentismus-Problematik und Lösungsansätze. In H.-U. Grunder, K. Kansteiner-Schänzlin, & H. Moser (Hrsg.), *Schule im gesellschaftlichen Spannungsfeld: Professionswissen für Lehrerinnen und Lehrer* (S. 83–95). Pestalozzianum.

Knoll, N., Scholz, U., & Rieckmann, N. (2017). *Einführung Gesundheitspsychologie* (4. Aufl.). Reinhardt.

Knollmann, M., Knoll, S., Reissner, V., Metzelaars, J., & Hebebrand, J. (2010). School avoidance from the point of view of child and adolescent psychiatry. *Deutsches Ärzteblatt International, 107*(4), 43–49. https://doi.org/10.3238/arztebl.2010.0043.

Koplow, L. (1983). Feeding the "turtle": Helping the withdrawn child to emerge in the classroom. *Exceptional Child, 30*, 127–132.

Krohne, H. W., & Hock, M. (1994). *Elterliche Erziehung und Angstentwicklung des Kindes*. Huber.

Mammarella, I. C., Donolato, E., Caviola, S., & Giofrè, D. (2018). Anxiety profiles and protective factors: A latent profile analysis in children. *Personality and Individual Differences, 124*, 201–208. https://doi.org/10.1016/j.paid.2017.12.017.

McCroskey, J. C., & Richmond, V. P. (1982). Communication apprehension and shyness: Conceptual and operational distinctions. *Central States Speech Journal, 33*, 458–468.

McLeod, J. (2013). *An introduction to counselling* (5. Aufl.). Open University Press.

Melfsen, S., & Walitza, S. (2013). *Soziale Ängste und Schulangst: Entwicklungsrisiken erkennen und behandeln*. Beltz.

Melfsen, S., Florin, I., & Walter, H. J. (1999). Die deutsche Fassung des Social Phobia and Anxiety Inventory for Children (SPAI-CD): Psychometrische Eigenschaften und Normierung. *Diagnostica, 45*(2), 95–103. https://doi.org/10.1026/0012-1924.45.2.95.

National Institute of Mental Health. (o. J.). *Social anxiety disorders*. https://www.nimh.nih.gov/health/statistics/social-anxiety-disorder.

Ohm, D. (2000). *Progressive Relaxation für Kids*. Thieme.

Olweus, D. (1991). Bully/victim problems among school children: Basic facts and effects of a school based intervention program. In D. Pepler & K. H. Rubin (Hrsg.), *The development and treatment of childhood aggression* (S. 411–448). Erlbaum.

Otterpohl, N., Lazar, R., & Stiensmeier-Pelster, J. (2019). The dark side of perceived positive regard: When parents' well-intended motivation strategies increase students' test anxiety. *Contemporary Educational Psychology, 56*, 79–90. https://doi.org/10.1016/j.cedpsych.2018.11.002.

Otterpohl, N., Steffgen, S. T., & Stiensmeier-Pelster, J. (2021). *KWKJ – Inventar zur Erfassung elterlicher konditionaler Wertschätzung*. Hogrefe.

Paget, K., Nagle, R., & Martin, R. (1984). Interrelationships between temperament characteristics and first grade teacher-student interactions. *Journal of Abnormal Child Psychology, 12*, 547–560.

Pekrun, R. (2006). The control-value theory of achievement emotions: Assumptions, corollaries, and implications for educational research and practice. *Educational Psychology Review, 18*(4), 315–341. https://doi.org/10.1007/s10648-006-9029-9.

Pekrun, R., & Perry, R. P. (2014). Control-value theory of achievement emotions. In R. Pekrun & L. Linnenbrink-Garcia (Hrsg.), *International handbook of emotions in education* (S. 120–141). Routledge.

Pellegrini, A. (1984). The effects of classroom ecology of preschoolers' functional uses of language. In A. Pellegrini & T. Yawkey (Hrsg.), *The development of oral and written language in social contexts* (S. 129–141). Ablex.

Pilkonis, P. A. (1977). The behavioral consequences of shyness. *Journal of Personality, 45*(4), 596–611.

Preckel, F., Zeidner, M., Götz, T., & Schleyer, E. (2008). Female 'big fish' swimming against the tide: The 'big-fish-little-pond effect' and gender ratio in special gifted classes. *Contemporary Educational Psychology, 33*(1), 78–96. https://doi.org/10.1016/j.cedpsych.2006.08.001.

Rheinberg, F. (2004). *Motivation* (5. Aufl.). Kohlhammer.

Richey, H., & Richey, M. (1978). Nonverbal behavior in the classroom. *Psychology in the Schools, 15*, 571–576.

Ricking, H. (2003). *Schulabsentismus als Forschungsgegenstand*. BIS.

Ricking, H. (2006). *Wenn Schüler dem Unterricht fernbleiben: Schulabsentismus als pädagogische Herausforderung*. Klinkhardt.

Ricking, H. (2014). *Schulabsentismus: Buch mit Kopiervorlagen über Webcode*. Cornelsen.

Ricking, H., & Albers, V. (2019). *Schulabsentismus: Intervention und Prävention*. Carl-Auer.

Ricking, H., & Hagen, T. (2016). *Schulabsentismus und Schulabbruch: Grundlagen – Diagnostik -Prävention*. Kohlhammer.

Ricking, H., & Schulze, G. C. (2012). *Schulabbruch: Ohne Ticket in die Zukunft*. Klinkhardt.

Ricking, H., et al. (2020). *Jeder Schultag zählt. Praxishandbuch für die Schule zur Prävention und Intervention bei Absentismus*. Joachim Herz Stiftung.

Rosenkranz, J. (2001). Beziehungen zwischen Prüfungsleistungen und psychophysiologischer Regulation. In K. Hecht, O. König, & H.-P. Scherf (Hrsg.), *Emotioneller Stress durch Überforderung* (S. 341–348). Schibri.

Rost, D. H., & Schermer, F. J. (2006). Leistungsängstlichkeit. In D. H. Rost (Hrsg.), *Handwörterbuch Pädagogische Psychologie* (3. Aufl., S. 404–416). Beltz.

Rost, D. H., Schermer, F. J., & Sparfeldt, J. R. (2018). Leistungsängstlichkeit. In D. H. Rost, J. R. Sparfeldt, & S. R. Buch (Hrsg.), *Handwörterbuch Pädagogische Psychologie* (5. Aufl., S. 424–438). Beltz.

Rubin, K. H. (1982). Social and social-cognitive characteristics of young isolate, normal, and sociable children. In K. H. Rubin & S. H. Ross (Hrsg.), *Peer relationships and social skills in childhood* (S. 353–374). Springer.

Sarason, I. G. (1986). Test anxiety, worry, and cognitive interference. In R. Schwarzer (Hrsg.), *Self, related cognitions in anxiety and motivation* (S. 19–35). Psychology Press.

Schmidt, L. A., Polak, C. P., & Spooner, A. L. (2001). Biological and environmental contributions to childhood shyness: A diathesis–stress model. In W. R. Crozier & L. E. Alden (Hrsg.), *International handbook of social anxiety: Concepts, research and interventions relating to the self and shyness* (S. 29–51). Wiley.

Schulze, G. (2003). *Unterrichtsmeidende Verhaltensmuster*. Kovac.

Seifried, K., Drewes, S., & Hasselhorn, M. (2021). *Handbuch Schulpsychologie: Psychologie für die Schule*. Kohlhammer.

Seligman, M. (1999). *Erlernte Hilflosigkeit*. Beltz.

Selye, H. (1956). *The stress of life*. McGraw-Hill.

Selye, H. (1964). *From dream to discovery*. McGraw-Hill.

Sieland, B., Eckert, M., & Heyse, H. (2016). Stress und Leistungsängste in der Schule bewältigen. In K. Seifried, S. Drewes, & M. Hasselhorn (Hrsg.), *Handbuch Schulpsychologie: Psychologie für die Schule* (S. 304–316). Kohlhammer.

Smith, S. (1983). *Collected poems* (Bd. 562). New Directions Publishing.

Spooner, A. L., Evans, M. A., & Santos, R. (2005). Hidden shyness in children: Discrepancies between self-perceptions and the perceptions of parents and teachers. *Merrill-Palmer Quarterly, 51*(4), 437–466.

Steins, G., Weber, P. A., & Welling, V. (2014). *Von der Psychiatrie zurück in die Schule: Reintegration bei Schulabsentismus*. Springer VS.

Stöckli, G. (2004). Schüchternheit in der Schule. *Psychologie in Erziehung und Unterricht, 51*, 69–83.

Stormshak, E. A., Bierman, K. L., Bruschi, C., Dodge, K. A., & Coie, J. D. (1999). The relation between behavior problems and peer preference in different classroom contexts. *Child Development, 70*(1), 169–182.

Swift, M. S., & Spjvack, G. (1969). Achievement related classroom behavior of secondary school normal and disturbed students. *Exceptional Children, 35*, 677–684.

Tancer, N. K. (1992). Elective mutism: A review of the literature. In B. Lahey A. E. & Costean (Hrsg.), *Advances in clinical psychology* (Bd. 14, S. 265–288). Plenum.

Toren, P., Sadeh, M., Wolmer, L., Eldar, S., Koren, S., Weizman, R., & Laor, N. (2000). Neurocognitive correlates of anxiety disorders in children: A preliminary report. *Journal of Anxiety Disorders, 14*(3), 239–247.

Totusek, P., & Staton-Spicer, A. (1982). Classroom seating preferences as a function of student personality. *Journal of Experimental Education, 50*, 159–163.

Turner, S. M., Beidel, D. C., & Townsley, R. M. (1990). Social phobia: Relationship to shyness. *Behaviour Research and Therapy, 28*(6), 497–505.

von der Embse, N., Jester, D., Roy, D., & Post, J. (2018). Test anxiety effects, predictors, and correlates: A 30-year meta-analytic review. *Journal of Affective Disorders, 227*(483), 493. https://doi.org/10.1016/j.jad.2017.11.048.

Weiner, B. (1994). Integrating social and personal theories of achievement striving. *Review of Educational Research, 64*(4), 557 573. https://doi.org/10.3102/00346543064004557.

Wilmers, N., Enzmann, D., Schaefer, D., Herbers, K., Greve, W., & Wetzels, P. (2002). *Jugendliche in Deutschland zur Jahrtausendwende: Gefährlich oder gefährdet? Ergebnisse wiederholter, repräsentativer Dunkelfelduntersuchungen zu Gewalt und Kriminalität im Leben junger Menschen 1998–2000*. Nomos.

World Health Organization. (2019). 6B04 Soziale Angststörung. *Internationale statistische Klassifikation der Krankheiten und verwandter Gesundheitsprobleme, 11. Revision.* https://www.bfarm.de/DE/Kodiersysteme/Klassifikationen/ICD/ICD-11/uebersetzung/_node.html.

Wuthrich, V. M., Belcher, J., Kilby, C., Jagiello, T., & Lowe, C. (2021). Tracking stress, depression, and anxiety across the final year of secondary school: A longitudinal study. *Journal of School Psychology, 88*, 18–30. https://doi.org/10.1016/j.jsp.2021.07.004.

Yerkes, R. M., & Dodson, J. D. (1908). The relation of strength of stimulus to rapidity of habit-formation. *Journal of Comparative Neurology and Psychology, 18*(5), 459–482. https://doi.org/10.1002/cne.920180503.

Zeidner, M. (1998). *Test anxiety: The state of the art*. Plenum Press.

Zemp, M., & Bodenmann, G. (2019). Kitt zwischen den Generationen. *VSAO Journal, 6*, 34–35.

Zimbardo, P. G. (1977). *Shyness: What it is. What to do about it.* Symphony Press.

Zimbardo, P. G., Pilkonis, P. A., & Norwood, R. M. (1975). Social disease called shyness. *Psychology Today, 8*(12), 69.

Zimbardo, P. G., Pilkonis, P., & Norwood, R. (1977). *The silent prison of shyness.* Stanford University.

Angststörungen im Schulkontext

3

Marina Savic, Lisa Rousseau, Sophie Farago, Marie Simon und Thierry Aumer

Zusammenfassung

In diesem Kapitel wird auf die verschiedenen Angststörungen im Schulkontext eingegangen, die Generalisierte Angststörung, die Panikstörung, die Agoraphobie, Störung mit Trennungsangst, die Soziale Angststörung und die Posttraumatische Belastungsstörung. Für jede Angststörung wird eine Definition gegeben mit den jeweiligen diagnostischen Kriterien, die Prävalenz, die Risiko-, Entstehungs- und Aufrechterhaltungsfaktoren eingegangen. Dann folgt ein Fallbeispiel, um dies zu illustrieren. Abschließend werden dann noch die Behandlungsansätze erläutert und der Umgang mit diesen Angststörungen im schulischen Kontext für das Lehrpersonal und Betroffene besprochen.

Schlüsselwörter

Angststörungen · Generalisierte Angststörung · Panikstörung · Agoraphobie · Soziale Angststörung · Trennungsangst · Posttraumatische Belastungsstörung

> **Übersicht**
> Angststörungen zählen zu den häufigsten psychischen Erkrankungen bei Kindern und Jugendlichen und haben oft erhebliche Auswirkungen auf deren schulisches und soziales Leben. Kap. 3 widmet sich der detaillierten Analyse dieser Störungen,

---

M. Savic (✉) · L. Rousseau · S. Farago · M. Simon · T. Aumer
Esch-sur-Alzette, Luxembourg
E-Mail: marina.savic@alumni.uni.lu

© Der/die Autor(en), exklusiv lizenziert an Springer Fachmedien Wiesbaden GmbH, ein Teil von Springer Nature 2025
M. Böhmer und G. Steffgen (Hrsg.), *Angst an Schulen*,
https://doi.org/10.1007/978-3-658-46278-9_3

beginnend mit der Generalisierten Angststörung (GAS), die durch anhaltende Sorgen und ein Gefühl ständiger Überforderung gekennzeichnet ist (Abschn. 3.1.1). Risikofaktoren wie familiäre Belastungen oder kritische Lebensereignisse werden ebenso beleuchtet wie Schutzfaktoren, die die Resilienz fördern können (Abschn. 3.1.4). Die Panikstörung, eine weitere zentrale Störungsform, wird durch plötzliche Panikattacken geprägt, die oft ohne klaren Auslöser auftreten und schwerwiegende körperliche und psychische Reaktionen hervorrufen (Abschn. 3.2.1). Interventionen und Handlungsempfehlungen für Lehrkräfte werden konkretisiert, um den Betroffenen im schulischen Umfeld eine bessere Unterstützung zu bieten (Abschn. 3.2.4).

Agoraphobie, die Angst vor offenen Räumen oder Fluchtsituationen, und Trennungsangst, die vor allem jüngere Schüler*innen betrifft, werden ebenfalls untersucht (Abschn. 3.3–3.4). Insbesondere die Trennungsangst wird als entwicklungspsychologisch bedingte, aber in extremen Formen behandlungsbedürftige Störung dargestellt, wobei Fallbeispiele den praktischen Umgang mit betroffenen Schüler*innen verdeutlichen (Abschn. 3.4.4). Die Soziale Angststörung, die Angst vor negativer Bewertung und Bloßstellung, wird in ihrer Vielschichtigkeit analysiert und bietet durch praxisnahe Ansätze Lehrkräften wertvolle Hinweise für die Unterstützung der Schüler*innen (Abschn. 3.5.3).

Das Kapitel schließt mit der Posttraumatischen Belastungsstörung (PTBS), einer schwerwiegenden Störung, die oft aus traumatischen Ereignissen wie Gewalt oder Verlust resultiert (Abschn. 3.6.1). Modelle wie das kognitive Modell nach Ehlers und Clark sowie entwicklungspsychopathologische Ansätze liefern Erklärungen für die Mechanismen hinter PTBS (Abschn. 3.6.3). Handlungsempfehlungen für Lehrkräfte und die Bedeutung eines sicheren schulischen Umfelds unterstreichen die Relevanz der frühzeitigen Intervention und Unterstützung (Abschn. 3.6.9). Das Kapitel verdeutlicht die Dringlichkeit, Angststörungen im Schulkontext zu erkennen und gezielt zu behandeln, um langfristige Folgen für die betroffenen Kinder und Jugendlichen zu minimieren.

3.1 Generalisierte Angststörung

Die Generalisierte Angststörung (GAS) gehört zu den am häufigsten diagnostizierten Angststörungen bei Kindern und Jugendlichen (Canals et al., 2019; Mohammadi et al., 2020). Das Kindes- und Jugendalter ist eine Risikophase für das Auftreten von Ängsten, die von leichten Angstsymptomen bis zur Entwicklung von schweren Angststörungen führen können (Beesdo et al., 2009). Im Gegensatz zu anderen Angststörungen (z. B. Trennungsangst) ist die Hauptentstehungsperiode einer GAS das späte Jugend- und das frühe Erwachsenenalter(ebd.). Allerdings kann es sein, dass unterschwellige Formen einer GAS sich schon zu einem früheren Zeitpunkt entwickeln (Asselmann & Beesdo-Baum, 2015). Die Resultate aus einer aktuelleren spanischen Studie von Canals et al. (2019) indizieren, dass auch jüngere Kinder eine GAS haben können. Prospektive Längsschnittstudien haben gezeigt, dass Angststörungen und auch die GAS in der Kindheit und Jugend eine signifikante Vorhersage für die homotypische (gleiche Erkrankungen, aber andere Angststörungen) und heterotypische (andere psychische Störungen) Kontinuität der Störung im Erwachsenenalter darstellen (Asselmann & Beesdo-Baum, 2015). Aus diesem Grund ist es wichtig, frühzeitig Symptome der generalisierten Angst zu erkennen, am besten vor der Pubertät, um eine adäquate Behandlung anbieten zu können und eine Verschlimmerung des Verlaufs zu verhindern.

3.1.1 Definition

In diesem Abschnitt werden das Erscheinungsbild, die Merkmale sowie die Klassifikation der Generalisierten Angststörung dargestellt. Das klinische Erscheinungsbild einer GAS kennzeichnet sich durch ein exzessives themenübergreifendes Sich-Sorgen-Machen.

▶ Sorgen
Sorgen im Kontext der GAS werden als unkontrollierbare Gedankenketten wahrgenommen, die überwältigend und nur schwer zu stoppen sind.

Ein Merkmal für die generalisierte Angst bei Kindern und Jugendlichen ist, dass sich die Kinder und Jugendliche wie „Erwachsene" verhalten. Ihre Sorgen und Gedanken drehen sich um Finanzen, Familie, ihre und die Gesundheit von ihnen wichtigen Personen, Sicherheit in Bezug auf sich selbst und andere, aber auch in Bezug auf unsichere und besorgniserregende Ereignisse wie Naturkatastrophen oder Krieg. Darüber hinaus zeigen Kinder und Jugendliche mit GAS perfektionistische Verhaltensweisen, wie z. B. im Hinblick auf das Thema Hausaufgaben erledigen und das Bedürfnis, immer perfekt sein zu müssen. Tatsächlich werden viele von diesen Verhaltensweisen von Erwachsenen und von Lehrkräften (im schulischen Kontext) als positiv bewertet, was im Sinne der operanten Konditionierung zu einer Verstärkung und Festigung des Verhaltens führt. Oft drehen sich die Sorgen der Kinder und Jugendlichen um die Bewertung ihrer Leistungen in allen Bereichen ihres Lebens (Schule, Sport und soziales Umfeld) und sie suchen nach Anerkennung und Bestätigung bzw. Sicherheit durch Dritte (Familie, Lehrkräfte, Freunde). Kinder und Jugendliche mit einer GAS zeigen ein sehr anpassungsfähiges Verhalten. Dies macht es schwer für Außenstehende, u. a. die Lehrkräfte, eine GAS frühzeitig zu erkennen, da das gezeigte Verhalten sozial lobenswert und als positiv bewertet wird. Im Zusammenhang mit der GAS treten auch häufig körperliche Symptome auf, u. a. Unruhe, Konzentrationsschwierigkeiten, Reizbarkeit, Muskelverspannungen und Schlafprobleme. Bei Kindern gehören auch Übelkeit und Kopfschmerzen zu den körperlichen Symptomen (Kendall & Pimentel, 2003). Zusätzlich zeigen sich auch Schlafschwierigkeiten, z. B. Schlaflosigkeit (Alfano et al., 2010). Es ist zu beachten, dass die Kriterien für körperliche Symptome bei einer GAS-Diagnose für Erwachsene entwickelt wurden, so dass Bauch- und Kopfschmerzen nicht als Kriterien aufgeführt sind, obwohl diese Beschwerden von betroffenen Kindern am häufigsten angegebenen werden (In-Albon, 2019). Spannungsgefühle, angespannte Erwartungen, Wunsch nach Beruhigung, negatives Selbstbild, körperliche Beschwerden, Reizbarkeit, Grübeln, Konzentrationsschwierigkeiten, psychomotorische Unruhe, Schlafprobleme und Müdigkeit sind die am meisten genannten Symptome von Kindern und Jugendlichen mit einer GAS (In-Albon, 2019; Masi et al., 2004). Jüngere Kinder klagen häufiger über Schlafprobleme und Unruhe. Jugendliche klagen häufiger über Rumination, Konzentrationsschwierigkeiten, Müdigkeit und Reizbarkeit (In-Albon, 2019).

3.1.1.1 Klassifikation der Generalisierten Angststörung

Die Besonderheit bei der Generalisierten Angststörung ist, die Angst nicht klar auf einen identifizierbaren äußeren Auslöser oder bestimmten Trigger zurückführen zu können. Die Generalisierte Angststörung ist charakterisiert durch ein irrationales anhaltendes Gefühl der Angst, welche sich auf alle Bereiche des Lebens bezieht, z. B. die Angst, dass etwas Schlimmes passieren kann (Unfall, Unglück), Sorgen um andere, um die Familie, Finanzen und Gesundheit.

In der überarbeiteten Version des Diagnostic and Statistical Manual for Mental Disorders (DSM-5-TR) sind die in Tab. 3.1 aufgeführten Kriterien der Generalisierten Angststörung genannt.

Dies soll nur zur Veranschaulichung der diagnostischen Kriterien dienen. Für die detaillierten Erläuterungen der Kriterien wird auf die Fachliteratur verwiesen (APA, 2022). Es ist sehr wichtig anzumerken, dass die Diagnose immer durch eine kompetente Fachkraft (Psycholog*innen, Psychotherapeut*innen oder Psychiater*innen) gestellt werden sollte.

Tab. 3.1 Kriterien der Generalisierten Angststörung des DSM-5-TR (übersetzt und angepasst aus American Psychiatric Association (APA), 2022, S. 251)

A. Übermäßige Angst und Besorgnis (ängstliche Erwartung), die eine Reihe von Lebensereignissen oder Aktivitäten betreffen (Arbeit, Schule) und die über einen Zeitraum von ≥6 Monaten an mehr Tagen auftreten als nicht aufzutreten
B. Die Person hat Schwierigkeiten, die Sorgen zu kontrollieren
C. Die Ängste und Sorgen sind mit drei (oder mehr) der folgenden sechs Symptome verbunden (wobei zumindest einige der Symptome in den letzten sechs Monaten an der Mehrzahl der Tage, also an mehr Tagen mit Symptomen als ohne, vorhanden waren): Bei der Diagnose von Kindern muss nur eines der körperlichen Symptome vorhanden sein: 1. Unruhe oder das Gefühl, aufgedreht oder nervös zu sein, 2. leichte Ermüdbarkeit, 3. Konzentrationsschwierigkeiten oder Geistesblitz, 4. Gereiztheit, 5. Verspannung der Muskeln, 6. Schlafstörungen (Schwierigkeiten beim Einschlafen oder Durchschlafen oder unruhiger, unbefriedigender Schlaf)
D. Die Angst, die Sorgen oder die körperlichen Symptome verursachen klinisch relevanten Stress oder Beeinträchtigungen in sozialen, beruflichen oder anderen wichtigen Funktionsbereichen
E. Die Störung ist nicht auf die physiologischen Wirkungen einer Substanz (z. B. Drogen- oder Medikamentenmissbrauch) oder eines anderen medizinischen Zustands (z. B. einer Schilddrüsenüberfunktion) zurückzuführen
F. Die Störung lässt sich nicht besser durch eine andere psychische Störung erklären (z. B. durch eine andere Angststörung

3.1.2 Prävalenz von Generalisierter Angststörung

Die Prävalenzraten der Generalisierten Angststörung bei Kindern und Jugendlichen wurde in unterschiedlichen Studien untersucht. Je nach Studie unterscheiden sich die Prävalenzraten und reichen von einer lebenslangen Prävalenz von 0,3 % in Deutschland bis zu 11 % in Neuseeland (Mohammadi et al., 2020). Laut Canals et al. (2019) ist die GAS die zweithäufigste Angststörung bei Kindern und Jugendlichen (6,9 %). In Bezug auf Geschlechterunterschiede sind Mädchen öfter von Angststörungen betroffen. Allerdings sind die Unterschiede zwischen Mädchen und Jungen nicht signifikant (ebd.). Das erste Auftreten einer GAS erfolgt i. d. R. in der späten Adoleszenz (Beesdo et al., 2009; Masi et al., 2004). Es gibt Indikationen dafür, dass schon jüngere Kinder eine GAS haben können oder zumindest subklinische Schwellenwerte aufweisen können (Burstein et al., 2014).

Allgemein liegen wenige Daten zu Prävalenzraten im Kindes- und Jugendalter in Bezug auf die Generalisierte Angststörung vor. Dies ist zum einen darauf zurückzuführen, dass die Diagnose der GAS zuvor als Überängstlichkeitsstörung klassifiziert war. Zum anderen ist es fraglich, ob das 6-Monate-Kriterium im Falle von Kindern und Jugendlichen geeignet ist (Beesdo et al., 2009). Wenn das Kriterium von sechs auf drei Monate reduziert wird, steigt die Prävalenzrate bei Jugendlichen um 65,7 % (Burstein et al., 2014). Die Entwicklung der GAS ist schleichend und ist komorbid mit anderen Angststörungen und mentalen Erkrankungen (In-Albon, 2019).

3.1.3 Komorbiditäten

Es kommt sehr häufig vor, dass Leidtragende auch von weiteren mentalen Erkrankungen oder psychischen Störungen betroffen sind. Die häufigsten komorbiden Störungen sind andere Angststörungen und Depressionen. Die Symptome dieser psychischen Beschwerden überschneiden sich und diese komorbide Störung könnte die GAS verbergen. Komorbiditäten treten bei mehr als 90 % der GAS-Betroffenen auf (Becker & Margraf, 2016). Man unterscheidet zwischen homotypischen (andere Angststörungen) und heterotypischen (andere psychische Störungen) Komorbiditäten. Im Kontext von homotypischer Komorbidität weisen Betroffene oft mehr als eine Angststörung auf. In der Studie von Canals et al. (2019) zeigen alle Subgruppen von Angst eine Komorbidität mit GAS. Im Falle, wo eine GAS vorliegt, steigt laut der Studie die Wahrscheinlichkeit, dass man auch eine schwere Depression entwickelt, um das 15-Fache. Die GAS weist die höchste komorbide Wahrscheinlichkeit mit Panikstörungen, Trennungsangst, sozialer Phobie und spezifischen Phobien auf (ebd.). Die Ähnlichkeit der Symptome verschiedener Angststörungen mit der GAS und u. a. auch der Depression machen es sehr schwer, eine klare Abgrenzung der Diagnosen vorzunehmen.

3.1.4 Ätiologie und Verlauf

Für die Generalisierte Angststörung konnten verschiedene Risiko-, Entstehungs- und Aufrechterhaltungsfaktoren identifiziert werden. Diese sollen hier kurz erläutert werden. Allerdings ist der aktuelle Forschungsstand zur Ätiologie der GAS limitiert (In-Albon, 2019, Morris & March, 2004). Etwas weniger als die Hälfte der Erwachsenen mit einer GAS berichten davon, dass die Ersterscheinung und/oder erste Angstsymptome bereits in ihrer Kindheit vorhanden waren. Wird die GAS nicht behandelt, dann wird sie zur chronischen Krankheit, die sich bis ins hohe Erwachsenenalter ziehen kann (Ginsburg & Affrunti, 2013).

3.1.4.1 Risikofaktoren und Schutzfaktoren
Allgemein gilt, dass die Entwicklung einer Angststörung und ihrer Subtypen, also auch einer GAS, durch eine komplexe Interaktion von genetischen Faktoren, der Persönlichkeit

und dem Temperament des Kindes, Geschlecht, sozioökonomischem Status, Umfeldfaktoren, physiologischen Faktoren, familiärem Erziehungsverhalten der Eltern, kritischen Lebensereignissen und aversiven Kindheitserfahrungen beeinflusst wird. Komorbide Störungen, wie die Präsenz von anderen Angststörungen, oder eine depressive Symptomatik stellen Risikofaktoren dar und begünstigen die Entwicklung einer GAS. Außerdem gelten ein gestörtes familiäres Umfeld, sexuelle Missbrauchserfahrungen, ein geringes Selbstwertgefühl und eine geringe Bildung als Risikofaktoren (Beesdo et al., 2009; Cabral & Patel, 2020; Otto et al., 2016).

In Bezug auf soziodemografische Faktoren zeigt sich, dass Mädchen öfter von Angststörungen betroffen sind (auch wenn die Unterschiede nicht signifikant sind). Das Alter der Ersterscheinung für die GAS ist i. d. R. erst in der späten Adoleszenz. Der Beginn einer Angststörung in der Adoleszenz geht mit späteren Schwierigkeiten auf der Arbeit, in Beziehungen und mit geringeren Stressbewältigungsstrategien einher. Auch das Temperament, besonders die Verhaltenshemmung, charakterisiert durch einen Rückzug bzw. Vermeidung von unbekannten Situationen, steigert das Risiko, eine Angststörung zu entwickeln (Cabral & Patel, 2020).

Kinder, die in Familien aufwachsen, in denen eine Geschichte von Ängsten bekannt ist, sind einem höheren Risiko ausgesetzt. Auch das elterliche Verhalten kann einen Risikofaktor darstellen. Überkontrolle und Überbehütung gehen mit geringerer Autonomie des Kindes einher, was dem Kind vermitteln kann, dass es nicht die Fähigkeiten hat oder entwickeln kann, um mit Herausforderungen umzugehen. In diesem Kontext spielt auch die Eltern-Kind-Beziehung eine Rolle. Dysfunktionale Beziehungsinteraktionen zwischen Eltern und Kind, Stress der Eltern und ängstliches Verhalten der Eltern kann als Risikofaktor gedeutet werden (ebd.). Dabei ist aber anzumerken, dass sich die Forschung zu Risikofaktoren als schwierig erweist und weitere Forschungen notwendig sind, um Aussagen zu störungsspezifischen Risikofaktoren zu treffen (Beesdo et al., 2009). Bei den meisten Risikofaktoren ist unklar, wie stark ihr Einfluss auf die Entwicklung einer Angststörung ist und inwiefern ein Risikofaktor nun ein Prädiktor, ein Korrelat oder eine Konsequenz einer Angststörung ist (Beesdo et al., 2009; Otto et al., 2016).

Schutzfaktoren reduzieren die Wahrscheinlichkeit für die Entwicklung einer Angststörung oder ihrer Symptome und mildern den negativen Einfluss von Risikofaktoren. Zu den Schutzfaktoren gehören die Fähigkeit, Herausforderungen zu bewältigen und sich an Situationen anzupassen, sowie Fähigkeiten zur Konflikt- und Stressbewältigung. Weitere Schutzfaktoren sind ein hohes Selbstwertgefühl und Selbstständigkeit. Auf familiärer Ebene reduziert ein positives Eltern-Kind-Verhältnis, eine hohe elterliche Bindung, die Berufstätigkeit der Eltern und ein höherer sozioökonomischer Status sowie die Unterstützung durch die Familie die Wahrscheinlichkeit, eine Angststörung zu entwickeln. Auf sozialer Ebene sollten gute gemeinschaftliche Netzwerke, gestärkte soziale Beziehungen, ein positives Umfeld im Schulsystem und die Unterstützung durch Freund*innen gefördert werden (Cabral & Patel, 2020).

3.1.4.2 Ein Erklärungsmodell für die GAS bei Kindern und Jugendlichen

Es gibt einige Erklärungsmodelle zur Entstehung und zum Verlauf einer GAS. Ein Modell ist das ätiologische Modell der pädiatrischen Generalisierten Angststörung von Kertz und Woodruff-Borden (2011).

Die Entstehung und Aufrechterhaltung einer GAS ist multifaktoriell bedingt. Das Modell unterscheidet zwischen biologischen Vulnerabilitäten, elterlichen Faktoren, Reaktionen auf Affekte und kognitiven Faktoren, die zur Entwicklung und Aufrechterhaltung von Sorgen führen können und somit zur GAS. Diese Faktoren stehen in Wechselwirkung zueinander, wobei kein einzelner Faktor notwendig oder ausreichend ist. Bisher ist wenig bekannt darüber, wie die Faktoren sich gegenseitig beeinflussen und wie stark und zu welchem Zeitpunkt sie die Entwicklung von Sorgen beeinflussen.

Zu den biologischen Vulnerabilitäten gehören genetische Faktoren sowie das Temperament des Kindes. Zu den elterlichen Faktoren gehören die Eltern-Kind-Beziehung, das Erziehungsverhalten, Ängste der Eltern und die Modellierung ängstlichen Verhaltens durch die Eltern. Die kognitiven Faktoren umfassen die Problemorientierung, die Intoleranz gegenüber Unsicherheit, die Art der Informationsverarbeitung und die Einstellung gegenüber Sorgen. Die Reaktion auf emotionale Affekte wird über Emotionsregulationsstrategien und Vermeidungsverhalten bestimmt.

In Bezug auf die biologischen Vulnerabilitäten postuliert das Modell, dass ein betroffenes Kind wahrscheinlich mit einer erhöhten Anfälligkeit für Ängste geboren wird. Dabei spielen genetische Faktoren und das Temperament eine Rolle. Allerdings ist noch unklar, wie die genetischen Faktoren Kinder für Angstzustände prädisponieren. Diese werden wahrscheinlich wieder durch elterliche Faktoren beeinflusst. Die biologische Vulnerabilität wird wahrscheinlich über die elterliche Angst beeinflusst, die sowohl aus genetischen Beiträgen besteht als auch auf Umweltfaktoren zurückzuführen ist. Die biologische Vulnerabilität beeinflusst ihrerseits wiederum elterliche sowie kognitive Faktoren und die Reaktionen auf Affekte. Die Eltern-Kind-Beziehung ist wichtig, da sie sowohl die verschiedenen Faktoren indirekt oder direkt verstärken als auch schwächen kann. Die Strategien zur Emotionsregulierung, das Vermeidungsverhalten und die Eltern-Kind-Beziehung wirken wahrscheinlich zusammen und beeinflussen die Entwicklung und Aufrechterhaltung kognitiver Anfälligkeiten. Aus der Eltern-Kind-Interaktion, dem Umgang mit Problemen und Unklarheiten und der Erfahrung mit verschiedenen Denkweisen und Verhalten im Umgang mit Ängsten haben Eltern einen positiven oder negativen Einfluss auf die Art und Weise, wie ihre Kinder mit Ängsten und Sorgen umgehen. Ein Kind mit verhaltensgehemmtem Temperament könnte von einem ängstlichen Elternteil lernen, dass Unklarheit eine Bedrohung darstellt und somit vermieden werden sollte. Ein Elternteil, das zu sehr eine Kontrolle ausübt, könnte dem Kind vermitteln, dass es selbst nicht die Fähigkeiten besitzt, mit Problemen oder Ungewissheit selbstständig umzugehen, und so wird die Entwicklung dieser Fähigkeiten gehemmt. Dadurch können sich bei einem Kind maladaptive Emotionsregulationsstrategien oder Vermeidungsverhalten in aversiv gedeuteten Situationen entwickeln, welche die Sorgen eines Kindes verstärken können.

Des Weiteren postuliert das Modell, dass die Affektregulation biologisch bedingt und von elterlichen und kognitiven Anfälligkeitsfaktoren beeinflusst wird. Das Temperament des Kindes kann z. B. mit einem hohen Maß an emotionaler Intensität oder einer gehemmten Rückkehr zur Grunderregung verbunden sein, was zu einer verzerrten Wahrnehmung von Emotionen, negativen Überzeugungen gegenüber Emotionen (z. B. „Angst ist gefährlich", „Angst bedeutet Kontrollverlust"), Vermeidungsverhalten sowie Unterdrückung von Ängsten und Sorgen führen kann. Die Sorge wird zur Bewältigungsstrategie. Auch die Sorge selbst beeinflusst die kognitiven und elterlichen Faktoren sowie die Reaktionen auf emotionale Affekte (Kertz & Woodruff-Borden, 2011).

Das hier kurz illustrierte Modell ist komplex. Die einzelnen Faktoren beeinflussen sich alle gegenseitig und hängen vom Zeitpunkt und dem kognitiven und sozialen Entwicklungsstand des Kindes ab. Die einzelnen Faktoren (biologische und kognitive Vulnerabilitätsfaktoren, elterliche Faktoren, Reaktionen auf Affekte und die Eltern-Kind-Beziehung) wirken zusammen. Sie spielen eine wichtige Rolle bei der Entstehung und Aufrechterhaltung von Sorgen und der GAS bei Kindern und Jugendlichen. Außerdem gilt, dass ein Faktor allein nicht unbedingt notwendig oder ausreichend für die Entstehung von Sorgen und der GAS sind. Somit kann das Zusammenspiel dieser Faktoren und der Zeitpunkt, zu dem sie auftreten, zu einem spezifischeren Risiko für eine GAS oder Sorgen beitragen. Für die genaue und umfangreiche Beschreibung des Modells wird an dieser Stelle auf Kertz und Woodruff-Borden (2011) verwiesen.

3.1.5 Umgang mit Generalisierter Angststörung im schulischen Kontext

Im schulischen Kontext gibt es Kinder und Jugendliche, die unter Ängsten und möglicherweise unter Angststörungen leiden. Da die Symptome einer Generalisierten Angststörung nur schwer zu erkennen sind, spielen Lehrkräfte eine wichtige Rolle bei der Früherkennung von Ängsten, auch weil Lehrkräfte sehr viel Zeit mit den Kindern verbringen. Kinder mit überdurchschnittlichen Ängsten zu identifizieren, erweist sich als schwierig, da es sich um intrapsychische Probleme handelt, welche nur selten externalisiert werden. Zur Erkennung von Ängsten bleibt den Lehrkräften vor allem die Verhaltensbeobachtung der Schüler*innen. So können sich Ängste in abfallenden Schulleistungen, Vermeidungsverhalten, Rückzug, Trotzverhalten, teilweise auch Wutausbrüchen sowie körperlichen Symptomen zeigen (siehe oben für Symptome). Allerdings sollte bei Verhaltensbeobachtungen immer der situationsspezifische Kontext mit in Betracht gezogen werden.

> **Fallbeispiel**
>
> Seit mehreren Monaten fühlt sich Anna, eine 15-jährige Schülerin, ohne ersichtlichen Grund ständig ängstlich und besorgt. Sie meint, dass sie sich ständig Sorgen über viele verschiedene Dinge in ihrem Leben macht. Sie hat das Gefühl, ihre Gedanken nicht mehr unter Kontrolle zu haben. Dies beeinträchtigt ihr tägliches Leben und macht es ihr schwer, sich auf Schule und Freizeitaktivitäten zu konzentrieren. Anna ist besonders besorgt, dass ihr oder ihrer Familie etwas Schlimmes passieren könnte. Sie denkt zum Beispiel, dass sie krank werden könnte, dass ihrer Familie etwas zustoßen könnte oder dass in ihr Haus eingebrochen werden könnte. Sie macht sich auch Sorgen, ob ihre Noten gut genug sind, um später an einer guten Universität studieren zu können, da sie denkt, ohne dies keinen guten Job zu bekommen. Diese Gedanken machen sie so nervös, dass sie oft nicht schlafen kann und tagsüber müde ist. Sie sagt auch, dass ihr oft übel ist und dass sie Bauchschmerzen hat. In der Schule fällt es ihr schwer, sich im Unterricht zu konzentrieren, weil sie ständig durch ihre Sorgen abgelenkt wird. Sie fühlt sich auch während der Prüfungsphasen unsicher und ängstlich. Dies hat dazu geführt, dass sich ihre Leistungen in der Schule verschlechtert haben. Dies bereitet ihr zusätzliche Sorgen. In der Klasse ist sie eher zurückhaltend und ruhig. Sie scheut Gruppenarbeiten und vor der Klasse zu sprechen. Sie versucht, diese Situationen zu vermeiden. Ihre Pausen verbringt sie manchmal allein in der Klasse. Außerdem hat sie in der letzten Zeit öfters in der Schule gefehlt, weil sie sich nicht gut fühlte. Sie hat wenige Freund*innen und in ihrer Freizeit zieht sie sich am liebsten zurück und vermeidet soziale Kontakte, weil sie sich überfordert fühlt. ◄

Dies ist ein Beispiel einer Schülerin, die die Symptome einer GAS aufweist und die die Kriterien erfüllt, die in Tab. 3.1 aufgeführt sind. Die Angst tritt seit mehreren Monaten auf (mind. 6 Monate) und betrifft mehrere Lebensbereiche. Dabei ist die Angst nicht auf einen klar identifizierbaren, äußeren Auslöser oder bestimmten Trigger zurückführen, sondern ein irrationales anhaltendes Gefühl der Angst, welche sich auf alle Bereiche des Lebens bezieht. So hat die Schülerin Angst, wenn ihre Noten nicht gut genug sind, dass ihrer Familie etwas Schlimmes passieren könne. Auch befürchtet sie, dass sie keine Ausbildung absolvieren und in der Folge keine Arbeit finden könne (Kriterium A). Sie hat das Gefühl, sie könne ihre Gedanken nicht kontrollieren (Kriterium B). So wirkt sich ihre Angst auf ihre schulischen Leistungen und Freizeitaktivitäten aus. Des Weiteren zeigt sich, dass sie oft sehr unruhig und nervös ist sowie Konzentrationsschwierigkeiten hat, was sich negativ auf ihren Schlaf auswirkt (Punkte 1, 3 und 6 unter Kriterium C). Sie zeigt auch körperliche Symptome der Angst, wie Bauchschmerzen, was zu Beeinträchtigungen in ihrem sozialen und schulischen Leben geführt hat (schlechtere Noten, öfter in der Schule gefehlt und Rückzug aus sozialen Aktivitäten mit Freunden) (Kriterium D). Außerdem kann diese Angst nicht auf etwas anderes zurückzuführen sein (Kriterium E) und kann nicht durch eine andere psychische Erkrankung oder Angststörung besser erklärt werden (Kriterium F).

3.1.5.1 Was können Sie als Lehrkraft bei Generalisierter Angststörung tun?

Grundsätzlich sollte eine Generalisierte Angststörung von einer psychotherapeutischen Fachkraft behandelt werden. Als Lehrer*in ist es höchst unwahrscheinlich, ohne begleitende Psychotherapie, bei einer Generalisierten Angststörung wirksam zu sein. Eine Lehrkraft hat aber die Möglichkeit, sich über Generalisierte Angststörung zu informieren und die Schüler*innen im Unterricht aufzuklären, damit diese Symptome erkennen können und wissen, wo sie Hilfe bekommen. Wenn der Verdacht auf Ängste oder eine Generalisierte Angststörung besteht, dann kann der/die betroffene Schüler*in in einem vertrauensvollen Kontext darauf angesprochen werden (z. B.: „Manchmal wirkt es, als würde dich etwas bedrücken?"). Das Gesprächsangebot kann von dem/der Schüler*in angenommen oder abgelehnt werden. Präventiv können Lehrkräfte für ein gutes Leistungs- und Klassenklima sorgen. Falls man als Lehrkraft unsicher ist, was man in solch einem Fall tun soll, ist der Austausch mit Kolleg*innen und (schulinternen, falls vorhanden) Schulpsycholog*innen sinnvoll. Die Frage bleibt immer, ob es die Aufgabe des/der Lehrer*in ist, die/den Schüler*in anzusprechen. In der Regel lautet die Antwort: Nein. Dies sollte nur dann getan werden, wenn der/die Lehrer*in eine Indikation dafür hat und die Grenzen der/des Schüler*in dabei respektiert werden. Im Falle, wo sich die Lehrkraft unsicher ist, ist die Nachfrage und Beratung durch Schulpsycholog*innen oder die Vermittlung des/der Schüler*in an eine/einen Schulpsycholog*in, an die schulpsychologische Anlaufstelle oder die Angabe von Adressen, wo er/sie je nach Bedarf Unterstützung und Hilfe bekommen kann. Alles in allem ist die Aufgabe der Lehrkraft unterstützend für die Schüler*innen da zu sein und bei Bedarf an die kompetenten Personen weiterzuleiten (Eckert, 2022).

3.1.6 Behandlung einer Generalisierten Angststörung

Eine Generalisierte Angststörung kann behandelt werden. Die am besten erforschten evidenzbasierten Therapien sind die Kognitive Verhaltenstherapie (KVT), eine Pharmakotherapie, bei der Serotonin-Wiederaufnahme-Hemmer (SSRIs – Selective-Serotonin Reuptake Inhibitors) verschrieben werden oder eine Kombination aus beidem (Ginsburg & Affrunti, 2013). Sowohl evidenzbasierte Therapien als auch die Pharmakotherapie weisen hohe Effektstärken bei der Behandlung von Generalisierter Angststörung auf. Welche von beiden effektiver ist, ist schwer zu sagen, da dies stark von den Kontrollgruppen in den Studien abhängt (Carl et al., 2020) So wird die Effektstärke dadurch beeinflusst, ob und, wenn ja, welche Intervention die jeweilige Kontrollgruppe erhält (Warteliste, d. h. keine Intervention oder alternative therapeutische Intervention). Etwas mehr als die Hälfte

(60 %) der Jugendlichen reagieren positiv auf KVT. Dies bedeutet, dass diese Form der Therapie bei etwa 40 % der Jugendlichen nicht den gewünschten Effekt erzielt. Somit sind weitere Forschungen zur Entwicklung von alternativen Therapien für Generalisierte Angststörung nötig (Ginsburg & Affrunti, 2013).

Das therapeutische Vorgehen bei einer KVT für die Behandlung einer GAS soll nur kurz erläutert werden. Die Therapieelemente beinhalten die allgemeine Informationsvermittlung über Ängste und die GAS. Dann wird ein Bedingungsmodell mit den Klient*innen erarbeitet, was durch ein Sorgetagebuch ergänzt wird. Anschließend kommen die Techniken der kognitiven Umstrukturierung zum Einsatz. Weiter wird mit in-vivo-Exposition, Sorgenkonfrontation, dem Umgang mit Schlafproblemen, Elterntraining und angewandten Entspannungstechniken gearbeitet. Abschließend werden noch Elemente, die zur Rückfallprofilaxe dienen, vermittelt (In-Albon, 2019). Für die genaue Beschreibung wird auf die Fachliteratur verwiesen (z. B. Becker & Margraf, 2016).

Eine Alternative, die bei der Behandlung von der GAS zunehmend Aufmerksamkeit bekommt, ist der transdiagnostische Therapieansatz. Der transdiagnostische Ansatz versucht, an störungsübergreifenden gemeinsamen Prozessen und Mechanismen anzusetzen, und ist somit in der Lage, ein breiteres Spektrum von Störungen und Komorbiditäten wirksam und gleichzeitig zu behandeln. Aufgrund der hohen Komorbiditätsraten bei der GAS ist die Anwendung eines solchen Ansatzes sinnvoll. Der derzeitige Forschungsstand ist jedoch durch kleine Stichprobengrößen, heterogene Definitionen von transdiagnostischen Ansätzen und heterogene Vergleichsgruppen begrenzt. Weitere Therapiealternativen, die in der Behandlung von Angststörungen positive Effekte zeigten, sind die Akzeptanz- und Commitment-Therapie, achtsamkeitsbasierte Interventionen oder modulare Ansätze (Schaeuffele et al., 2021).

Zusammenfassung
Die Generalisierte Angststörung (GAS) ist durch anhaltende, übermäßige Sorgen gekennzeichnet, die sich auf eine Vielzahl von Alltagssituationen beziehen. Betroffene erleben häufig Unruhe, Konzentrationsprobleme, Schlafstörungen und körperliche Symptome wie Muskelverspannungen. Die Prävalenz liegt bei Kindern und Jugendlichen bei etwa 3–5 %, wobei häufig Komorbiditäten wie Depressionen auftreten. Zu den Risikofaktoren zählen genetische Dispositionen, familiäre Konflikte und Stressoren im sozialen Umfeld. Interventionen umfassen kognitive Verhaltenstherapie, Achtsamkeitsübungen und schulische Unterstützung, wie ein angstfreies Lernumfeld zu schaffen. Lehrkräfte können eine wichtige Rolle spielen, indem sie Schüler*innen durch Struktur und Verständnis entlasten.

3.2 Panikstörung

Die Panikstörung ist eine weit verbreitete Erkrankung, die zahlreiche Menschen im Verlauf ihres Lebens betrifft (Hannig & Filipek, 2012). Studien haben gezeigt, dass sich die Panikstörung auch bereits im Schul- und Jugendalter manifestiert (Costello et al., 2011). Panikattacken treten oft während alltäglicher Aktivitäten an öffentlichen Orten auf. Die Angst vor erneuten Panikattacken führt häufig zu Vermeidungsverhalten, das korrigierende Erfahrungen verhindert und somit den Aufrechterhaltungsmechanismus der Störung verstärkt (Margraf & Schneider, 2009; Schmidt-Traub, 2014). Dieser Kreislauf spiegelt sich auch im langanhaltenden Verlauf von Panikstörungen wider (Wittchen & Jacobi, 2005). In Anbetracht der vielfältigen sozialen, schulischen und körperlichen Beeinträchtigungen, denen Menschen mit Panikattacken ausgesetzt sind (Goodwin et al., 2005), gewinnt die frühzeitige Erkennung von Panikattacken an Bedeutung. Dadurch kann eine rechtzeitige Initiierung einer passenden Behandlung ermöglicht werden, um den Umgang mit Panikattacken während der Schulzeit zu bewältigen oder ihnen vorzubeugen (Tab. 3.2).

3.2.1 Definition

Panikattacken sind vorübergehende Anfälle intensiver Angst und Unbehagen, welche von körperlichen Symptomen (z. B. Herzrasen, Zittern, Atemnot) und kognitiven Symptomen (Angst vor Kontrollverlust, Gefühl „verrückt" zu werden, Todesangst) begleitet werden. Panikattacken treten plötzlich und meist ohne klar erkennbaren Auslöser auf. Die Panikattacke erreicht nach ein paar Minuten ihren Höhepunkt und klingt nach etwa einer halben Stunde wieder ab (Hannig & Filipek, 2012). Treten wiederholte Episoden schwerer Angstzustände auf, die nicht als Reaktion auf eine bestimmte Situation oder ein bestimmtes Objekt zurückzuführen sind, wird von einer Panikstörung gesprochen (Füeßl, 2006).

▶ **Definition Panikattacke**
Panikattacken sind plötzliche, unvorhersehbare Episoden intensiver Angst, Furcht und Unbehagen, die innerhalb von 10 min ihren Höhepunkt erreichen und mit körperlichen Symptomen (z. B. Schwitzen) und/oder kognitiven Symptomen (Angst zu sterben) einhergehen (Hannig & Filipek, 2012; Margraf & Schneider, 2009; Schmidt-Traub, 2014).

▶ **Definition Panikstörung**
Eine Panikstörung ist durch wiederkehrende Panikattacken gekennzeichnet, die oft spontan und nicht nur in einer bestimmten Situation auftreten (Hannig & Filipek, 2012; Schmidt-Traub, 2014).

Tab. 3.2 **Diagnostische Kriterien der Panikstörung nach DSM-5** (Falkai et al., 2015, S. 282 ff., zitiert nach Roggenhofer, 2018, S. 46)

A. Wiederholte, unerwartete Panikattacken. Eine Panikattacke ist ein plötzliches Auftreten intensiver Angst oder intensiven Unbehagens, die innerhalb von Minuten einen Höhepunkt erreicht, wobei in dieser Zeit vier (oder mehr) der folgenden Symptome auftreten:
1. Palpitationen, Herzstolpern oder beschleunigter Herzschlag
2. Schwitzen
3. Zittern oder Beben
4. Gefühl der Kurzatmigkeit oder Atemnot
5. Erstickungsgefühl
6. Schmerzen oder Beklemmungsgefühl in der Brust
7. Übelkeit oder Magen-Darm-Beschwerden
8. Schwindelgefühle, Unsicherheit, Benommenheit oder Gefühl, der Ohnmacht nahe sein
9. Kälteschauer oder Hitzegefühle
10. Parästhesien (Taubheit oder Kribbelgefühle)
11. Derealisation (Gefühl der Unwirklichkeit) oder Depersonalisation (sich von der eigenen Person losgelöst fühlen)
12. Angst, die Kontrolle zu verlieren oder „verrückt zu werden"
13. Angst zu Sterben

B. Bei mindestens einer der Attacken folgt ein Monat (oder länger) mit mindestens einer der nachfolgenden Symptome:
1. Anhaltende Besorgnis oder Sorgen über das Auftreten weiterer Panikattacken oder ihrer Konsequenzen (z. B. die Kontrolle zu verlieren, einen Herzinfarkt zu erleiden, „verrückt" zu werden)
2. Eine deutliche fehlangepasste Verhaltensänderung infolge der Attacken (z. B. Verhaltensweisen, um Panikattacken zu vermeiden, wie die Vermeidung körperlicher Betätigung oder unbekannter Situationen)

C. Das Störungsbild ist nicht Folge der physiologischen Wirkung einer Substanz (z. B. Substanz mit Missbrauchspotenzial, medikamentöse Wirkstoffe) oder eines medizinischen Krankheitsfaktors (z. B. Schilddrüsenüberfunktion, kardiopulmonale Erkrankungen)

D. Das Störungsbild kann nicht besser durch eine andere psychische Störung erklärt werden (z. B. Panikattacken treten nicht nur in Reaktion auf gefürchtete soziale Situationen auf, wie bei der Sozialen Angststörung; in Reaktion auf umschriebene phobische Objekte oder Situationen, wie bei der spezifischen Phobie; in Reaktion auf Zwangsgedanken, wie bei der Zwangsstörung; in Reaktion auf Erinnerungen an traumatische Erlebnisse, wie bei der Posttraumatischen Belastungsstörung; oder in Reaktion auf die Trennung von Bezugspersonen, wie der Störung der Trennungsangst)

3.2.2 Prävalenz

Die Panikstörung ist eine häufig vorkommende Erkrankung. Die Lebenszeitprävalenz von Panikstörungen liegt zwischen 3 % und 5 % (Hannig & Filipek, 2012). Bei 12–18-Jährigen hingegen konnten etwas niedrigere Lebenszeitprävalenzen von 0,5 % bis 1,1 % gefunden werden (Lewinsohn et al., 1998; Wittchen & Essau, 1993). Zudem gibt es Studien, auch wenn nur sehr wenige, die den Beginn einer Panikstörung vor dem zehnten

Lebensjahr aufweisen konnten (Garland & Smith, 1991). Eine etwas neuere Untersuchung wie die Metaanalyse von Costello et al. (2011) fand eine Prävalenz von etwa 1,1 % im Jugendalter. Frauen leiden doppelt so häufig an Panikstörungen wie Männer (Margraf & Schneider, 2009).

3.2.3 Risiko-, Entstehungs- und Aufrechterhaltungsfaktoren

Verschiedene Faktoren, die mit der Entstehung und der Aufrechterhaltung der Panikstörung in Verbindung stehen, werden im Folgenden erläutert.

3.2.3.1 Risikofaktoren

Genetische Faktoren (z. B. Vererbung) zählen zu den Faktoren, die das Risiko für die Entstehung einer Panikstörung erhöhen (Biederman et al., 2001; Nocon et al., 2008). Auch das Persönlichkeitsmerkmal der Angstsensitivität (bzw. Angstempfindlichkeit) kann einen Risikofaktor darstellen. Die Angstsensitivität beinhaltet die anhaltende Überzeugung, dass Angst und die damit verbundenen Symptome (z. B. körperliche Symptome) negative körperliche, psychologische oder soziale Folgen haben werden, die über das körperliche Unbehagen hinausgehen, das während einer akuten Panikattacke empfunden wird (Wittchen & Hoyer, 2011). Mehrere Studien haben gezeigt, dass Angstsensitivität Panikattacken signifikant vorhersagt (Hayward et al., 2000; Schmidt et al., 2010). Auch spielen biologische Risikofaktoren bei der Entwicklung einer Panikstörung eine Rolle. Die Forschung zeigt, dass die Aktivität des Neurotransmitters Noradrenalin bei Menschen mit Panikattacken auffällig ist und dass es bei ihnen ein Ungleichgewicht dieses Neurotransmitters gibt (Hannig & Filipek, 2012). Darüber hinaus können kognitive Faktoren wie Verzerrungen in der Informationsverarbeitung einen Risikofaktor darstellen. Drei Arten von kognitiven Verzerrungen werden unterschieden:

1. die Tendenz, angstverbundene Reize als bedrohlich zu interpretieren,
2. die Angewohnheit, die Aufmerksamkeit ausschließlich auf bedrohliche Reize zu lenken,
3. die Fähigkeit, bedrohliche Reize besser abzurufen.

Wenn Kinder eine Panikattacke ihrer Eltern miterleben, sehen sie, wie ihre Eltern die körperlichen Symptome als bedrohlich erleben. Die Forschung hat gezeigt, dass Kinder aufgrund solcher Beobachtungen die Denk- und Handlungsweisen ihrer Eltern übernehmen und daher innere Muster entwickeln, die mit Panik in Verbindung stehen, obwohl sie zu diesem Zeitpunkt selbst noch keine Panikattacke erlebt haben (In-Albon, 2011; Schneider et al., 2002). Auch kindliche Krankheitserfahrungen, Trennungsangst oder der Verlust wichtiger Bezugspersonen sind Risikofaktoren für die Entstehung einer Panikstörung (Craske et al., 2001; Klein, 1980).

3.2.3.2 Entstehungsfaktoren

Die Entstehung von Panikstörungen kann durch das psychophysiologische Modell von Margraf und Schneider (1990) erklärt werden. Das Modell postuliert, dass ein externer Reiz zu körperlichen oder kognitiven Veränderungen führt. Diese Veränderung wird als Gefahr wahrgenommen und dementsprechend als „gefährlich" interpretiert (katastrophisierende Fehlinterpretation), was zu Angst- oder Panikgefühlen führt. Begleitet wird dieser Zustand von Reaktionen auf der körperlichen Ebene (z. B. Herzklopfen, Schwitzen), die wiederum als Signale innerer Gefahr wahrgenommen werden. Dadurch entsteht ein Teufelskreis der Angst, der schließlich zu Panikattacken führt (Abb. 3.1).

Zudem kann die Panikstörung durch die moderne Lerntheorie der Panikstörung (Bouton et al., 2001) erklärt werden. Die Autor*innen gehen davon aus, dass Panikstörungen aus konditionierter Angst vor inneren oder äußeren Reizen resultieren. In diesem Modell wird Angst als ein emotionaler Erwartungszustand angesehen, der oft durch körperliche Symptome gekennzeichnet ist und die Person auf eine nächste mögliche Panikattacke vorbereitet. Panik wiederum stellt subjektiv stark empfundene Angst dar, die durch eine Erregung des autonomen Nervensystems und eine Kampf- und Fluchtreaktion charakterisiert ist. Es werden drei Gruppen von Vulnerabilitätsfaktoren für die Anfälligkeit einer Person, an Panikstörungen zu erkranken, angenommen. Hierbei wird zwischen zwei unspezifischen Vulnerabilitätsfaktoren (biologischer und psychologischer Natur) und einem spezifischen Vulnerabilitätsfaktor unterschieden. Unter einem unspezifischen, biologischen Vulnerabilitätsfaktor wird eine biologische Veranlagung verstanden, auf negative Lebensereignisse emotional und mit möglichem Fehlalarm wie Panikattacken zu

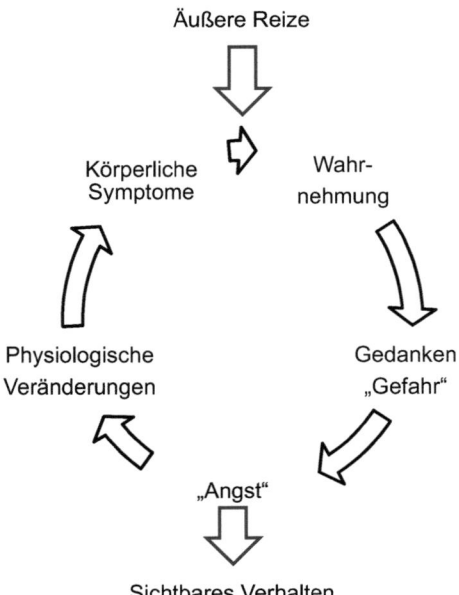

Abb. 3.1 Psychophysiologisches Modell der Panikstörung (Margraf & Schneider, 1990, zitiert nach Margraf & Schneider, 2009, S. 17)

reagieren. Als unspezifische psychologische Vulnerabilitätsfaktoren können frühe Erfahrungen mit Unberechenbarkeit und Unkontrollierbarkeit dienen. Hierbei kann es sich auch um einen elterlichen Erziehungsstil handeln, der durch übermäßige Fürsorge geprägt ist und der das Selbstvertrauen des Kindes in die eigenen Bewältigungsfähigkeiten verringert. Unter spezifischen Vulnerabilitätsfaktoren werden spezifische Lernerfahrungen betrachtet, die durch modellhaftes und operantes Lernen übertragen werden. Kinder können durch das Beispiel ihrer Eltern lernen, dass unerwartete körperliche Symptome gefährlich sind. Dies kann das Bewusstsein für das potenzielle Risiko von körperlichen Symptomen als Folge stressinduzierter Panikattacken schärfen.

3.2.3.3 Aufrechterhaltungsfaktoren

Bei der Aufrechterhaltung einer Panikstörung spielt die Erwartungsangst eine bedeutsame Rolle. Wenn Panikattacken auch nur einmal aufgetreten sind, sind Betroffene sich ziemlich sicher, dass diese auch in Zukunft wieder auftreten werden. Als Folge davon entwickeln Betroffene Angst vor weiteren Panikattacken. Hierbei handelt es sich um die Angst vor der Angst, auch Phobophobie genannt. Darüber hinaus kann die Angst vor der Angst zu Vermeidungsverhalten führen (Deister, 2013). Betroffene beginnen Orte zu meiden, an denen bereits Panikattacken aufgetreten sind oder an denen sie eine neue Attacke befürchten. Dies führt zur Aufrechterhaltung der Panikstörung, da diese Art der Vermeidung korrigierende Erfahrungen verhindert, die dazu führen könnten, dass Betroffene die Situation als doch nicht bedrohlich wahrnehmen (Margraf & Schneider, 2009; Schmidt-Traub, 2014).

3.2.4 Umgang mit Panikstörungen im schulischen Kontext

Das australische Mental Health First Aid Training and Research Program (2008) hat Erste-Hilfe-Leitlinien herausgegeben, um Personen zu helfen, die eine Panikattacke erleiden.

Wenn ein/e Schüler*in eine Panikattacke hat, sollten Lehrkräfte ihnen rückversichern, dass die Symptome beängstigend, aber nicht lebensbedrohlich sind. Lehrkräfte sollten Schüler*innen wissen lassen, dass sie in Sicherheit sind und dass die Symptome vorübergehen werden. Betroffene haben häufig während einer Panikattacke das Gefühl zu sterben und das trotz fehlender organischer Ursache. Aus diesem Grund entsteht bei Betroffenen schnell das Gefühl, dass andere Personen sie vielleicht nicht ernst nehmen oder denken, dass alles simuliert ist. Außerdem sollten Lehrkräfte in ruhiger, langsamer Sprache und kurzen, klaren Sätzen mit der/m Schüler*in sprechen und fragen, was er/sie braucht. Es kann auch hilfreich sein, gemeinsam mit dem Kind/Jugendlichen ruhig zu atmen. Die Situation kann für Lehrkräfte stressig sein, jedoch dürfen diese sich nicht unter Druck setzen. Die meisten Betroffenen berichten, dass es sehr hilfreich ist, wenn jemand an ihrer Seite ist und sie unterstützt. Die Rolle der unterstützenden Person sollten Lehrkräfte einnehmen und damit emotionalen Beistand leisten (Eckert, 2022; Mental Health First Aid Trainings und Research Program 2008).

▶ **Anmerkung**
Panikstörungen treten selten allein auf und stehen häufig im Zusammenhang mit Agoraphobie (Margraf & Schneider, 2009; Schmidt-Traub, 2014). Fast 90 % der Menschen, die unter Panikattacken leiden, entwickeln im weiteren Verlauf eine Angststörung wie beispielsweise eine Panikstörung mit oder ohne Agoraphobie (Goodwin et al., 2005).

Zusammenfassung
Die Panikstörung ist gekennzeichnet durch plötzliche Panikattacken mit intensiven körperlichen Symptomen wie Atemnot, Herzrasen oder Schwindel, die oft ohne erkennbaren Auslöser auftreten. Betroffene entwickeln häufig eine Angst vor weiteren Attacken, was zu Vermeidungsverhalten führen kann. Die Prävalenz bei Jugendlichen liegt bei etwa 1–3 %. Risikofaktoren umfassen genetische Veranlagungen, Stress und traumatische Erlebnisse. Im schulischen Kontext können Panikattacken den Unterricht und die sozialen Interaktionen stark beeinträchtigen. Lehrkräfte sollten betroffene Schüler*innen durch Verständnis und das Schaffen eines sicheren Umfelds unterstützen. Therapieansätze umfassen kognitive Verhaltenstherapie und Entspannungsverfahren.

3.3 Agoraphobie

Agoraphobie, die Angst vor bestimmten Situationen, in denen Flucht als schwierig erscheint, betrifft viele Menschen im Laufe ihres Lebens (Vriends & Margraf, 2008; Wittchen & Jacobi, 2005). In der Kindheit ist Agoraphobie eher selten anzutreffen (Schneider & Seehagen, 2014); stattdessen setzt sie üblicherweise im späten Jugend- oder jungen Erwachsenenalter ein (Beesdo et al., 2009). Häufig geht Agoraphobie bei Jugendlichen mit Panikstörungen einher (Eckert, 2022, Goodwin et al., 2005), wobei langanhaltende Verläufe beobachtet wurden (Wittchen & Jacobi, 2005). Agoraphobie kann die Schulzeit beeinträchtigen, da Betroffene Angst vor bestimmten Situationen wie Menschenmengen oder engen Räumen haben. Dies kann dazu führen, dass Betroffene den Schulunterricht, den Pausenhof oder sogar das Verlassen des Hauses meiden, was ihr schulisches und soziales Leben stark beeinträchtigt (Morschitzky, 2017). Daher ist es wichtig, Anzeichen von Agoraphobie frühzeitig zu erkennen und eine angemessene Behandlung einzuleiten, um die Beeinträchtigungen im schulischen und sozialen Leben der Betroffenen zu minimieren.

3.3.1 Definition

Menschen mit Agoraphobie haben Angst vor bestimmten Situationen, meiden diese oft oder ertragen sie mit großer innerer Spannung (Tab. 3.3). Angstauslösende und somit häufig vermiedene Situationen sind beispielsweise öffentliche Verkehrsmittel, Menschenmengen, enge und/oder geschlossene Räume (Wittchen & Hoyer, 2011), wie dies der Fall bei Teilnahme am Schulunterricht oder auf dem Pausenhof ist. Darüber hinaus zählt sogar bereits das Haus zu verlassen zu angstauslösenden Situationen bei Meschen, die unter Agoraphobie leiden (Morschitzky, 2017).

Tab. 3.3 Diagnostische Kriterien der Agoraphobie nach DSM-5 (Falkai & Wittchen, 2015, S. 295 ff., zitiert nach Roggenhofer, 2018, S. 48)

A. Ausgeprägte Furcht oder Angst vor zwei (oder mehr) der folgenden fünf Situationen: 1. Benutzen öffentlicher Verkehrsmittel (z. B. Autos, Busse, Züge, Schiffe, Flugzeuge) 2. Aufenthalt auf offenen Plätzen (z. B. Parkplätze, Marktplätze, Brücken) 3. Aufenthalt in geschlossenen öffentlichen Räumen (z. B. Geschäfte, Theater, Kino) 4. Schlange stehen oder in einer Menschenmenge sein 5. Allein außer Haus sein
B. Diese Situationen werden gefürchtet oder vermieden, weil eine Flucht schwierig sein könnte oder weil im Falle panikartiger Symptome oder anderer stark beeinträchtigender oder peinlicher Symptome (z. B. Furcht vor dem Fallen bei älteren Menschen; Furcht vor Inkontinenz) Hilfe nicht erreichbar sein könnte
C. Die agoraphobischen Situationen rufen fast immer eine Furcht- oder Angstreaktion hervor
D. Die agoraphobischen Situationen werden aktiv vermieden, können nur in Begleitung aufgesucht werden oder werden unter intensiver Furcht oder Angst durchgestanden
E. Die Furcht oder Angst geht über das Ausmaß der tatsächlichen Gefahr durch die agoraphobischen Situationen hinaus und ist im soziokulturellen Kontext unverhältnismäßig
F. Die Furcht, Angst oder Vermeidung ist andauernd, typischerweise über 6 Monate oder länger
G. Die Furcht, Angst oder Vermeidung verursacht in klinisch bedeutsamer Weise Leiden oder Beeinträchtigungen in sozialen, beruflichen oder anderen wichtigen Funktionsbereichen
H. Falls ein anderer medizinischer Krankheitsfaktor vorliegt (z. B. Colitis Ulcerosa, Morbus Crohn, Morbus Parkinson), so ist die Furcht, Angst oder Vermeidung deutlich ausgeprägter, als dies normalerweise bei diesem medizinischen Krankheitsfaktor zu erwarten wäre
I. Die Furcht, Angst oder Vermeidung kann nicht besser durch die Symptome einer anderen psychischen Störung erklärt werden
Anmerkung: Agoraphobie wird ungeachtet des Vorhandenseins einer Panikstörung diagnostiziert. Wenn eine Person die Kriterien für Panikstörung und Agoraphobie erfüllt, sollten beide Diagnosen vergeben werden

▶ **Definition Agoraphobie**
Agoraphobie bezeichnet jene Angst, die mit dem Aufenthalt an Orten oder in Situationen einhergeht, in denen es schwierig oder unangenehm wäre, sich im Falle einer Panikattacke oder panikähnlicher Symptome schnell zu entziehen, und in denen keine externe Unterstützung verfügbar ist (Vriends & Margraf, 2008).

3.3.2 Prävalenz

Die Lebenszeitprävalenz der Agoraphobie variiert zwischen 2 % und 5 % (Vriends & Margraf, 2008; Wittchen & Jacobi, 2005). Die Agoraphobie tritt nur selten im Kindesalter auf (Schneider & Seehagen, 2014), sondern hat ihren Beginn eher im späten Jugendalter oder jungen Erwachsenenalter (Beesdo et al., 2009). Die Lebenszeitprävalenz der Agoraphobie liegt bei Jugendlichen zwischen 14 und 17 Jahren bei 2,8 % (ebd.). Die Agoraphobie geht bei Jugendlichen häufig mit Panikstörungen einher (Eckert, 2022).

3.3.3 Risikofaktoren-, Entstehungs- und Aufrechterhaltungsfaktoren

Ähnlich wie bei Panikstörungen gibt es auch bei Agoraphobie genetische, biologische und psychosoziale Risikofaktoren. Hierbei spielen ebenso die familiäre Häufung, das Ungleichgewicht von Neurotransmittern (z. B. Noradrenalin), Schicksalsschläge wie Krankheit oder der Verlust einer wichtigen Bezugsperson eine Rolle (In-Albon & Margraf, 2011). Für die Agoraphobie werden die gleichen Entstehungsmodelle wie für die Panikstörung herangezogen (Abschn. 3.2.3.1). Die Agoraphobie wird wie die Panikstörung auch durch Erwartungsängste (Angst vor der Angst) sowie durch das Vermeidungsverhalten aufrechterhalten (Morschitzky, 2017). Das Vermeiden von Situationen ist das bedeutendste Merkmal der Agoraphobie. Betroffene meiden bewusst Situationen, vor denen sie Angst haben, und verhindern somit zu erfahren, wie ungefährlich und harmlos die Situation eigentlich wirklich ist. Durch dieses Vermeidungsverhalten wird die Panikbereitschaft aufrechterhalten und kann zu massiven Einschränkungen im Alltag führen (z. B. das Haus nicht mehr verlassen) (Schmidt-Traub, 2005).

3.3.4 Umgang mit Agoraphobie im schulischen Kontext

Menschen mit Agoraphobie vermeiden angstauslösende Situationen, was dazu führen kann, dass Schüler*innen oft in der Schule fehlen oder an bestimmten Schulaktivitäten wie an Ausflügen nicht mehr teilnehmen. Die Aufgabe der Lehrkräfte besteht darin, die Ängste der Schüler*innen ernst zu nehmen und zu validieren. Dadurch vermitteln die Lehrkräfte den Schüler*innen, dass diese sich ihnen gegenüber öffnen und geborgen fühlen können. Allein durch das Ernstnehmen der Ängste reduziert sich das Schamgefühl seitens der Schüler*innen. Sind die Schüler*innen noch nicht in therapeutischer Behandlung, können Lehrkräfte, gemeinsam mit Schulpsycholog*innen, erste Hilfe und Unterstützung anbieten. Befindet sich die/der betroffene Schüler*in bereits in therapeutischer Behandlung, so wird er/sie mit der Konfrontationstherapie vertraut sein. Hierbei müssen sich Betroffene in Situationen begeben, die sie sonst vermeiden würden. Durch das Durchbrechen des Vermeidungsverhaltens können korrigierende Erfahrungen gemacht werden, die es den Betroffenen erlauben, die Situation als doch nicht bedrohlich wahrzunehmen. Hieran können Lehrkräfte und Schulpsycholog*innen anknüpfen und Schüler*innen in ihrem Prozess unterstützen (Eckert, 2022).

Zusammenfassung
Agoraphobie beschreibt die Angst vor Situationen, in denen es schwierig oder peinlich sein könnte, Hilfe zu erhalten oder die Situation zu verlassen, z. B. in großen Menschenmengen oder auf offenen Plätzen. Diese Angst kann zu erheblichem Vermeidungsverhalten führen und den Alltag massiv einschränken. Im schulischen Kontext kann dies bedeuten, dass Betroffene Angst vor der Teilnahme an Klassenfahrten, Gruppenarbeiten oder Schulveranstaltungen haben. Prävalenz und Ursachen überschneiden sich oft mit anderen Angststörungen. Maßnahmen umfassen die schrittweise Konfrontation mit angstauslösenden Situationen und die Unterstützung durch ein verständnisvolles schulisches Umfeld.

3.4 Störung mit Trennungsangst

Die Störung mit Trennungsangst (STA) ist eine häufige Angststörung bei Kindern und Jugendlichen und tritt vor allem im Alter von 5 bis 7 Jahren auf. Sie äußert sich durch übermäßige und unbegründete Angst vor einer Trennung von wichtigen Bezugspersonen, was zu Beeinträchtigungen im Alltag führen kann (Morris & March, 2004). Die Prävalenz liegt zwischen 3 und 7 % (Kessler et al., 2005), und etwa die Hälfte der Kinder mit STA sucht eine Behandlung auf. Die Entstehung der Trennungsangst wird durch eine Kombination von genetischen, umweltbedingten und entwicklungsbedingten Faktoren verursacht. Risikofaktoren sind unter anderem Temperaments- und Bindungsfaktoren, elterliche Psychopathologie und traumatische Erfahrungen in der frühen Kindheit (In-Albon & Knappe, 2019). Das integrierte behaviorale Inhibition-Attachment-Modell (Manassis & Bradley, 1994) erklärt die Interaktion zwischen Verhaltenshemmung und Bindungssystem als Einflussfaktoren auf die Entstehung der STA. Aufrechterhaltungsfaktoren für die Trennungsangststörung beziehen sich auf Vermeidungsverhalten, Verstärkung durch andere und negative Überzeugungen und Gedanken über die Trennung. Das kognitive Modell von Kendall und Ronan (1990) zeigt, dass die Störung durch eine Reihe negativer Gedanken und Überzeugungen aufrechterhalten wird. Die Behandlung von Trennungsangst sollte auf alle relevanten Faktoren abzielen, einschließlich der Bekämpfung negativer Gedanken, der Entwicklung von Bewältigungsstrategien und der Verbesserung des Selbstwertgefühls. Eine kognitive Verhaltenstherapie kann hierbei hilfreich sein. Das ätiologische Modell von Döpfner (2021) betont die Bedeutung einer Wechselwirkung zwischen biologischen, psychologischen und Umweltfaktoren und zeigt, dass eine ganzheitliche Behandlung notwendig ist, um eine dauerhafte Heilung zu erreichen. Eine medikamentöse Behandlung kann in manchen Fällen ebenfalls sinnvoll sein. Die frühzeitige Erkennung und Behandlung von Trennungsangst ist wichtig, um die Lebensqualität der betroffenen Kinder und Jugendlichen zu verbessern.

3.4.1 Definition

Die Störung mit Trennungsangst (STA) kommt sehr häufig im Kindes- und frühen Jugendalter vor. Dabei leiden die betroffenen Kinder und Jugendlichen (im Folgenden Kinder genannt) unter einer unbegründeten und übermäßigen Angst davor, von der Bezugsperson (in der Regel den Eltern oder einer Betreuungsperson) getrennt zu sein (Morris & March, 2004). Die Kinder haben große Sorgen, dass eine Trennung von der Bezugsperson zu einem Schaden bei dieser Person oder ihnen selbst führen kann (Beidel et al., 1999) oder dass die Trennung dauerhaft sein wird (Schneider & Blatter-Meunier, 2019). Eine Trennungsangst kann für junge Kinder von 7 bis 18 Monaten ordinär sein, da sie sich bei der Bezugsperson sicher und wohl fühlen. Jedoch wird sie zu einer Störung, wenn die Angst altersgemäße Aktivitäten, Entwicklungsaufgaben und Verhaltensweisen beeinträchtigt (Hayes, 2020). Diese Angst kann so stark sein, dass die Kinder sich weigern, irgendeine Aktivität durchzuführen, die eine Trennung von der Bezugsperson beinhaltet. So kommt es dazu, dass viele sich sogar weigern, im eigenen Zuhause getrennt von dieser Person zu sein, und z. B. noch bis weit über das zulässige Alter bei der Bezugsperson schlafen. Mit dieser Angst vor der Trennung geht oft eine Schulvermeidung einher, da die Idee von mehreren Stunden am Tag ohne die Bezugsperson für diese Kinder unvorstellbar ist (Beidel & Beidel, 2011). Kinder mit einer STA können gereizt, apathisch oder auch aggressiv werden, wenn es ihnen nicht gelingt, die Trennung zu vermeiden, und sie fangen an zu schreien, zu weinen, um sich zu schlagen oder die Bezugsperson nicht loszulassen. Hier kann es auch zu körperlichen Symptomen wie Kopf- oder Bauchschmerzen und Übelkeit kommen, die jedoch nachlassen, sobald die Trennung von der Bezugsperson nicht mehr stattfindet (Schneider & Blatter-Meunier, 2019).

▶ **Definition Störung mit Trennungsangst**
Die Störung mit Trennungsangst ist gekennzeichnet durch eine übermäßige und dem Entwicklungsalter nicht entsprechende Angst vor der Trennung von Bezugspersonen, die zu

erheblichem Leid und Beeinträchtigungen im sozialen oder schulischen Bereich führen kann (In-Albon & Knappe, 2019).

Die Störung mit Trennungsangst wurde zum ersten Mal im Jahr 1974 in der ICD und 1980 im DSM als eine psychische Erkrankung des Kindes- und Jugendalters eingetragen (Fischer, 2019). Wenn die Trennungsängste von Kindern über die entwicklungsgemäßen Jahre hinaus andauern und wenn die Ängste signifikanten Stress oder Beeinträchtigungen in sozialen, schulischen oder familiären Bereichen verursachen, kann nach dem DSM ein spezifisches psychologisches Ungleichgewicht in Betracht gezogen werden (Dick-Niederhauser & Silverman, 2006). Tab. 3.4 gibt eine Übersicht der Diagnosekriterien nach DSM-5, um eine Erkennung der Merkmale zu ermöglichen.

3.4.2 Prävalenz

Die Störung mit Trennungsangst tritt am häufigsten im Alter von 5 bis 7 Jahren auf, kann jedoch in jedem Alter in der Kindheit oder der Jugend auftreten (Beidel et al., 1999). Ab einem Alter von 3 Jahren kann man von einer STA sprechen, da dies das Alter ist, in dem eine Trennung von der Bezugsperson für die Mehrheit der Kinder keine emotionale Belastung erzeugen sollte. STA ist eine der häufigsten Angststörungen im Kindesalter (Dick-Niederhauser & Silverman, 2006; In-Albon & Knappe, 2019) und gehört bei einem Einschlusskriterium von Patienten über 18 Jahren zu den häufigsten Angsterkrankungen im Kindes- und Jugendalter überhaupt (Fischer, 2019). Unter allen Angststörungen wird in 50 % der Fälle eine Behandlung für STA aufgesucht. Die Prävalenz von STA bei Kindern beträgt zwischen 3 und 7 % und ist auch eine der frühesten psychischen Erkrankungen im Kindesalter, da sie im Durchschnitt ab dem 7. Lebensjahr beginnt (In-Albon & Knappe, 2019; Kessler et al., 2005; Schneider & Blatter-Meunier, 2019). Eine STA tritt in den meisten Fällen vor der Pubertät auf und kommt bei Jungen und Mädchen gleich oft vor.

3.4.3 Risiko-, Entstehungs- und Aufrechterhaltungsfaktoren

Trennungsangst und Angst vor Fremden gelten als angeboren (Eisen & Schaefer, 2005). Trennungsangst beginnt im Alter von 4 Monaten und erzielt ihren Höhepunkt im Alter von 2 bis 3 Jahren; die Angst vor Fremden tritt im Alter von 7 Monaten auf und erreicht ihren Höhepunkt im Alter von 12 Monaten. Die meisten Kinder erleben diese Art von Ängsten bereits in jungen Jahren, aber dieses Muster sollte von der klinisch bedeutsamen Trennungsangst unterschieden werden, die sich ab dem Alter von 4 oder 5 Jahren entwickeln kann.

Trennungsangst kann durch eine Kombination von genetischen, umweltbedingten und entwicklungsbedingten Faktoren verursacht werden. Zu den Risikofaktoren gehören unter

Tab. 3.4 Diagnosekriterien der Störung mit Trennungsangst (309.21) nach DSM-5 (übersetzt aus American Psychiatric Association, 2013, S. 190)

A. Entwicklungsbedingt unangemessene und übermäßige Furcht oder Angst vor der Trennung von den Personen, an die die Person gebunden ist, was durch mindestens drei der folgenden Punkte belegt wird:
1. Wiederkehrender übermäßiger Kummer, wenn eine Trennung von zu Hause oder von wichtigen Bezugspersonen erwartet oder erlebt wird
2. Anhaltende und übermäßige Sorge, wichtige Bezugspersonen zu verlieren oder ihnen Schaden zuzufügen, z. B. durch Krankheit, Verletzung, Katastrophen oder Tod
3. Anhaltende und übermäßige Sorge, ein unerwünschtes Ereignis zu erleben (z. B. verloren zu gehen, entführt zu werden, einen Unfall zu haben, krank zu werden), das die Trennung von einer wichtigen Bezugsperson verursacht
4. Anhaltende Abneigung oder Weigerung, das Haus zu verlassen sowie die Schule, die Arbeit oder andere Orte aufzusuchen, weil man Angst vor einer Trennung hat
5. Anhaltende und übermäßige Angst vor oder Abneigung gegen das Alleinsein oder das Fehlen wichtiger Bezugspersonen zu Hause oder in anderen Umgebungen
6. Anhaltende Abneigung oder Weigerung, außerhalb des Hauses zu schlafen oder ohne die Nähe einer wichtigen Bezugsperson einzuschlafen
7. Wiederholte Albträume, die das Thema Trennung beinhalten
8. Wiederholte Klagen über körperliche Symptome (z. B. Kopfschmerzen, Magenschmerzen, Übelkeit, Erbrechen), wenn eine Trennung von der Hauptbezugsperson stattfindet oder erwartet wird

B. Die Furcht, Angst oder Vermeidung ist anhaltend und dauert bei Kindern und Jugendlichen mindestens 4 Wochen und bei Erwachsenen typischerweise 6 Monate oder länger

C. Die Störung verursacht klinisch signifikanten Stress oder Beeinträchtigungen in sozialen, schulischen, beruflichen oder anderen wichtigen Funktionsbereichen

D. Die Störung lässt sich nicht besser durch eine andere psychische Störung erklären, wie z. B. die Weigerung, das Haus zu verlassen, weil man sich übermäßig gegen Veränderungen sträubt (Autismus-Spektrum-Störung), Wahnvorstellungen oder Halluzinationen in Bezug auf eine Trennung (psychotische Störungen), die Weigerung, ohne eine vertraute Begleitperson nach draußen zu gehen (Agoraphobie), die Sorge um die Gesundheit oder andere Schäden, die wichtigen anderen Personen zustoßen (Generalisierte Angststörung), oder die Sorge, eine Krankheit zu haben (Krankheitsangststörung)

anderem verschiedene Temperaments- und Bindungsfaktoren, eine elterliche Psychopathologie und folgenschwere Erlebnisse in der frühen Kindheit (In-Albon & Knappe, 2019). Eine Studie von Last et al. (1991) ergab, dass 83 % aller Mütter von Kindern mit STA selbst an einer Angststörung gelitten haben. Kinder, deren Eltern von Panikstörungen betroffen sind, leiden auch häufiger an einer Störung mit Trennungsangst als Kinder mit gesunden Eltern. Auch verschiedene Temperamentsfaktoren, wie frühkindliche Verhaltenshemmung (Tendenz zu Vermeidung bei unbekannten Situationen) erhöhen das Risiko für eine STA (In-Albon & Knappe, 2019). Zudem kann auch eine unsichere Bindung zu der Bezugsperson einen Risikofaktor für die Entstehung einer STA darstellen: Eine Bezugsperson, die hohe Trennungsängstlichkeit hat, erzieht auch häufiger ein unsicher gebundenes Kind, da mehr überbehütendes Verhalten gezeigt wird (ebd.). Ein weiterer Risikofaktor ist das Erleben von Trauma- und Trennungserfahrungen. Verschiedene Umweltfaktoren, wie plötzliche Veränderungen der Routine oder der Umgebung wie z. B. ein Umzug oder ein Wechsel der Betreuungsperson, können auch eine Trennungsangst auslösen.

Das integrierte behaviorale Inhibition-Attachment-Modell (Manassis & Bradley, 1994) ist ein möglicher Erklärungsansatz für die Entstehungsfaktoren einer STA. Diesem Modell zufolge ist die Trennungsangst das Ergebnis der Interaktion zwischen zwei Systemen: dem System der Verhaltenshemmung und dem Bindungssystem (Schneider & Blatter-Meunier, 2019). Das System der Verhaltenshemmung bezieht sich auf die Tendenz einer Person, auf neue oder ungewohnte Reize mit Angst oder Vermeidung zu reagieren. Kinder mit einem stark ausgeprägten System der Verhaltenshemmung neigen eher dazu, auf die Trennung von ihren primären Bezugspersonen mit Angst zu reagieren. Das Beziehungssystem bezieht sich auf die Bindung, die zwischen einem Kind und seiner primären Bezugsperson entsteht, und es beeinflusst, wie ein Kind eine Trennung wahrnimmt und darauf reagiert. Kinder mit sicheren Bindungen sehen Trennungen eher als vorübergehend und überschaubar an, während Kinder mit unsicheren Bindungen Trennungen als dauerhaft und bedrohlich empfinden können. Nach dem Integrierten Verhaltenshemmungs-Bindungs-Modell erhöht die Kombination aus einem hoch entwickelten Verhaltenshemmungssystem und einem unsicheren Bindungsstil das Risiko, eine Trennungsangststörung zu entwickeln. Mit anderen Worten: Kinder, die von Natur aus dazu neigen, auf neue oder ungewohnte Reize mit Angst zu reagieren, und die außerdem eine unsichere Bindung zu ihren primären Bezugspersonen haben, sind eher in der Lage, intensive Ängste als Reaktion auf eine Trennung zu erleben. Dieses Modell legt nahe, dass die Behandlung einer Trennungsangststörung sowohl auf das System der Verhaltenshemmung als auch auf das Bindungssystem abzielen sollte, um eine dauerhafte Heilung zu erreichen. Dazu kann es gehören, den Kindern Fertigkeiten zur Bewältigung ihrer Ängste beizubringen, ihre Bindung zu ihrer Hauptbezugsperson zu stärken und ihnen zu helfen, ihr Vermeidungsverhalten zu überwinden.

Aufrechterhaltungsfaktoren für Trennungsangststörung beziehen sich auf die Dinge, die die Störung aufrechterhalten oder eine Genesung verhindern. Ein häufiger Aufrechterhaltungsfaktor für Trennungsangststörung ist Vermeidungsverhalten: Kinder mit Trennungsangst vermeiden oder wehren sich dagegen, zur Schule zu gehen oder an anderen Aktivitäten teilzunehmen, die eine Trennung von ihren primären Bezugspersonen erfordern. Dieses Vermeidungsverhalten verstärkt die Angst vor der Trennung und hält die Störung aufrecht. Auch die Verstärkung durch andere kann ein Aufrechterhaltungsfaktor sein, wenn z. B. Bezugspersonen auf die Ängste des Kindes reagieren, indem sie bei ihm bleiben oder Trennungen vermeiden, da dies die Angst des Kindes verstärkt und die Störung aufrechthält. Vor allem wenn das Kind körperliche Symptome zeigt, sind Bezugspersonen schnell verunsichert und wollen das Kind unterstützen (Schneider & Blatter-Meunier, 2019). Auch die negativen Überzeugungen und Gedanken des Kindes, dass etwas Schreckliches passieren wird, wenn sie von ihrer Bezugsperson getrennt sind, können die Angst aufrechterhalten und eine Heilung verhindern.

Das kognitive Modell von Kendall und Ronan (1990) ist ein theoretisches Modell, das die Aufrechterhaltung von Trennungsangststörungen bei Kindern zu erklären versucht. Diesem Modell zufolge wird die Trennungsangststörung durch eine Reihe kindlicher negativer Gedanken über die Trennung und deren Überzeugungen aufrechterhalten. In diesem Modell erleben Kinder mit Trennungsangst ein hohes Maß an Stress als Reaktion auf die Trennung von ihren primären Bezugspersonen, und dieser Stress wird durch negative Gedanken und Überzeugungen über die Trennung aufrechterhalten, wie z. B. durch katastrophische Gedanken. Kinder glauben möglicherweise, dass etwas Schreckliches passieren wird, wenn sie von ihrer Bezugsperson getrennt werden, z. B., dass sie verloren gehen oder verletzt werden. Auch eine Übergeneralisierung ist möglich, da Kinder glauben können, dass negative Erlebnisse aus der Vergangenheit auch in der Zukunft passieren werden, was dazu führt, dass sie bei einer Trennung von ihrer Bezugsperson negative Folgen erwarten. Bei einer Personalisierung glauben die Kinder, dass ihr Verhalten die Ursache für die Abwesenheit ihrer Bezugsperson ist, was zu Schuld- und Schamgefühlen führt. Eine selektive Abstraktion entsteht, wenn Kinder sich möglicherweise auf die negativen Aspekte der Trennung konzentrieren und positive Erfahrungen und Hinweise darauf, dass die Trennung bewältigt werden kann, ignorieren. Diese negativen Gedanken und Überzeugungen können zu verstärkter Angst und Vermeidungsverhalten führen, was wiederum die negativen Gedanken und Überzeugungen verstärken kann und zu einem Kreislauf aus Not und Vermeidung führt. Nach dem kognitiven Modell von Kendall und Ronan sollte sich die Behandlung einer Trennungsangststörung darauf konzentrieren, diese negativen Gedanken und Überzeugungen zu erkennen und zu bekämpfen, um den Kindern zu helfen, ihre Angst zu überwinden und ihre Fähigkeit zu verbessern, die Trennung zu bewältigen. Dazu kann eine kognitive Verhaltenstherapie gehören, bei der den Kindern Bewältigungskompetenzen vermittelt werden und sie schrittweise und kontrolliert mit der Trennung konfrontiert werden, damit sie ihr Vermeidungsverhalten überwinden und positivere Überzeugungen über die Trennung entwickeln können.

Zusammenfassend kann hier das ätiologische Modell für Störungen mit Trennungsangst von Döpfner (2021; Abb. 3.2) genannt werden. Das Modell basiert auf der Idee, dass Angststörungen in der Kindheit das Ergebnis einer Wechselwirkung zwischen biologischen, psychologischen und umweltbedingten Faktoren sind. Das Modell geht davon aus, dass die negativen Überzeugungen und Gedanken über die Trennung, die schlechten Bewältigungsfähigkeiten und das geringe Selbstwertgefühl, die sich als Ergebnis der Wechselwirkung zwischen biologischen, psychologischen und Umweltfaktoren entwickeln, die Störung aufrechterhalten. Kinder, die unter Trennungsangst leiden, können als Reaktion auf eine Trennung starken Stress empfinden und Vermeidungsverhalten zeigen. Nach dem Modell von Döpfner sollte die Behandlung einer Trennungsangststörung auf alle drei Faktoren abzielen, um eine dauerhafte Heilung zu erreichen. Dies kann eine Therapie beinhalten, um negative Überzeugungen und Gedanken zu bekämpfen,

3 Angststörungen im Schulkontext

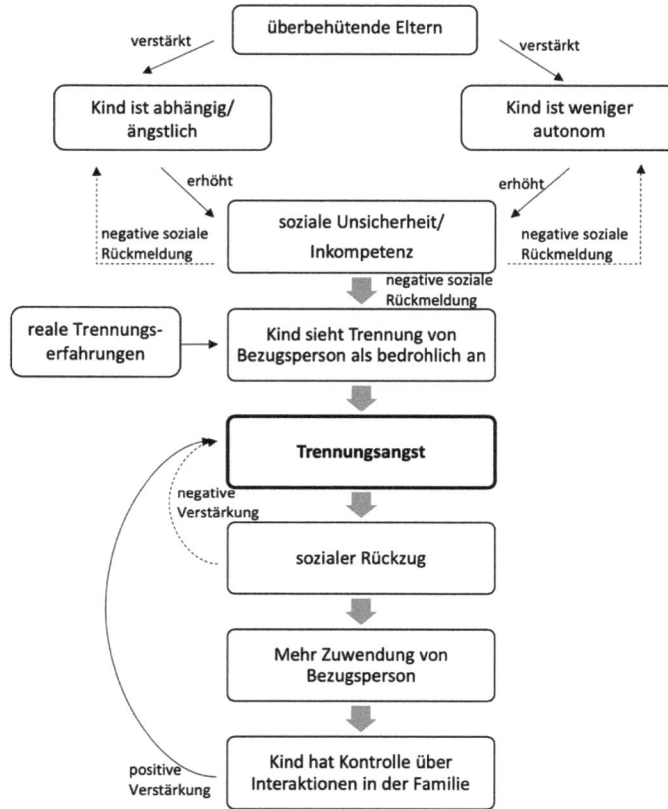

Abb. 3.2 Ätiologisches Modell für Störungen mit Trennungsangst nach Döpfner (2021)

Bewältigungsfähigkeiten zu entwickeln und das Selbstwertgefühl zu verbessern, sowie Stressfaktoren in der Umwelt zu bekämpfen und die familiäre und soziale Unterstützung zu verbessern. Das Modell legt auch nahe, dass für einige Kinder mit Trennungsangst eine medikamentöse Behandlung zur Bewältigung ihrer Symptome sinnvoll sein kann.

3.4.4 Fallbeispiele und Umgang

Ängste in der Schule können für viele Schüler*innen eine häufig vorkommende und schwerwiegende Erfahrung sein. Angst ist ein Gefühl des Unbehagens, z. B. in Form von Sorgen oder Furcht, das das tägliche Leben beeinträchtigen kann. In der Schule können Ängste die Fähigkeit von Schüler*innen beeinträchtigen, sich zu konzentrieren, am Unterricht teilzunehmen, Freundschaften zu schließen und ihr volles Potenzial auszuschöpfen.

Trennungsangst kann für ein Kind sehr belastend sein und es ihm erschweren, die Schule zu besuchen und an Aktivitäten teilzunehmen. Deshalb ist es wichtig, dass Eltern, Lehrkräfte und Fachleute für psychische Gesundheit zusammenarbeiten, um Kinder mit Trennungsangst zu unterstützen und ihnen zu helfen, sich auch ohne die Bezugsperson in der Schule wohlzufühlen. Im Folgenden wird ein Fallbeispiel eines Kindes vorgestellt, das an Trennungsangst leidet, und es wird gezeigt, wie ein angemessener Umgang seitens der Eltern oder der Lehrkräfte aussehen könnte.

> **Fallbeispiel Emily**
>
> Emily ist eine 7-jährige Schülerin und sie hat Schwierigkeiten, sich von ihrer Hauptbezugsperson, ihrer Mutter, zu trennen. Emily wird verzweifelt und anhänglich, wenn es Zeit für sie ist, zur Schule zu gehen, und sie weigert sich oft, aus dem Auto auszusteigen oder in den Schulbus zu steigen, und klammert sich an ihre Mutter. Sie weint und klagt über körperliche Symptome wie Kopf- oder Bauchschmerzen, wenn es an der Zeit ist, ihre Mutter zu verlassen. Sie hat eine starke Bindung zu ihr und weigert sich oft, an Aktivitäten in der Klasse teilzunehmen oder mit anderen Kindern zu interagieren. In der Schule weint sie oft und fragt ihren Lehrer immer wieder, wann sie nach Hause könnte und wo ihre Mutter sei. ◄

3.4.4.1 Wie Eltern/Bezugspersonen mit Trennungsangst umgehen können

Damit die Eltern oder die Bezugspersonen des Kindes mit einer STA ihre Bewältigungskompetenzen erfolgreich einsetzen können, sollten sie zuerst die Trennungsangst des Kindes verstehen. Hierbei ist es wichtig zu wissen, was eine Trennungsangst ist, wie sie entsteht und wie sie sich manifestiert. Erst wenn die Bezugsperson das Verhalten des Kindes versteht, kann sie versuchen, dem Kind zu helfen.

Es kommt vor, dass Eltern ein Kind mit STA als „manipulativ", „nicht kooperativ" oder „überempfindlich" beschreiben (Eisen & Schaefer, 2005), jedoch sollte klar sein, dass ein Kind nicht von Natur aus manipulativ sein kann. Das „nicht kooperative" Kind hat wahrscheinlich ein sehr willensstarkes Temperament und reagiert mit einem Nervenzusammenbruch. Jedoch fühlt sich ein solches Kind außer Kontrolle und verwendet deswegen passive Methoden des Widerstands (ebd.). Das Weinen eines „überempfindlichen" Kindes kann von den Eltern als Überreaktion gesehen werden, jedoch fühlt das Kind sich in dem Moment wirklich frustriert.

Auch ist es wichtig, dass die Eltern sich ihrer eigenen Verhaltensweisen bewusst sind und diese verstehen. Oft kommt es zu einem Überbeschützen des Kindes, das eine STA sowohl auslösen als auch aufrechterhalten kann. Auch wenn dieses elterliche Überbehüten meistens mit guten Absichten verbunden ist, kann es ein Kind mit einem begrenzten Repertoire an Fähigkeiten zurücklassen und es noch anfälliger für Trennungsangst machen, wenn das Überbehüten zu häufig vorkommt (ebd.).

Eltern können Kindern mit Trennungsangst langfristig helfen, indem sie eine Konfrontationsübung einführen (Schneider & Blatter-Meunier, 2019). Eine allmähliche Erhöhung der Zeit, die ein Kind nicht mit seiner Bezugsperson verbringt, kann dazu beitragen, die Trennungsangst mit der Zeit zu verringern. Eine weitere Möglichkeit, mit Trennungsangst umzugehen, ist ein Belohnungssystem einzuführen, wie z. B. Sammelkarten, Lebensmittel, Spielzeug, Zugang zum Fernsehen/Videospielen, späteres Aufbleiben, soziale Aktivitäten etc. (Eisen & Schaefer, 2005). Positive Verhaltensweisen, wie die Teilnahme an schulischen Aktivitäten oder das erfolgreiche Verabschieden, können dem Kind helfen, sich selbstbewusst und ermutigt zu fühlen. Auch sollte dem Kind versichert werden, dass es in Sicherheit ist und dass die Bezugsperson zurückkehren wird. Emotionale Unterstützung, wie tröstende Worte, Umarmungen und Verständnis, kann dem Kind helfen, sich sicherer und weniger ängstlich zu fühlen. Wenn man das Kind ermutigt, sich mit Aktivitäten zu beschäftigen, die ihm Spaß machen, und seine Gefühle auszudrücken, kann das auch helfen, seine Ängste abzubauen. Wenn die Trennungsangst des Kindes schwerwiegend ist oder sich auf sein tägliches Leben auswirkt, kann es notwendig sein, die Hilfe einer psychiatrischen Fachkraft in Anspruch zu nehmen. Sie kann zusätzliche Unterstützung und Beratung bieten und geeignete Behandlungsmöglichkeiten empfehlen. In der Therapie werden vor allem folgende fünf Bausteine genutzt: Psychoedukation, kognitive Therapie, Arbeit mit den Eltern, Vorbereitung auf eine Konfrontation und schlussendlich Konfrontation (Eckert, 2022).

3.4.4.2 Wie das Lehrpersonal mit Trennungsangst umgehen kann

Angst ist ein weit verbreitetes psychisches Problem, von dem viele Kinder und Jugendliche, auch in der Schule, betroffen sind. Die Schule kann für Kinder mit Angstzuständen eine besondere Herausforderung darstellen, da sie oft mit neuen Erfahrungen, neuen Menschen und einem hohen Maß an Stress und Druck verbunden ist. Kinder mit Angstzuständen sind oft nervös, besorgt und ängstlich, und es fällt ihnen schwer, mit den akademischen und sozialen Anforderungen Schritt zu halten. Daher ist es wichtig, dass Pädagog*innen und anderes Schulpersonal in der Lage sind, diese Schüler*innen zu unterstützen und ihnen zu helfen, in der Schule erfolgreich zu sein. Indem sie ein unterstützendes und verständnisvolles Umfeld schaffen, können Lehrkräfte Kindern mit Ängsten helfen, die Fähigkeiten und die Widerstandsfähigkeit zu entwickeln, die sie brauchen, um ihre Ängste zu überwinden und ihr volles Potenzial auszuschöpfen. Es ist wichtig, dass das Schulpersonal die Anzeichen von Trennungsangst versteht und erkennt sowie weiß, wie es Kinder, die unter dieser Art von Angst leiden, unterstützen kann.

Eine Möglichkeit ist es, Aufklärungsgespräche zur Trennungsangst im Klassensetting zu führen (Eckert, 2022), damit die Angststörung als behandelbar angesehen werden kann und damit die betroffenen Schüler*innen wissen können, dass sie nicht allein sind. Auch das Gefühl von Scham soll hiermit vermieden werden. Eine mögliche Ausführung ist das Vorlesen einer Geschichte, in der es um Trennungsangst und Bindung geht. Die betroffenen Schüler*innen sollen sich damit identifizieren können, jedoch nicht ertappt fühlen.

Bei Unsicherheiten kann das Lehrpersonal sich auch an die Beratungsstelle der Schule wenden.

Auch kann das Lehrpersonal die Überwindung von Trennungsangst unterstützen, indem es das Kind bei einer Trennungssituation in Empfang nimmt und eine herzliche und angenehme Atmosphäre in der Klasse bietet (ebd.). Zudem sollte mit den Eltern gesprochen werden, damit das Kind erkennt, dass seine Bezugspersonen dem Lehrpersonal trauen und es sich sicher fühlen kann. Wichtig sind auch tägliche Rituale, die dem Kind zur zusätzlichen Sicherheit einen festen Ablauf des Tages ermöglichen. Eine Einführung einer beständigen und vorhersehbaren Abschiedsroutine hilft dem Kind, sich sicherer zu fühlen und auf die Trennung vorbereitet zu sein.

Jedoch ist auch hier zu betonen, dass nicht die ganze Verantwortung beim Lehrpersonal liegen sollte. Wenn ein klinischer Bedarf aufzufinden ist, sollte dies mit den Eltern besprochen und wenn nötig, professionelle Hilfe in Betracht gezogen werden.

Zusammenfassung

Trennungsangst tritt häufig bei jüngeren Kindern auf und zeigt sich in einer übermäßigen Angst vor der Trennung von wichtigen Bezugspersonen wie Eltern. Symptome können Weinen, Rückzug oder körperliche Beschwerden wie Bauchschmerzen sein. Die Prävalenz liegt bei etwa 4 %, wobei familiäre Faktoren wie Überfürsorge oder traumatische Erlebnisse eine Rolle spielen. Lehrkräfte und Eltern können helfen, indem sie die schrittweise Anpassung an Trennungssituationen fördern. Eine frühzeitige Intervention ist entscheidend, um langfristige Auswirkungen wie Schulverweigerung zu vermeiden.

3.5 Soziale Angststörung

Die Soziale Angststörung (SA) zeichnet sich vor allem durch die intensive Angst vor Bewertung durch andere Personen, der oftmals folgenden Vermeidung sozialer Situationen und damit einhergehenden Einschränkungen im Alltag der Betroffenen aus. Um die SA verstehen und behandeln zu können, ist es essenziell, sich mit den Risiko-, Entstehungs- und aufrechterhaltenden Faktoren zu befassen. Da der Beginn der SA meistens in der Kindheit oder frühen Jugend, also dem Schulalter liegt (Lin et al., 2014), sollten nicht nur Erziehungsberechtigte, sondern auch die Institution Schule ausreichend informiert sein. Als die SA auslösende Faktoren werden spezifische Situationen bzw. wachsende soziale Anforderungen verstanden, denen das Kind oder der/die Adoleszente nicht gewachsen ist. Besonders zu betonen sind dabei typische Entwicklungsaufgaben (Vgl. Havighurst, 1972), denen sich Kinder und Jugendliche in dieser Lebensphase stellen müssen. Basierend auf diesen theoretischen Informationen beschäftigt sich der Abschn. 3.5.3 damit, welche Rolle soziale Ängste konkret im schulischen Kontext spielen. Hierzu wird zunächst beschrieben, welche Ängste im Schulalltag auftreten können, bevor Lösungsvorschläge und Handlungsideen für Lehrkräfte, Eltern und auch die Klassengemeinschaft (Angstthermometer, RTI-Modell) vorgestellt werden (Hesse & Latzko, 2009; Schweer, 2017).

3.5.1 Definition

Unmittelbar vor einem Bewerbungsgespräch, einer wichtigen Prüfung in der Schule, einem sportlichen Wettkampf oder der Fahrprüfung sind die meisten von uns ziemlich nervös und haben das sog. „Lampenfieber". Es gehört zu bestimmten (sozialen) Situationen, insbesondere solchen, in denen wir unsere Leistung unter Beweis stellen müssen und bewertet werden, dazu und ist ganz normal. Manche Kinder, Jugendliche und auch Erwachsene erleben diese Anspannung jedoch als so intensiv, dass sie sich gewissen Situationen nicht mehr aussetzen können. Sie vermeiden daher soziale Situationen, in denen sie von anderen bewertet werden könnten. Das kann zu massiven Beeinträchtigungen im Alltag führen und somit handelt es sich nicht mehr bloß um Lampenfieber, sondern um eine *Soziale Phobie* bzw. *Soziale Angststörung* (Lin et al., 2014). Beide Begriffe werden in der Literatur synonym verwendet und mit der Einführung der **ICD-11,** die im Januar 2022 in Kraft getreten ist, wird der Verwendung des in der wissenschaftlichen Literatur üblichen Begriffs der **Sozialen Angststörung (SA)** Rechnung getragen (Vloet & Romanos, 2021). Es kann also bereits festgehalten werden, dass die SA die intensive Angst vor Bewertung durch andere Personen umfasst, die häufig zur Vermeidung sozialer Situationen führt und den Alltag der Betroffenen maßgeblich beeinträchtigt.

▶ **Definition Soziale Angststörung**
Die Soziale Phobie, auch bekannt als Soziale Angststörung, ist durch eine intensive und anhaltende Angst vor sozialen oder leistungsspezifischen Situationen gekennzeichnet, in denen die betroffene Person befürchtet, von anderen negativ bewertet zu werden. Diese Angst kann zu erheblichem Leidensdruck und Beeinträchtigungen im täglichen Leben führen (Fehm & Knappe, 2021).

Aber was bedeutet es eigentlich genau, Angst vor Bewertung durch andere zu haben, und wie zeigt sich diese Angst? Die Befürchtung, das eigene Verhalten oder eine körperliche Reaktion (z. B. Erröten, Zittern, Schwitzen) könnte von anwesenden Mitmenschen bemerkt und als peinlich bewertet werden, ist das Hauptkriterium der SA. Häufig sind die Betroffenen aber auch in Sorge darüber, im Kontakt mit anderen als unfähig, langweilig oder seltsam wahrgenommen zu werden. Ein Beispiel aus dem schulischen Kontext wäre, dass sich ein/e Mitschüler*in nicht traut, sich zu den Klassenkamerad*innen zu gesellen, aus Angst, dass diese ihn/sie merkwürdig finden könnten (Lin et al., 2014).

Generell lassen sich Angst auslösende Situationen in **zwei Kategorien** unterteilen: **Leistungs- und Interaktionssituationen.** Dabei umfassen die *Leistungssituationen* eben jene, in denen eigene Handlungen durch andere bewertet werden. Das können allerdings nicht nur klassische Prüfungssituationen sein: Auch vor anderen in der Öffentlichkeit zu essen oder zu trinken, kann für Betroffene eine solche Situation darstellen. Der zweite Subtyp sind die *Interaktionssituationen,* welche die wechselseitige Kommunikation mit anderen Personen betreffen. Das können Gespräche mit Autoritätspersonen, Gruppenarbeiten und Teamsitzungen, aber auch Telefonate oder eine Bestellung im Restaurant sein (ebd.). Die empfundene Angst mündet üblicherweise in **Vermeidungsverhalten,** auch wenn sie in keinem Verhältnis zur tatsächlichen „Bedrohung" steht (Barnhill, 2020). Welche Kriterien noch erfüllt sein müssen, damit die klinische Diagnose einer sozialen Angststörung vergeben werden kann, kann Tab. 3.5 entnommen werden.

Zwar handeln klinisch relevante Ängste oftmals von alterstypischen Themen, jedoch werden sie besonders stark erlebt und halten über mehrere Monate hinweg an. Somit führen sie zu einer Beeinträchtigung der normalen Entwicklung des Kindes, gehen über entwicklungstypische Phasen hinaus oder treten besonders früh auf (Knappe, 2020).

Mit einer *Lebenszeitprävalenz* von 7–12 % sowie *1-Jahres-Prävalenzen* von 6–8 % ist die SA nicht nur die am häufigsten vorkommende Angststörung, sondern kann insgesamt als die dritthäufigste psychische Störung (nach Depressionen und Alkoholabhängigkeit) bezeichnet werden. In den meisten Fällen liegt der **Beginn der Erkrankung in der Kindheit oder frühen Jugend** zwischen zehn und 13 Jahren (Lin et al., 2014), also genau dem Alter, in dem Kinder die Schule besuchen.

3.5.2 Risiko-, Entstehungs- und aufrechterhaltende Faktoren

Da Leistungssituationen bis zum Erwachsenenalter größtenteils in der Schule auftreten und Heranwachsende in dem für den Ausbruch der SA sensiblen Lebensabschnitt (siehe Abschn. 3.1.1) i. d. R. einen Großteil ihrer Zeit in der Schule verbringen, liegt es auf der Hand, dass nicht nur die Erziehungsberechtigten, sondern auch die Schule als Institution über Risiko-, Entstehungs- und aufrechterhaltende Faktoren des Krankheitsbildes aufgeklärt sein sollten.

3.5.2.1 Risikofaktoren

Der Hintergrund, vor dem mögliche Entwicklungspfade in der Psychopathologie der SA diskutiert werden, kann in *internale* (dem Individuum innewohnende) und *externale* (in der Umwelt liegende) Risikofaktoren unterteilt werden. Eine Übersicht kann Abb. 3.3 entnommen werden. Verschiedene empirische Ergebnisse (z. B. Fyer, 1995; Tillfors et al., 2001) weisen eindeutig auf eine familiäre Häufung der SA hin, wobei die Art der Transmission, also der Weitergabe, noch nicht vollständig geklärt ist (Helbig & Petermann, 2008).

Zwillingsstudien sind eine in der Humangenetik und Psychologie gängige Methode, um den tatsächlichen genetischen Einfluss auf die Merkmalsausprägung zu untersuchen.

Tab. 3.5 Diagnostische Kriterien der Sozialen Phobie

Diagnostisches Kriterium	Erläuterung
A. Entweder 1 oder 2	1. Deutliche Angst, im Zentrum der Aufmerksamkeit zu stehen oder sich peinlich oder beschämend zu verhalten 2. Deutliche Vermeidung, im Zentrum der Aufmerksamkeit zu stehen oder von Situationen, in denen die Angst besteht, sich peinlich oder beschämend zu verhalten. Diese Ängste treten in sozialen Situationen auf wie – Essen und Sprechen in der Öffentlichkeit – Begegnung von Bekannten in der Öffentlichkeit, Hinzukommen oder Teilnahme an kleinen Gruppen, z. B. bei Partys, Treffen oder in Klassenräumen
B. Mindestens einmal seit Auftreten der Störung: mindestens 2 Angstsymptome in den gefürchteten Situationen	1. Erröten oder Zittern 2. Angst zu erbrechen 3. Miktions- oder Defäkationsdrang bzw. Angst davor
C. Zusätzlich mindestens eines der folgenden Symptome	– Deutliche emotionale Belastung durch die Angstsymptome oder das Vermeidungsverhalten – Einsicht, dass die Symptome oder das Vermeidungsverhalten übertrieben und unvernünftig sind
D.	Die Symptome beschränken sich vornehmlich auf die gefürchtete Situation oder auf die Gedanken an diese
E.	Die Symptome des Kriteriums A sind nicht bedingt durch Wahn, Halluzinationen oder andere Symptome der Störungsgruppen organische psychische Störungen, Schizophrenie und verwandte Störungen, affektive Störungen oder eine Zwangsstörung und sind keine Folge einer kulturell akzeptierten Anschauung

Anmerkung. Die Übernahme der Kriterien aus der ICD-10 ist in Bezug auf die Soziale Phobie bzw. Angststörung unproblematisch, da es zu keinen konzeptionellen Änderungen kam (Vloet & Romanos, 2021)

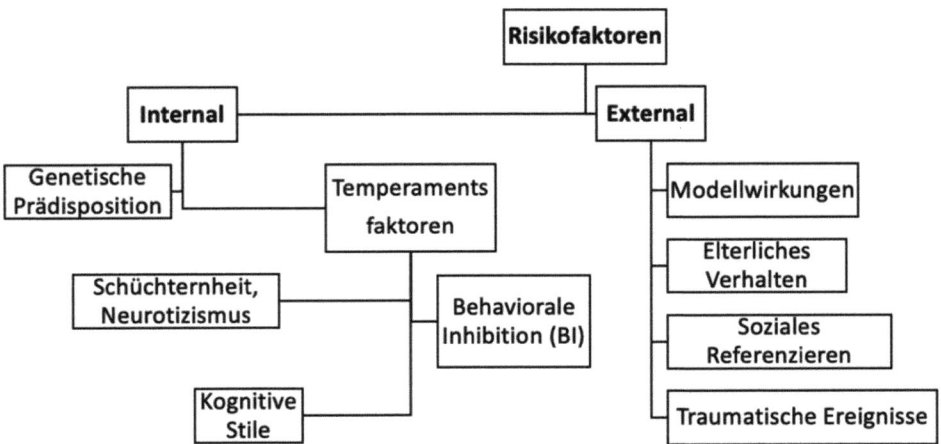

Abb. 3.3 Schematischer Überblick über Risikofaktoren

Die Prämisse dabei ist, dass eineiige und zweieiige Zwillinge – sofern sie zusammen aufwachsen – dieselbe Umwelt haben und deshalb Unterschiede in den untersuchten Eigenschaften allein auf genetische Varianz rückführbar sein sollten. In Bezug auf die SA wird die Erblichkeitsrate zwischen 30 und 50 % eingestuft (Ogliari et al., 2006; Skre et al., 2000). Wichtig in Bezug auf Zwillingsstudien ist, dass bei der Betrachtung genetischer Einflüsse immer die Frage im Raum steht, inwieweit die angenommenen genetischen Einflussfaktoren für die Entwicklung sozialer Phobien (und somit auch SA) spezifisch sind oder allgemeine Risikofaktoren für das Auftreten irgendeiner Psychopathologie darstellen. Empirische Untersuchungen kommen hier bislang zu unterschiedlichen Ergebnissen (Helbig & Petermann, 2008).

Für die Bedeutung verschiedener *Temperamentsmerkmale* bei der Entwicklung psychischer Störungen werden hypothetisch verschiedene Mechanismen angenommen: Zum einen könnten frühe Temperamentsfaktoren **Risikofaktoren** für die Entstehung psychischer Störungen sein, indem sie entweder eine leichtere Ausprägung der späteren Störung darstellen oder indem sie bestimmte Erfahrungen oder Umweltfaktoren, die mit Störungen assoziiert sind, wahrscheinlicher machen. Zum anderen besteht – wie bereits im Rahmen der genetischen Prädisposition diskutiert – die Annahme, gewisse Temperamentsfaktoren seien ebenso wie psychische Störungen auf eine gemeinsame genetische Varianz rückführbar und bilden somit unterschiedliche Phänotypen desselben Konstruktes ab (ebd.).

Eine Theorie, die die erste Annahme untermauert, ist die der **„Behavioral Inhibition (BI)"**, zu Deutsch Verhaltenshemmung, die im Grunde genommen von einem biologisch gesteuerten Emotionssystem ausgeht, welches einer Verhaltenshemmung unterliegt. In der Folge wird auf alle neuartigen Reize oder jene, die potenziell mit Frustration oder Bestrafung assoziiert sind, mit **Flucht- und Vermeidungsverhalten** oder **Freezing** (komplette

Verhaltensblockade) reagiert. Synchron dazu werden im vegetativen Nervensystem starke Reaktionen ausgelöst, die dann vom Individuum als Angst empfunden werden. Im Rahmen der BI wird nicht zwischen sozialen oder anderen Reizen unterschieden. Empirisch zeigt sich allerdings ein erhöhter Zusammenhang zwischen der BI, also der Verhaltenshemmung und dem Auftreten von SA (Lin et al., 2014). Neal und Kollegen merkten hierzu jedoch kritisch an, dass die BI nicht als zeitlich stabil betrachtet werden kann, sondern die Ausprägung der Verhaltenshemmung in Kindheit und Jugend starken Schwankungen unterliegen kann (Neal et al., 2002) (Vgl. Abb. 3.4).

Ein weiteres erblich bedingtes, stabiles Persönlichkeitsmerkmal, das mit sozialer Angst in Verbindung gebracht wird, ist **Schüchternheit**. Schüchterne Personen sind in sozialen Situationen befangener, reagieren auf soziale Reize weniger spontan und angemessen. Hinzu kommt, dass die Beobachtung des eigenen Verhaltens durch andere stärker wahrgenommen wird und somit die Tendenz besteht, sich stärker auf die Bewertung durch andere zu konzentrieren (Lin et al., 2014). Weitere Temperamentsfaktoren im Zusammenhang mit SA sind **Neurotizismus,** von dem ebenfalls eine genetische Grundlage angenommen wird, und erhöhte Angst vor körperlichen Symptomen, die sog. **Angstsensitivität,** welche mit Erregung und folglich Angst einhergeht (Helbig & Petermann, 2008).

Ein weiterer Risikofaktor, aus dem ebenso ein Erklärungsmodell zur Entstehung der SA abgeleitet werden kann, sind **kognitive Stile** und die ihnen unterliegenden *kognitiven Theorien* (Helbig & Petermann, 2008; Lin et al., 2014). Diese nehmen an, dass

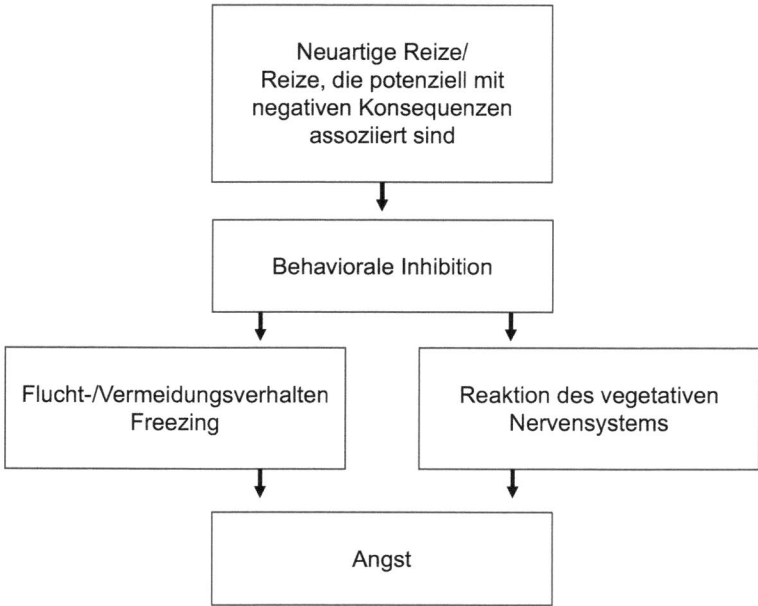

Abb. 3.4 Schematischer Ablauf der Behavioralen Inhibition

dem Krankheitsbild eine Störung in der Informationsverarbeitung sozialer Reize zugrunde liegt. Sozial ängstliche Personen nehmen sich selbst demnach negativer wahr als Dritte und haben häufiger den Eindruck, die an sie gestellten Erwartungen nicht erfüllen zu können (Helbig & Petermann, 2008).

Neben diesem können weitere sog. negative **kognitive Schemata** z. B. durch **Modelllernen** von den Eltern übernommen werden, womit nun zu den externalen Risikofaktoren übergegangen wird. Elterliche Modellwirkungen, eigenes sozial ängstliches Verhalten oder Rückzug spielen hierbei eine wichtige Rolle. Negative Schemata können die Folge eines überkritischen oder überbehütenden Erziehungsstils sein oder durch negative soziale Erfahrungen, wie beispielsweise von Mitschüler*innen ausgelacht zu werden, entstehen und somit zu einer negativen Bewertung des Selbst führen. Gerade die frühe Adoleszenz stellt eine kritische Phase für die Entwicklung solcher negativer Schemata dar, da in dieser Phase die sozialen Fähigkeiten oft weniger entwickelt sind, als es von der Umwelt erwartet wird. In der Folge kann es zu Überforderungen und der Entwicklung ungünstiger Überzeugungen kommen (Lin et al., 2014).

Aufgrund seiner Komplexität ist der Einfluss des **elterlichen Erziehungsverhaltens** zwar noch in weiten Teilen unerforscht, jedoch wurde in einigen retrospektiven und experimentellen Studien von Versuchspersonen mit SA berichtet, ihre Eltern seien weniger kontaktfreudig und abweisend in Interaktionen mit anderen. Ebenso sei oftmals die Meinung Dritter als bedeutsam hervorgehoben worden (Bruch und Heimberg, o._ITEM CSL_ Cund Melville 1997). Darüber hinaus zeigten experimentelle Beobachtungsstudien, dass Mütter mit eigener SA spezifische Erziehungsstile haben, die das Sozialverhalten der Kinder maßgeblich prägen. So wurden Kleinkinder betroffener Mütter in einer Studie beispielsweise seltener ermutigt, in Interaktion mit Fremden zu treten, was dazu führte, dass auch die Kleinkinder weniger positiv auf Fremde reagierten (Murray et al., 2007).

Ein weiterer Risikofaktor im Bereich der Transmission elterlicher Verhaltensmerkmale auf das Kind konnte in der Forschung zum **sozialen Referenzieren** gefunden werden (Feinman et al., 1992; Feinman & Lewis, 1983). Unter sozialem Referenzieren, also Rückversichern, wird das Verhalten von Säuglingen in unbekannten Situationen verstanden, in denen sich an den Affekten (z. B. Mimik, Körperhaltung, Stimme) der Bezugspersonen orientiert wird, um die neuartige Situation einschätzen zu können. So werden unbekannte Situationen als positiv bzw. negativ bewertet, wenn die Bezugsperson diese emotional entsprechend bewertet und die elterliche Einschätzung vom Kind übernommen wird (Schuch, 2009). Neben der Eltern-Kind-Interaktion stellt auch die Interaktion mit Gleichaltrigen einen bedeutsamen Faktor in der Entwicklung sozialer Ängste dar. So konnte unter anderem empirisch gezeigt werden, dass Kinder mit sozialen Ängsten oftmals weniger sozial kompetent auftreten und seltener positive Rückmeldung in Interaktionssituationen erhalten (Beidel et al., 1999; Spence et al., 1999).

▶ **Einfluss traumatischer Ereignisse**
Es liegt auf der Hand, dass neben den bereits gelisteten Risikofaktoren insbesondere traumatische Lebensereignisse wie Verlusterfahrungen, psychische Störungen der Eltern und sexueller Missbrauch zur Entstehung der SA beitragen können. So zeigten u. a. Bandelow und Kolleg*innen, dass gerade einmal 12 % der sozial Ängstlichen in ihrer Vergangenheit keine schweren traumatischen Erlebnisse hatten, während es in einer gesunden Vergleichsgruppe über 50 % waren (Bandelow et al., 2004). Allerdings muss angemerkt werden, dass traumatische Lebensereignisse das Risiko für psychische Störungen im Allgemeinen erhöhen und somit nicht als spezifischer Risikofaktor der SA angesehen werden können (Helbig & Petermann, 2008).

Entwicklungsaufgaben nach Havighurst

Havighurst (1900–1991) lenkte als einer der ersten den Blick weg von normativen Erziehungsvorgaben hin zu Aufgaben, die Menschen im Laufe ihres Lebens zu lösen haben, und teilte diese schematisch in sechs zeitliche Etappen ein: frühe Kindheit, mittlere Kindheit, Jugend (13–18 Jahre), frühes Erwachsenenalter (19–29), Mittelalter (30–60 Jahre) und Alter. Diese für die unterschiedlichen Lebensabschnitte typischen Entwicklungsaufgaben wurden definiert als kulturell und gesellschaftlich vorgegebene Erwartungen und Anforderungen und beschreiben somit „für jedes Individuum in bestimmten situativen Lebenslagen objektiv vorgegebene Handlungsprobleme, denen es sich stellen muss" (Hurrelmann & Ulich, 1985, S. 12). Welche Entwicklungsaufgaben in der Adoleszenz gelöst werden müssen, kann nicht endgültig konkretisiert werden, jedoch lassen sie sich in drei Kategorien einteilen (Sander, 2016):

1. Entwicklungsaufgaben, die die eigene Person betreffen:
   – Entwicklung von Selbstbewusstsein; sich selbst bewusst zu werden, Umgang mit Differenzen zwischen Selbst- und Fremdwahrnehmung,
   – Umgang mit physiologischen und emotionalen Veränderungen der Pubertät; körperliche Veränderungen, Akzeptanz und Kontrolle von Emotionen im Selbstwertgefühl,
   – Selbstständigkeit in wichtigen Entscheidungen erlangen,
   – erfolgreiche Alltagsbewältigung,
   – Definieren eigener Wertemaßstäbe.
2. Entwicklungsaufgaben, die die Beziehungen zu anderen betreffen:
   – Kontaktaufbau und -pflege zu Gleichaltrigen; fester Freundeskreis,
   – Aufbau intimer Beziehungen,
   – Aufbau sozialer Kompetenzen (Interaktion, Selbstdarstellung, Zuhören etc.).

3. Entwicklungsaufgaben, die die Beziehungen zu sozialen Institutionen betreffen:
   - schulische Karriere,
   - Berufswahl,
   - Bemühung um ökonomische Unabhängigkeit,
   - Frage nach Verantwortung in der eigenen Familie,
   - Urteilsbildung zu sozialen, kulturellen und sozioökonomischen Fragen.

3.5.2.2 Entstehungsfaktoren

Als Faktoren, die eine SA auslösen, werden spezifische Situationen bzw. wachsende soziale Anforderungen verstanden, denen das Kind oder der/die Adoleszente nicht gewachsen ist. Besonders zu betonen sind dabei typische **Entwicklungsaufgaben,** denen sich Kinder und Jugendliche in dieser Lebensphase stellen müssen. Auf mögliche Auslöser ist besonders von Seiten der Lehrkräfte zu achten, da diese überwiegend im schulischen Kontext verortet werden können. Zu diesen Auslösern zählen neben informellen Interaktionen mit Gleichaltrigen auch Expositionen während des Unterrichts, die gegebenenfalls als besonders belastend erlebt werden. Außerhalb des schulischen Settings können für Kinder und Jugendliche dieselben Ereignisse wie für Erwachsene Entstehungsfaktoren sein, also z. B. Essen und Trinken in der Öffentlichkeit (Schuch, 2009).

Helbig und Petermann (2008) stellen den Entwicklungspfad spezifischer Sozialer Phobien schematisch dar, wie in Abb. 3.5 gezeigt wird.

3.5.2.3 Aufrechterhaltende Faktoren

Wie bei allen Angststörungen stehen auch bei der SA **Flucht- und Vermeidungsverhalten** an erster Stelle der aufrechterhaltenden Faktoren. Kinder und Jugendliche sind dabei aufgrund zu bewältigender Entwicklungsaufgaben besonders gefährdet, da Rückzugsbzw. Vermeidungsverhalten die Bedingungen einschränken, unter denen diese Aufgaben bestritten werden können (Schuch, 2009).

Belastende Interaktionen sozial ängstlicher Kinder in der Peergroup kommen erschwerend hinzu. Sehr schüchterne Kinder werden bereits im Kindergarten weniger beachtet, sind in der Schule weniger beliebt (Verduin & Kendall, 2008) und werden wahrscheinlicher Opfer von Viktimisierung (Erath et al., 2007). Zudem sind auch die Freund*innen der von SA betroffenen Kinder gehäuft sozial ängstlich und ebenso Schikanen ausgesetzt (Rubin et al., 2006).

Auch die im Rahmen der Risikofaktoren bereits vorgestellten *kognitiven Theorien* liefern Ansätze zur Aufrechterhaltung sozialer Ängste. So werden im **Kognitiven Modell** von Clark und Wells (Lin et al., 2014) **fehlerhafte Prozesse** in der Informationsverarbeitung als ursächlich für die SA angenommen. Diese fehlerhaften Prozesse können

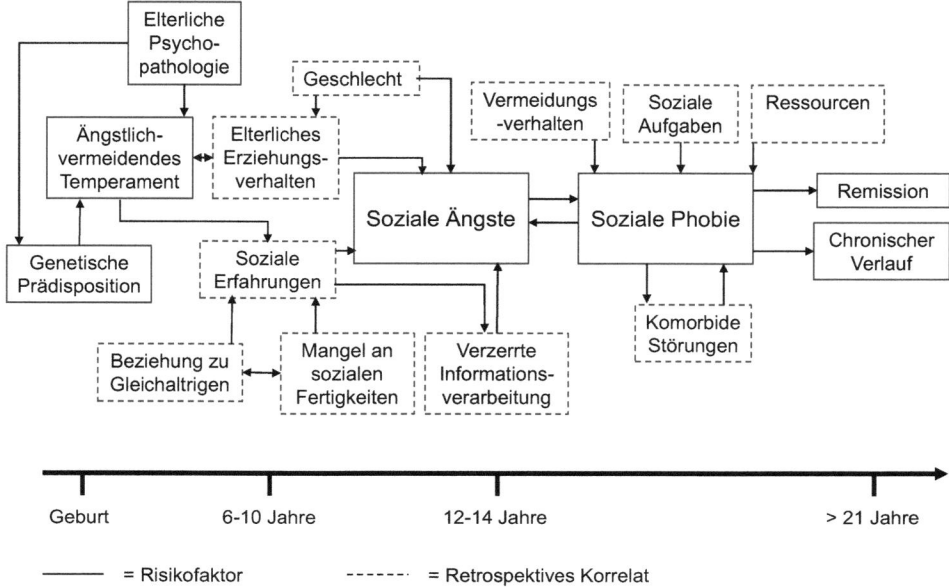

Abb. 3.5 Entwicklungspfad spezifischer Sozialer Phobien (nach Helbig & Petermann, 2008)

antizipatorische Ängste, Selbstaufmerksamkeit sowie Sicherheitsverhalten und nachträgliches Verarbeiten sein (Lin et al., 2014). Eine detaillierte Erläuterung dieser Mechanismen kann der Box zu fehlerhaften Prozessen (nach Clark und Wells) entnommen werden. Nach dem Modell ist das Sicherheitsverhalten für die Aufrechterhaltung der Ängste mitverantwortlich, da in dem Fall, dass die erwartete Blamage nicht eintritt, darauf geschlossen wird, dass sie durch Anwendung des Verhaltens abgewandt werden konnte. Jedoch besteht die Gefahr, durch eben diese Verhaltensweisen von Interaktionspartner*innen als „merkwürdig" wahrgenommen zu werden und gegebenenfalls deshalb negative Rückmeldung zu erhalten (Lin et al., 2014) (Abb. 3.6).

Fehlerhafte Prozesse nach Clark und Wells (Lin et al., 2014)

- **Antizipatorische Ängste:** Diese beschreiben die Vorstellung betroffener Personen, wie negativ sie in sozialen Situationen auf andere wirken, sich blamieren und abgelehnt werden. → Die Ängste können so groß werden, dass die Situation vermieden wird. → Ist dies nicht möglich, befinden sich sozial ängstliche Personen oft bereits auf einem so hohen Angstniveau, dass keine günstige Informationsverarbeitung mehr möglich ist.

- **Selbstaufmerksamkeit:** Beschreibt das ständige Überprüfen der eigenen Person in sozialen Situationen, wobei diese Selbstwahrnehmung oftmals nicht mit der Realität übereinstimmt. Vielmehr wird durch emotionales Beweisführen vom Empfinden auf das Aussehen geschlossen und basierend darauf die Abwertung durch andere erwartet.
- **Sicherheitsverhalten:** Soziale Situationen können nicht vollständig gemieden werden, weshalb Bewältigungsstrategien (sog. Sicherheitsverhalten) entwickelt werden, die dann in sozialen Situationen zum Schutz vor negativer Bewertung angewandt werden. Beispiele könnten das Einstudieren von Sätzen, das Make-up-Auftragen gegen Errötungsangst oder auch das feste Umgreifen eines Glases, um nicht zu zittern, sein.
- **Nachträgliche Verarbeitung:** Fortsetzen der negativ verzerrten Verarbeitung im Anschluss an die kritische soziale Situation. → Überprüfen des eigenen Verhaltens sowie der Reaktion anderer basierend auf entstandenen Angstgefühlen und Ablehnungsgedanken. → Soziale Situationen enthalten oft keine eindeutig positive Rückmeldung. → Folge: Durch negative Selbstwahrnehmung und Erinnerung an negative Ereignisse wird die Situation negativer wahrgenommen, als sie eigentlich war. → Aufrechterhaltung des negativen Selbstbildes und der Angst vor zukünftigen sozialen Situationen.

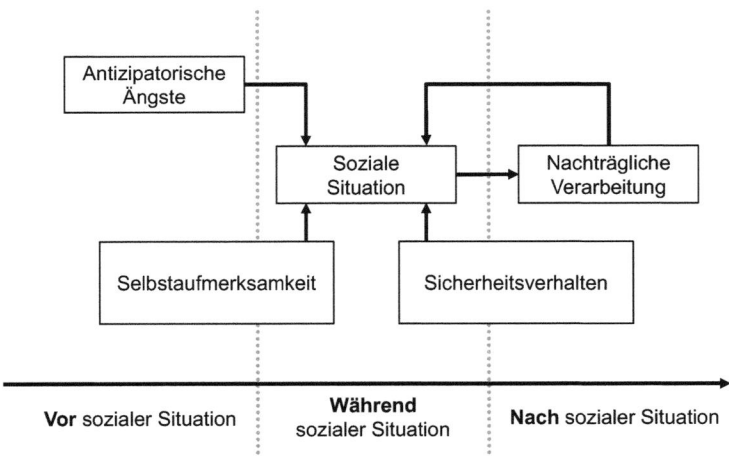

Abb. 3.6 Schematische Darstellung der Prozesse, die im kognitiven Modell nach Clark und Wells ablaufen (Lin et al., 2014)

3.5.3 Umgang mit Sozialer Angststörung (SA) im Kontext Schule

Kinder und Jugendliche verbringen einen Großteil ihres Alltags in der Schule und somit zählt diese automatisch zu den prägendsten Entwicklungsumwelten. Hinzu kommt, dass im Schulalter zentrale Entwicklungsaufgaben (siehe Box zu den Entwicklungsaufgaben) bewältigt werden müssen, die in engem Zusammenhang mit der Sozialisationsinstanz Schule stehen. Dazu zählen nicht nur **Leistungsanforderungen,** sondern vor allem auch die Entwicklung emotionaler **Unabhängigkeit,** Zukunftsplanung wie Berufs-/Studienauswahl und – unter anderem forciert durch die Einteilung in verschiedene (Alters-)Klassen – die soziale Entwicklung und der **Beziehungsaufbau** zu Gleichaltrigen (Bilz, 2017). In diesem letzten Teil des Abschnitts soll es daher insbesondere um die Herausforderungen, die sozial ängstliche Kinder vor allem an die Lehrkräfte stellen, und den Umgang mit diesen gehen.

3.5.3.1 Ängste im Schulalltag

Wie genau beeinflussen Ängste eigentlich die Lernenden? Eine naheliegende Möglichkeit sind **Leistungs- und Prüfungsängste.** Während einige Schüler*innen sie sogar als hilfreich erleben, um sich gezielt auf Prüfungssituationen vorzubereiten und ihre Aufmerksamkeit zu fokussieren, lösen sie in anderen genau das Gegenteil aus und anstelle von Motivation wird ein Teufelskreis aus leistungsbezogenen Ängsten, Leistungsdefiziten und schulischem Versagen erlebt (Suhr-Dachs, 2009). Negative Kognitionen (z. B. „Das werde ich nie schaffen") führen dann, wie im Rahmen der Kognitiven Theorien (siehe Abschn. 3.5.2.1 und 3.5.2.3) bereits besprochen, zu negativen Kognitionen, die wiederum die Gedächtnis- und Konzentrationsfähigkeit schon in der Vorbereitung auf Prüfungen einschränken können. Bei der Analyse schulbezogener Risikofaktoren fallen vor allem Aspekte des Schul- und Klassenzimmers auf: Eine erste Dimension umfasst dabei **problembelastete interpersonelle Aspekte** in der schulischen Umwelt, wie etwa das Gefühl nicht der Schülerschaft zuzugehören, fehlende Unterstützung und Konfliktbeziehungen zwischen Schüler*innen sowie ein negatives Verhältnis zwischen Lehrenden und Lernenden (Bilz, 2017). Schulische Variablen im Bereich der Leistungserbringung, genauer in der Vergangenheit **erlebtes schulisches Versagen** und ein auf Wettbewerb und soziale Vergleiche ausgerichtetes Schulklima, bilden die zweite Dimension ab (Bilz, 2008). Ängste werden folglich durch überfordernde Lernbedingungen und Mobbingerfahrungen verstärkt, indem sie in Kindern und Jugendlichen Zweifel an ihrem schulischen und sozialen Selbstkonzept hervorrufen (Bilz, 2017). Ebenso stellt das **Verhalten der Lehrkräfte** einen wichtigen Faktor für das Verständnis von Leistungsängsten dar, wobei hier neben autoritären und strafenden Verhaltensweisen, Unterrichtsqualität und Bewertungspraxis auch die Gestaltung von Prüfungssituationen einen Einfluss haben (Bilz, 2017).

3.5.3.2 Umgang mit Ängsten im Schulalltag

Da Lehrkräfte neben den Eltern die wichtigsten Informationsquellen für Therapeut*innen und Ärzt*innen sind, können sie, auch wenn sie keine klinischen Diagnostiker*innen sind, bei der Früherkennung psychischer Fehlentwicklungen und so auch der SA eine wichtige Rolle spielen. Mit dem Auftrag des Kultusministeriums, Risiken und Gefährdungen des Kindes- und Jugendalters zu erkennen sowie um Präventions- und Interventionsmöglichkeiten zu wissen und diese zu realisieren (Sekretariat der Ständigen Konferenz der Kultusminister der Länder in der Bundesrepublik Deutschland, 2004), sind jedoch einige Herausforderungen verbunden: Sozialängstliche Schüler*innen treten weniger in soziale Interaktion, stören nicht im Unterricht und neigen eher zu intrapsychischen Problemen (Bilz, 2017), sodass es schwieriger sein kann, zu bemerken, wenn etwas nicht stimmt. So wurde unter anderem von Spinath (2005) in einer empirischen Untersuchung festgestellt, dass die Übereinstimmung zwischen Selbstberichten der Schüler*innen und Wahrnehmungen der Lehrkräfte in Bezug auf Ängste und Depression deutlich geringer ist als bei Verhaltensstörungen.

Von Angstproblemen betroffene Kinder und Jugendliche lassen sich im Schulalltag vor allem über Verhaltensbeobachtungen oder – eher unspezifischer – durch Abfall schulischer Leistungen oder Verweigerung, aber auch körperliche Symptome, Trotzreaktionen und Wutanfälle identifizieren. Bei der Durchführung von **Verhaltensbeobachtungen** sollten seitens des Lehrpersonals situationsbezogene Aspekte, mehrere Informationsquellen (weitere Beobachtungen/Aussagen von Lehrkräften) sowie der Verlauf der Problematik beachtet werden, um die Aussagekraft zu erhöhen (Bilz, 2017).

Eine sich durch Vertrauen auszeichnende Lehrkraft-Schüler*in-Beziehung bietet eine hilfreiche Basis zur Exploration von Befürchtungen zu angstbesetzten Situationen. So kann Auskunft darüber erlangt werden, ob es sich um *realistische Ängste* oder *dysfunktionale Verzerrungen* handelt. Eine Strategie, die dies erleichtern kann, ist der Einsatz des sog. **Angstthermometers** (Hesse & Latzko, 2009), mit welchem die Schüler*innen z. B. auf der ersten Seite einer Klassenarbeit oder vor spezifischen Situationen ihr aktuelles Angstniveau auf einer Skala von Null bis zehn einschätzen. Wird die Technik über längere Zeit angewandt, kann die Entwicklung der Angst ausgewertet werden.

Bestehen klare und mehrfach bestätigte Anhaltspunkte in verschiedenen Situationen, die indizieren, dass ein Schüler oder eine Schülerin über einen längeren Zeitraum hinweg unter starken und unangemessenen Ängsten leidet, die das schulische Lernen und soziale Interaktionen offensichtlich beeinträchtigen, so ist eine professionelle Diagnostik indiziert (Bilz, 2017).

Das **Response-to-intervention (RTI)-Modell** stellt ein hilfreiches Rahmenkonzept zur Einstufung des Interventionsbedarfs vor. Der Ansatz zielt im Kern darauf ab, erste Anzeichen von Fehlentwicklung frühzeitig zu erkennen, zu intervenieren und so Diagnostik und Intervention eng aufeinander abzustimmen. Das Modell wird in drei Interventionsstufen differenziert (siehe Tab. 3.6; in Anlehnung an Schweer, 2017, S. 377).

Tab. 3.6 Interventionsstufen des RTI-Modells (in Anlehnung an Schweer, 2017, S. 337)

Prozentanteil Schülerschaft	Interventionsstufen		
	Stufe I (universell)	Stufe II (selektiv)	Stufe III (indiziert)
100 %	– Präventionsprogramme – Angstfreie Gestaltung von Lern- und Prüfungssituationen – Förderung des Schul- und Klassenklimas – Entspannungsübungen		
ca. 10–15 %		Schüler*innen mit milden Schulängsten – Zusätzlich selektive Präventionsprogramme – Eltern- und Schüler*in-Beratung – Stärkung des Selbstkonzepts – Förderung von Bewältigungskompetenzen	
ca. 5 %			Schüler*innen mit Angststörungen – Zusätzlich individualisierte Therapie- und Förderpläne, Kooperation mit anderen Fachkräften

Es gibt eine Reihe an pädagogischen Maßnahmen, um Ängste in der Schule zu reduzieren: Im Rahmen der Unterrichtsgestaltung gelten im Allgemeinen all jene Maßnahmen als hilfreich, in denen die Aufmerksamkeit weg vom sozialen Vergleich innerhalb der Klasse und hin zum eigentlichen Lerninhalt gelenkt wird. Zudem profitieren betroffene Schüler*innen in Prüfungssituationen von **Transparenz** und **Kontrollierbarkeit,** während von unangekündigten Leistungsüberprüfungen eher abzuraten ist. Auch die unter Abschn. 3.5.3.1 besprochene Facette des Schulklimas kann eine wichtige Stellschraube zur Angstreduktion sein. Besonders ein **emotional warmes Klassenklima,** welches sich durch vertrauensvolle Beziehungen auszeichnet, kann nicht nur die Angst verringern, sondern vor allem auch betroffene Kinder dazu einladen, über ihre Befürchtungen und Sorgen zu sprechen. Abschließend ist die Einbindung der Eltern bzw. Sorgeberechtigten ein entscheidender Faktor, um gegebenenfalls einen Therapieerfolg zu erreichen und um Kindern und Jugendlichen eine aussichtsvolle schulische Zukunft bieten zu können (Bilz, 2017).

Zusammenfassung
Die Soziale Angststörung äußert sich in einer intensiven Furcht vor negativen Bewertungen durch andere, was oft zu Vermeidungsverhalten führt. Häufige Situationen, die Ängste auslösen, sind Vorträge, Gruppenarbeiten oder das Melden im Unterricht. Diese Angst beeinträchtigt die soziale Integration und schulische Leistungen. Ursachen sind oft eine Kombination aus genetischen, sozialen und psychologischen Faktoren. Die Prävalenz liegt bei etwa 7 %. Interventionen umfassen kognitive Verhaltenstherapie, soziale Kompetenztrainings und die Unterstützung durch Lehrkräfte, z. B. durch gezielte Förderung der Beteiligung in einem geschützten Rahmen.

3.6 Die Posttraumatische Belastungsstörung

Die Posttraumatische Belastungsstörung (PTBS oder auf Englisch „Post-Traumatic Stress Disorder" – PTSD) ist eine häufige Folgeerkrankung bei Erwachsenen, Jugendlichen und Kindern. Diese kann in Folge von traumatischen Erfahrungen (Traumata) auftreten. Die Erfahrungen von traumatischen Ereignissen in der Kindheit sind nach wie vor eine der Hauptursachen für langanhaltende psychische und körperliche Gesundheitsprobleme (Goldbeck & Petermann, 2013). Studien zeigen, dass besonders sexuelle Gewalt und Flucht ein erhöhtes Risiko für die Entwicklung einer PTBS darstellen (Giaconia et al., 1995, Solberg et al., 2020). Verschiedene Faktoren können das Risiko einer PTBS im Kindes- und Jugendalter erhöhen, wie zum Beispiel psychische Vorerkrankungen der Eltern oder des Kindes/Jugendlichen. Die Nähe zum Trauma, die Art und der Schweregrad des Traumas oder mangelnde soziale Unterstützung stellen ebenfalls ein Risiko für die Entwicklung und Aufrechterhaltung einer PTBS dar. Bei Kindern und Jugendlichen manifestiert sich eine Posttraumatische Belastungsstörung durch verschiedene Symptome wie zum Beispiel das Wiedererleben des Traumas, Vermeidung und ein erhöhtes körperliches Erregungsniveau. Ängste, körperliche Probleme, Aggression, Depressionen, Substanzmissbrauch und Selbstverletzung, Essstörungen und dissoziative Störungen können weitere Folgen einer PTBS bei Kindern und Jugendlichen sein. Als Lehrkraft kann es wichtig sein, mögliche Symptome einer Posttraumatischen Belastungsstörung frühzeitig zu erkennen, um somit auch im schulischen Kontext einen adäquaten Umgang mit traumatisierten Kindern und Jugendlichen gewährleisten zu können.

▶ Definition Posttraumatische Belastungsstörung
Die Posttraumatische Belastungsstörung (PTBS) ist eine psychische Erkrankung, die als verzögerte oder langanhaltende Reaktion auf ein extrem belastendes oder bedrohliches Ereignis auftritt. Kernsymptome sind das wiederholte Erleben des Traumas, Vermeidung von erinnernden Reizen und anhaltende Übererregung (Ehring & Kunze, 2021).

3.6.1 Was ist ein Trauma?

Das Wort „Trauma" stammt aus dem Griechischen und bedeutet Wunde oder Verletzung. In der Psychologie beinhaltet dieses Wort auch Ereignisse, welche Menschen psychisch verletzen können (Rosner & Steil, 2009). Traumatische Ereignisse können in Typ-I und in Typ-II-Traumata eingeteilt werden. Typ-I-Traumata sind einmalig und von kurzer Dauer, während es sich bei Typ-II-Traumata um lang andauernde, sich wiederholende Ereignisse handelt (ebd.). Des Weiteren erfolgt eine Unterscheidung in einerseits durch Menschen verursachte Traumata und andererseits durch Naturkatastrophen oder durch technische Katastrophen verursachte Traumata. Typ-I-Trauma, welche durch den Menschen verursacht werden, sind z. B. Vergewaltigung, Überfall oder unvorhersehbarer Tod einer*s Angehörigen. Bei Typ-II-Traumata, die von Individuen verursacht werden, handelt es sich beispielhaft um Kriege, Geiselhaft, Folter oder sexuelle und physische Gewalt in der Kindheit. Typ-I-Traumata, welche aus Naturkatastrophen oder technischen Katastrophen resultieren, sind z. B. Unfälle, ein Erdbeben oder ein Brand. Langhaltende Typ-II-Traumata bedingt durch Naturkatastrophen sind z. B. mehrfache Katastrophen wie Dürre, Hungersnot oder Überflutungen (ebd.).

3.6.1.1 Die Posttraumatische Belastungsstörung (PTBS): Kriterien nach DSM-5 309.81 (F43.10)[1]

Die folgenden Kriterien gelten für Erwachsene, Jugendliche und für Kinder, die älter als sechs Jahre sind:

A. Exposition gegenüber tatsächlichem oder drohendem Tod, schweren Verletzungen oder sexueller Gewalt auf eine (oder mehrere) der folgenden Arten:
   1. Unmittelbares Erleben des traumatischen Ereignisses/den traumatischen Ereignissen.
   2. Persönliches Miterleben des Ereignisses, wie es der*dem anderen widerfahren ist.
   3. Erfahren, dass das Ereignis einem nahen Familienmitglied oder engen Freund*in widerfahren ist. Im Falle des tatsächlichen oder drohenden Todes eines Familienmitglieds oder einer*s Freund*in muss das Ereignis gewaltsam oder unfallbedingt sein.
   4. Wiederholte oder extreme Exposition gegenüber aversiven Details des traumatischen Ereignisses.
B. Vorhandensein eines (oder mehrerer) der folgenden Intrusionssymptome im Zusammenhang mit dem traumatischen Ereignis, beginnend nach dem Eintritt des traumatischen Ereignisses:
   1. Wiederkehrende, unwillkürliche und aufdringliche belastende Erinnerungen an das traumatische Ereignis. **Hinweis:** Bei Kindern, die älter als sechs Jahre sind, kann es

---

[1] Übersetzt und angepasst aus American Psychiatric Association (APA), 2013, S. 271–272.

zu wiederholten Spielen kommen, in denen Themen oder Aspekte des Ereignisses zum Ausdruck kommen.
2. Wiederkehrende belastende Träume bezüglich des Traumas. **Hinweis:** Bei Kindern kann es zu beängstigenden Träumen ohne erkennbaren Inhalt kommen.
3. Dissoziative Reaktionen (z. B. Flashbacks), beinhalten das Gefühl, das Ereignis wieder zu erleben. **Hinweis:** Bei Kindern kann eine traumaspezifische Nachstellung im Spiel auftreten.
4. Intensive oder anhaltende psychische Belastung durch innere oder äußere Anzeichen, die einen Aspekt des traumatischen Ereignisses symbolisieren oder ihm ähneln.
5. Ausgeprägte körperliche Reaktionen auf innere oder äußere Reize, die einen Aspekt des traumatischen Ereignisses symbolisieren oder ihm ähneln.

C. Anhaltende Vermeidung von Reizen, die mit dem traumatischen Ereignis in Verbindung gebracht werden, beginnend nach dem Auftreten des traumatischen Ereignisses, was durch eine oder beide der folgenden Eigenschaften belegt wird:
1. Bewusste Vermeidung von belastenden Erinnerungen, Gedanken oder Gefühlen, die mit dem Trauma in Verbindung stehen.
2. Vermeidung von externen Erinnerungen (Personen, Orte, Gespräche, Aktivitäten, Objekte, Situationen), die Erinnerungen an das traumatische Ereignis hervorrufen.

D. Negative Veränderungen der Kognitionen und der Stimmung im Zusammenhang mit dem traumatischen Ereignis, die nach dem traumatischen Ereignis beginnen oder sich verschlimmern, was durch zwei (oder mehr) der folgenden Punkte belegt wird:
1. Unfähigkeit, sich an einen wichtigen Aspekt des Traumas zu erinnern.
2. Anhaltende und übertriebene negative Überzeugungen oder Erwartungen in Bezug auf sich selbst, andere oder die Welt.
3. Anhaltende, verzerrte Kognitionen über die Ursache oder die Folgen des traumatischen Ereignisses, die dazu führen, dass die Person sich selbst oder anderen die Schuld gibt.
4. Anhaltende negative Gefühlslage (z. B. Angst, Entsetzen, Wut, Schuld oder Scham).
5. Deutlich vermindertes Interesse oder Beteiligung an wichtigen Aktivitäten.
6. Gefühle der Loslösung oder Entfremdung von anderen.
7. Anhaltende Unfähigkeit, positive Emotionen zu erleben (z. B. Unfähigkeit, Glück, Zufriedenheit oder liebevolle Gefühle zu empfinden).

E. Ausgeprägte Veränderungen der Erregung und Reaktivität im Zusammenhang mit dem traumatischen Ereignis, die nach dem traumatischen Ereignis begannen oder sich verschlimmerten, was durch zwei (oder mehr) der folgenden Punkte belegt wird:
1. Reizbares Verhalten und Wutausbrüche.
2. Rücksichtsloses oder selbstzerstörerisches Verhalten.
3. Hypervigilanz.
4. Übertriebene Schreckreaktion.

5. Konzentrationsprobleme.
   6. Schlafstörungen.
F. Die Dauer der Störung (Kriterien B, C, D und E) beträgt mehr als einen Monat.
G. Die Störung verursacht klinisch signifikanten Leidensdruck oder Beeinträchtigungen in den sozialen, beruflichen oder anderen wichtigen Bereichen des Lebens.
H. Die Störung ist nicht auf die physiologischen Wirkungen einer Substanz (z. B. Medikamente, Alkohol) oder eines anderen medizinischen Zustands zurückzuführen.

Gibt es folgende dissoziative Symptome:

- Depersonalisierung: anhaltende oder wiederkehrende Gefühle, von den eigenen mentalen Prozessen oder dem eigenen Körper losgelöst zu sein.
- Derealisation: anhaltende oder wiederkehrende Erfahrungen der Unwirklichkeit der Umgebung (Symptome dürfen nicht auf physiologische Wirkungen einer Substanz oder andere medizinische Zustände zurückzuführen sein).

Die fünfte Edition des DSM (DSM-5) umfasst einen neuen Subtyp für Posttraumatische Belastungsstörungen bei Kindern im Vorschulalter. Hier werden Besonderheiten in Bezug auf das subjektive Erleben des Traumas, die Intrusionssymptome und die emotionale Taubheit spezifiziert und differenziert (Steil & Rosner, 2013).

3.6.2 Prävalenz von PTBS bei Kindern und Jugendlichen

In einer Metaanalyse von Alisic et al. (2014) wurde die Inzidenz von Posttraumatischen Belastungsstörungen bei traumatisierten Kindern und Jugendlichen analysiert. Die Stichprobe war jünger als 19 Jahre. Im Durchschnitt entwickelte eins von sechs Kindern und Jugendlichen (15,9 %) nach Exposition eines Traumas eine PTBS nach den DSM-4-Kriterien. Die Ergebnisse variierten je nach Art des Traumas und des Geschlechts. Jungen, die einem nicht-interpersonellen Trauma ausgesetzt waren (z. B. Unfall oder Naturkatastrophe), waren mit 8,4 % am wenigsten gefährdet (ebd.). Mädchen, die einem interpersonellen Trauma ausgesetzt waren (z. B. Übergriffe, Krieg), wiesen die höchste Rate mit 32,9 % auf (ebd.). Insgesamt zeigten die Resultate, dass Mädchen ein höheres Risiko für eine PTBS hatten als Jungen.

Sexuelle Gewalt scheint ein besonderes Risiko für die Entwicklung einer PTBS darzustellen. In einer Studie von Giaconia et al. (1995) zeigten die Ergebnisse, dass Vergewaltigungen und sexuelle Übergriffe bei älteren Jugendlichen im Vergleich zu anderen Traumata ein 8- bis 12-faches Risiko darstellten, an einer PTBS zu erkranken. Neben sexueller Gewalt steht auch ein erhöhtes Risiko von PTBS bei geflüchteten Kindern und

Jugendlichen in Verbindung mit den Folgen ihrer Flucht. So zeigen Ergebnisse einer Studie von Solberg et al. (2020) eine Prävalenz für eine PTBS von durchschnittlich 42 % für minderjährige Flüchtlinge aus Afghanistan, Irak und Syrien.

In der „Bremer Jugendstudie" von Essau et al. (1999) wurden in Deutschland Prävalenzdaten der PTBS bei Kindern und Jugendlichen zwischen 12 und 17 Jahren untersucht. Die Stichprobe betrug 1035 Kinder und Jugendliche. 22,5 % der Befragten berichteten mindestens ein traumatisches Ereignis erlebt zu haben (ebd.). 7,3 % der Traumaopfer erfüllten die DSM-4-Kriterien einer PTBS, was einer Lebensprävalenz von 1,6 % entsprach (ebd.).

In Bezug auf das Alter zeigen Studien, je jünger die betroffenen Kinder zum Zeitpunkt des traumatischen Erlebnisses sind, desto anfälliger sind sie für das Auftreten psychischer Störungen (Herpertz-Dahlmann et al., 2005). Ergebnisse einer Studie von Ackermann et al. (1998) zeigen, dass sexuell und körperlich missbrauchte Kinder eine stärker ausgeprägte Psychopathologie zeigten, je niedriger das Alter der Betroffenen zum Zeitpunkt der Misshandlung war.

In Bezug auf die Pandemie berichteten die Ergebnisse einer Untersuchung von Karbasi und Eslami (2022) einen Anstieg der Prävalenz Posttraumatischer Belastungsstörungen bei Kindern während oder nach der Covid-19-Pandemie.

3.6.3 Ätiologie der PTBS

3.6.3.1 Das kognitive Modell nach Ehlers und Clark

Laut dem kognitiven Modell nach Ehlers und Clark (2000) persistiert eine PTBS, wenn die betroffene Person sich bei der Verarbeitung des Traumas deutlich und aktuell bedroht fühlt. Demnach ergibt sich dieses Bedrohungsgefühl aus einer übermäßig negativen Bewertung des Traumas und/oder dessen Auswirkungen. Des Weiteren entsteht es aus einer Beeinträchtigung des autobiografischen Gedächtnisses, die durch eine geringwertige Elaboration und Kontextualisierung, durch ein starkes assoziatives Gedächtnis und ein starkes Wahrnehmungspriming charakterisiert ist. Eine Modifizierung der negativen Bewertungen und des Traumagedächtnisses wird von problematischen verhaltensbezogenen und kognitiven Strategien verhindert. Ein Beispiel für eine maladaptive kognitive Strategie ist die Gedankenunterdrückung, wobei als Folge die PTBS-Symptome unmittelbar verstärkt werden. Werden die Gedanken an das traumatische Erlebnis verdrängt, nimmt das Auftreten unerwünschter aufdringlicher Erinnerungen zu (Ehlers & Clark, 2000).

Dieses kognitive Modell ist eigentlich für Erwachsene konzipiert, jedoch lässt es sich auch auf Kinder übertragen (Steil & Rosner, 2013). Nicht nur die Bewertung der Eltern, sondern auch die eigene Bewertung des Kindes ist bedeutungsvoll. Steil und Rosner postulieren: „Die Bewertung kann jedoch begründet durch den kognitiven Entwicklungsstand des Kindes aus Erwachsenensicht deutlich ‚unlogischer' sein (z. B. eine dysfunktionale

‚magische' Verknüpfung)" (ebd., S. 357). Dementsprechend kann es vorkommen, dass betroffene Kinder wegen mangelnder langzeitlicher Perspektive mögliche Auswirkungen des Traumas noch stärker katastrophisieren und sie ihre eigenen Symptome als dauerhafte Schädigung fehlinterpretieren (ebd.). Zudem haben Kinder weniger vorhandene Strategien als Erwachsene, um dieses Gefühl der persistierenden Bedrohung bewältigen zu können (ebd.).

3.6.3.2 Psychobiologische und neuroendokrinologische Modelle

In Bezug auf die PTBS bei Erwachsenen wurden mehrere psychobiologische, neuroendokrinologische und strukturelle Korrelate gefunden (Steil & Rosner, 2013). Diese Modelle postulieren, dass Dysregulationen in glutamatergen, noradrenergen, serotonergen und neuroendokrinen Systemen – also in den Systemen, die für die Signalübertragung durch die Neurotransmitter Glutamat, Noradrenalin, Serotonin sowie die Regulation von Hormonen verantwortlich sind – zu strukturellen und funktionalen Anomalitäten führen, welche sich in den Symptomen der PTBS zeigen (Southwick et al., 1997). Tritt eine Stressreaktion ein, werden verschiedene Substanzen wie Katecholamine, Serotonin und endogene Opioide ausgeschüttet, sodass es zu einer Aktivierung der Hypothalamus-Hypophysen-Nebennierenrinden-Achse kommt (Qirjako, 2007). Ist das Trauma zu heftig oder hält es zu lange an, können diese „normalen" Reaktionen für die Stressbewältigung gestört werden (ebd.). Demzufolge führt eine adrenerge Fehlfunktion zu dem PTBS-typischen Symptom „Hypervigilanz". Durch eine serotonerge Dysfunktion entwickeln sich Symptome wie erhöhte Schreckhaftigkeit und eine Hypersensibilität auf gewöhnliche Reize (ebd.).

Des Weiteren haben verschiedene Studien bei Erwachsenen herausgefunden, dass ein kleinerer Hippocampus einen Risikofaktor für die Entwicklung einer PTBS darstellt (Gilbertson et al., 2002; Pitman et al. 2006). In einer Studie von Woon und Hedges (2008) wurden keine Defizite im Hippocampus-Volumen bei Kindern mit PTBS aufgezeigt.

Generell sollte erwähnt werden, dass in diesem Bereich bisher eher Studien mit Erwachsenen durchgeführt wurden und somit weiterer Forschungsbedarf bezüglich solcher Untersuchungen bei Kindern und Jugendlichen besteht.

3.6.3.3 Das entwicklungspsychopathologische Modell nach Pynoos et al

In diesem Modell werden empirische Befunde über traumatischen Stress in der Kindheit in ein Entwicklungsmodell eingegliedert, welches Vulnerabilitätsfaktoren und Schutzfaktoren bezüglich posttraumatischer Symptomatik in Betracht zieht (Pynoos et al., 1999). Es beinhaltet eine dreiteilige Ätiologie von posttraumatischem Stress. Diese Ätiologie ergibt sich aus der objektiven und subjektiven Katastrophenerfahrung des Kindes, der Art und Häufigkeit der traumatischen Erinnerung und der Art und Schwere der sekundären Belastungen (können gesellschaftliche, familiäre oder individuelle Stressoren sein) und Unannehmlichkeiten (Pynoos et al., 1998). In diesem Modell spielen verschiedene

Faktoren eine zentrale Rolle, z. B. kindliche Faktoren, Entwicklungsreifung und Entwicklungserfahrungen, Lebensereignisse, aber auch die familiären und sozialen Aspekte (z. B. das Funktionieren der Eltern, der Entwicklungszyklus der Familie, die Schule und das Umfeld, die Zuteilung von Ressourcen durch die Gesellschaft für das Kind etc.) (Pynoos et al., 1999). Bei der Entwicklungsreifung geht es um ein Zusammenspiel zwischen verschiedenen Stadien der kognitiven und emotionalen Entwicklung und der Entwicklung der Moral. Aus entwicklungspsychologischer Sicht im Kontext von traumatischem Stress ist die individuelle Entwicklung der Beurteilung, der emotionalen Reaktion, der emotionalen und physiologischen Regulierung und Überlegung von Schutzmaßnahmen bezüglich der Gefahr bedeutsam (ebd.) Die Art der Einschätzung der Schutzmaßnahmen wechselt mit zunehmendem Alter angesichts entwicklungsbedingter Überlegungen und Erfahrungen (Pynoos et al., 1998).

3.6.4 Risikofaktoren

Verschiedene Faktoren können das Risiko einer Posttraumatischen Belastungsstörung im Kindes- oder Jugendalter erhöhen. Bereits vor dem Trauma stellen gewisse Faktoren ein Risiko dar. Diese prätraumatischen Faktoren sind zum Beispiel die Armut der Eltern, vorausgegangene adversive Vorfälle wie Misshandlung, psychiatrische Erkrankung der Eltern und/oder des Kindes, somatische Erkrankungen, introversive Verhaltensweisen des Kindes oder das weibliche Geschlecht (Herpertz-Dahlmann et al., 2005).

Faktoren, die im Zusammenhang mit dem Trauma stehen, wie die Nähe zum Trauma oder die Art und der Schweregrad des Traumas, stellen ebenfalls ein Risiko dar. So sind besonders Vergewaltigungen, Suizide, Todesfälle innerhalb der Familie, schwere physiologische Erkrankungen sowie Misshandlung besonders stark mit der Entstehung einer PTBS verbunden (ebd.). Die Distanz zum traumatischen Ereignis spielt auch eine bedeutende Rolle. Zu beachten ist also, ob das Kind selbst betroffen ist, wie nahe es der betroffenen Person steht oder wie schwerwiegend die davongetragenen Konsequenzen sind (ebd.).

Posttraumatische Faktoren, wie unzureichende soziale Unterstützung, folgende adversive Erlebnisse (Schul- oder Ortswechsel), wiederholte Konfrontation mit der/dem Täter*in oder finanzielle Schwierigkeiten stellen nach dem traumatischen Ereignis Risiken für eine PTBS dar (ebd.).

3.6.5 Erkennungszeichen einer möglichen PTBS bei Kindern/Jugendlichen

Die Symptome können in drei Bereiche klassifiziert werden: das Wiedererleben, die Vermeidung und die gefühlsmäßige Taubheit sowie ein erhöhtes körperliches Erregungsniveau (Rosner & Steil, 2009).

3.6.5.1 Wiedererleben

Nach dem Trauma kann es sein, dass das Kind belastende Erinnerungen oder Albträume über das Geschehen entwickelt. So können plötzliche Ausschnitte des traumatischen Erlebnisses in Form von Gedanken, Bildern, Geräuschen oder Gerüchen unerwartet auftauchen. Für manche Betroffene erscheint dieses Wiedererleben dermaßen real, dass sie das Gefühl haben, das Trauma nochmal zu erleben. Daraufhin folgt möglicherweise das Gefühl, einen Kontrollverlust gegenüber den eigenen Gedanken und Empfindungen zu haben. Bei jüngeren Kindern äußert sich das Wiedererleben oft während des Spielens. Das traumatische Erlebnis wird mit Puppen oder anderen Spielzeugen nachgespielt. Werden sie mit der belastenden Situation konfrontiert, so reagieren Kinder körperlich mit Bauch- oder Kopfschmerzen und/oder mit anklammernden (gegenüber Eltern, Lehrkräften oder anderen Bezugspersonen) oder aggressiven Verhaltensweisen (Rosner & Steil, 2009).

3.6.5.2 Vermeidung

Dieses Wiedererleben ist für die Betroffenen sehr belastend. Demzufolge wird versucht, sich selbst zu schützen und solche Konfrontation zu vermeiden. Es kann also sein, dass das Kind nicht über das Ereignis spricht oder flieht, wenn es durch einen äußeren Reiz wieder daran erinnert wird. Solche Reize sind zum Beispiel spezifische Orte, Menschen oder Situationen, die mit dem Trauma in Verbindung gesetzt werden. Bei manchen Betroffenen kommt es vor, dass sie sich an bestimmte Ausschnitte des Traumas nicht mehr erinnern können. Des Weiteren können persönliche Interessen nach dem Trauma nachlassen. So zeigen betroffene Kinder kein Interesse mehr an Hobbies, die sie früher geliebt haben. Es ist beobachtbar, dass Kinder sich aus ihrem sozialen Umfeld zurückziehen. Bei älteren Kindern oder Jugendlichen kann es vorkommen, dass sie sich von anderen Personen entfremdet fühlen. Demzufolge fühlen sie sich gefühlslos, innerlich taub und leer und/oder hoffnungslos, was Zukunftsaussichten (z. B. erwachsen zu werden oder die Schule zu beenden) angeht. Zudem steigt die Sorge, dass Familienmitgliedern oder Freund*innen etwas passieren könnte (Rosner & Steil, 2009).

3.6.5.3 Erhöhtes körperliches Erregungsniveau

Nach einem Trauma können Betroffene das Gefühl haben, immer noch ständig in Gefahr zu sein oder sich auf eine potenzielle Bedrohung vorbereiten zu müssen. Diese Reaktionen können erkennbar sein, zum Beispiel wenn das Kind nicht gut einschlafen kann, oft während der Nacht aufwacht, schlechte Träume hat oder unruhig schläft. Diese Nervosität führt zu Konzentrationsschwierigkeiten und die Kinder erschrecken sich schnell. Neu auftretende Reaktionen wie aggressives Verhalten oder Leistungsabfälle in der Schule können sich bei Kindern und Jugendlichen manifestieren. Außerdem können neue Ängste, wie Angst vor der Dunkelheit, auftreten. Generell kann festgestellt werden, dass je jünger die Betroffenen sind, desto komplizierter ist es, die Symptome und Schwierigkeiten der Kinder einzuschätzen (Rosner & Steil, 2009).

3.6.6 Diagnose

Ob eine Posttraumatische Belastungsstörung vorliegt, muss von Fachkräften, wie Psycholog*innen oder Ärzt*innen, diagnostiziert werden. Dabei müssen verschiedene Kriterien, wie die vorhin aufgelisteten DSM-5-Kriterien, erfüllt sein. Die Symptome einer PTBS variieren von Kind zu Kind und oft ist es nicht einfach, diese bei jüngeren Betroffenen festzustellen, da sie nicht immer spontan geäußert werden (Rosner & Steil, 2009). Insbesondere Kleinkinder können ihre Probleme nicht gut mit Worten ausdrücken. Bei manchen älteren Kindern oder Jugendlichen kann es vorkommen, dass sie sich dafür schämen und befürchten, verrückt zu werden oder von anderen für verrückt gehalten zu werden. Manche Betroffene wollen nicht über das Erlebnis oder ihre Symptome sprechen, um Familienmitglieder oder andere Bezugspersonen nicht zu beunruhigen (ebd.).

Es ist bedeutsam und nützlich, dass für die Diagnose alle erhältlichen Informationsquellen genutzt werden (ebd.). Hierbei kann es sich um das Kind selbst handeln, die Eltern, die Lehrkräfte, medizinische Berichte oder andere Personen des Umfeldes. Anhand von Verhaltensbeobachtungen in der Schule oder im häuslichen Umfeld können Symptome und Verhaltensweisen wie Aggressivität, Ängstlichkeit oder regressive Verhaltensweisen erfasst werden (ebd.). Auch strukturierte Interviews (z. B. das „Child Post-traumatic Stress Disorder Index" von Landolt et al., 2003; das „Diagnostische Interview für psychische Störungen im Kindes- und Jugendalter" von Unnewehr et al., 1995) und standardisierte Fragebögen (z. B. „Children's Impact of Event Scale" von Dyregrov et al., 1996) – sei es mit dem Kind oder den Eltern – können für die Diagnose eingesetzt werden (Steil & Rosner, 2013). Es gilt zu erwähnen, dass die Diagnose einer PTBS nicht immer leicht ist, da es viele Überlappungen der Symptome mit anderen Störungsbilder gibt (Qirjako, 2007). Des Weiteren ist laut Eisen et al. (2007) das autobiografische Gedächtnis von Kindern anfällig für Verzerrungen und Suggestionen, sodass eine Trennung zwischen Erzählungen von Kindern, die so tatsächlich vorgefallen sind, und solchen, die auf Suggestionen beruhen, erschwert wird.

3.6.7 Mögliche Folgen einer PTBS bei Kindern und Jugendlichen

Weitere Probleme können Folge einer Posttraumatische Belastungsstörung sein, wie z. B. Ängste, körperliche Probleme, Aggression, Depressionen, Substanzmissbrauch und Selbstverletzung, Essstörungen und dissoziative Störungen (Rosner & Steil, 2009).

Spezifische Ängste, die aus Folge zu dem Trauma entstehen, sind bei Kindern z. B. Angst vor der Dunkelheit, Trennungsangst oder auch soziale Ängste. Diese sozialen Ängste können sich in konkreten Situationen manifestieren, wie z. B. Sprechen im Unterricht in Anwesenheit anderer Kinder, Kontakt mit Gleichaltrigen oder Treffen in Gruppen etc. (ebd.).

Bei Kindern und Jugendlichen können körperliche Probleme auftreten, wie z. B. eine erhöhe Infektanfälligkeit. Es kann auch vorkommen, dass Betroffene bereits erworbene Fähigkeiten verlieren, z. B. die Sprache oder auch die Blasenkontrolle (bei Kleinkindern). Es kommt zu häufig wiederkehrenden somatischen Beschwerden, wie Kopf- und/oder Bauchschmerzen, Erbrechen, Fieber oder Nachlassen der körperlichen Energie (ebd.).

Bei manchen Betroffenen können Verhaltensänderungen auftreten, wie z. B. aggressives Verhalten. Laut Rosner und Steil (2009) kann diese Aggressivität durch die Nervosität der Kinder/Jugendlichen bedingt sein oder wenn sie sich auch in harmlosen Situationen in Gefahr und bedroht fühlen. Betroffene Kinder/Jugendliche können auch Depressionen erleiden (ebd.).

Des Weiteren kann es vorkommen, dass Betroffene, vor allem Jugendliche, Alkohol oder Drogen konsumieren, um die intrusiven Gedanken, die Nervosität oder auch die Schlafprobleme zu stoppen und um sich besser beruhigen zu können. Manche Betroffene, auch eher Jugendliche, beginnen, sich selbst zu verletzen (z. B. Ritzen), um eine kurzfristige Erleichterung zu verspüren (ebd.).

Weitere Folgen einer PTBS können Essstörungen sein. Traumatisierte Kinder/Jugendliche entwickeln ein gestörtes Essverhalten, haben Essattacken, manchmal mit Erbrechen, oder nehmen keine Nahrung mehr zu sich. Wie bei dem Substanzmissbrauch vermindern diese Verhaltensweisen die Intensität der empfundenen Belastungen (ebd.).

Manche Betroffene haben das Gefühl, Teile ihres Körpers oder auch die Außenwelt nicht mehr richtig wahrnehmen zu können. Dies wird als Dissoziation bezeichnet. Das Opfer kann Gefahren nicht mehr richtig einschätzen und zeigt dementsprechend mögliche fehlangebrachte Verhaltensweisen auf (ebd.).

3.6.8 Interventionen

Im klinischen Kontext können verschiedene Interventionsansätze angewendet werden. So kann eine Aufklärung über psychische Folgen eines Traumas in Form einer Psychoedukation für das betroffene Kind und für die Eltern nützlich sein, um „die Symptomatik als normale Reaktion auf außergewöhnliche Erfahrungen einordnen zu können" (Herpertz-Dahlmann et al., 2005, S. 551). Im Kontext einer psychotherapeutischen Behandlung erweist sich die kognitive Verhaltenstherapie für Kinder und Jugendliche als sehr wirksam (ebd.). In diesem Ansatz finden eine kognitive Bearbeitung des traumatischen Erlebnisses und Expositionstechniken statt. Darüber hinaus werden Stressbewältigungsstrategien vermittelt (ebd.). In manchen Fällen muss neben der Psychotherapie auch eine pharmakologische Behandlung (z. B. die Gabe eines selektiven Serotonin-Wiederaufnahmehemmers, kurz SSRI) in Betracht gezogen werden, wenn die Symptome (Vermeidungsverhalten, depressive Symptome, assoziative Störungen, selbstverletzendes Verhalten) als stark belastend empfunden werden. Bei der Verabreichung eines Medikamentes ist bei jüngeren Patient*innen eine regelmäßige und genaue Beobachtung des Verlaufs sehr wichtig (ebd.).

3.6.9 Empfehlungen für den Umgang mit traumatisieren Schüler*innen (für Lehrkräfte)

Der Umgang mit einem traumatisierten Kind/Jugendlichen hängt von verschiedenen Faktoren ab (Rosner & Steil, 2009). Aspekte wie der Zustand des Kindes/der*des Jugendlichen, welche Erfahrungen gemacht wurden, ob es direkt nach dem Ereignis ist und auch die Persönlichkeit, das Alter und der familiäre Hintergrund müssen in Betracht gezogen werden. Wichtig ist auch zu beachten, ob die Lehrkraft selbst direkt vom traumatischen Erlebnis betroffen ist, z. B. bei Unfällen oder Bedrohungslagen in der Schule oder in Fällen, in denen sie indirekt involviert ist, z. B. Unfälle, Selbstmord, Gewalttaten oder Krankheit und Tod von Schüler*innen. Ist die Lehrkraft selbst vom Ereignis betroffen, fungiert sie als Vorbildfunktion für den Umgang mit dem Ereignis und dessen Bewältigung. Neben diesen Punkten sollten auch allgemeine Empfehlungen berücksichtigt werden, um traumatisierte Kinder besser zu unterstützen. Im Allgemeinen ist es sinnvoll, bereits so früh wie möglich Schulberater*innen oder Schulpsycholog*innen miteinzubeziehen (ebd.).

Unmittelbar nach dem Ereignis (aber auch im Allgemeinen) ist es von großer Bedeutung, dass Kinder und Jugendliche von ihren Bezugspersonen (kann neben den Eltern auch die Lehrkraft sein) so viel Unterstützung wie nur möglich bekommen. Zu diesem Zeitpunkt ist es sinnvoll, dass das Kind sich sicher und geborgen fühlt und getröstet werden kann. Für manche Kinder ist es hilfreich, über ihre Erfahrungen oder Erlebnisse sprechen zu können. Wenn möglich, ist es sinnvoll, die Fragen des Kindes zu beantworten und es wissen zu lassen, dass man als Lehrkraft bereit ist, über das Thema zu sprechen. Bei dem Gespräch sollten Gefühle wie Wut akzeptiert werden. Will das Kind jedoch nicht darüber reden, sollte es nicht dazu gezwungen werden (ebd.).

Ist die Lehrkraft selbst vom Ereignis betroffen, ist es die Aufgabe der Schulleitung die Lehrkraft zu unterstützen. Nichtsdestotrotz ist es wichtig, dass betroffene Lehrer*innen sich selbst mit einer möglichen individuellen Symptomatik beschäftigen und sich eventuell professionelle Hilfe suchen (ebd.).

Das Erleben von Traumata kann Auswirkungen auf das Verhalten im schulischen Kontext haben. Auch zu einem späteren Verlauf sollte das Lehrpersonal weiterhin auf die Verhaltensweisen von traumatisierten Kindern achten. Dementsprechend kann es sinnvoll sein, mit anderen Lehren*innen oder, wenn angebracht, mit den Eltern zu sprechen, um die Beobachtung des Kindes/Jugendlichen besser gewährleisten zu können (ebd.). In manchen Fällen, z. B. bei sexuellem Missbrauch, kann es sein, dass es sich bei dem*der Täter*in um ein Familienmitglied handelt, sodass das Kind nicht von zu Hause unterstützt werden kann und dementsprechend die Lehrkraft möglicherweise als einzige Kontakt- bzw. Vertrauensperson fungiert.

Die Sensibilisierung des Schulpersonals ist in diesem Kontext sehr wichtig. Lehrkräfte können Veränderungen im Verhalten und in den schulischen Leistungen bei traumatisierten Kindern/Jugendlichen falsch interpretieren. Obschon der Schutz und die Wahrung der Privatsphäre der Schüler*innen von höchster Priorität sind, ist es hilfreich, wenn möglich mit dem Schulpersonal zusammenzuarbeiten. Infolgedessen ist es wichtig, dass Lehrer*innen und das Schulpersonal in Erkenntnis gesetzt werden, dass der*die Schüler*in ein traumatisches Ereignis erlebt hat und demzufolge über eventuelle Probleme oder Veränderungen in den schulischen Leistungen erfährt. Das Schulpersonal kann gemeinsam dafür sorgen, dass Schüler*innen das benötigte Verständnis und die erforderliche Unterstützung erhalten (The National Child Traumatic Stress Network, 2008).

Es ist sinnvoll, einen unterstützenden schulischen Rahmen zu schaffen. Eine normale Schulroutine sollte, soweit es geht, beibehalten werden. Nach einem traumatischen Erlebnis können Kinder/Jugendliche das Gefühl haben, dass das Leben chaotisch ist und sie keine Kontrolle mehr über ihr Leben haben. Demzufolge kann es für Betroffene vorteilhaft sein, wenn es einen geordneten Unterrichtsplan- und -ablauf gibt. Unterrichtsstrategien, welche die Aufmerksamkeit und das Gedächtnis fördern, sowie solche, die das Gefühl von Kontrolle und Leistung steigern, sollten verwendet werden. Jedoch sollten große Tests oder Projekte, die viel Energie und Konzentration erfordern, eine Zeit lang vermieden werden. Möglicherweise braucht der/die Schüler*in bei Veränderungen zusätzliche Sicherheit und Erklärungen. Leistungsabfälle können natürliche Folgereaktionen sein und sollten zunächst nicht überbewertet werden. Des Weiteren ist es sinnvoll, als Lehrkraft Möglichkeiten zu suchen, die Mitschüler*innen zu beraten, wie sie einer*m Klassenkamerad*in mit traumatischem Kummer helfen und ihn/sie verstehen können (ebd.).

Die äußeren Bedingungen sollten, so gut es geht, angepasst werden. Das Lehrpersonal sollte sensibel für Hinweise in der Umgebung sein, die bei traumatisierten Kindern/Jugendlichen mögliche Reaktionen auslösen könnten. Überreizungen, wie zum Beispiel exzessiver Lärm, sollten vermieden werden (ebd.). Auslöser für Flashbacks an das Traumata sollten vermieden werden oder es sollte mit Vorsicht damit umgegangen werden. Das können bestimmte Lehrinhalte, bestimme Jahrestage, Berichte aus den Medien oder Situationen sein, die den/die Schüler*in an das Ereignis erinnern (Institut für Qualität und Wirtschaftlichkeit im Gesundheitswesen, 2021).

Es kann vorkommen, dass der/die Schüler*in während des Unterrichts einen Flashback hat. Folgender Umgang mit Flashbacks kann für Lehr- oder Erziehungskräfte hilfreich sein: dem Kind oder Jugendlichen Orientierung in Raum und Zeit geben, indem man es deutlich anspricht und es in das Hier und Jetzt zurückbringt. Übungen, wie z. B. den/die Schüler*in das Klassenzimmer beschreiben zu lassen, können dabei helfen, die Betroffenen wieder in die reale Situation zurückzuversetzen. Hektische Verhaltensweisen sollten vom Lehrpersonal vermieden werden und es sollte Verständnis für die Gefühle des Kindes gezeigt werden. Es sollte versucht werden, den/die Betroffene*n beruhigt zu bekommen, beispielsweise mit Atem- und Bewegungsübungen. Hilfreich in dieser Situation kann auch ein sogenannter individueller „Notfallkoffer" sein. Das kann z. B. der Schulranzen oder das Federmäppchen sein, die Gegenstände beinhalten, die dem/der Schüler*in vertraut sind und seine/ihre Sinne hervorrufen. Das kann dabei helfen, dass der/die Betroffene aus diesen Flashbacks wieder entkommt (ebd.).

Zusammenfassung
Die PTBS tritt als Folge eines oder mehrerer traumatischer Ereignisse wie Gewalt, Verlust oder Katastrophen auf. Symptome umfassen Wiedererleben des Traumas, Vermeidungsverhalten und ein erhöhtes Erregungsniveau. Kinder und Jugendliche können auch regressives Verhalten, Konzentrationsprobleme oder Aggressionen zeigen. Die Prävalenz ist höher bei Kindern aus Krisengebieten oder solchen, die Missbrauch erfahren haben. Schulische Unterstützung sollte auf Sicherheit und Stabilität abzielen. Lehrkräfte können helfen, indem sie klare Strukturen schaffen und betroffene Schüler*innen nicht überfordern. Therapeutisch sind Trauma-spezifische Ansätze wie EMDR (Eye Movement Desensitization and Reprocessing) wirksam.

Literatur

Ackerman, P. T., Newton, J. E., McPherson, W. B., Jones, J. G., & Dykman, R. A. (1998). Prevalence of post traumatic stress disorder and other psychiatric diagnoses in three groups of abused children (sexual, physical, and both). *Child Abuse & Neglect, 22*(8), 759–774. https://doi.org/10.1016/S0145-2134(98)00062-3.

Alfano, C. A., Pina, A. A., Zerr, A. A., & Villalta, I. K. (2010). Pre-sleep arousal and sleep problems of anxiety-disordered youth. *Child Psychiatry and Human Development, 41*(2), 156–167. https://doi.org/10.1007/s10578-009-0158-5.

Alisic, E., Zalta, A. K., Van Wesel, F., Larsen, S. E., Hafstad, G. S., Hassanpour, K., & Smid, G. E. (2014). Rates of post-traumatic stress disorder in trauma-exposed children and adolescents: Meta-analysis. *The British Journal of Psychiatry, 204*(5), 335–340. https://doi.org/10.1192/bjp.bp.113.131227.

American Psychiatric Association (2013). *Diagnostic and statistical manual of mental disorders DSM-5* (5th ed.). American Psychiatric Association Publishing. https://doi.org/10.1176/appi.books.9780890425596.

Asselmann, E., & Beesdo-Baum, K. (2015). Predictors of the Course of Anxiety Disorders in Adolescents and Young Adults. *Current Psychiatry Reports, 17*(2), 7. https://doi.org/10.1007/s11920-014-0543-z.

Bandelow, B., Charimo Torrente, A., Wedekind, D., Broocks, A., Hajak, G., & Rüther, E. (2004). Early traumatic life events, parental rearing styles, family history of mental disorders, and birth risk factors in patients with social anxiety disorder. *European Archives of Psychiatry and Clinical Neuroscience, 254*(6), 397–405. https://doi.org/10.1007/s00406-004-0521-2.

Barnhill, J. W. (2020). Soziale Phobie. *MSD Manual.* https://www.msdmanuals.com/de/heim/psychische-gesundheitsstörungen/angststörungen-und-stressbezogene-erkrankungen/soziale-phobie.

Becker, E. S., & Margraf, J. (2016). *Generalisierte Angststörung: Ein Therapieprogramm* (3. Aufl.). Beltz.

Beesdo, K., Knappe, S., & Pine, D. S. (2009). Anxiety and Anxiety Disorders in Children and Adolescents: Developmental Issues and Implications for DSM-V. *The Psychiatric Clinics of North America, 32*(3), 483–524. https://doi.org/10.1016/j.psc.2009.06.002.

Beidel, D. C., & Alfano, C. A. (2011). *Child anxiety disorders: A guide to research and treatment* (2. Aufl.). Routledge.

Beidel, D. C., Turner, S. M., & Morris, T. L. (1999). Psychopathology of Childhood Social Phobia. *Journal of the American Academy of Child & Adolescent Psychiatry, 38*(6), 643–650. https://doi.org/10.1097/00004583-199906000-00010.

Biederman, J., Faraone, S. V., Hirshfeld-Becker, D. R., Friedman, D., Robin, J. A., & Rosenbaum, J. F. (2001). Patterns of psychopathology and dysfunction in high-risk children of parents with panic disorder and major depression. *American Journal of Psychiatry, 158*(1), 49–57. https://doi.org/10.1176/appi.ajp.158.1.49.

Bilz, L. (2008). *Schule und psychische Gesundheit: Risikobedingungen für emotionale Auffälligkeiten von Schülerinnen und Schülern.* Springer VS.

Bilz, L. (2017). Ängste bei Schülerinnen und Schülern. Prävention und Intervention im schulischen Kontext. In M. K. W. Schweer (Hrsg.), *Lehrer-Schüler-Interaktion. Inhaltsfelder, Forschungsperspektiven und methodische Zugänge* (S. 365–386). Springer VS.

Bouton, M. E., Mineka, S., & Barlow, D. H. (2001). A modern learning theory perspective on the etiology of panic disorder. *Psychological Review, 108*, 4–32. https://doi.org/10.1037//0033-295X.108.1.4.

Bruch, M. A., & Heimberg, R. G. (1994). Differences in perceptions of parental and personal characteristics between generalized and nongeneralized social phobics. *Journal of Anxiety Disorders, 8*(2), 155–168. https://doi.org/10.1016/0887-6185(94)90013-2.

Burstein, M., Beesdo-Baum, K., He, J.-P., & Merikangas, K. R. (2014). Threshold and subthreshold generalized anxiety disorder among US adolescents: Prevalence, sociodemographic, and clinical characteristics. *Psychological Medicine, 44*(11), 2351–2362. https://doi.org/10.1017/S0033291713002997.

Cabral, M. D., & Patel, D. R. (2020). Risk Factors and Prevention Strategies for Anxiety Disorders in Childhood and Adolescence. In Y.-K. Kim (Ed.), *Anxiety Disorders: Rethinking and Understanding Recent Discoveries* (S. 543–559). Springer. https://doi.org/10.1007/978-981-32-9705-0_27.

Canals, J., Voltas, N., Hernández-Martínez, C., Cosi, S., & Arija, V. (2019). Prevalence of DSM-5 anxiety disorders, comorbidity, and persistence of symptoms in Spanish early adolescents. *European Child & Adolescent Psychiatry, 28*(1), 131–143. https://doi.org/10.1007/s00787-018-1207-z.

Carl, E., Witcraft, S. M., Kauffman, B. Y., Gillespie, E. M., Becker, E. S., Cuijpers, P., Van Ameringen, M., Smits, J. A. J., & Powers, M. B. (2020). Psychological and pharmacological treatments for generalized anxiety disorder (GAD): A meta-analysis of randomized controlled trials. *Cognitive Behaviour Therapy, 49*(1), 1–21. https://doi.org/10.1080/16506073.2018.1560358.

Costello, E. J., Egger, H.L., & Angold, A. (2011). The developmental epidemiology of anxiety disorders: Phenomenology, prevalence, and comorbidity. *Child and Adolescent Psychiatric Clinics of North America, 14*(4), 631–648- https://doi.org/10.1016/j.chc.2005.06.003.

Craske, M. G., Poulton, R., Tsao, J. C. I., & Plotkin, D. (2001). Paths to panic disorder/agoraphobia: An exploratory analysis from age 3 to 21 in an unselected birth cohort. *Journal of the American Academy of Child and Adolescent Psychiatry, 40*, 556–563. https://doi.org/10.1097/00004583-200105000-00015.

Deister, A. (2013). Angst- und Panikstörungen. In H.-J. Möller, G. Laux, & A. Deister (Hrsg.), *Duale Reihe Psychiatrie, Psychosomatik und Psychotherapie* (5. Aufl., S. 127–144). Thieme.

Dick-Niederhauser, A., & Silverman, W. K. (2006). Separation anxiety disorder. In J. E. Fischer, & W. T. O'Donohue (Eds.), *Practitioner's guide to evidence-based psychotherapy* (S. 627–633). Springer. https://doi.org/10.1007/978-0-387-28370-8_62.

Döpfner, M. (2021). Kognitive Verhaltenstherapie bei Kindern und Jugendlichen. In J. Fegert et al. (Hrsg.), *Psychiatrie und Psychotherapie des Kindes- und Jugendalters* (S. 1–17). Springer. https://doi.org/10.1007/978-3-662-49289-5_72-1.

Dyregrov, A., Kuterovac, G., & Barath, A. (1996). Factor analysis of the impact of event scale with children in war. *Scandinavian Journal of Psychology, 37*(4), 339–350. https://doi.org/10.1111/j.1467-9450.1996.tb00667.x.

Eckert, M. (2022). *Umgang mit psychischen Störungen im Unterricht: Klinisches Classroom Management*. Beltz.

Ehlers, A., & Clark, D. M. (2000). A cognitive model of posttraumatic stress disorder. *Behaviour Research and Therapy, 38*(4), 319–345. https://doi.org/10.1016/S0005-7967(99)00123-0.

Ehring, T., & Kunze, A. (2021). Posttraumatische Belastungsstörung. In J. Hoyer & S. Knappe (Hrsg.), *Klinische Psychologie & Psychotherapie* (S. 1159–1182). Springer.

Eisen, A. R., & Schaefer, C. E. (2005). *Separation anxiety in children and adolescents: An individualized approach to assessment and treatment*. Guilford.

Eisen, M. L., Goodman, G. S., Qin, J., Davis, S., & Crayton, J. (2007). Maltreated children's memory: Accuracy, suggestibility, and psychopathology. *Developmental Psychology, 43*(6), 1275. https://doi.org/10.1037/0012-1649.43.6.1275.

Erath, S. A., Flanagan, K. S., & Bierman, K. L. (2007). Social Anxiety and Peer Relations in Early Adolescence: Behavioral and Cognitive Factors. *Journal of Abnormal Child Psychology, 35*(3), 405–416. https://doi.org/10.1007/s10802-007-9099-2.

Essau, C., Conradt, J., & Petermann, F. (1999). Häufigkeit der Posttraumatischen Belastungsstörung bei Jugendlichen: Ergebnisse der Bremer Jugendstudie. *Zeitschrift für Kinder- und Jugendpsychiatrie und Psychotherapie, 27*, 37–45.

Falkai, P., Wittchen, H. U., Döpfner, M., & American Psychiatric Association. (2015). *Diagnostisches und statistisches Manual psychischer Störungen DSM-5*, https://doi.org/10.1026/02803-000.

Feinman, S., & Lewis, M. (1983). Social referencing at ten months: A second-order effect on infants' responses to strangers. *Child Development, 54*(4), 878–887.

Feinman, S., Roberts, D., Hsieh, K.-F., Sawyer, D., & Swanson, D. (1992). A Critical Review of Social Referencing in Infancy. In S. Feinman (Ed.), *Social Referencing and the Social Construction of Reality in Infancy* (S. 15–54). Boston: Springer. https://doi.org/10.1007/978-1-4899-2462-9_2.

Fehm, L. & Knappe, S (2021). Soziale Angststörung. In J. Hoyer & S. Knappe (Hrsg.), *Klinische Psychologie & Psychotherapie* (S. 1121–1140). Berlin: Springer. https://doi.org/10.1007/978-3-662-61814-1_49.

Fischer, Ch. (2019). *Trennungsangst bei Kindern und Erwachsenen: Symptomatik, Diagnostik, Ursachen und Behandlung der Trennungsangststörung*. Lengerich: Pabst.

Füeßl, H. S. (2006). Panikstörung. *MMW-Fortschritte der Medizin, 148*(45), 35–35. https://doi.org/10.1007/BF03371443.

Fyer, A. J. (1995). Specificity in Familial Aggregation of Phobic Disorders. *Archives of General Psychiatry, 52*(7), 564. https://doi.org/10.1001/archpsyc.1995.03950190046007.

Garland, E. J., & Smith, D. H. (1991). Case study: Simultaneous prepubertal onset of panic disorder, night terrors, and somnambulism. *Journal of the American Academy of Child & Adolescent Psychiatry, 30*(4), 553–555. https://doi.org/10.1097/00004583-199107000-00004.

Giaconia, R. M., Reinherz, H. Z., Silverman, A. B., Pakiz, B., Frost, A. K., & Cohen, E. (1995). Traumas and posttraumatic stress disorder in a community population of older adolescents. *Journal *of the American Academy of Child & Adolescent Psychiatry, 34*(10), 1369–1380. https://doi.org/10.1097/00004583-199510000-00023.

Gilbertson, M. W., Shenton, M. E., Ciszewski, A., Kasai, K., Lasko, N. B., Orr, S. P., & Pitman, R. K. (2002). Smaller hippocampal volume predicts pathologic vulnerability to psychological trauma. *Nature Neuroscience, 5*(11), 1242–1247. https://doi.org/10.1038/nn958.

Ginsburg, G. S., & Affrunti, N. W. (2013). Generalized Anxiety Disorder in Children and Adolescents. In R. A. Vasa, R. A. & A. K. Roy (Eds.), *Paediatric Anxiety Disorders: A Clinical Guide* (S. 71–90). Springer. https://doi.org/10.1007/978-1-4614-6599-7_4.

Goldbeck, L., & Petermann, F. (2013). Posttraumatische Belastungsstörungen. *Kindheit und Entwicklung. Kindheit und Entwicklung, 22*(2), 57–60. https://doi.org/10.1026/0942-5403/a000100.

Goodwin, R. D., Faravelli, C., Rosi, S., Cosci, F., Truglia, E., de Graaf, R., & Wittchen, H.-U. (2005). The epidemiology of panic disorder and agoraphobia in Europe. *European Neuropsychopharmacology, 15*, 435–443. https://doi.org/10.1016/j.euroneuro.2005.04.006.

Hannig, W., & Filipek, M. (2012). Panikstörung und Agoraphobie. Grundlagen und StörungswissennIn M. Berking & W. Rief (Hrsg.), *Klinische Psychologie und Psychotherapie* (Bd. I, S. 86–96). Springer.

Havighurst, R. J. (1972). *Developmental tasks and education.* David McKay.

Hayes, K. (2020). *Anxiety Disorders Sourcebook* (2. Aufl.). Omnigraphics.

Hayward, C., Killen, J. D., Kraemer, H. C., & Taylor, B. C. (2000). Predictors of panic attacks in adolescents. *Journal of the American Academy of Child and Adolescent Psychiatry, 39*, 207–214. https://doi.org/10.1097/00004583-200002000-00021.

Helbig, S., & Petermann, F. (2008). Entwicklungspsychopathologie Sozialer Angststörungen. *Zeitschrift für Psychiatrie, Psychologie und Psychotherapie, 56*(3), 211–227. https://doi.org/10.1024/1661-4747.56.3.211.

Herpertz-Dahlmann, B., Hahn, F., & Hempt, A. (2005). Diagnostik und Therapie der posttraumatischen Belastungsstörung im Kindes- und Jugendalter. *Der Nervenarzt, 76*(5), 546–556. https://doi.org/10.1007/s00115-004-1819-z.

Hesse, I., & Latzko, B. (2009). *Diagnostik für Lehrkräfte.* Budrich.

Hurrelmann, K., & Ulich, D. (1985). *Neues Handbuch der Sozialisationsforschung.* Beltz.

In-Albon, T. (2011). *Kinder und Jugendliche mit Angststörungen: Erscheinungsbilder, Diagnostik, Behandlung, Prävention.* Kohlhammer.

In-Albon, T. (2019). Generalisierte Angststörung. In S. Schneider & J. Margraf (Hrsg.), *Lehrbuch der Verhaltenstherapie, Band 3: Psychologische Therapie bei Indikationen im Kindes- und Jugendalter* (S. 587–606). Springer. https://doi.org/10.1007/978-3-662-57369-3_33.

In-Albon, T., & Knappe, S. (2019). Störung mit Trennungsangst. In T. Schnell & K. Schnell (Hrsg.), *Handbuch Klinische Psychologie* (S. 1–21). Springer. https://doi.org/10.1007/978-3-662-45995-9_1-1.

In-Albon, T., & Margraf, J. (2011). Panik und Agoraphobie. In H.-U. Wittchen & J. Hoyer (Hrsg.), *Klinische Psychologie & Psychotherapie* (S. 915–935). Springer. https://doi.org/10.1007/978-3-642-13018-2_41.

Institut für Qualität und Wirtschaftlichkeit im Gesundheitswesen [IQWiG]. (2021). *Trauma bei Kindern und Jugendlichen: Informationen für Lehr- und Erziehungskräfte.* https://www.gesundheitsinformation.de/pdf/posttraumatische-belastungsstoerung/2021-trauma-bei-kindern-und-jugendlichen.pdf.

Karbasi, Z., & Eslami, P. (2022). Prevalence of post-traumatic stress disorder during the COVID-19 pandemic in children: A review and suggested solutions. *Middle East Current Psychiatry, 29*(1), 1–9. https://doi.org/10.1186/s43045-022-00240-x.

Kendall, P. C., & Ronan, K. (1990). Assessment of children's anxieties, fears and phobias: Cognitive-behavioral models and methods. In C. R. Reynolds & R. W. Kamphaus (Hrsg.), *Handbook of Psychological and Educational Assessment of Children* (Bd. 2, S. 233–244). Guilford.

Kendall, P. C., & Pimentel, S. S. (2003). On the physiological symptom constellation in youth with Generalized Anxiety Disorder (GAD). *Journal of Anxiety Disorders, 17*(2), 211–221. https://doi.org/10.1016/s0887-6185(02)00196-2.

Kertz, S. J., & Woodruff-Borden, J. (2011). The Developmental Psychopathology of Worry. *Clinical Child and Family Psychology Review, 14*(2), 174–197. https://doi.org/10.1007/s10567-011-0086-3.

Kessler, R. C., Berglund, P., Demler, O., Jin, R., Merikangas, K. R., & Walters, E. E. (2005). Lifetime prevalence and age-of-onset distributions of DSM-IV disorders in the national comorbidity survey replication. *Archives of General Psychiatry, 62*(6), 593–602. https://doi.org/10.1001/archpsyc.62.6.593.

Klein, D. F. (1980). Anxiety reconceptualized. *Comprehensive Psychiatry, 21*(6), 411–427. https://doi.org/10.1016/0010-440X(80)90043-7.

Knappe, S. (2020). *Angsterkrankungen bei Kindern und Jugendlichen. Beitrag für die VHS Dresden*. Technische Universität.

Landolt, M. A., Vollrath, M., Ribi, K., Timm, K., Sennhauser, F. H., & Gnehm, H. E. (2003). Inzidenz und Verlauf posttraumatischer Belastungsreaktionen nach Verkehrsunfällen im Kindesalter. *Kindheit und Entwicklung, 12*(3), 184–192. https://doi.org/10.1026//0942-5403.12.3.184.

Last, C. G., Hersen, M., Kazdin, A. E., Orvaschel, H., & Perrin, S. (1991). Anxiety disorders in children and their families. *Archives of General Psychiatry, 48*(10), 928–934.

Lewinsohn, P. M., Gotlib, I. H., Lewinsohn, M., Seeley, J. R., & Allen, N. B. (1998). Gender differences in anxiety disorders and anxiety symptoms in adolescents. *Journal of Abnormal Psychology, 107*(1), 109. https://doi.org/0021-843X/98/$3.00.

Lin, J., Struina, I., & Stangier, U. (2014). Soziale Angststörung. *PSYCH up2date, 8*(2), 105–120. https://doi.org/10.1055/s-0034-1369828.

Manassis, K., & Bradley, S. J. (1994). The development of childhood anxiety disorders: Toward an integrated model. *Journal of Applied Developmental Psychology, 15*, 345–366.

Margraf, J., & Schneider, S. (1990). Erscheinung, Erklärung und Behandlung. In J. Margraf & S. Schneider (Hrsg.), *Panik: Angstanfälle und ihre Behandlung* (S.9–40). Berlin: Springer. https://doi.org/10.1007/978-3-662-22280-5_2.

Margraf, J. & Schneider, S. (2009). Panikstörung und Agoraphobie. In J. Margraf & S. Schneider (Hrsg.), *Lehrbuch der Verhaltenstherapie, Band 2* (S. 3–30). Berlin: Springer. https://doi.org/10.1007/978-3-540-79543-8_1.

Masi, G., Millepiedi, S., Mucci, M., Poli, P., Bertini, N., & Milantoni, L. (2004). Generalized Anxiety Disorder in Referred Children and Adolescents. *Journal of the American Academy of Child & Adolescent Psychiatry, 43*(6), 7527–7560. https://doi.org/10.1097/01.chi.0000121065.29744.d3.

Mental Health First Aid Training & Research Program (2008). *Panic attacks: First aid guidelines*. Melbourne: Orygen Youth Health Research Centre, University of Melbourne. www.mhfa.com.au/documents/guidelines/8185_MHFA_panic_guidelines.pdf.

Mohammadi, M. R., Pourdehghan, P., Mostafavi, S.-A., Hooshyari, Z., Ahmadi, N., & Khaleghi, A. (2020). Generalized anxiety disorder: Prevalence, predictors, and comorbidity in children and adolescents. *Journal of Anxiety Disorders, 73*, 102234. https://doi.org/10.1016/j.janxdis.2020.102234.

Morris, T. L., & March, J. S. (Hrsg.). (2004). *Anxiety disorders in children and adolescents* (2. Aufl.). Guilford.

Morschitzky, H. (2017). *Wenn Platzangst das Leben einengt: Agoraphobie bewältigen – Ein Selbsthilfeprogramm*. Patmos.

Murray, L., Cooper, P., Creswell, C., Schofield, E., & Sack, C. (2007). The effects of maternal social phobia on mother? Infant interactions and infant social responsiveness. *Journal of Child Psychology and Psychiatry, 48*(1), 45–52. https://doi.org/10.1111/j.1469-7610.2006.01657.x.

Neal, J. A., Edelmann, R. J., & Glachan, M. (2002). Behavioural inhibition and symptoms of anxiety and depression: Is there a specific relationship with social phobia? *British Journal of Clinical Psychology, 41*(4), 361–374. https://doi.org/10.1348/014466502760387489.

Nocon, A., Wittchen, H.-U., Beesdo, K., Brückl, T., Höfler, M., Pfister, H., et al. (2008). Differential familial liability of panic disorder and agora- phobia. *Depression and Anxiety, 25*, 422–434. https://doi.org/10.1002/da.20425.

Ogliari, A., Citterio, A., Zanoni, A., Fagnani, C., Patriarca, V., Cirrincione, R., Stazi, M. A., & Battaglia, M. (2006). Genetic and environmental influences on anxiety dimensions in Italian twins evaluated with the SCARED questionnaire. *Journal of Anxiety Disorders, 20*(6), 760–777. https://doi.org/10.1016/j.janxdis.2005.11.004.

Otto, C., Petermann, F., Barkmann, C., Schipper, M., Kriston, L., Hölling, H., Ravens-Sieberer, U., & Klasen, F. (2016). Risiko- und Schutzfaktoren generalisierter Ängstlichkeit im Kindes- und Jugendalter. *Kindheit und Entwicklung, 25*(1), 21–30. https://doi.org/10.1026/0942-5403/a000185.

Pitman, R. K., Gilbertson, M. W., Gurvits, T. V., May, F. S., Lasko, N. B., Metzger, L. J., et al. & Harvard/VA PTSD Twin Study Investigators (2006). Clarifying the origin of biological abnormalities in PTSD through the study of identical twins discordant for combat exposure. *Annals of the New York Academy of Sciences, 1071*(1), 242–254. https://doi.org/10.1196/annals.1364.019.

Pynoos, R. S., Goenjian, A. K., & Steinberg, A. M. (1998). Children and disasters: A developmental approach to posttraumatic stress disorder in children and adolescents. *Psychiatry and Clinical Neurosciences, 52*(S1), 82–91. https://doi.org/10.1046/j.1440-1819.1998.0520s5S129.x.

Pynoos, R. S., Steinberg, A. M., & Piacenttini, J. C. (1999). A developmental psychopathology model of childhood of randomised controlled trials. *Clinical Psychology Review, 26*, 859–911. https://doi.org/10.1016/S0006-3223(99)00262-0.

Qirjako, E. (2007). *Traumatisierte Kinder und Jugendliche: Einfluss Posttraumatischer Belastungsstörung auf psychische Auffälligkeiten bei Kindern und Jugendlichen*. München: Ludwig-Maximilians-Universität. https://edoc.ub.uni-muenchen.de/6872/1/Qirjako_Eni.pdf.

Rapee, R. M., & Melville, L. F. (1997). Recall of family factors in social phobia and panic disorder: Comparison of mother and offspring reports. *Depression and Anxiety, 5*(1), 7–11. https://doi.org/10.1002/(SICI)1520-6394(1997)5:1<7::AID-DA2>3.0.CO;2-E.

Roggenhofer, C. (2018). *Neuronale Korrelate der Interozeption bei Patienten mit Panikstörung – eine funktionelle Bildgebungsstudie*. Heidelberg: Ruprecht-Karls-Universität. https://archiv.ub.uni-heidelberg.de/volltextserver/25196/1/Dissertation_Roggenhofer_FINAL_Juni2018.pdf.

Rosner, R., & Steil, R. (2009). *Ratgeber Posttraumatische Belastungsstörung: Informationen für Betroffene, Eltern, Lehrer und Erzieher*. Hogrefe.

Rubin, K. H., Wojslawowicz, J. C., Rose-Krasnor, L., Booth-LaForce, C., & Burgess, K. B. (2006). The Best Friendships of Shy/Withdrawn Children: Prevalence, Stability, and Relationship Quality. *Journal of Abnormal Child Psychology, 34*(2), 139–153. https://doi.org/10.1007/s10802-005-9017-4.

Sander, W. (2016). Wie bin ich geworden, wer ich bin? Info 02.01 Entwicklungsaufgaben. *Bundeszentrale für politische Bildung*. https://www.bpb.de/lernen/angebote/grafstat/krise-und-sozialisation/224837/info-02-01-entwicklungsaufgaben/.

Schaeuffele, C., Schulz, A., Knaevelsrud, C., Renneberg, B., & Boettcher, J. (2021). CBT at the Crossroads: The Rise of Transdiagnostic Treatments. *International Journal of Cognitive Therapy, 14*(1), 86–113. https://doi.org/10.1007/s41811-020-00095-2.

Schmidt, N. B., Keough, M. E., Mitchell, M. A., Reynolds, E. K., MacPherson, L., Zvolensky, M. J., & Lejuez, C. W. (2010). Anxiety sensitivity: Prospective prediction of anxiety among early adolescents. *Journal of Anxiety Disorders, 24*, 503–508. https://doi.org/10.1016/j.janxdis.2010.03.007.

Schmidt-Traub, S. (2005). *Angst bewältigen: Selbsthilfe bei Panik und Agoraphobie*. Springer.

Schmidt-Traub, S. (2014). *Panikstörung und Agoraphobie: Ein Therapiemanual*. Hogrefe.

Schneider, S., & Blatter-Meunier, J. (2019). Trennungsangst. In S. Schneider & J. Margraf (Hrsg.), *Lehrbuch der Verhaltenstherapie: Psychologische Therapie bei Indikationen im Kindes- und Jugendalter* (Bd. 3, S. 499–522). Springer.

Schneider, S., & Seehagen, S. (2014). Angststörungen im Kindes- und Jugendalter. *Pädiatrie up2date, 9*(4), 355–368. https://doi.org/10.1055/s-0033-1349649.

Schneider, S., Unnewehr, S., Florin, I., & Margraf, J. (2002). Priming panic interpretations in children of patients with panic disorder. *Journal of Anxiety Disorders, 16*, 605–624. https://doi.org/10.1016/S0887-6185(02)00126-3.

Schuch, B. (2009). Social Anxiety in Childhood and Youth. *Psychiatria Danubina, 21*(4), 549–554.

Schweer, M. K. (2017). *Lehrer-Schüler-Interaktion: Inhaltsfelder, Forschungsperspektiven und methodische Zugänge*. SpringerVS.

Sekretariat der Ständigen Konferenz der Kultusminister der Länder in der Bundesrepublik Deutschland (2004). *Standards für die Lehrerbildung: Bildungswissenschaften*. https://www.kmk.org/fileadmin/veroeffentlichungen_beschluesse/2004/2004_12_16-Standards-Lehrerbildung-Bildungswissenschaften.pdf.

Skre, I., Onstad, S., Torgersen, S., Lygren, S., & Kringlen, E. (2000). The Heritability of Common Phobic Fear: A Twin Study of a Clinical Sample. *Journal of Anxiety Disorders, 14*(6), 549–562. https://doi.org/10.1016/S0887-6185(00)00049-9.

Solberg, Ø., Nissen, A., Vaez, M., Cauley, P., Eriksson, A. K., & Saboonchi, F. (2020). Children at risk: A nation-wide, cross-sectional study examining post-traumatic stress symptoms in refugee minors from Syria, Iraq and Afghanistan resettled in Sweden between 2014 and 2018. *Conflict and Health, 14*(1), 1–12. https://doi.org/10.1186/s13031-020-00311-y.

Southwick, S. M., Yehuda, R., & Charney, D. S. (1997). Neurobiological alterations in PTSD: Review of the clinical literature. *Progress in Psychiatry, 51*, 241–268.

Spence, S. H., Donovan, C., & Brechman-Toussaint, M. (1999). Social Skills, Social Outcomes, and Cognitive Features of Childhood Social Phobia. *Journal of Abnormal Psychology, 108*(2), 211–221. https://doi.org/10.1037/0021-843X.108.2.211.

Spinath, B. (2005). Akkuratheit der Einschätzung von Schülermerkmalen durch Lehrer und das Konstrukt der diagnostischen Kompetenz. *Zeitschrift für Pädagogische Psychologie, 19*(1/2), 85–95. https://doi.org/10.1024/1010-0652.19.12.85.

Steil, R., & Rosner, R. (2013). Posttraumatische Belastungsstörung bei Kindern und Jugendlichen. *Posttraumatische Belastungsstörungen, 351–376,*. https://doi.org/10.1007/978-3-642-35068-9_19.

Suhr-Dachs, L. (2009). Prüfungsängste. In S. Schneider & J. Margraf (Hrsg.), *Lehrbuch der Verhaltenstherapie: Psychologische Therapie bei Indikationen im Kindes- und Jugendalter* (Bd. 3, S. 569–586). Springer.

The National Child Traumatic Stress Network [NCTSN]. (2008). *Child Trauma Toolkit for Educators*. https://www.nctsn.org/sites/default/files/resources/child_trauma_toolkit_educators.pdf.

Tillfors, M., Furmark, T., Ekselius, L., & Fredrikson, M. (2001). Social phobia and avoidant personality disorder as related to parental history of social anxiety: A general population study.

Behaviour Research and Therapy, 39(3), 289–298. https://doi.org/10.1016/S0005-7967(00)00003-6.

Unnewehr, S., Schneider, S., & Margraf, J. (1995). Entwicklung des Kinder-DIPS. In S. Unnewehr, S. Schneider & J. Margraf (Hrsg.), *Kinder-DIPS. Diagnostisches Interview bei psychischen Störungen im Kindes- und Jugendalter* (S. 12–14). Springer.

Verduin, T. L., & Kendall, P. C. (2008). Peer Perceptions and Liking of Children with Anxiety Disorders. *Journal of Abnormal Child Psychology, 36*(4), 459–469. https://doi.org/10.1007/s10802-007-9192-6.

Vriends, N., & Margraf, J. (2008). Panikstörung und Agoraphobie. *Psychiatrie und Psychotherapie up2date, 2*(02), 89–104. https://doi.org/10.1055/s-2007-986331.

Wittchen, H. U., & Essau, C. A. (1993). Epidemiology of panic disorder: Progress and unresolved issues. *Journal of Psychiatric Research, 27*, 47–68. https://doi.org/10.1016/0022-3956(93)90017-V.

Wittchen, H. U., & Hoyer, J. (2011). *Klinische Psychologie & Psychotherapie*. Springer.

Wittchen, H.-U., & Jacobi, F. (2005). Size and burden of mental disorders in Europe – a critical review and appraisal of 27 studies. *European Neuropsychopharmacology, 15*, 357–376. https://doi.org/10.1016/j.euroneuro.2005.04.012.

Woon, F. L., & Hedges, D. W. (2008). Hippocampal and amygdala volumes in children and adults with childhood maltreatment – related posttraumatic stress disorder: A meta-analysis. *Hippocampus, 18*(8), 729–736. https://doi.org/10.1002/hipo.20437.

Gruppen mit erhöhter Vulnerabilität

4

Liz Pautsch, Kim Vasiljevic und Oliver Kluge

Zusammenfassung

Das Bildungssystem ist mehr als nur ein Ort des Lernens; es ist auch ein prägender Raum, in dem sich Identität, soziale Integration und persönliche Herausforderungen entfalten. Dieses Kapitel beleuchtet, wie Neurodiversität, sexuelle und geschlechtliche Vielfalt sowie Diskriminierungserfahrungen die Identitätsentwicklung und das Wohlbefinden von Schüler*innen beeinflussen. Abschn. 4.1 untersucht Diskriminierungserfahrungen von Minderheiten in der Schule, die eine kritische Phase der Identitätsentwicklung darstellen und oft von Stressoren und Vorurteilen geprägt sind. Abschn. 4.2 widmet sich den Herausforderungen neurodivergenter Schüler*innen, deren schulische Leistungen und psychische Gesundheit beeinflusst werden, und diskutiert Maßnahmen zur Verbesserung der Unterstützung. Abschn. 4.3 analysiert die Auswirkungen heteronormativer Konzepte auf LGBT+-Schüler*innen und die Notwendigkeit gezielter Unterstützung. Ein Exkurs zum Zusammenhang zwischen LGBT+ Zugehörigkeit und Suizid (Abschn. 4.4) bietet eine detaillierte Betrachtung der schwerwiegenden Konsequenzen, die mit Diskriminierung und Isolation verbunden sind, und schließt mit einem Fallbeispiel zur Unterstützung durch eine luxemburgische Dienststelle (Abschn. 4.5) ab, das konkrete Ansätze und deren Evaluation zeigt.

L. Pautsch (✉) · K. Vasiljevic · O. Kluge
Esch-sur-Alzette, Luxembourg

K. Vasiljevic
E-Mail: kim.vasiljevic@alumni.uni.lu

© Der/die Autor(en), exklusiv lizenziert an Springer Fachmedien Wiesbaden GmbH, ein Teil von Springer Nature 2025
M. Böhmer und G. Steffgen (Hrsg.), *Angst an Schulen*,
https://doi.org/10.1007/978-3-658-46278-9_4

Schlüsselwörter

Diskriminierung · Identität · Geschlecht · Neurodiversität · Sexualität · LGBT+

Fallbeispiel

Eine Schülerin, die seit einiger Zeit unter einer Aufmerksamkeits-Defizit-Störung leidet und sich im vergangenen Schuljahr als bisexuell geoutet hat, steht vor dem Übergang in die Oberstufe im kommenden Schuljahr. Aufgrund von Stress, Unsicherheit und der Angst vor Ausgrenzung zieht sie sich immer stärker zurück. Das vergangene Jahr erwies sich sowohl in der Schule als auch zu Hause als äußerst anspruchsvoll. Die erfahrene Unterstützung war so gering, dass sie in Erwägung zieht, die Schule abzubrechen. ◄

Übersicht

Gruppen mit erhöhter Vulnerabilität, wie zum Beispiel Schüler*innen, die sich in einer Findungsphase befinden, Schüler*innen, die geschlechtlichen und/oder sexuellen Minderheit angehören, oder solche mit Neurodivergenzen stehen in der Gesellschaft vor besonderen Herausforderungen, die ihren Werdegang prägen. Diese Personen sind oft mit Vorurteilen, Diskriminierung und sozialer Ausgrenzung konfrontiert. Diese negativen Erfahrungen können weitreichende Auswirkungen auf ihre psychische Gesundheit, ihr allgemeines Wohlbefinden und sogar ihre physische Gesundheit haben. Wie im Fallbeispiel ersichtlich, können diese Erfahrungen ebenfalls Ängste hervorrufen. Es ist daher von entscheidender Bedeutung, ein unterstützendes Umfeld sowohl für Lehrkräfte als auch Schüler*innen zu schaffen, welches die Vielfalt verschiedener Gruppen mit erhöhter Vulnerabilität miteinbezieht.

Personen mit Neurodivergenzen oder anderen Entwicklungsunterschieden haben individuelle Denk- und Verhaltensweisen, die selten von der gesellschaftlichen Norm erfasst werden. Die Zugehörigkeit zu einer sexuellen und/oder geschlechtlichen Minderheit kann auf ähnliche Weise mit Vorurteilen und Missverständnissen verbunden sein. Beispielsweise können Coming-Out-Erfahrungen bei Personen im jungen Alter besonders prägend sein, wenn diese keine nötige Unterstützung erfahren. Es ist daher notwendig, Bildungseinrichtungen und Arbeitsplätze so anzupassen, dass sie die Bedürfnisse von diesen Minoritäten angemessen berücksichtigen und ihnen gerechte Chancen bieten. Das folgende Kapitel soll dazu beitragen, dass die Sicht auf die Gestaltung eines pädagogischen Umfelds achtsamer und inklusiver wird.

> Es ist wichtig zu betonen, dass neben diesen Gruppen weitere vulnerable Bevölkerungsgruppen existieren, die ebenfalls auf Unterstützung und Solidarität angewiesen sind. Hierzu gehören Personen mit körperlichen Behinderungen, unterschiedlichem ethnischen Hintergrund oder auch sozioökonomischen Schwierigkeiten. Trotz der begrenzten Betrachtung in diesem Kapitel ist es von größter Bedeutung, eine inklusive Gesellschaft zu schaffen, die sich für Gerechtigkeit und Gleichheit für alle einsetzt. Dies erfordert gezielte Maßnahmen auf sozialer, rechtlicher und gesundheitlicher Ebene, um sicherzustellen, dass jede Stimme gehört wird und jede Person die Möglichkeit hat, ihr volles Potenzial, beispielsweise in der Schule, auszuschöpfen.
>
> Diesen und anderen Fragen widmen sich die Autor*innen im Laufe des Kapitels mit dem Ziel, sich in die Lage dieser betroffenen Individuen hineinzuversetzen und ein tieferes Verständnis für ihre Herausforderungen zu entwickeln. Schlussendlich werden konkrete Handlungsmöglichkeiten präsentiert, die dazu anregen sollen, sowohl Betroffene als auch Angehörige, Mitschüler*innen, Lehrkräfte und andere Personen dazu zu bewegen, über ihre Ansichten nachzudenken und Veränderungen anzustoßen.

4.1 Diskriminierungserfahrungen von Minoritäten

Der Mensch ist ein „Gewohnheitstier". Wir fühlen uns in der Gleichartigkeit wohl und stoßen aus Angst vor Veränderungen das Unbekannte von uns. Dies zeigt sich auch in der Gemeinschaft: Die Menschen fühlen sich wohl mit dem, was sie verstehen und womit sie vertraut sind, mit Menschen, die wie sie selbst aussehen, denken und handeln – also Teil ihrer (subjektiv empfundenen) Gruppe sind (Gollwitzer & Schmitt, 2019). Gruppen können beispielsweise emotionaler (z. B. Familie), aufgabenbezogener (z. B. Mannschaften), sozialer (z. B. Geschlechtsidentität, Ethnie, Hautfarbe) und lockerer (z. B. Personen an Bushaltestelle) Art sein (Jonas et al., 2014, S. 444) und Menschen können mehreren Gruppen zugehörig sein und dadurch auch mehrere soziale Identitäten aufweisen (ebd.). Allerdings erhöht oder verringert sich die Wahrnehmung einer sozialen Identität je nach Situation (Gollwitzer & Schmitt, 2019).

Gruppen tragen unter anderem dazu bei, die Welt besser zu verstehen: Die Menschen verlassen sich oft auf das, was viele andere für eine gültige und korrekte Darstellung der sozialen Realität halten (Gollwitzer & Schmitt, 2019). Gruppennormen, also Leitlinien wie man sich (nicht) verhalten soll, stellen hierbei eine regulierende Funktion dar. Sie lassen die Mitglieder wissen, welche Verhaltensweisen und Einstellungen typisch (deskriptive Norm) und angemessen (injunktive Norm) sind. Gruppennormen geben Informationen über die soziale Realität und bilden eine Sicherheit, da sie das Verhalten der Mitglieder vorhersehen. Eine Einhaltung der Normen bezweckt ein reibungsloses Miteinander, während eine Nichteinhaltung zu negativen Reaktionen bis hin zum Gruppenausschluss führen kann. Die Mehrheitsmeinung kann in vielen Fällen richtig sein, manchmal kann sie aber auch zu Verzerrungen führen, weshalb man Normen nicht immer akzeptieren, sondern auch hinterfragen sollte. Wenn sich eine Person als Teil einer Gruppe sieht (z. B. einer Clique), befolgt sie tendenziell deren Normen (z. B. an den Kleidungsstil der Gruppe anzupassen), da sie mit dem eigenen Werte- und Überzeugungssystem übereinstimmen (Jonas et al., 2014) und/oder aus Angst negativ aufzufallen. Darüber hinaus führt die Einhaltung von Normen zu einem hohen Status innerhalb der Gruppe, dem mit Respekt begegnet wird und den die Menschen aufgrund ihres Wunsches nach einer positiven Identität anstreben.

Dies ist auch ein Erklärungsansatz für die Aufrechterhaltung von Diskriminierung und Mobbing im Schulkontext: Eine Studie von Salmivalli et al. (1996) erklärt, dass von 573 Sechstklässler*innen 8 % aktiv mobben, 7 % Assistent*innen der mobbenden Person, 20 % Verstärker*innen, 17 % Verteidiger*innen und 24 % Außenstehende waren. Man könnte erklären, dass die 20 %, welche Mobber*innen und deren Assistent*innen unterstützen und verstärken, aus Angst vor einer Gruppensanktion und deren Folgen am Geschehen „mitmachen" (Wild & Möller, 2015). Somit haben Gruppennormen einen Einfluss auf den Gruppenprozess, können aufgrund ihres Anpassungscharakters allerdings auch Ergebnis des Gruppenprozesses sein, da sie sich über die Zeit, durch Einflüsse von außen oder durch neue Mitglieder verändern können (Jonas et al., 2014). So könnten sich im Beispiel davor die Normen ändern, wenn mehrere Schüler*innen sich als Verteidiger*innen zeigen bzw. eine neue Gruppe mit eigenen Normen bilden würden. Dies zeigt sich auch in der Forschung zum Einfluss von Minderheiten, dass es Minoritäten möglich ist, die Mehrheitsmeinung einer Gruppe zu verändern und zuvor kaum vorstellbare Verhaltensweisen selbstverständlich werden lassen, sofern die Umstände günstig sind (z. B. Ohrringe bei Männern; Gollwitzer & Schmitt, 2019; Jonas et al., 2014).

Im Kontakt mit anderen Gruppen erinnert sich eine Person an die eigene Gruppenmitgliedschaft, aktiviert Gedanken, Gefühle und Verhalten (Soziale Identitätstheorie nach Tajfel und Turner; Gollwitzer & Schmitt, 2019) und kategorisiert spontan und automatisch anhand aktivierter Schemata in Eigen- und Fremdgruppe. Die Anwendung von Schemata erfolgt im Sinne einer Bestätigung von Stereotypen, d. h. der Mensch sucht nach Charakteristika, die die eigene und die Fremdgruppe auszeichnen, wodurch er Wissen zu Überzeugungen, Verhaltenstendenzen und Eigenschaften aufruft. Dabei wird die Eigengruppe positiver wahrgenommen, wodurch der eigene Selbstwert gestärkt wird, und es wird nach Dimensionen der Überlegenheit gesucht – besonders wenn die Fremdgruppe als Bedrohung angesehen wird. Es kommt zur Diskriminierung, wenn die Eigengruppe gegenüber einer Fremdgruppe bevorzugt wird oder wenn eine Fremdgruppe aufgrund ihrer Gruppenzugehörigkeit ungerechtfertigt benachteiligt, abgewertet oder geschädigt wird (Gollwitzer & Schmitt, 2019).

Eigengruppenfavorisierung soll laut Mummendey und Otten (ebd.) allerdings öfter vorkommen und einfacher erzeugt werden als Fremdgruppenabwertung (Positiv-Negativ-Asymmetrie). Nach Tajfel lässt sich diskriminierendes Verhalten als eine Strategie der Menschen erklären, eine negative soziale Identität zu vermeiden bzw. zu reduzieren und eine positive soziale Identität zu erhöhen bzw. zu sichern. Der Ansatz der Selbstkategorisierungstheorie (ebd.) erklärt darüber hinaus, dass Diskriminierung dann entsteht, wenn die Eigengruppe als repräsentativer für eine übergeordnete Kategorie angesehen wird als eine Fremdgruppe. So würden die Merkmale der Eigengruppe auf die übergeordnete Kategorie projiziert werden und infolgedessen die Abwertung der Fremdgruppe als angemessen angesehen (ebd.). Intersektionalität hingegen beschreibt die Kombination mehrerer voneinander unabhängiger hervorstechender Merkmale einer Person. Diese Überschneidung erhöht die Wahrscheinlichkeit, dass Personen diskriminiert und ausgeschlossen werden, was zu individuellen Diskriminierungserfahrungen führt. Man kann von einer Mehrfachdiskriminierung sprechen. So können beispielsweise männliche Jugendliche, die sich küssen, zeitgleich wegen ihres Alters, aber auch wegen ihrer sexuellen Orientierung diskriminiert werden (Çetin, 2014; Marten & Walgenbach, 2017).

Die Reichweite und die Erscheinungsformen von Diskriminierung können vielfältig sein, haben aber alle das Potenzial, in Angst zu resultieren. So können Personen aufgrund von Ethnie, Geschlecht, Alter, Religion, Behinderung oder sexueller Identität sowie Orientierung reduziert werden (Save Society, 2023). Dieses Kapitel handelt von Schüler*innen, die tagtäglich mit Herausforderungen aufgrund von atypischen neurologischen Entwicklungen konfrontiert sind und/oder Schwierigkeiten mit ihrer Identitätsfindung haben. Zunächst liegt der Fokus auf dem Thema Neurodiversität und im Weiteren auf der Zugehörigkeit zu geschlechtlichen und sexuellen Minderheiten, bevor deren Zusammenhang mit der Entwicklung und Aufrechterhaltung von Ängsten und Angststörungen dargelegt wird. Im Anschluss werden Unterstützungsmöglichkeiten durch relevante Bezugspersonen diskutiert. Zudem wird die Bedeutung der Schule während der Pubertät erklärt und anhand beispielhafter Berichte aus dem luxemburgischen Feld werden individuelle Ängste und Herausforderungen von jungen Schüler*innen angeführt, sowie Möglichkeiten von Außenstehenden sowie Betroffenen zu handeln und zu helfen.

4.1.1 Schulzeit als vulnerable Phase für die Identitätsentwicklung

Jeder Mensch besitzt eine Identität, die sich aus biologischen, sozialen und kulturellen Faktoren zusammensetzt. Eine Identität zu haben bedeutet, sich seiner persönlichen äußeren (z. B. Hautfarbe) und inneren (z. B. Kompetenzen) Merkmale bewusst zu sein. Die Entwicklung der eigenen Identität ist ein lebenslanger Prozess, wobei sie aus entwicklungspsychologischer Sicht eine zentrale Aufgabe der Adoleszenz darstellt, die es zu bewältigen gilt (Stangl, 2023). Entwicklungsaufgaben sind Herausforderungen des Lebens, die jede Person zu lösen hat. Sie ergeben sich durch die körperliche Entwicklung, kulturellen Druck und die dadurch ausgelösten Wünsche und Erwartungen (Schneider et al., 2018).

Nach Eriksons Theorie der Identitätsbildung (1968) tritt in der Pubertät die Krise ‚Identität versus Identitätsdiffusion' auf (Siegler et al., 2016). Nach seiner Annahme ist eine erfolgreiche Lösung dieser Krise eine *erarbeitete Identität,* in der Jugendliche zwischenmenschliche Erfahrungen machen, Grenzen austesten, eigene Interessen verfolgen und Hilfe leisten oder annehmen. Dabei entscheiden sie, welche Aspekte des Selbst, wie zum Beispiel Rollen, sexuelle Identität, Werte und Zukunftsaussichten, sie beibehalten oder von welchen sie sich abgrenzen möchten und welche sie in ihr *Ich* integrieren (Gaupp et al., 2021; Siegler et al., 2016; Stangl, 2023). Ein Nichtbestehen dieser Entwicklungsaufgabe (Identitätsdiffusion) fühlt sich für Jugendliche oft bedrückend, einsam und verloren an, ist laut Erikson aber ein häufig vorkommender Zustand von kurzer Dauer. Ein negatives Bewältigungsverhalten liegt vor, wenn Jugendliche die Alternativen nicht ausreichend abwägen und sich zu früh auf eine Identität festlegen, zum Beispiel indem sie die Rollen und Werte einer anderen Person *übernehmen.* Eine *negative Identität* entspricht Jugendlichen, die absichtlich eine Identität annehmen, die dem Gegenteil von dem entspricht, was ihr Umfeld von ihnen erwarten (Siegler et al., 2016).

Erwachsenwerden ist schwer und mit viel Stress und Unsicherheiten verbunden (Herpertz-Dahlmann et al., 2013). Es ist nicht verwunderlich, dass – laut einer Forsa-Umfrage 2013 im Auftrag der Techniker Krankenkasse – Alltagsanforderungen, Entwicklungsaufgaben und kritische Lebensereignisse im Jugendalter das höchste Stresserleben verglichen mit älteren Altersgruppen darstellen. Zudem ist in dieser Lebensphase die Prävalenz von 10 % für psychische Störungen hoch (Hagedorn, 2014; Herpertz-Dahlmann et al., 2013). In der frühen Adoleszenz (11–14 Jahre) machen sich Schüler*innen Sorgen, neben dem Zeit-, Erwartungs- und Leistungsdruck, ob sie von ihren gleichaltrigen Klassenkamerad*innen sozial akzeptiert werden und ob sie in der Lage sind, ausreichende soziale Fähigkeiten zu zeigen. Zudem glauben sie an die Einzigartigkeit ihres Denkens und Handelns und neigen dazu, mit ihren Gefühlsbeschreibungen zu übertreiben (persönliche Fabel, z. B. *niemand versteht mich*). Elkind spricht schon 1967 außerdem von einem Jugendegozentrismus, also einer übertriebenen Selbstbespiegelung, in welchem heranwachsende Jugendliche auf ihr Erleben und Verhalten fokussiert sind und trotz Fähigkeit zur Perspektivenübernahme sich nur wenig mit den Blickwinkeln von anderen beschäftigen (Siegler et al., 2016). Dadurch, dass Jugendliche so stark mit dem eigenen Aussehen und ihrem Handeln beschäftigt sein können, kreisen ihre Gedanken ständig darum, was andere von ihnen halten mögen (imaginäres Publikum; ebd.). Im mittleren Jugendalter (15–17 Jahre) erkennen Jugendliche Widersprüche in ihrem Verhalten und ihren Eigenschaften zu verschiedenen Zeitpunkten und Situationen, es fehlt ihnen jedoch noch an kognitiven Ressourcen, um diese differenzierten Verhaltensweisen in ein einheitliches Selbstkonzept zu integrieren. Erst im späten Jugendalter und frühen Erwachsenenalter

(18–21 Jahre) wird den Jugendlichen bewusster, dass Widersprüche ein Teil ihrer Integrität sind, ihre Weltsicht verfestigt und generalisiert sich und sie denken weniger daran, was andere von ihnen halten (ebd.).

Nach Erikson (in 1968) und Elkind (in 1967) verfestigt sich die Identität eines Menschen im frühen Erwachsenenalter (Siegler et al., 2016). Es ist jedoch anzumerken, dass die Zeit, in der diese Theorien entwickelt wurden, fünfzig Jahre später nicht mehr denselben sozialen und kulturellen Standards entspricht. Im Verlauf der Zeit hat sich eine ausgeprägte Tendenz zur Individualisierung herausgebildet, die auf Einflüsse von LGBT+-Bewegungen, sozialen Medien, Generationenwandel (Millennials und die Generation Z) und kulturellen Gegebenheiten zurückzuführen ist. Die Welt ist im Wandel und hat zunehmend eine offenere Haltung gegenüber individueller Selbstverwirklichung, was dazu ermutigt, die eigene Identität aktiv zu gestalten. (Man muss allerdings betonen, dass dieser Wandel in verschiedenen Teilen der Welt unterschiedlich verläuft, nicht überall mit gleicher Geschwindigkeit und Intensität stattfindet und in einigen Gebieten sogar rückläufig ist.) Heutzutage ist es für Menschen –vorwiegend aus Industrieländern – üblich, nach der Schule eine Ausbildung zu machen oder eine Hochschule zu besuchen, anstatt zu heiraten, Kinder zu bekommen und mit dem*r Lebenspartner*in zusammenzuziehen, was bedeutet, dass vom 18. Lebensjahr bis in die späten Zwanziger noch viele wichtige Veränderungen im Leben anstehen, die die Identität prägen. Die Postadoleszenz wird auch als *emerging adulthood* bezeichnet und definiert sich durch

1. die Exploration der inneren und äußeren Identität durch Sammeln von Erfahrung,
2. das Gefühl, dass einem das ganze Leben noch offensteht,
3. das Stadium zwischen Jugend und Erwachsensein,
4. Unstabilität von Lebensstil, dem Wohnort und den Beziehungen und
5. den Fokus auf sein Selbst (Arnett, 2000; Robinson, 2015).

Inwiefern das für Schüler*innen relevant ist, wird im Abschn. 4.3 näher erläutert.

Zusammenfassung
Während der Pubertät beginnen Jugendliche, ihre Fähigkeit zum abstrakten und logischen Denken zu entfalten. Diese gesteigerte Denkkomplexität führt zu einem erhöhten Selbstbewusstsein und der Fähigkeit zur Selbstreflexion. Aufgrund der deutlichen körperlichen Veränderungen, die in dieser Phase auftreten, kann dieses gesteigerte Selbstbewusstsein jedoch in eine übermäßige Selbstbeschäftigung und Unsicherheit umschlagen. Jugendliche setzen sich intensiv mit ihrem Aussehen und ihrem Wesen auseinander und sind besonders sensibel für Unterschiede zwischen sich und Gleichaltrigen.

Angesichts der wachsenden Akzeptanz individueller Selbstverwirklichung in der westlichen Welt, schlagen Jugendliche nach ihrem Schulabschluss vermehrt individuelle Wege ein und entdecken ihre Identität oft erst während der Postadoleszenz bzw. formen sie bis ins Erwachsenenalter kontinuierlich neu (emerging adulthood).

4.1.2 Einflüsse auf die Identitätsfindung

Während im Kindesalter die wichtigsten Bezugspersonen wohl die Erziehungsberechtigten sind, wird das soziale Umfeld im Jugendalter erweitert und Gleichaltrige werden zu Bezugspersonen. Im Allgemeinen spielen Gleichaltrige in der Adoleszenz eine wichtige Rolle, da sie sich einerseits im täglichen Kontakt befinden und andererseits mit denselben Entwicklungsaufgaben der Pubertät konfrontiert sind. Es kann also davon ausgegangen werden, dass sie sich gegenseitig bei der Lösung dieser Aufgaben unterstützen. Die gleichzeitige Reifung kann eine Gelegenheit bieten, Probleme und Anforderungen zu teilen und eine emotionale Bindung aufzubauen, die sich von der zu den Erziehungsberechtigten unterscheidet (Flammer, 2002). Daher werden Freundschaften in der Adoleszenz auch als Grundlage für spätere, intime Beziehungen betrachtet, aber auch als Gelegenheit, das eigene Selbst durch gemeinsame Erfahrungen zu entdecken. Die große Bedeutung von Beziehungen zu Gleichaltrigen kann daher als positive Auswirkung auf die Entwicklung sozialer Fähigkeiten gesehen werden, kann aber auch negative Auswirkungen haben (z. B. Drogenkonsum, risikoreiches Verhalten). Forscher*innen erklären diese negativen Folgen mit Kausal- und Selektionseffekten. Sie stellen die Hypothese auf, dass junge Menschen mit negativen Tendenzen zufällig Gleichgesinnte finden oder dass sie sich kausal mit jungen Menschen zusammentun, die sie negativ beeinflussen. Im Allgemeinen tragen Peers und Vorbilder zu der Moralentwicklung von Jugendlichen bei, beispielsweise in Bezug auf Normen, Einstellung zu Alkohol- und Drogenkonsum sowie delinquentes Verhalten. Es kommt zu einem Wertekonflikt, wenn sich die Normen der Peergruppe und der Erziehungsberechtigten unterscheiden, jedoch wird sich diesen Normen je nach Kontext anhand multipler moralischer Identitäten angepasst (Lohaus & Vierhaus, 2019; Schneider et al., 2018).

Auch wenn sich die Jugendlichen von ihren Erziehungsberechtigten lossagen, bleiben diese weiterhin wichtige Bezugspersonen, an die sich die Jugendlichen im Idealfall wenden können, wenn sie bestimmte Themen besprechen wollen oder Fragen haben. Dabei ist es für die Identitätsbildung wichtig, wie Erziehungsberechtigte darauf reagieren. So entwickeln junge Menschen eher den Mut, Individualität und Autonomie zu erforschen, und entwickeln damit eine reifere Identität, wenn sie dabei auch von ihren Erziehungsberechtigten unterstützt und bestärkt werden. Wenn Erziehungsberechtigte mehr Kontrolle ausüben, haben Jugendliche weniger Mut zur Erkundung, gehen nicht so weit in die Tiefe und legen sich folglich nicht so schnell auf eine Identität fest. Schließlich sind Erziehungsberechtigte auch für die Sozialisation des Kindes verantwortlich, also der Weitergabe von Werten, Normen, Wissen und Verhaltensweisen, die in der jeweiligen Kultur als angemessen gelten und eine Rolle für die künftige Entwicklung des jungen Menschen spielen können. In diesem Zusammenhang wird in der Literatur erörtert, wie sich die Sozialisation von der Erziehung unterscheidet, bei der die Erziehungsberechtigten die Entwicklung des Kindes bewusst in eine Richtung lenken (Siegler et al., 2016).

Wenn die Familie aus einem niedrigen sozioökonomischen Statusumfeld stammt, ist es auch möglich, dass die Jugendlichen weniger erkunden, da zum Beispiel einige berufliche Optionen für sie aus finanziellen Gründen nicht in Frage kommen und es weniger Vorbilder gibt. Historisch gesehen haben sich auch die Ziele der Identitätsentwicklung verändert: Mädchen, die auf der Suche nach ihrer Identität sind, haben zum Beispiel weniger das Bedürfnis, eine Familie zu gründen (Siegler et al., 2016).

Aus ethnischer Sicht können Jugendliche in ihrer Identitätsfindung beeinflusst werden, wenn sie sich mit der eigenen ethnischen Gruppe identifizieren und deren Werte übernehmen möchte. So übernehmen Jugendliche aus ethnischen Minoritäten in einem ersten Schritt, ohne zu fragen, die Identität ihrer Familie, entwickeln aber während der Findungsphase ein Interesse daran, mehr über ihre Ethnizität zu erfahren, und halten dann entweder an der Gruppe fest, was mit einem positiven Selbstwertgefühl verbunden ist, oder explorieren die Identitätsmodelle der Mehrheit, was wiederum zu einer Identitätsentwicklung in diese Richtung oder zu einer bikulturellen Identität führt (Siegler et al., 2016).

Weitere Einflussfaktoren sind das Internet und die sozialen Medien, die einen nicht mehr wegzudenkenden Alltagsgegenstand für viele Jugendliche darstellen. Dabei gehen die meisten mit ihrem eigenen Smartphone oder Laptop/PC täglich ins Internet. Das Internet stellt eine Plattform dar, in welcher sich Jugendliche mit anderen vernetzen, aber auch um sich zu informieren (Krell & Oldemeier, 2018). Neben den positiven Aspekten kann das Internet allerdings auch eine Risikoquelle für Minoritätsdiskriminierungen sein, so die Ergebnisse der Studie *Queere Freizeit* (ebd.).

Zusammenfassung
Diskriminierungserfahrungen betreffen Schüler*innen, die aufgrund ihrer ethnischen Herkunft, Religion, Geschlechtsidentität oder anderer Merkmale Vorurteilen ausgesetzt sind. Diese Erlebnisse haben oft tiefgreifende Auswirkungen auf die psychische Gesundheit und das Selbstwertgefühl. Das Kapitel beleuchtet die Schulzeit als besonders vulnerable Phase der Identitätsentwicklung, in der Diskriminierungserfahrungen den Zugang zu Bildung und sozialen Netzwerken erheblich einschränken können. Präventive Maßnahmen wie Diversitätstrainings und ein diskriminierungsfreies Schulklima spielen eine Schlüsselrolle bei der Unterstützung dieser Schüler*innen.

Insgesamt tragen also familiäre, soziale, sozioökonomische, kulturelle, ethnische, historische, schulische und mediale Faktoren zur Identitätsbildung bei.

4.2 Neurodiversität

> **Fallbeispiel**
>
> Ein Schüler der siebten Klasse erlebt aufgrund seiner Autismus-Spektrum-Störung besondere Schwierigkeiten an der Schule. Diese äußern sich in Herausforderungen beim Aufrechterhalten von Blickkontakt, der Integration in Gruppenarbeiten sowie der Möglichkeit, seine Meinung im Unterricht mitzuteilen. Die Schwierigkeit, seine Bedürfnisse in Erfahrung zu bringen und diese konkret zu äußern, führt dazu, dass er nur begrenzt Unterstützung erfährt. ◄

Übersicht

Kinder und Jugendliche mit neurodivergenten Entwicklungsverläufen, beispielsweise spezifischen Lernstörungen, Aufmerksamkeits-Defizit-Hyperaktivitäts-Störung (ADHS) oder Autismus, unterliegen einem erhöhten Risiko, Ängste oder Angststörungen zu entwickeln (Francés et al., 2022). Trotz der erhöhten Vulnerabilität und den potenziell schwerwiegenden gesundheitlichen, sozialen oder schulischen Konsequenzen für diese Risikogruppe, ist diese im Diskurs um die mentale Gesundheit von Kindern und Jugendlichen oft unterrepräsentiert. Um der Stigmatisierung mentaler Gesundheit entgegenzuwirken und ein inklusives Verständnis dafür zu fördern, muss den Herausforderungen und Unterstützungsmöglichkeiten dieser Risikogruppe mehr Aufmerksamkeit geschenkt werden, wie auch im Fallbeispiel zu erkennen ist.

Der vorliegende Abschn. 4.2 soll einen Beitrag hierzu leisten. Dazu wird erst auf Neurodiversität und den Zusammenhang zu Ängsten eingegangen, bevor deren Relevanz im schulischen Kontext diskutiert wird. Abschließend werden Ansätze diskutiert, um betroffene Heranwachsende in ihrer persönlichen und schulischen Entwicklung zu begleiten und zu unterstützen.

4.2.1 Neurodiversität und Angst

Bevor es genauer um den Zusammenhang von Neurodiversität und Angst sowie dessen Konsequenzen geht, müssen erst einmal grundlegende Fragen beantwortet werden: Was ist Neurodivergenz eigentlich, welche Diagnosen werden dem Begriff untergeordnet und was genau bezeichnet Neurodiversität? Im ersten Unterabschnitt werden diese Fragen beantwortet und es wird ein erster Überblick über das komorbide Auftreten von Neurodivergenz und Angst gegeben.

4.2.1.1 Begriffsklärung

Neurodivergenzen werden als neurologische Unterschiede in der Wahrnehmung und Informationsverarbeitung verstanden, die auf eine atypische Entwicklung und Reifung des Gehirns zurückzuführen sind (Russel, 2022).

Im klinischen Kontext werden diese als neurologische Entwicklungsstörungen bezeichnet und können wie andere, in vorherigen Kapiteln erläuterte Krankheitsbilder, anhand der ICD-11 beziehungsweise dem DSM-5, den Klassifikationssystemen zur Diagnostik von Störungen und Erkrankungen, diagnostiziert werden (Stein et al., 2020). Im

Hinblick auf neurologische Entwicklungsstörungen unterscheidet man Störungen der intellektuellen Entwicklung, Störungen der Sprache und des Sprechens, Autismus-Spektrum-Störung, Entwicklungsstörungen des Lernens sowie der motorischen Koordination, Aufmerksamkeits-Defizit-Hyperaktivitäts-Störung, stereotype Bewegungsstörungen sowie weitere neurologische Entwicklungsstörungen (ebd.).

Der aktuelle Forschungsstand gibt Grund zur Vermutung, dass die meisten dieser Diagnosen einen chronischen Verlauf aufweisen und das gleichzeitige Vorliegen unterschiedlicher Entwicklungsstörungen eher die Regel als die Ausnahme darstellt (Francés et al., 2022). Dabei können sich Symptome selbst bei identischen Diagnosen stark voneinander unterscheiden. Diese Heterogenität der Symptome stellt eine große Schwierigkeit dar, wenn es darum geht, Diagnosen zu stellen und Unterstützungsangebote zu entwickeln (ebd.).

Gleichzeitig sollte betont werden, dass nicht bei allen Personen mit neurodivergenter Entwicklung eine Diagnose vorliegt: Die ICD-11 schreibt konkrete Schwellenwerte und Kriterien vor, um eine Entwicklungsstörung diagnostizieren zu können. Dies bedeutet jedoch, dass Personen, deren Symptome sich knapp unterhalb dieser Schwellenwerte befinden, trotz oftmals vorhandener Symptome und Leidensdruck nicht diagnostiziert werden können (Donaghy et al., 2023).

Aufgrund dieser unterschiedlichen Intensität und Art der Symptome, unabhängig von Diagnosestellungen, durchlebt die Sicht auf Neurodivergenz seit einigen Jahren einen Wandel, sodass diese heutzutage zunehmend als eine Normabweichung im Rahmen der menschlichen Vielfalt betrachtet wird (ebd.). Harvey Blume und Judy Singer waren Vorreiter*innen dieser Sichtweise und haben in den 1990er-Jahren erstmals den Begriff Neurodiversität verwendet. Dieser Begriff sollte eine Abwendung von der defizitorientierten Sichtweise darstellen und eine Wertschätzung der Vielfalt neurologischer Entwicklungsverläufe, der Wahrnehmung und des Erlebens betonen, ohne Normabweichungen zwangsläufig als krankhaft oder störend einzuordnen (Armstrong, 2017).

Im vorliegenden Kapitel wird Neurodiversität ebenfalls als Abweichung von der Norm verstanden, die einen von vielen Aspekten der menschlichen Vielfalt widerspiegelt und, genauso wie andere Aspekte, mit individuellen Herausforderungen und Bedürfnissen einhergeht (Armstrong, 2012; Chen & Patten, 2021). Um die Personen zu berücksichtigen, bei denen keine Diagnose vorliegt, die jedoch Symptome ähnlich zu neurologischen Entwicklungsstörungen vorweisen, wird der Begriff *neurodivergente Entwicklungsverläufe* genutzt. Die meisten vorgestellten Studienergebnisse basieren dennoch auf Untersuchungen mit diagnostizierten Kindern und Jugendlichen.

4.2.1.2 Prävalenz von Neurodivergenz und Angst

Die Prävalenz von Angststörungen bei neurodivergenten Kindern und Jugendlichen ist höher als die unter Gleichaltrigen mit neurotypischen Entwicklungsverläufen, für die gesamte Breite des Spektrums neurodivergenter Störungen jedoch nur schlecht dokumentiert (Francés et al., 2022). Im Gegensatz dazu ist der Zusammenhang von Angststörungen mit einzelnen *neurologischen Entwicklungsstörungen* nach ICD-11, wie beispielsweise der Autismus-Spektrum-Störungen oder Aufmerksamkeits-Defizit-Hyperaktivitäts-Störung (ADHS), deutlich besser dokumentiert: Aktuelle Statistiken gehen davon aus, dass im Kindesalter etwa 25 %, im Jugendalter bis zu 40 % der ADHS-Diagnosen und 50 bis 80 % der autistischen Kinder und Jugendlichen unter Ängsten leiden (Nabors, 2020; Oakley et al., 2021). Da diese Prävalenzzahlen stark mit den Messmethoden, kulturellen Erwartungen und Ausprägung der neurodivergenten Symptomatik variieren und Betroffene ohne Diagnose nur selten berücksichtigt werden, sollten diese Zahlen jedoch mit Vorsicht interpretiert werden.

Es wird davon ausgegangen, dass deutlich mehr neurodivergente Kinder und Jugendliche unter Ängsten und Angststörungen leiden, als offiziell dokumentiert. Dies ist sowohl durch fehlende Diagnosen der neurologischen Entwicklungsstörung als auch der Angstsymptomatik zu erklären. Die oftmals fehlende Diagnose der neurologischen Entwicklungsstörungen kann zu einem großen Teil durch die Heterogenität der Symptome erklärt werden (Francés et al., 2022). Vor dem Hintergrund der Bestrebungen hin zu einer inklusiven Gesellschaft, in der die menschliche Vielfalt im Sinne der *Neurodiversität* angenommen wird, stellt sich hierbei zudem die Frage, ob Diagnosen über das gesamte Spektrum überhaupt möglich und sinnvoll sind (Day, 2022).

Im Gegensatz dazu sind fehlende Diagnosen der Angstsymptomatik bei gleichzeitigen neurodivergenten Anzeichen oft auf technische Gründe zurückzuführen: Überschneidungen von Diagnosekriterien von Angststörungen und neurologischen Entwicklungsstörungen, Überschattung der Angstsymptome durch die Symptome der Neurodivergenz sowie teilweise mangelnde oder fehlerhafter Kommunikation zwischen Betroffenen und medizinischen Fachkräften, welche zu großen Teilen auf Stigmatisierung, aber auch auf kommunikative Einschränkungen der Betroffenen zurückzuführen ist (Hagopian & Jennett, 2008). Zudem gehen neurodivergente Symptome oft mit einer verminderten Interozeptionsfähigkeit einher, also der Fähigkeit, körpereigene Veränderungen wahrnehmen und einordnen zu können. Dies führt häufig dazu, dass Betroffene das Erlebte nicht nur weniger gut nach außen kommunizieren können, sondern auch für sich selbst weniger klar einordnen können (ebd.). Außerdem sind Messinstrumente zur Erfassung angstbezogener Symptomatik oftmals nicht auf die Besonderheiten in der Diagnostik neurodivergenter Personen angepasst, sodass diese Personengruppe weniger verlässlich diagnostiziert werden kann (ebd.).

Wie bereits erläutert können Symptome neurodivergenter Entwicklungsverläufe sehr unterschiedlich aussehen: Während einige Betroffene stark unter den Symptomen leiden und auf medikamentöse und psychotherapeutische Unterstützung angewiesen sind, führen andere ein Leben, in dem die neurologische Normabweichung keine große Rolle spielt (Russel, 2022). Damit geht auch eine sehr heterogene Entwicklung von Angstgefühlen und -störungen einher.

Während Pauschalaussagen hier, wie so oft, also nicht möglich sind, konnten dennoch wiederholt Zusammenhänge zwischen Neurodivergenz und Angstgefühlen gefunden werden. Die folgenden Abschnitte stellen einen Überblick über die wichtigsten Erkenntnisse diesbezüglich dar. Dabei sollten sich Leser*innen den fließenden Übergang dieser beiden Kategorien immer wieder in Erinnerung rufen.

4.2.1.3 Herausforderungen neurodivergenter Menschen im Alltag

Um den Zusammenhang zwischen atypischen neurologischen Entwicklungen und Ängsten bzw. Angststörungen zu verstehen, müssen erst die Herausforderungen und Hindernisse erkannt werden, mit denen Betroffene in ihrem Alltag konfrontiert sind – ebendiese Herausforderungen sind oftmals Auslöser bzw. Verstärker der Angstsymptomatik.

Zu den wichtigsten Herausforderungen zählen körperliche Beschwerden und Risikofaktoren, die oftmals mit Neurodivergenz einhergehen – beispielsweise Schmerzen oder die erhöhte Vulnerabilität gegenüber gleichzeitigen, körperlichen Erkrankungen (Day, 2022). Außerdem sind neurodivergente Entwicklungsverläufe von atypischen Mustern der Gehirnaktivität geprägt und stehen mit niedriger Selbstregulationsfähigkeit und veränderten kognitiven Prozessen in Verbindung. Diese gehen teilweise mit erhöhter Sensibilität und einer erhöhten Wahrscheinlichkeit der Überstimulierung einher. Des Weiteren sind soziale Interaktionen oftmals herausfordernd für neurodivergente Kinder und Jugendliche (Chen & Patten, 2021). Diese stehen wiederum in enger Wechselwirkung mit Umweltfaktoren sowie mit Lernherausforderungen (Armstrong, 2012; Russel, 2022). Da Bedürfnisse und Fähigkeiten neurodivergenter Kinder und Jugendlichen sich teilweise von neurotypischen Gleichaltrigen unterscheiden können, kann zudem die Passung zwischen Umwelt und Individuum unstimmig sein, sodass Betroffene in ihrem natürlichen Verhalten und Denken gehemmt sind (Crompton et al., 2022).

Aufgrund der bereits erwähnten Heterogenität der Symptome können auch die Art und Intensität der Herausforderungen, mit denen Betroffene konfrontiert sind, sehr unterschiedlich aussehen (Chen & Patten, 2021).

4.2.2 Zusammenhänge zwischen Neurodivergenz, Angst und schulischer Leistung

Wie im vorangehenden Abschnitt dargelegt, werden Kinder und Jugendliche mit neurodivergenter Entwicklung in ihrem Alltag mit zahlreichen Herausforderungen konfrontiert. Diese Herausforderungen können die Entwicklung von Ängsten und Angststörungen begünstigen (Chen & Patten, 2021).

Um den Zusammenhang zwischen den bereits vorgestellten Herausforderungen, Angstgefühlen und der schulischen Leistung zu verdeutlichen, werden im vorliegenden Unterabschnitt die wichtigsten Gründe für die Entstehung von Angstgefühlen und -störungen bei neurodivergenten Kindern und Jugendlichen dargestellt. Anschließend wird deren Einfluss auf den schulischen Kontext erläutert. Konkret geht es dabei um Komorbidität, also der gleichzeitigen Erkrankung mehrerer Störungsbilder, kognitive Unterschiede sowie soziale, umweltbezogene und schulische Herausforderungen.

4.2.2.1 Komorbidität

Neurodivergenzen sind neurologische Normabweichungen, die mit einem erhöhten Risiko einhergehen, gleichzeitig andere körperliche und psychische Erkrankungen zu erleiden. Dies ist teilweise auf personenbezogene Faktoren wie etwa Lebensstilfaktoren, genetische Vorbelastung oder geringere Belastbarkeit zurückzuführen, die einen direkten oder indirekten Einfluss auf die Gesundheit Betroffener ausüben (Day, 2022; Russel, 2022). Das erhöhte Erkrankungsrisiko ist zudem auf Umgebungsfaktoren zurückzuführen, wie beispielsweise die Bedingungen, unter denen Kinder aufwachsen oder die soziale Unterstützung, die Kindern entgegengebracht wird (Day, 2022). Neurodivergente Kinder erleben im Vergleich zu neurotypischen Gleichaltrigen überdurchschnittlich oft Kindheitstraumata und es gibt zunehmend Belege für signifikante Überschneidungen zwischen Neurodivergenz und fetalem Alkoholsyndrom, was wiederum mit zahlreichen anderen Risikofaktoren für die kindliche Entwicklung zusammenhängt (Bower et al., 2018; Day, 2022).

Auch das Risiko für Fehldiagnosen und ungünstige Krankheitsverläufe ist bei neurodivergenten Kindern und Jugendlichen erhöht. Dies ist im Kern auf drei Gründe zurückzuführen:

- Erstens dominiert die Erstdiagnose, wenn eine solche vorliegt, sodass Anzeichen für andere Erkrankungen oftmals von dieser überschattet werden und ihnen kein eigenständiger Krankheitswert zugeschrieben wird.
- Zweitens können Betroffene ihre Beschwerden oft nicht klar kommunizieren, da sowohl kommunikative als auch interozeptive Fähigkeiten eingeschränkt sind.
- Drittens stellt die Stigmatisierung der Betroffenen eine Hürde dar, da Beschwerden der Betroffenen oft nicht ernst genommen und als Symptome der Neurodivergenz missinterpretiert werden (Day, 2022).

Körperliche Einschränkungen und Schmerzen sowie psychische Störungen stellen einen wichtigen Einflussfaktor auf das Wohlbefinden und die Angstzustände der Betroffenen dar. Werden die Beschwerden nicht erkannt und behandelt, können sich diese negativen Empfindungen mit der Zeit verschlimmern.

Ein verringertes Wohlbefinden aufgrund von nicht behandelten körperlichen Beschwerden sowie psychische Erkrankungen wirkt sich negativ auf die schulische Leistung aus (Russel, 2022). Zusätzlich besteht hier ein Zusammenhang mit erhöhter Schulabwesenheit. Dies beeinträchtigt nicht nur die schulische Leistung, sondern auch die soziale Eingebundenheit der Betroffenen, welche wiederum sowohl das Wohlbefinden als auch die schulische Leistung beeinflussen (Day, 2022; Russel, 2022).

4.2.2.2 Kognitive Unterschiede

Im Hinblick auf die Entwicklung von Angstgefühlen und -störungen sind vor allem kognitive Unterschiede im Hinblick auf die Emotionsregulation sowie exekutive Funktionen der Betroffenen relevant.

Die Regulierung der eigenen Emotionen kann neurodivergente Kinder und Jugendliche vor eine große Herausforderung stellen – sie zeigen oft erhöhte Impulsivität, Reizbarkeit und Stimmungsschwankungen. Dabei besteht ein enger Zusammenhang zwischen schlechterer Emotionsregulation und Angstgefühlen bei neurodivergenten Entwicklungsverläufen (Conner et al., 2020). Außerdem verfügen betroffene Kinder und Jugendliche oft über unzureichende Strategien zur Regulierung der eigenen Emotionen. Dies ist vor allem bei ADHS oder Autismus vermehrt vorzufinden und geht mit zusätzlichen Herausforderungen in sozialen Interaktionen einher. Dies zeigt sich konkret in weniger guten Beziehungen zu Gleichaltrigen (Conner et al., 2020; Nabors, 2020). Betroffene sind sich dessen oftmals bewusst und geraten somit in einen Teufelskreis, in dem ein negatives Selbstbild soziale Interaktionen zusätzlich erschwert (Nabors, 2020). Diese fehlende Emotionskontrolle führt oft zu negativen Erfahrungen im sozialen Kontext, sodass Betroffene verstärkt sozialen Ausschluss erfahren (White et al., 2015; Nabors, 2020; Chen & Patten, 2021).

Als Ursache für den negativen Zusammenhang zwischen Selbstregulation und Neurodivergenz wird derzeit eine eingeschränkte Interozeptionsfähigkeit diskutiert. Durch eine weniger ausgeprägte Wahrnehmung körpereigener Prozesse können beispielsweise physiologische Erregungsprozesse erst so spät wahrgenommen werden, dass Betroffene schnell von den eigenen Empfindungen überwältigt werden und diese nur noch schwer regulieren können (Goodall et al., 2022). Diese wiederholten, negativen, sozialen Erfahrungen finden oftmals im schulischen Umfeld statt, da sich hier der Großteil der sozialen Beziehungen abspielt. Schwierigkeiten in der Emotionsregulation gehen dementsprechend oft mit einem verringerten Wohlbefinden, Selbstwertgefühl und sozialer Eingebundenheit in der Schule einher, was sich wiederum negativ auf schulische Leistungen auswirkt (Chen & Patten, 2021; Goodall et al., 2022).

Viele neurodivergente Entwicklungsverläufe gehen zudem mit einer Beeinträchtigung der exekutiven Funktionen einher, was konkret eine eingeschränkte Konzentrations- und Aufmerksamkeitsspanne sowie reduzierte Impulskontrolle und Problemlösefähigkeit bedeutet – alles Faktoren, die eng mit schulischem Erfolg verknüpft sind (Jarrett & Ollendick, 2012; Nigg, 2017; Nabors, 2020). Zudem konnte nachgewiesen werden, dass dieser negative Zusammenhang durch Angstsymptome der Betroffenen verstärkt wird: Bei Betroffenen mit Angstsymptomen liegt eine verschlechterte Arbeitsgedächtniskapazität und somit verminderte Merkfähigkeit vor (Jarrett & Ollendick, 2012). Neurodivergente Kinder und Jugendliche sind demnach im Vergleich zu neurotypisch entwickelten Gleichaltrigen im schulischen Kontext erhöhten Herausforderungen ausgesetzt. Kommen Ängste hinzu, erschweren diese Ängste nicht nur den schulischen Erfolg, sondern verstärken außerdem die Symptome der neurologischen Entwicklungsstörung (ebd.).

Zusätzlich können spezifische Störungsbilder mit spezifischen kognitiven Herausforderungen und Stärken einhergehen. So ist beispielsweise die Problemlösefähigkeit bei Kindern mit spezifischen Lernstörungen, insbesondere Dyslexie, oftmals überdurchschnittlich stark ausgeprägt (Armstrong, 2012).

4.2.2.3 Soziale Herausforderungen

Kinder und Jugendliche mit einer neurodivergenten Entwicklung sind öfter mit sozialem Ausschluss und Mobbing konfrontiert als Kinder, deren Entwicklung der Norm entspricht. Durchschnittlich haben Betroffene ein schlechteres soziales Netzwerk und weniger unterstützende Freundschaften, fühlen sich im schulischen sozialen Gefüge weniger gut integriert und sind vermehrt mit negativen Einstellungen und Stereotypen durch Gleichaltrige sowie auch durch Erwachsene konfrontiert (Nabors, 2020; Chen & Patten, 2021). Verschiedene Diagnosen, wie etwa Autismus-Spektrum-Störung oder ADHS, gehen oft mit einer Beeinträchtigung der sozialen Kompetenzen einher (White et al., 2015; Chen & Patten, 2021). Gleichzeitig sind Betroffene ohne eine solche Beeinträchtigung der sozialen Kompetenzen, wie beispielsweise Kinder mit spezifischen Lernstörungen, aufgrund der *Andersartigkeit* und Stigmatisierung mit sozialen Herausforderungen im schulischen Kontext konfrontiert (White et al., 2015). Chen und Patten (2021) unterscheiden hierbei Schwierigkeiten im Umgang mit Gleichaltrigen, im Beziehungsaufbau sowie in der Wahrnehmung der eigenen Zugehörigkeit. Wichtig ist es zu betonen, dass das Vorliegen von eingeschränkten sozialen Kompetenzen in der Regel nicht damit einhergeht, dass Betroffene Mobbingsituationen und sozialen Ausschluss weniger akkurat als solche erkennen können. Es kann also davon ausgegangen werden, dass Kinder unabhängig von ihren sozialen Kompetenzen unter sozialem Ausschluss leiden (van Roekel et al., 2010). All diese Faktoren sind von großer Bedeutung für das Wohlbefinden von Kindern und Jugendlichen und können die Entstehung von Ängsten und Angststörungen begünstigen (Chen & Patten, 2021).

Die fehlende soziale Einbindung und wiederholte negative Erfahrungen in sozialen Situationen sind Risikofaktoren für Angststörungen, die im schulischen Alltag sehr präsent sind. Stigmatisierung und Mobbingerfahrungen sowie die damit einhergehenden negativen Empfindungen und die Fokussierung auf die eigenen Schwächen im schulischen Kontext stehen in Zusammenhang mit erhöhter Schulabwesenheit, weniger guten schulischen Leistungen und einem erhöhten Stresslevel, was wiederum mit einer Verschlechterung der kognitiven Leistungsfähigkeit einhergeht (Sukhodolsky et al., 2013; Dalrymple, 2022; Day, 2022; Russel, 2022).

4.2.2.4 Umweltbezogene Herausforderungen

Die fehlende Passung zwischen den individuellen Bedürfnissen von neurodivergenten Kindern und Jugendlichen und den gesellschaftlichen Erwartungen, die an sie gestellt werden, stellen viele Betroffene täglich vor Herausforderungen. Kinder mit spezifischen Lernstörungen können beispielsweise den verbalen Erklärungen von Lehrkräften oft nicht gut folgen und Kindern und Jugendlichen mit ADHS fällt es schwer, über die gesamte Unterrichtszeit ruhig und konzentriert an ihrem Platz zu sitzen. Es gibt zahlreiche solcher Beispiele für unterschiedliche Störungsbilder und Symptome. Dabei haben alle gemeinsam, dass diese mangelnde Passung ein erhöhtes Stresslevel, Unsicherheiten und Ängste bei Betroffenen auslöst, die sich negativ auf das Wohlbefinden und die schulische Leistung auswirken (Armstrong, 2012; Nabors, 2020).

Insbesondere für Kinder mit Autismus-Spektrum-Störung ist die Reizüberflutung ein wichtiger Faktor im alltäglichen Umfeld: Betroffene weisen oft eine erhöhte Sensibilität gegenüber sensorischen Reizen wie etwa lauten Geräuschen oder Licht auf. Die Konfrontation mit solch intensiven oder andauernden Reizen kann ein erhöhtes Unwohlsein bei Betroffenen auslösen und bringt sie dazu, solche Situationen und Umgebungen zu meiden (Nabors, 2020). Die schulische Umgebung kann diesbezüglich eine große Herausforderung für Betroffene darstellen: Helles Licht im Klassenzimmer oder laute Geräusche in den Pausen können starke Stressreaktionen bei Betroffenen auslösen – ohne die Möglichkeit, sich der angstauslösenden Situation zu entziehen. Die Folgen davon sind oft kompensatorische Verhaltensweisen wie etwa wiederholendes Verhalten oder negative Gefühle und Selbstgespräche. Die dabei ausgelösten physiologischen Stressreaktionen führen zudem zu einer verminderten Konzentrations- und Leistungsfähigkeit. Auf diese Weise geraten Betroffene in einen Teufelskreis, in dem bereits vorhandene soziale Einschränkungen verstärkt werden, was die Erfahrung negativer sozialer Interaktionen wiederum erhöht und mit einer erhöhten Stressreaktion einhergeht (Armstrong, 2012; Nabors, 2020).

4.2.2.5 Schulische Herausforderungen

Neben den bereits erläuterten sozialen, umgebungsbezogenen und kognitiven Einflussfaktoren ist die Schule ein Ort, an dem Kinder mit neurodivergenter Symptomatik oftmals intensiv mit den eigenen Schwächen konfrontiert werden (Armstrong, 2012; Russel, 2022). Vor allem vor dem Hintergrund der zunehmenden Inklusion von Kindern mit besonderen Bedürfnissen an Regelschulen ist dies ein sehr relevantes Thema, da wiederholte Misserfolge auf schulischer und sozialer Ebene die Entstehung von Unwohlsein, Selbstzweifel und Vermeidungsverhalten fördern. Dies führt zu verringerter Motivation und weniger Engagement der Betroffenen sowie zunehmender Schulabwesenheit – Faktoren, die sich gegenseitig verstärken und auf Dauer negative Gefühle dem schulischen Umfeld gegenüber verfestigen können (Chen & Patten, 2021; Russel, 2022).

Abschließend kann festgehalten werden, dass es zahlreiche Faktoren gibt, die Angstgefühle bei Kindern und Jugendlichen mit neurodivergenten Entwicklungsverläufen im schulischen Kontext begünstigen. Diese Faktoren stehen in enger Wechselwirkung miteinander und können schulische Leistung sowohl direkt als auch indirekt, beispielsweise durch ein verringertes Selbstwertgefühl, sozialen Ausschluss oder vermehrte Schulabwesenheit negativ beeinflussen.

4.2.3 Wie können Betroffene unterstützt werden? Individuums- und umgebungszentrierte Hilfestellungen

Nachdem in den vorangehenden Abschnitten die erhöhte Vulnerabilität neurodivergenter Kinder und Jugendliche im Hinblick auf die Entwicklung von Ängsten und Angststörungen dargelegt wurde, stellt der folgende Abschnitt Möglichkeiten vor, diesem erhöhten Risiko sowie dessen sozialen, psychologischen und schulischen Konsequenzen entgegenzuwirken.

Aufgrund der aktuell bestehenden, defizitorientierten Sichtweisen auf Neurodiversität ist die Behandlung der Symptome neurodivergenter Kinder und Jugendlicher derzeit vor allem auf die *Normalisierung* des Verhaltens und Erlebens ausgelegt (Chen & Patten, 2021). Während eine gewisse Anpassung an gesellschaftliche Normen notwendig und sinnvoll sein kann, ist die vollständige *Beseitigung* der neurodivergenten Symptomatik und der damit einhergehenden Risikofaktoren für die Entstehung von Angststörungen nicht umsetzbar. Unterstützungsangebote sollten sich somit keinesfalls lediglich auf das Erleben und Verhalten der Betroffenen beschränken (ebd.). Herausforderungen, mit denen neurodivergente Kinder und Jugendliche konfrontiert sind, sollten weniger als Schwächen, sondern mehr als fehlende Passung zwischen Individuum und seiner Umgebung betrachtet werden (Armstrong, 2012; Chen & Patten, 2021; Russel, 2022).

Um den Leidensdruck von Betroffenen zu verringern, kann diese fehlende Passung in zwei Richtungen verändert werden: die Anpassung des Individuums an die Umwelt oder die Anpassung der Umwelt an das Individuum.

Im Folgenden werden im ersten Schritt mögliche, individuumszentrierte Hilfestellungen dargelegt. Dazu werden die kognitive Verhaltenstherapie, medikamentöse Behandlungen sowie achtsamkeitsbasierte Ansätze vorgestellt. Anschließend werden umgebungszentrierte Unterstützungsangebote betrachtet, die eine bessere Passung zwischen Individuum und Umwelt anstreben. Hierzu werden soziale Unterstützung und Umgebungsfaktoren im schulischen Kontext diskutiert.

4.2.3.1 Kognitive Verhaltenstherapie

Kognitive Verhaltenstherapie gilt als die wirksamste Methode zur Behandlung von Angststörungen bei Kindern und Jugendlichen, sowohl mit neurotypischen als auch mit neurodivergenten Entwicklungsverläufen (Nabors, 2020; Van Steensel et al., 2012). Betroffene können hierbei in Einzel- und Gruppensitzung lernen, mit den eigenen Ängsten und automatischen, negativen Gedanken umzugehen (Sukhodolsky et al., 2013; Nabors, 2020). Typische Bestandteile einer solchen Therapie sind die Vermittlung von Entspannungstechniken und der Emotionsregulation bei akuten Angstgefühlen, das Erstellen einer Angsthierarchie oder eine sukzessive Exposition mit angstauslösenden Situationen (Nabors, 2020; Russel, 2022). Hierbei können unterschiedliche Ausdrucksformen des Unwohlseins bzw. der Ängste erfolgreich behandelt werden, wie beispielsweise sozialer

Rückzug, Vermeidungsverhalten oder auch physiologische Stressreaktionen. Die individuelle Anpassung des therapeutischen Vorgehens ist hierbei unerlässlich und hat eine zentrale Bedeutung für den Therapieerfolg (Nabors, 2020). Ein Beispiel hierfür ist die besondere Berücksichtigung von Routinen und Vorhersehbarkeit in der Arbeit mit Kindern und Jugendlichen mit der Autismus-Spektrum-Störung (ebd.; Sukhodolsky et al., 2013). Die kognitive Verhaltenstherapie kann zudem unabhängig von Symptomen die sozialen Kompetenzen stärken, was Ängste wiederum indirekt und situationsübergreifend beeinflussen und auch nach Therapieende langfristig zum Positiven verändern kann (Nabors, 2020). Dabei kann auch der Einbezug von Erziehungsberechtigten eine wichtige Rolle spielen (Manassis et al., 2014).

Vor allem die Angstsymptomatik kann durch die kognitive Verhaltenstherapie sehr erfolgreich behandelt werden, atypische Empfindungen und Verhaltensweisen neurodivergenter Kinder und Jugendliche können jedoch nicht vollständig *normalisiert* werden und bleiben auch nach erfolgreichem Therapieabschluss in Teilen bestehen (Nabors, 2020). Es ist dementsprechend wichtig, dass auch umweltbezogene Faktoren berücksichtigt werden, um den Leidensdruck der Betroffenen zu verringern.

4.2.3.2 Medikamentöse Behandlung

Je nach Ausprägung der Angststörungen und der Symptome der Neurodivergenz können Medikamente zur Linderung der Symptome und zur Steigerung des Therapieerfolgs herangezogen werden. Die Kombination von medikamentöser und psychotherapeutischer Behandlung ist in der Therapie bestimmter Symptome das Standardvorgehen (Nabors, 2020; Khoodoruth et al., 2022). Dabei ist die Frage nach den Vorteilen einer medikamentösen Behandlung stark von den individuellen Voraussetzungen und Herausforderungen abhängig und sollte von Eltern, Ärzt*innen, die diese verschreibungspflichtigen Medikamente verordnen, und pädagogischen Fachkräften gemeinsam getroffen werden. Dabei ist zu betonen, dass Medikamente nur so lange wirksam sind, wie der Wirkstoff eine gewisse Konzentration im Körper aufweist, und nicht, wie eine Psychotherapie, langfristige Lösungen im Umgang mit der Symptomatik herbeiführen. Eine medikamentöse Behandlung sollte demnach immer zeitgleich mit einer psychotherapeutischen Behandlung einhergehen, um eine Verschlimmerung der Symptomatik beim Absetzen der Medikamente zu vermeiden (Nabors, 2020).

4.2.3.3 Achtsamkeits- und Entspannungsverfahren

Achtsamkeits- und Entspannungstechniken wie beispielsweise sensorisches Training, Yoga oder Meditation können Betroffene darin unterstützen, besser mit angstinduzierenden Situationen und den damit verbundenen negativen Gedanken und Empfindungen umzugehen (Nabors, 2020). Auf diese Weise können Achtsamkeitsübungen die Wirksamkeit von medikamentöser oder kognitiver Verhaltenstherapie bei neurodivergenten Kindern und Jugendlichen zum Positiven beeinflussen (ebd.). Auch Bezugspersonen von Betroffenen können von solchen Techniken profitieren, indem deren entspannende Wirkung einen positiven, engagierten Umgang mit herausfordernden Situationen fördern kann (Manassis et al., 2014).

4.2.3.4 Soziale Unterstützung

Soziale Unterstützung spielt eine wesentliche Rolle, wenn es darum geht, neurodivergente Kinder und Jugendliche im Umgang mit ihren Ängsten zu unterstützen. Positive, unterstützende Beziehungen zu Gleichaltrigen, Lehrkräften und Erziehungsberechtigten vermitteln den Betroffenen Wertschätzung und können das Selbstbewusstsein sowie die Selbstwirksamkeitserwartung der Betroffenen verbessern (Armstrong, 2012; Nabors, 2020). Darüber hinaus scheint auch die Vernetzung von Jugendlichen mit neurodivergenten Entwicklungsverläufen untereinander ein vielversprechender Ansatz zu sein: Crompton et al. (2022) berichteten von einem gesteigerten Zugehörigkeitsgefühl der Betroffenen sowie positiven Erfahrungen aufgrund ungezwungener und natürlicher Interaktionen mit Gleichgesinnten. Außerdem profitieren Betroffene vom Austausch über Erfahrungen und Strategien im Umgang mit verschiedenen Herausforderungen (ebd.). Des Weiteren kann die Einbindung in Freizeitaktivitäten, die den persönlichen Interessen der Betroffenen entsprechen, positive soziale Interaktionen verstärken und ein positives, gesundes Netzwerk fördern. Zuletzt ist auch die Relevanz einer positiven Beziehung zu Lehrkräften nicht zu unterschätzen, die durch positive Einstellung und Unterstützung der Schüler*innen einen wesentlichen Einfluss auf deren Wohlbefinden und schulischen Erfolg ausüben (Armstrong, 2012; Kester & Lucyshyn, 2018).

Ein wichtiger Aspekt sozialer Unterstützung ist im schulischen Kontext auch das Thema *Inklusion,* das derzeit an immer mehr Schulen relevant wird. Betroffene sind hierbei oftmals auf sozialer und schulischer Ebene mit wiederholten Misserfolgen und Ablehnung konfrontiert. Solchen negativen Erfahrungen muss mit positiver Verstärkung durch Erziehungsberechtigte, Lehrkräfte und Gleichaltrige entgegengewirkt werden (Manassis et al., 2014; Nabors, 2020). Interventionen an Schulen, im Klassenbund, können hierbei auf mehreren Ebenen unterstützend wirken: Aufklärung über Neurodiversität oder Angststörungen können beispielsweise Betroffenen ermöglichen, von dem Angebot zu profitieren, ohne dass sie mit einem Gefühl der *Andersartigkeit,* Stigmatisierung oder sozialem Ausschluss konfrontiert werden (Nabors, 2020). Für nicht-betroffene Gleichaltrige stellen solche Interventionen Chancen dar, innerhalb eines geschützten Rahmens, ohne Leistungsdruck oder Zwang, mehr Verständnis und Empathie für Betroffene zu entwickeln. Zuletzt ist es auch ein wesentlicher Vorteil solcher präventiven Interventionen, dass nicht diagnostizierte Kinder und Jugendliche mit diesen Themen in Kontakt kommen. Vor allem beim Eintritt in die Pubertät, wenn Jugendliche vermehrt Angstsymptome entwickeln, können solche Interventionen Betroffene dazu anregen, sich Unterstützung zu suchen (Kester & Lucyshyn, 2018; Nabors, 2020).

Ein weiterer wichtiger Aspekt der Inklusion ist die Betonung der Stärken der Kinder und Jugendlichen. Während die Identifizierung von Förderbedarf und Schwächen eine wichtige Voraussetzung für erfolgreiche Hilfestellungen darstellt, kommt die Betonung der Stärken neurodivergenter Schüler*innen oftmals zu kurz. Ein inklusives Klassenzimmer sollte ermöglichen, individuelle Stärken auszubauen und zu nutzen, um die notwendigen schulischen Inhalte über angepasste Methoden und Wege zu vermitteln (Armstrong, 2012).

Zuletzt ist hierbei auch die zentrale Bedeutung einer guten Zusammenarbeit aller Beteiligten relevant: Erziehungsberechtigte, Lehrkräfte und psychologische oder psychotherapeutische Fachkräfte müssen hierbei zusammenarbeiten, um Kinder und Jugendliche in ihrem positiven Selbstbild sowie ihrer persönlichen und schulischen Entwicklung zu unterstützen (Armstrong, 2012; Nabors, 2020).

4.2.3.5 Umweltbezogene Faktoren

Um Umgebungen zu schaffen, in denen neurodivergente Kinder und Jugendliche mit Ängsten in ihrer schulischen Entwicklung und gleichzeitig in der Bewältigung ihrer Angstsymptomatik unterstützt werden, muss die Umwelt den Bedürfnissen der Betroffenen angepasst werden. Während eine Konfrontation mit angstauslösenden Reizen durchaus einen relevanten Schritt des Genesungsprozesses darstellt, kann eine zu intensive und unausweichliche Konfrontation kontraproduktiv wirken (Nabors, 2020). Hierfür sollten räumliche Bedingungen, wie beispielsweise ein ruhiger Arbeitsplatz oder Rückzugsmöglichkeiten bei Überstimulation, angeboten werden. Außerdem sollten Selbstwirksamkeitserwartung gefördert und Lerninhalte und deren Vermittlung an die individuellen Bedürfnisse angepasst werden (Armstrong, 2012; Nabors, 2020). Wirksame Methoden hierbei sind die Nutzung digitaler Medien sowie multisensorische Strategien, bei denen die Wissensvermittlung über mehrere Sinneskanäle erfolgt. Der Fokus auf die Stärken und positive Verstärkung im Lernprozess spielen hierbei nach wie vor eine wichtige Rolle (Armstrong, 2012).

Da unerwartete, kurzfristige Veränderungen und Unterbrechungen der gewohnten Routinen einen großen Stressfaktor darstellen können, kann es Betroffenen helfen, verlässliche Routinen zu etablieren. Klare Strukturen und Zeitpläne können somit Unsicherheit und Angst vor Unbekanntem reduzieren und Betroffenen mehr Sicherheit vermitteln. Dies kann wiederum mit einer verbesserten Konzentrationsfähigkeit sowie Selbstregulation und -kontrolle einhergehen und sich somit positiv auf das Wohlbefinden und die schulische Leistungsfähigkeit auswirken (van Steensel et al., 2012; Nabors, 2020).

Schlussendlich ist zu erwähnen, dass Unterstützungsmöglichkeiten am besten wirken, wenn sie so früh wie möglich angewandt werden. Die zahlreichen bereits dargelegten Herausforderungen begünstigen die Entstehung und das Aufrechterhalten von Angst, was in einen Kreislauf aus Ängsten, kompensierendem Verhalten, Stressreaktionen und sozialem Ausschluss führt, aus dem Betroffene nur noch schwer herauskommen. Je früher hier unterstützt wird, desto weniger haben sich Unsicherheiten in Bezug auf die eigenen Fähigkeiten und sozialen Kompetenzen verfestigt. Früherkennung und Prävention ist demnach essenziell (Nabors, 2020; Goodall et al., 2022).

4.2.4 Welche Beteiligten haben den größten Handlungsspielraum? Die Relevanz schulischer und familiärer Unterstützung

Aufgrund der vielfältigen, dargestellten Herausforderungen und der Heterogenität der Symptome sollten auch die Unterstützungsangebote für neurodivergente Kinder und Jugendliche so vielfältig wie möglich aufgestellt sein. Gleichzeitig ist es wichtig, gezielt diejenigen Instanzen und Akteure anzusprechen, die am meisten Veränderungspotenzial bergen.

Dabei ist der Einfluss systemischer Barrieren im Hinblick auf den Zugang zu angemessener Unterstützung und Behandlung von Betroffenen leider nach wie vor erheblich. Vor dem Hintergrund der Inklusion von neurodivergenten Kindern und Jugendlichen in Regelschulen sind oftmals nicht ausreichend ausgebildete Fachkräfte vorhanden, um den Bedürfnissen der Kinder gerecht werden zu können (Kester & Lucyshyn, 2018; Nathanson & Rispoli, 2021). Zudem sind pädagogische Fachkräfte im Umgang mit neurodivergenten Entwicklungsstörungen und deren Zusammenhang zu Ängsten und Angststörungen oftmals nicht ausreichend aufgeklärt (Nathanson & Rispoli, 2021). Auch dominieren Stigmata um psychische Gesundheit, keine ausreichenden finanziellen und materiellen Ressourcen sowie mangelndes Wissen von Betroffenen über vorliegende Unterstützungsangebote. Diese Hürden gilt es zu überwinden, um Betroffenen die Unterstützung zu gewährleisten, die für ihre bestmögliche Entwicklung notwendig ist.

In diesem letzten Unterabschnitt wird die Relevanz der Schule sowie der Erziehungsberechtigten zur Überwindung ebendieser Barrieren dargestellt, mit dem Ziel, neurodivergente Kinder und Jugendliche möglichst optimal unterstützen zu können.

4.2.4.1 Die Rolle der Schule

Wie bereits ausreichend erläutert, spielt das schulische Umfeld aufgrund der Akkumulierung angstauslösender Situationen eine zentrale Rolle in der Entstehung von Angstgefühlen neurodivergenter Kinder und Jugendlicher. Die Konfrontation mit solch zahlreichen Faktoren führt zeitgleich dazu, dass die Schule eine wichtige Rolle in der Überwindung dieser Herausforderungen darstellt (Goodall et al., 2022; Russel, 2022). Die Implementierung von Unterstützungsangeboten wie etwa einer inklusiven Unterrichtsumgebung, positiver Verstärkung und die Umsetzung von Strategien zur Verhaltenskontrolle finden zu großen Teilen in ebendiesem Kontext statt (Nabors, 2020). Hierzu braucht es Aufklärung und Weiterbildungen für pädagogische und schulpsychologische Fachkräfte im Umgang mit der Thematik sowie verstärkende und unterstützende Faktoren (Kester & Lucyshyn, 2018; Russel, 2022).

Oftmals priorisieren Lehrkräfte schulische Erfolge, sodass Interventionen zur Stärkung sozialer Kompetenzen oder im Sinne der Inklusion mit weniger Nachdruck verfolgt werden (Kester & Lucyshyn, 2018). Dabei unterstützen solche Angebote den schulischen Erfolg sowohl direkt als auch indirekt durch die Verbesserung der Angstsymptomatik und den damit verbundenen psychologischen, sozialen und schulischen Konsequenzen (ebd.).

Zudem können Aufklärung und erhöhte Sensibilisierung dazu führen, dass Angstsymptome früher erkannt und behandelt werden. Fachkräfte könnten hierzu beispielsweise, bei wiederholter Schulabwesenheit, vermehrt auf depressive und angstbezogene Symptome achten, um somit einen angemessenen Umgang mit Betroffenen und deren frühzeitige Unterstützung zu gewährleisten (Russel, 2022).

Neben der erhöhten Sensibilisierung sind zudem kleine Schritte im Rahmen der Unterrichtseinheiten hilfreich, um Kinder und Jugendliche in ihrem schulischen Erfolg und Selbstbewusstsein zu unterstützen und somit angstauslösende Situationen zu verringern. Dazu kann beispielsweise die Unterstützung in der sukzessiven Konfrontation mit angstauslösenden Situationen gehören sowie die Sensibilität, eine Bloßstellung aufgrund der Angstsymptomatik zu vermeiden. Außerdem sind multisensorische Herangehensweisen oder digitale Medien durch Videomaterial oder Tonaufnahmen ein vielversprechender Ansatz, da diese flexibleres Lernen ermöglichen (Russel, 2022). Dabei ist die unterstützende und optimistische Haltung von Lehrkräften den Schüler*innen gegenüber einer der wichtigsten Einflussfaktoren, der nachweislich das Stresslevel in angstauslösenden Situationen verringern und den schulischen Erfolg verbessern kann (Armstrong, 2012; Crompton et al., 2022).

4.2.4.2 Die Rolle der Erziehungsberechtigten

Um die ideale Unterstützung von Betroffenen sowie eine effektive Kommunikation gewährleisten zu können, ist die Zusammenarbeit zwischen Schulpersonal und Erziehungsberechtigten unentbehrlich. Außerdem konnte die Relevanz der elterlichen Involviertheit in der Therapie von Angststörungen und Ängsten im Kindes- und Jugendalter wiederholt bestätigt werden – sowohl neurotypische als auch neurodivergente Kinder und Jugendliche weisen signifikant bessere Therapieerfolge auf, wenn sie von Erziehungsberechtigten darin unterstützt werden, die erlernten Strategien anzuwenden (Kester & Lucyshyn, 2018). Die Übertragung der therapeutischen Inhalte und Übungen in den Alltag können durch elterliche Unterstützung zudem vereinfacht werden, da diese eine Brücke zwischen dem therapeutischen Setting und dem Alltag der Betroffenen darstellen und somit den therapeutischen Erfolg unterstützen können (Manassis et al., 2014).

Aber auch die Perspektive der Erwachsenen sollte hierbei nicht vernachlässigt werden: Es ist oft sinnvoll, Erziehungsberechtigte in therapeutische oder beratende Prozesse einzubeziehen, um mögliche kontraproduktive oder ineffiziente Erziehungspraktiken zu verändern und auf die individuellen und familiären Bedürfnisse anzupassen (Nabors, 2020). Außerdem kann es für Erziehungsberechtigte in belastenden Situationen sinnvoll sein, selbst aktiv an Entspannungs- und Achtsamkeitsverfahren teilzunehmen, da sie deren aktives Engagement und positiven Einstellungen fördern können, was den therapeutischen Erfolg des Kindes wiederum begünstigen kann (Sukhodolsky et al., 2013; Manassis et al., 2014).

Schlussfolgerung: Neurodiversität

Ängste und Angststörungen sind ein häufiges Problem unter neurodivergenten Kindern und Jugendlichen und üben einen negativen Einflussunter anderem auf das Wohlbefinden und den schulischen Erfolg aus. Um diese Herausforderung anzugehen, bedarf es einer Zusammenarbeit zwischen Erziehungsberechtigten und Schulpersonal, um gemeinsam ein unterstützendes Umfeld zu schaffen, in dem die individuellen Bedürfnisse der Kinder und Jugendlichen berücksichtigt werden können. An individuelle Bedürfnisse angepasste Unterstützungsangebote durch das soziale Umfeld und professionelle Fachkräfte sowie die Fokussierung auf die Fähigkeiten und Stärken der Kinder und Jugendlichen können die Ursachen und Folgen dieser Angstsymptomatik zum Positiven beeinflussen. Auf diese Weise können neurodivergente Kinder und Jugendliche darin unterstützt werden, ihr Wohlbefinden zum Positiven zu verändern und ihr Potenzial vollständig zu entfalten.

Zusammenfassung

Neurodivergente Schüler*innen, z. B. mit Autismus oder ADHS, stehen vor besonderen Herausforderungen in der Schule, die oft mit Ängsten einhergehen. Diese Ängste können durch soziale Missverständnisse, sensorische Überlastung oder unrealistische Anforderungen verstärkt werden. Der Abschnitt erläuterte, wie neurodivergente Schüler*innen in der Schule unterstützt werden können, etwa durch individualisierte Lernpläne, sensorische Anpassungen und gezielte therapeutische Maßnahmen wie kognitive Verhaltenstherapie. Es wird betont, dass ein inklusives Umfeld sowohl schulische Leistungen als auch das psychische Wohlbefinden fördern kann.

4.3 Angst im Zusammenhang mit sexueller und geschlechtlicher Vielfalt an Schulen

Übersicht

Das Akronym LGBT+ steht für Personen mit unterschiedlichen Geschlechtsidentitäten und sexuellen Orientierungen, wobei jeder Buchstabe eine Gruppe repräsentiert. So versteht man aus dem Englischen die Wörter lesbisch, schwul, bisexuell und transgender. Das Plus steht für alle Personen, die sich nicht in einer dieser Kategorien sehen, zum Beispiel queer, intersexuell oder asexuell. Dieses Kapitel konzentriert sich spezifisch auf die täglichen Ängste von Schüler*innen, die sich als Teil der LGBT+-Gemeinschaft identifizieren. Zunächst wird die Heteronormativität schulischer Konzepte erörtert, wobei wichtige Begriffe erläutert und die Entwicklung der Geschlechtsidentität junger Personen diskutiert werden. Um die Inklusion von Kindern und Jugendlichen, die einer sexuellen oder geschlechtlichen Minderheit angehören, zu gewährleisten, sollten Unterrichtsinhalte zu einer Vermittlung von sexueller und geschlechtlicher Vielfalt beitragen. Die Einbeziehung dieser Inhalte, sowohl im Unterricht als auch in der Schule allgemein, kann einen positiven Effekt auf die Gesundheit von Kindern und Jugendlichen an der Schule haben. Weitere gesundheitliche Faktoren werden in diesem Abschnitt erläutert, wie auch der Stand von Sexualaufklärung im internationalen Vergleich. Im nächsten Abschnitt geht es um die spezifischen Ängste und Herausforderungen, die Schüler*innen mit LGBT+-Hintergrund tagtäglich erleben und wie sich dies auf ihr Schulleben und ihre Zukunft auswirken kann. Am Ende wird in einem Exkurs der Zusammenhang zwischen LGBT+-Mitgliedern und Suizid erläutert und darüber, wie gefährdete Schüler*innen unterstützt werden können.

4.3.1 Heteronormative Konzepte an Schulen in Luxemburg

Wenn man nach luxemburgischen Statistiken sucht, merkt man schnell, die Daten sind spärlich. Man muss in Veröffentlichungen internationaler Agenturen nachsehen, die Luxemburg in ihre Erhebungen miteinbeziehen (Baltes-Löhr, 2020; European Union Agency for Fundamental Rights, 2020; ILGA Europe, 2022; OECD, 2020). Laut der Internationalen Lesben-, Schwulen-, Bisexuellen-, Trans- und Intersexuellenvereinigung (Rainbow Map; ILGA, 2022) erreicht Luxemburg im europäischen Ranking eine Bewertung von 68 %, die die vierthöchste Einstufung in Bezug auf die Umsetzung der Menschenrechte für LGBT+-Personen in Gesetzgebung und Politik widerspiegelt – Luxemburg teilt sich diesen Platz mit Schweden und Norwegen. Nur Malta, Dänemark und Belgien scheinen in einer noch besseren rechtlichen Lage zu sein (ILGA Europe, 2022). Auch die Organisation für wirtschaftliche Zusammenarbeit und Entwicklung (OECD, 2020) konnte die rechtliche Situation der LGBT+-Inklusivität in Luxemburg bestätigen. Die Toleranz gegenüber der LGBT+-Gemeinschaft hat sich in den letzten zwei Jahrzehnten verdoppelt, die Gesetze zum Schutz vor Diskriminierung sind in Luxemburg besser als in anderen Ländern, und seit 2015 werden gleichgeschlechtliche Paare beim Zugang zur Zivilehe und zur Adoption ähnlich behandelt wie verschiedengeschlechtliche Paare. Außerdem ist die rechtliche Anerkennung des anderen Geschlechts seit 2018 nicht mehr an medizinische Bedingungen geknüpft (ebd.). Inwieweit spiegelt sich diese hohe Toleranz gegenüber der LGBT+-Gemeinschaft auch in der Realität wider? Nach Angaben von Le Statec (Institut National de la Statistique et des Études économiques du Grand-Duché de Luxembourg; Nationales Institut für Statistik und Wirtschaftsforschung des Großherzogtums Luxemburg) waren am 1. Januar 2022 50,37 % der 645.400 Einwohner Luxemburgs Frauen. Darüber hinaus gibt es in Luxemburg keine Statistiken, die Personen jenseits des binären Geschlechtssystems erwähnen. Stattdessen werden sie auf die Kategorien weiblich und männlich reduziert (Baltes-Löhr, 2020). Dies wirft die Frage auf, ob Luxemburg wirklich so egalitär ist, wie es dargestellt wird. In einer Studie über Identitätskonstrukte in Luxemburg aus dem Jahr 2010 wurden die Meinungen der Proband*innen zu Trans- und Homosexualität untersucht. Damals sahen 65 % der Befragten Homosexualität und Heterosexualität als gleichberechtigt an, wobei Frauen dieser Meinung eher zustimmten (74 % im Vergleich zu 57 % bei Männern). Darüber hinaus wurden im Rahmen dieser Studie achtzig Interviews durchgeführt, aus denen hervorging, dass die meisten Befragten Homosexualität als nicht der Norm entsprechend und als Bedrohung für den Fortbestand der Gesellschaft ansahen. Die Befragten waren jedoch allgemein der Meinung, dass Luxemburg etwas toleranter als in den vergangenen Jahren geworden sei. Anstatt der Medien würde der persönliche Kontakt mit Homosexuellen dazu führen, dass bestehende Stereotypen abgebaut würden (Baltes-Löhr, 2020). Diese Befunde zeigen, dass eine Normabweichung nach wie vor als etwas Negatives wahrgenommen wird und dass LGBT+ ein junges, aktuelles Thema ist, dessen Forschungsstand noch Lücken aufzeigt (Baltes-Löhr, 2020; Hagedorn, 2014; Spahn & Wedl, 2018). Die Wissenschaft ist sich zum Beispiel uneinig über die Entstehung von Homosexualität. Dieser Mangel an biologisch fundierten Erklärungen ermöglicht es, Homosexualität als ein Phänomen zu betrachten, das von verschiedenen Faktoren beeinflusst wird und nicht strikt deterministisch ist (Hagedorn, 2014). Allerdings fehlt vielen Personen das Grundwissen und die Konfrontation mit dem Thema, weswegen es wichtig ist, dass auch nicht-heteronormative Konzepte in der Schule vermittelt werden. Für Schüler*innen in Minderheiten bedarf es der Unterstützung, es reicht nicht, nur tolerant und akzeptant zu sein. Viele unterwerfen sich aus Angst vor Abgrenzung der Norm (Spahn & Wedl, 2018).

Inwieweit werden nicht-heteronormative Konzepte in der Schule gelehrt und Stereotype sowie Diskriminierung gestoppt? In einer LGBT+-Umfrage der Agentur der europäischen Union für Grundrechte (FRA, 2020) geben 11 % der luxemburgischen Jugendlichen zwischen 15 und 17 Jahren an, ihre LGBT+-Identität in der Schule zu verstecken. Dieser Wert steigt bei den 18- bis 24-Jährigen auf 41 %. Allerdings sagen mehr als die Hälfte der 15- bis 17-Jährigen (58 %), dass jemand sie und ihre Rechte als LGBT+-Personen in der Schule unterstützt, verteidigt oder geschützt hat. Darüber hinaus geben die 15- bis 17-Jährigen an, dass sie oft oder immer von Gleichaltrigen und Lehrkräften unterstützt (68 %) wurden. Außerdem würden LGBT+-Themen in der Schule zu 35 % entweder positiv oder gleichberechtigt gegenüber normativen Themen behandelt (FRA, 2020). Diese aktuelle Umfrage deutet darauf, dass sich luxemburgische Schüler*innen einigermaßen sicher fühlen im Schulkontext, dass es aber nach wie vor Verbesserungsbedarf gibt.

4.3.1.1 Grundbegriffe und Relevanz
Wichtig
In diesem Abschnitt soll ein Überblick über die wichtigsten Begriffe im Zusammenhang mit geschlechtlicher und sexueller Vielfalt gegeben werden. Es ist wichtig zu erwähnen, dass diese nicht als feste Definitionen zu verstehen sind, sondern eher als Annäherungen an Begriffe, da einige Bezeichnungen sprachliche Grenzen aufweisen und nicht immer die tatsächlichen Gefühle der Personen wiedergeben können (Spahn & Wedl, 2018).

Vorab ist der Unterschied zwischen Geschlecht und sexueller Orientierung zu nennen, die oft miteinander in Relation gesetzt werden, aber zweierlei Konstrukte darstellen, die sich jeweils auf kontinuierlichen Spektren befinden. So stellt die **sexuelle Orientierung** dar, zu welchen Geschlechtern man sich sexuell und/oder emotional angezogen fühlt, während das **Geschlecht** aufgrund äußerer typologischer Merkmale (Anatomie) bei der Geburt zugewiesen wird. Es wird eine Geschlechtszuordnung in männlich, weiblich oder divers (im Falle von Deutschland; Spahn & Wedl, 2018; in Luxemburg gibt es noch keine nicht-binäre dritte Option; OECD, 2020) vorgenommen. Allerdings ist das Konstrukt Geschlecht komplexer und lässt sich in vier Kategorien einteilen, die jeweils nochmal Subkategorien besitzen: das *körperliche, selbstbestimmte, soziale* und *juristische* Geschlecht (Spahn & Wedl, 2018).

So setzt sich (1) das **körperliche Geschlecht** aus äußeren und inneren Geschlechtsorganen sowie Keimdrüsen, Hormonen, Chromosomen und sekundären Geschlechtsmerkmalen zusammen. Personen, die sich in Bezug auf körperliche Merkmale nicht eindeutig als weiblich oder männlich zuordnen lassen, werden als intergeschlechtlich (Intersex) bezeichnet. Oft müssen sich intergeschlechtliche Kinder geschlechtsanpassende Operationen und Behandlungen unterziehen, bei denen sie einem Geschlecht (meist von den Bezugspersonen) zugewiesen werden. Mentale und körperliche Konsequenzen können daraus resultieren (ebd.). Das (2) **selbstbestimmte Geschlecht** ist das Geschlecht, mit dem sich Personen am meisten identifizieren. Man kann es auch die *Geschlechtsidentität* nennen, welche nicht zwangsläufig an das biologische Geschlecht gebunden ist. Wenn sich Personen mit dem bei der Geburt zugewiesenen Geschlecht identifizieren können, werden sie als *cis* bezeichnet, und wenn nicht, als *trans* (ebd.). Beim Begriff trans unterscheidet man zwischen transsexuell und transgender. Bei transgender Personen weicht das zugewiesene Geschlecht vom tatsächlichen Empfinden ab (Geschlechtsinkongruenz). Wenn die Person an der fehlenden oder beeinträchtigten Übereinstimmung seelisch leidet, nennt man dies Geschlechtsdysphorie, weswegen manche Personen mit Operationen und Hormonbehandlungen ihr Geschlecht angleichen, um Kongruenz herzustellen (Nieder et al., 2013). Der Begriff *transsexuell* ist veraltet und bezieht sich oft auf das binäre System Mann oder Frau, was aus dem medizinischen Kontext stammt, das viele Transpersonen allerdings ablehnen. Transgender sind Personen, welche sich nicht eindeutig als cis-Mann oder cis-Frau identifizieren, sich aber auch nicht zwingend als Gegengeschlecht sehen. Geschlechtsidentität kann als divers angesehen werden, was auch nicht-binäre Personen inkludiert. So identifizieren sich nicht-binäre Personen entweder als agender, also geschlechtslos, bigender, also auf einem Kontinuum, einem ganz anderen Geschlecht oder als Kombination, wo sich die Geschlechtsidentität wandeln kann (genderfluid) (Spahn & Wedl, 2018). Das (3) **soziale Geschlecht** umfasst die Geschlechtspräsentation, d. h. wie die Person ihr Geschlecht nach außen hin zeigt, und die Geschlechterrolle, d. h. ob sich die Person sozial (nicht) geschlechtstypisch verhält. Wenn eine Person von dem von der Gesellschaft erwarteten sozialen Geschlecht abweicht, ist dies häufig mit Abwertung, Diskriminierung und Gewalt verbunden (ebd.). Das (4) **juristische Geschlecht** beschreibt den Personenstand, also das Geschlecht, das auf der Geburtsurkunde und in offiziellen Ausweisdokumenten beschrieben wird (ebd.).

In Relation zur sexuellen Orientierung kann man auch von romantischer beziehungsweise emotionaler Anziehung sprechen, die nicht immer mit der sexuellen Anziehung übereinstimmen muss. Das bedeutet, dass man sich auch mit einer Person eine romantische Beziehung vorstellen kann, zu der man kein sexuelles Verlangen verspürt. Die romantische Attraktion ist auf einem anderen Spektrum als die sexuelle Attraktion zu betrachten. Man kann grundsätzlich zwischen vier sexuellen (und/oder romantischen) Orientierungen unterscheiden: (a) **Heterosexualität,** welche die sexuelle bzw. emotionale Hingezogenheit zum anderen Geschlecht bezeichnet, (b) die **Homosexualität,** in welcher man sich zum eigenen oder ähnlichen Geschlecht hingezogen fühlt, (c) der **Bisexualität,** bei welcher Personen zwei oder mehr Geschlechter anziehend findet, und (d) die **Asexualität,** wo Personen keine oder geringe Anziehung anderen Personen gegenüber empfinden (ebd.).

Während **sex** das biologische Geschlecht beschreibt, ist **gender** ein Konstrukt der Gesellschaft, welches alle genannten Dimensionen miteinander vereinbart (Hagedorn, 2014; Spahn & Wedl, 2018). Personen, die ihre sexuelle oder geschlechtliche Identität außerhalb gesellschaftlicher Normen sehen, können sich als **queer** bezeichnen. **Allies** sind Personen, welche sich selbst als cisgender und heterosexuell identifizieren (also der Heteronormativität entsprechen), allerdings die LGBT+-Gemeinschaft unterstützen.

Diese Definitionen sind auch für Schüler*innen relevant und sollten in der Schule häufiger diskutiert werden. Oft folgen Schulen Lehrplänen, die zwangsläufig hetero- und cisnormative Inhalte haben, wobei Sex auch nur auf Reproduktion reduziert wird. Wenn über LGBT+ gesprochen wird, wird es oft noch als etwas *Exotisches* oder sogar *Krankes* bezeichnet (Spahn & Wedl, 2018). Dies ist diskriminierend, wenn man bedenkt, dass zum Beispiel Homosexualität seit 1973 offiziell aus dem Diagnostic and Statistics Manual (DSM-2) als psychische Störung gestrichen wurde (Drescher, 2015). Eine eindimensionale Sichtweise von Geschlecht und Sexualität führt dazu, dass Stereotypen aufrechterhalten und geschaffen werden. Für Schüler*innen, die sich nicht mit diesen Normen identifizieren, ist dies belastend und kann leistungsbezogene, aber auch psychologische und psychosomatische Folgen haben. Schüler*innen müssen sich selbst über diverse Ressourcen, wie das Internet, informieren und Personen finden, denen es ähnlich geht und die ihre Gefühle in Worte fassen können (Spahn & Wedl, 2018). Darüber hinaus würde eine Behandlung von sexueller und geschlechtlicher Vielfalt in Schulen auch andere traditionelle Rollenbilder, wie das Interesse an einem in der Gesellschaft *geschlechtstypischen* Hobby (z. B. Hetero-Mann, der tanzt) oder Beruf (z. B. Frau als Mechanikerin), aufbrechen. Personen, die nicht LGBT+ sind, würden sich ebenso trauen, diese Hobbys oder Berufe auszuüben, wo ihre geschlechtsunabhängigen Talente im Vordergrund stehen, ohne befürchten zu müssen, wegen ihrer Normabweichung gesellschaftlich ausgegrenzt zu werden (Spahn & Wedl, 2018).

Zusammenfassung

- Das **Geschlecht** (im Englischen: *sex*) wird oft bei der Geburt zugewiesen, basierend auf den äußeren genitalen Merkmalen. Man kann Geschlecht in die vier Kategorien *körperliches, selbstbestimmtes, soziales* und *juristisches* Geschlecht einteilen, welche nochmal Subkategorien aufweisen.
- Das selbstbestimmte Geschlecht oder auch die **Geschlechtsidentität** (im Englischen: *gender*) beschreibt das Geschlecht, mit dem sich Personen am meisten identifizieren. Es kann vom biologischen Geschlecht abweisen.

- Die **sexuelle Orientierung** beschreibt, zu welchem Geschlecht man sich sexuell und/oder emotional hingezogen fühlt. Man kann grundsätzlich zwischen vier sexuellen (und/oder romantischen) Orientierungen unterscheiden: Hetero-, Homo-, Bi- und Asexualität. Es sei darauf hingewiesen, dass Asexualität aber auch nochmal ein breiteres Spektrum an Orientierungen umfasst (z. B. Demi-Sexualität; aromantisch, usw.).

4.3.1.2 Pubertät, Entwicklung von Geschlechtsidentität und sexueller Orientierung im Jugendalter

Die Pubertät wird von biologischen, psychologischen und sozialen Veränderungen begleitet. Dabei beinhalten die körperlichen Entwicklungsvorgänge vor allem die Heranreifung primärer und sekundärer Geschlechtsmerkmale sowie die Fortpflanzungsfähigkeit. Der Beginn der Menstruation sowie die Vergrößerung der Brust stellt für Kinder mit weiblichen Geschlechtsorganen den Beginn der Pubertät dar. Bei Kindern mit männlichen Geschlechtsorganen ist die Pubertät durch die Fähigkeit zur Ejakulation sowie das Wachsen der Hoden und des Penis gekennzeichnet. Kinder erleben zudem einen Wachstumsschub und Auftreten von Schambehaarung. Diese biologischen Veränderungen sind bekanntermaßen auf Genetik (Wachstum) sowie den Hormonhaushalt (sexuelle Reifung) zurückzuführen. Zudem scheint die Pubertät durch die besseren Lebens- und Umweltbedingungen bei Kindern in westlichen Ländern immer früher einzutreten. Die psychologischen Veränderungen, die Kinder durchleben, sind beispielsweise die Wahrnehmung und Verzerrungen des eigenen Körperbildes (Siegler et al., 2016). Die sexuelle Anziehung scheint sich jedoch bereits in der Vorpubertät anzukündigen, lange bevor die körperliche Geschlechtsreife erreicht ist. So geben Proband*innen in einer Studie an, bereits mit zehn Jahren das andere oder eigene Geschlecht attraktiver zu finden (Siegler et al., 2016).

Wie bereits erwähnt, ist die Schulzeit oft die Findungsphase von Schüler*innen, in der sie sich ausprobieren und auf eine geschlechtliche und sexuelle Orientierung festlegen. Für viele ist es, ohne lange nachzudenken, eindeutig, dass sie heterosexuell sind. Allerdings gibt es eine Minderheit, bei der die Frage nach der sexuellen Identität nicht einfach zu beantworten ist, eine große Bedeutung hat und vor allem zu Beginn von Leid und Konfusion geprägt ist. Es gibt keine reliablen Zahlen darüber, wie viele junge Menschen einer sexuellen Minderheit angehören (ebd.). Das liegt zum einen an der fehlenden Forschung zu diesem Thema, zum anderen daran, dass die Daten schnell veralten, und schließlich daran, dass viele Jugendliche ihre sexuelle Identität erst im jungen Erwachsenenalter oder sogar erst später entdecken (Baltes-Löhr, 2020; Flammer, 2002; Siegler et al., 2016). So können auch die Unterstützung von queeren Freund*innen und das Wissen, dass man mit Diskriminierung nicht alleine dasteht, wichtige Stützen bei der Entfaltung der eigenen Identität sein. So bilden queere Personen oft neue Freundesgruppen, die auf ähnlichen Erfahrungen in der Schule basieren, oder sie informieren sich im Internet, insbesondere über YouTube-Videos oder Podcasts, die über sexuelle und geschlechtliche Vielfalt aufklären, was bei der Bewältigung der Identitätskrise hilfreich sein kann (Gaupp et al., 2021; Krell & Oldemeier, 2018). In einer Studie von Michaud und

Narring (Flammer, 2002) wurden Jugendliche nach ihrer sexuellen Orientierung befragt, wobei Jungen und Mädchen überwiegend angaben, heterosexuell zu sein. Interessant ist jedoch die Kategorie ‚*Im Allgemeinen heterosexuell*', denn 13,5 % der Mädchen und 9 % der Jungen gaben an, dass sie dieser Kategorie entsprechen. Die Autor*innen erklären dies damit, dass die Jugendlichen während ihrer Identitätssuche wahrscheinlich Erfahrungen mit gleichgeschlechtlichen Gleichaltrigen gemacht haben, ohne sich selbst als homo- oder bisexuell zu empfinden (Flammer, 2002). Dies zeigt, dass ein anfängliches Interesse an LGBT+-Themen bei den Geschlechtern besteht und durchaus ausprobiert wird (ebd.).

Hier kommt das Konzept der *emerging adulthood* zum Tragen. Ist es möglich, dass die Identitätskrise für viele LGBT+-Schüler*innen noch bis ins Erwachsenenalter andauert? Zumindest die sexuelle Orientierung soll auch bei gleichgeschlechtlichen Präferenzen, trotz sozialer Tabuisierung, am Ende der Jugendphase als gefestigt angesehen werden, auch wenn Begehren oft unterdrückt und nie ausgelebt wurden (Hagedorn, 2014). Allerdings gibt es Studien, welche dies gegenargumentieren. So geben Frauen im College-Alter an, *meistens heterosexuell* zu sein, sich also auch sexuell zum gleichen Geschlecht angezogen zu fühlen. Weibliche Jugendliche würden sich öfter als *meist heterosexuell* oder auch bisexuell beschreiben als männliche Jugendliche (Saewyc, 2011). Zudem ergab eine zehnjährige Längsschnittuntersuchung von Frauen zwischen 18 und 25 Jahren, dass sich bei zwei Dritteln die sexuelle Orientierung einmal änderte und bei einem Drittel sogar mehr als einmal (Siegler et al., 2016). Diese Befunde liefern erste Indizien, dass eine Person ihre sexuelle und geschlechtliche Orientierung im Leben mehrmals anpassen oder verändern kann und sich nicht auf normative Erwartungen stützen muss, solange sie mit der Entscheidung zufrieden ist, ihre sexuelle Orientierung auszuleben.

4.3.2 Einfluss der LGBT+-Zugehörigkeit auf die Gesundheit

Die Zugehörigkeit zu einer Minorität hat bewiesenermaßen Einfluss sowohl auf die mentale als auch die körperliche Gesundheit betroffener Personen. Demzufolge sind die Akzeptanz und Integration von Jugendlichen, die einer geschlechtlichen und/oder sexuellen Minderheit angehörig sind, in Schulen von großer Relevanz. In diesem Abschnitt werden einige Folgen der Zugehörigkeit zu einer sexuellen oder geschlechtlichen Minderheit und deren Entstehung erläutert. Im Voraus ist es wichtig zu betonen, dass die Erhebung gesundheitlicher Unterschiede auf Grundlage sexueller Orientierung oder Geschlechtsidentität zwangsläufig fehlerbehaftet ist, da Befragte diese aus diversen Gründen nicht immer preisgeben (Spaderna & Sieverding, 2018).

4.3.2.1 Minoritätsstressmodell

Das Minoritätsstressmodell des Epidemiologen Ilan Meyer (2003) (siehe Abb. 4.1) basiert auf Meta-Analysen der mentalen Gesundheit von lesbischen, schwulen und bisexuellen Personen und liefert einige Erklärungen für den Befund, dass diese Personen eine höhere Prävalenz mentaler Störungen haben. Personen aus sexuellen Minderheiten sind laut Meyer (ebd.) öfter Opfer von Mikroaggressionen, Stigmatisierung, Diskriminierung und Mobbing. Dies kann langfristig dazu führen, dass die Umgebung dieser Personen als Stressor wirkt. Der sogenannte Minoritätsstress ist vergleichbar mit einem sich graduell entwickelnden Trauma ohne eindeutigen Beginn oder Ende. Negative Einstellungen der sozialen Umgebung gegenüber sexuellen oder geschlechtlichen Minderheiten führen bei Betroffenen zu einer Verschlechterung der mentalen Gesundheit oder zu Symptomen, die der Posttraumatischen Belastungsstörung ähneln können (Robinson & Rubin, 2016). Internalisierte Homophobie, die Erwartung und Angst zurückgewiesen zu werden oder das direkte Erleben von feindlichen Angriffen sind laut Meyer (2003) nur einige verstärkende Effekte dieses Phänomens.

Das Modell von Meyer (ebd.) stellt den Einfluss von Stress und Coping in Zusammenhang. Allgemeine Stressoren, denen Personen ausgesetzt sind, haben durch den Minoritätsstatus in Kombination mit dem daraus resultierenden Minoritätsstress einen negativen Effekt auf die mentale Gesundheit. Das Modell bezieht sich nur auf einige sexuelle Minderheiten, kann aber im Ansatz auch auf geschlechtliche Minderheiten angewandt werden. Meyer unterscheidet distale und proximale Stressprozesse: "Distal social attitudes gain psychological importance through cognitive appraisal and become proximal concepts with psychological importance to the individual." (ebd., S. 676). Aus der Identifizierung mit einer sexuellen Minderheit können jedoch ebenso Vorteile entstehen, zum Beispiel durch soziale Unterstützung über eine spezifische LGBT+-Gemeinschaft.

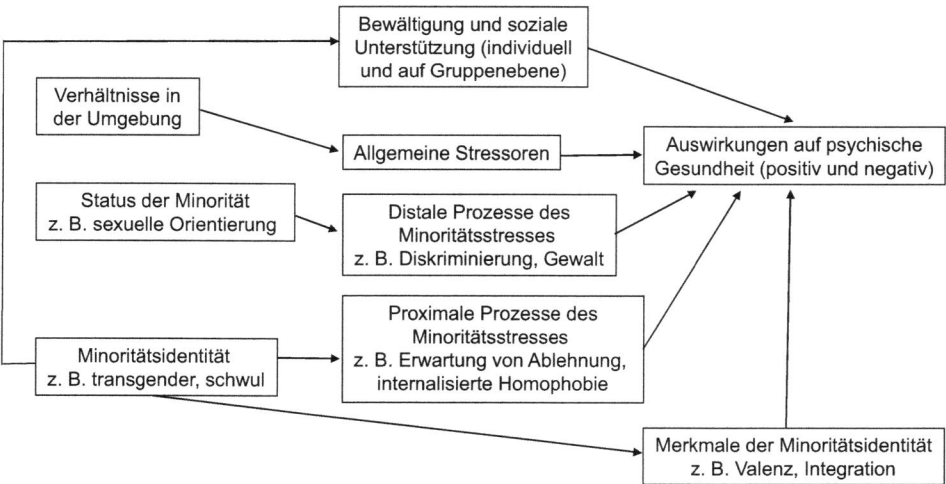

Abb. 4.1 Minoritätsstressprozesse in lesbischen, schwulen und bisexuellen Bevölkerungsgruppen (in Anlehnung an Meyer, 2003, S. 679)

Meyer (ebd.) weist ebenfalls darauf hin, dass persönliche Prädispositionen, Copingstrategien, biologische Hintergrundfaktoren und aktuelle Lebenslagen mit einzubeziehen sind. Das Minoritätsstressmodell ist in Abb. 4.1 abgebildet.

4.3.2.2 Der Einfluss von Gesundheitssystemen

Gesundheitssysteme sind cis- und heternormativ orientiert, was für Personen, die sexuellen, aber vor allem geschlechtlichen Minderheiten angehören, zu Ungleichheiten und Ungerechtigkeiten in der medizinischen Behandlung führen kann (Zeeman et al., 2018). Dies äußert sich zum Beispiel darin, dass LGBT+-Personen seltener medizinische Leistungen in Anspruch nehmen und ist unter anderem in der mangelnden Ausbildung und Sensibilisierung von medizinischem Personal begründet (Fingerhut & Abdou, 2017). Auch die pseudowissenschaftliche Konversionstherapie, mit der eine Veränderung der sexuellen Orientierung oder Geschlechtsidentität angestrebt wird, schadet der Gesundheit von Kindern und Jugendlichen wie auch Erwachsenen (American Psychological Association, 2009). Ein unterdurchschnittlicher Gesundheitszustand im Zusammenhang mit der Zugehörigkeit zu einer sexuellen oder geschlechtlichen Minderheit kann insgesamt einen negativen Einfluss auf die schulischen Leistungen von Kindern und Jugendlichen haben (Blosnich et al., 2011).

4.3.2.3 Der Einfluss von Mobbing

Mobbing ist an Schulen ein altbekanntes Problem. Ein Außenseiterstatus, zum Beispiel aufgrund der sexuellen Orientierung, kann zu einer erhöhten Mobbinggefahr beitragen (Stock, 2011). Jugendliche, die sich mit einer sexuellen oder geschlechtlichen Minderheit identifizieren oder als solche wahrgenommen werden, sind Opfer verschiedener Mikroagressionen (Nadal & Griffin, 2011). Im Fernsehen wird zum Teil das Klischee bedient, dass Mobber*innen, die sich zum Ziel setzen, Personen aufgrund ihrer sexuellen Orientierung oder ihrer Geschlechtsidentität zu mobben, in Wirklichkeit selbst einer sexuellen oder geschlechtlichen Minderheit angehören. Sie werden als *closeted* dargestellt, also als Personen, die ihre tatsächliche Identität vor anderen geheim halten (Peters, 2016). Wie viel Wahrheit hinter diesem Klischee steckt, ist bisher wenig erforscht. Allerdings ist bekannt, dass Mobbing langfristige und negative Folgen haben kann, die sich sowohl sozial, psychisch als auch psychosomatisch äußern (Rodkin et al., 2015). Mobbing kann außerdem bei Kindern und Jugendlichen zu Verhaltensauffälligkeiten oder sogar zur Schulverweigerung führen (Spahn & Wedl, 2018). Spezifische Zusammenhänge zwischen Mobbing, LGBT+-Personen und Suizid werden im Exkurs erläutert.

4.3.2.4 Die Gesundheit aus globaler Perspektive

In einem ausführlichen Review von Russel und Fish (2016) über die mentale Gesundheit von LGBT+-Jugendlichen wird aus globaler Perspektive die hier festgestellte erhöhte Prävalenz von mentalen Störungen näher erfasst und erläutert. Vor allem Angststörungen,

Depressionen, Selbstverletzung und Substanzmissbrauchsstörungen werden im Zusammenhang mit sexuellen und geschlechtlichen Minderheiten erwähnt. Laut einem weiteren Review haben Jugendliche, die nicht heterosexuell orientiert sind, ein höheres Risiko für Essstörungen und weisen im Schnitt öfter Zwangsstörungen, Persönlichkeitsstörungen oder Aufmerksamkeitsdefizitstörungen im Vergleich zu ihren heterosexuellen Peers auf (Plöderl & Tremblay, 2015). Die Britische Stiftung *Stonewall* hat über das Unternehmen *YouGov* einen Bericht zur gesundheitlichen Lage von lesbischen, schwulen, bisexuellen und transgender Personen erstellt (Stonewall & YouGov, 2018). Etwa 52 % der Befragten in Großbritannien gaben demnach an, im Verlaufe des letzten Jahres unter Depressionen gelitten zu haben. Diese Zahl stieg für Personen, die in Großbritannien zusätzlich einer ethnischen Minderheit angehören, auf ca. 62 %. Insgesamt haben ca. 61 % im Verlaufe des letzten Jahres Episoden von Angststörungen verspürt, darunter bisexuelle Frauen am häufigsten. Zu Risikofaktoren kann die Zugehörigkeit zu weiteren Minderheiten oder eine körperliche Beeinträchtigung gehören, weshalb auf eine intersektionale Erfassung zu achten ist.

Trotz des eher negativen Ausblicks der Wissenschaft können Jugendliche, die einer sexuellen oder geschlechtlichen Minderheit angehören, zu gesunden und resilienten Erwachsenen heranwachsen (Saewyc, 2011). Protektive Faktoren, wie eine sichere Schulumgebung, gesetzlich-geschaffener Schutz oder inklusive Lehrpläne, spielen dabei eine wichtige Rolle (Russel & Fish, 2016). Abschließend ist wichtig zu erwähnen, dass sich die hier dargestellten Zusammenhänge sowohl auf Kinder und Jugendliche als auch Erwachsene beziehen. Lehrpersonen und Erziehungsberechtigte, die sich mit einer sexuellen oder geschlechtlichen Minderheit identifizieren, sind nicht ausgenommen und sind gesundheitlichen Risiken ähnlich ausgesetzt.

4.3.3 Sexualaufklärung und Erwartungen an Schulen

In den letzten Jahrzehnten scheinen LGBT+-Themen mehr Aufsehen erlangt zu haben. Manche Personen betiteln diesen Wandel als Modeerscheinung und sie zweifeln in der Folge oft an der tatsächlichen Identität von Personen, die sich als LGBT+ outen. In Wahrheit ist der Wandel in den meisten Fällen darin begründet, dass Personen, die sich mit einer sexuellen oder geschlechtlichen Minderheit identifizieren, sich zunehmend sicherer und wohler fühlen, sich zu outen (Spahn & Wedl, 2018). Die erhöhte Sichtbarkeit und Integration dieser Minderheiten in der Gesellschaft ist dafür ein relevanter Grund und wird im Folgenden im Hinblick auf einen schulischen Kontext erläutert.

4.3.3.1 Sexualaufklärung an deutschen Schulen
Wenn nur heterosexuelle und cisgender Normen an der Schule vermittelt werden, wirkt sich dies vor allem negativ auf die Jugendlichen aus, die sich als LGBT+ identifizieren oder sich gerade in einer etwaigen Findungsphase befinden (Spahn & Wedl, 2018) Der

gesellschaftliche Wandel zur erhöhten Sichtbarkeit von LGBT+Personen sollte auch an deutschen Schulen zu erkennen sein. Laut der Antidiskriminierungsstelle des Bundes (2021) sollen beispielsweise im Rahmen des Schulunterrichts sexualpädagogische Themen vermittelt werden, die sexuelle und geschlechtliche Minderheiten mit einbeziehen. Am Beispiel Deutschlands steht im Rahmenlehrplan jedes Bundeslandes, dass die Sexualerziehung nicht auf cis- und heteronormative Lerninhalte begrenzt sein soll. Sexualaufklärung ist seit 1968 an deutschen Schulen ab dem Alter von neun Jahren verpflichtend (Beaumont, 2013). Genaue Unterrichtsinhalte werden allerdings nur in wenigen Bundesländern vorgegeben (Antidiskriminierungsstelle des Bundes, 2021). Ähnlich gibt es europaweit keine Vorgaben und die Sexualaufklärung ist in einigen Staaten nicht gesetzlich vorgeschrieben (Beaumont, 2013). Dies stellt für alle Jugendlichen eine Gefahr dar: Ohne Sexualaufklärung steigt die Anzahl der Schwangerschaften von Schüler*innen wie auch die Prävalenz sexuell übertragbarer Krankheiten (ebd.).

Oft ist die Sexualaufklärung Bestandteil des Faches Biologie, Ethik oder Sachkunde, aber es gibt ebenso externe Aufklärungskampagnen, NGOs oder Vereine, die Aktionen und Workshops zu diesen Themen an Schulen anbieten. Laut einer bevölkerungsrepräsentativen Umfrage in Deutschland im Auftrag der Antidiskriminierungsstelle (Küpper et al., 2017) stimmten ca. 62,2 % der Aussage vollkommen zu, dass verschiedene sexuelle Orientierungen, wie Heterosexualität, Bisexualität und Homosexualität, im Rahmen der Sexualaufklärung an Schulen auch behandelt werden sollten. Vergleichsweise stimmten etwa 23 % der Befragten dieser Aussage eher zu, ca. 6,9 % eher nicht zu und etwa 8 % überhaupt nicht zu. Der tatsächliche Stand der ganzheitlichen Aufklärung in Deutschland ist unklar und variiert je nach Bundesland (Spahn & Wedl, 2018).

Zusätzlich wurde in der Umfrage der Antidiskriminierungsstelle erfasst, ob die Befragten der Meinung sind, dass Sexualaufklärung Aufgabe der Erziehungsberechtigten oder Aufgabe der Schule ist. Dabei stimmten 59,7 % der ersten und 20,3 % der zweiten Aussage voll zu (Küpper et al., 2017). Somit sollte ebenfalls darauf hingewiesen werden, dass Erziehungsberechtigte gegenüber sexueller und geschlechtlicher Vielfalt sensibilisiert und angemessen informiert sein sollten. Lehrpersonen sollten nicht davon ausgehen, dass ihre Schüler*innen gänzlich cisgender und heterosexuell sind, auch wenn sich diese nicht anders äußern. Lehrkräfte sollten ebenfalls ihre häufig bestehenden normativen Denkweisen reflektieren (Spahn & Wedl, 2018). Die sachliche Darstellung von sexuellen und geschlechtlichen Minderheiten in der Sexualaufklärung, und auch allgemein im Schulkontext, ist für alle von Relevanz.

4.3.3.2 Die Relevanz ganzheitlicher Sexualaufklärung an Schulen

Es ist wichtig, dass sich alle Kinder und Jugendliche, unabhängig von ihrer sexuellen Orientierung oder ihrer Geschlechtsidentität, mit sexueller und geschlechtlicher Vielfalt auseinandersetzen. In der Folge werden diese nicht nur darauf aufmerksam gemacht, dass die Gesellschaft pluralistisch und vielfältig ist, sondern sie lernen, eigene Empfindungen und Bedürfnisse zu verstehen und zu verbalisieren (ebd.). Die bloße Thematisierung im

Unterricht, kann helfen und den Abbau von Stigmatisierung, Diskriminierung und Mobbing fördern (Spahn & Wedl, 2018). Als Vorreiter einer ganzheitlichen Sexualaufklärung gilt in Europa das Land Schweden, welches allgemein für seine progressive Sozialpolitik bekannt ist. Die erste Unterrichtsstunde zur Sexualaufklärung wurde im Jahr 1954 im Radio ausgestrahlt und Schweden hat als erstes europäisches Land die Sexualaufklärung im Jahr 1956 eingeführt (Beaumont, 2013). Heute zielt der obligatorische Unterricht vor allem auf die Förderung von Bewusstsein und Offenheit im Umgang mit der eigenen Sexualität ab. Jugendliche lernen, selbstbestimmt Entscheidungen zu treffen, und werden über Risiken informiert. Der Unterricht findet in Gruppenkonstellationen, durch individuelle Beratung oder auch durch Aufklärungskampagnen statt (ebd.). Allerdings können auch hier Diskrepanzen zwischen vorgegebenen Inhalten und dem tatsächlichen Unterricht bestehen. In einer Umfrage äußerten sich schwedische Schülerinnen den Unterrichtsinhalten gegenüber kritisch: Etwa 95 % der Teilnehmerinnen erhielten beispielsweise keine Informationen über sexuellen Missbrauch und Belästigung (Ekstrand et al., 2011). Viele führen diese Diskrepanzen auf eine unzureichende Ausbildung von Lehrkräften zurück (Spahn & Wedl, 2018).

Die Wahl einer angemessenen Altersgruppe für die Sexualaufklärung von Schulkindern stellt zusätzlich ein kontroverses Thema dar. Sowohl Politiker*innen oder Lehrpersonen als auch Erziehungsberechtigte haben unterschiedliche Meinungen und Einblicke. Diese Sachlage ist vor allem darin begründet, dass die körperliche und mentale Entwicklung von Schulkindern und Jugendlichen individuell unterschiedlich ist. Manche Kinder in der siebten Klasse sind beispielsweise sexuell aktiv, während andere in der zwölften Klasse kein Interesse an diesen Themen aufzeigen. Der Versuch, eine optimale Lösung zu finden, gestaltet sich demzufolge schwierig.

Die sogenannte *Frühsexualisierung* bezeichnet den Vorwurf, dass Kinder und Jugendliche durch die Beschäftigung mit Sexualität, sexueller und geschlechtlicher Vielfalt im Schulunterricht überfordert, verunsichert oder selbst beeinflusst werden. Die Pädagoginnen Laumann und Debus (2018) machen dafür vor allem das Misskonzept verantwortlich, dass eine Beschäftigung mit sexueller und geschlechtlicher Vielfalt mit einer Beschäftigung mit sexuellen Handlungen gleichzusetzen ist. Sie betonen jedoch, dass es sich bei der Sexualaufklärung tatsächlich stattdessen um Lebensweisen, Diskriminierung, Verlieben, Bindung und verschiedene Familienformen usw. handelt. Der Begriff *Frühsexualisierung* wird international gegen die Sexualaufklärung von Kindern im etwaigen Grundschulalter instrumentalisiert (Sielert, 2016). Laut einer deutschen Umfrage (Schmidt, 2015) waren ca. 6 % der Befragten der Meinung, dass Homosexualität in der Schule gar nicht behandelt werden soll, ähnlich der Umfrage der Antidiskriminierungsstelle (Küpper et al., 2017). Die meisten Befragten bevorzugen die Sexualaufklärung in den Klassen sieben bis zehn (38 %) oder in den Klassen fünf und sechs (31 %). Weniger Befragte hielten die Sexualaufklärung erst ab Klasse elf für sinnvoll (9 %) und noch weniger ab Klassen eins bis vier (8 %).

Auf einer europaweiten Ebene ist zunehmend ein positiver Trend erkennbar, die Sexualaufklärung diverser und vielfältiger zu gestalten (Beaumont, 2013). Es gibt allerdings noch einige Verbesserungsvorschläge und Forderungen, die aus den oben geschilderten Gründen künftig umgesetzt werden sollten. Eine solche Forderung richtet sich beispielsweise auf die Aus- und Fortbildung von Lehrkräften, die auf den Wissenserwerb und die Sicherheit im Umgang mit allen Geschlechtern und Sexualitäten abzielen (Spahn & Wedl, 2018).

4.3.4 Individuelle Ängste und Herausforderungen

Jugendliche, die sich als LGBT+ identifizieren, erleben oft Ausgrenzung, Mobbing oder Gewalt (Spahn & Wedl, 2018). Dies hat eine Tragweite über Generationen hinaus, da sich die Diskriminierung auch auf Kinder von gleichgeschlechtlichen Erziehungsberechtigten beziehen kann. Ob mit oder ohne böse Absicht werden homophobe und transphobe Schimpfwörter im Schulalltag ständig verwendet (ebd.). Ergebnisse der bisher größten europäischen Umfrage unter LGBT+-Personen von der EU-Grundrechteagentur FRA wurden 2020 veröffentlicht und bestätigten die suboptimale Lage an Schulen. Etwa 62 % der befragten Schüler*innen, die sich einer geschlechtlichen oder sexuellen Minderheit zugehörig fühlen, sind nicht geoutet (FRA, 2020). Etwa 46 % der insgesamt Befragten haben laut eigenen Angaben während ihrer Schulzeit nie erlebt, dass jemand sie und ihre Rechte unterstützt und verteidigt hätte (ebd.). Jede Coming-Out-Erfahrung oder die Entscheidung, sich nicht zu outen, ist eine Eigene, die von einer Vielzahl an individuellen Faktoren abhängt.

4.3.4.1 Ergebnisse einer Studie vom Deutschen Jugendinstitut

Die tatsächliche Anzahl an Kindern oder Jugendlichen, die sich an Schulen als LGBT+ identifizieren, ist nicht direkt nachzuverfolgen, was allerdings nicht heißt, dass sich niemand als LGBT+ identifiziert. In Deutschland wurde im Jahr 2015 die erste bundesweite Studie zur Lebenssituation von Jugendlichen und jungen Erwachsenen, die sich mit einer sexuellen oder geschlechtlichen Minderheit identifizieren, veröffentlicht. Das Deutsche Jugendinstitut (DJI, 2015) hat über das Projekt *Coming-Out – und dann?!* über 5000 14- bis 27-Jährige befragt. Etwa ein Viertel der Befragten meinte, dass sie kein genaues Alter angeben können, in dem sie sich ihrer Geschlechtsidentität oder sexuellen Orientierung bewusst worden. Etwa 28 % gaben an, sich ihrer Geschlechtsidentität schon immer bewusst gewesen zu sein. In Bezug auf die sexuelle Orientierung wurde den meisten Befragten im Alter von 13 bis 14 Jahren ihre sexuelle Orientierung bewusst. Durch diese Ergebnisse wird ersichtlich, dass viele Jugendliche ihre tatsächliche Identität aus Angst vorläufig unterdrücken. 74 % der Befragten befürchteten, von Peers, 69 % von Familienmitgliedern abgelehnt zu werden. 61 % der Befragten nahmen an, dass ein Coming-out zu Problemen in ihrem Bildungs- oder Arbeitsbereich führen würde. 49 %

Tab. 4.1 Das Alter bei wichtigen Schritten der Identitätsentwicklung von schwulen und bisexuellen männlichen Jugendlichen, in Anlehnung an Savin-Williams (1998)

Ereignis	Durchschnittsalter in Jahren	Spannbreite des Alters
Bewusstheit der gleichgeschlechtlichen Neigungen	8	3–17
Kannte die Bedeutung von Homosexualität	10	4–19
Erster homosexueller Sex	14	5–24
Erster heterosexueller Sex	15	5–22
Erkennt sich selbst als schwul/bisexuell	17	8–24
Erstes Outing gegenüber einem anderen	18	13–25
Erstes Outing gegenüber Familienmitgliedern	19	13–25

hatten Angst, nicht ernst genommen zu werden. 37 % der Befragten hatten Angst vor Beleidigungen oder Belästigungen, als Konsequenz eines Outings (DJI, 2015).

Qualitative Interviews, die ebenfalls im Rahmen dieses Projektes durchgeführt wurden, erfassten Folgen, die eine Unterdrückung der eigenen sexuellen Orientierung oder Geschlechtsidentität haben können. Bei einigen Jugendlichen entwickelten sich psychische und psychosomatische Symptome, die eindeutig ein klinisches Ausmaß angenommen haben (ebd.). Dies würde eine negative Auswirkung auf die Schulleistungen von Betroffenen und zwangsläufig einen Einfluss auf die Zukunft dieser Personen haben. In einer Studie von Savin-Williams (1998) wurde das Durchschnittsalter einer Gruppe bisexueller und schwuler männlicher Jugendlicher erfasst, bei denen wichtige Schritte der Identitätsentwicklung erfolgten. Die Studie umfasste nur Jugendliche, die ihre sexuelle Orientierung als solche anerkannt haben (siehe Tab. 4.1).

4.3.4.2 Der Stereotype Threat

Der sogenannte Stereotype Threat (Steele, 1997) stellt eine weitere Gefahr für die Schulleistung dar. Laut Cassady (2010) sind sowohl physische Angstsymptome als auch Leistungsunterschiede bei Gruppen häufiger festzustellen, die einer Bedrohung durch ein bestimmtes Stereotyp ausgesetzt sind. Diese durch ein Stereotyp verursachte Bedrohung löst dann psychologische, kognitive und emotionale Reaktionen aus, die das Verhalten und die Leistung einer Person direkt beeinflussen (Cassady, 2010). Zur Veranschaulichung haben Steele und Aronson (1995) eine Gruppe Schwarzer und Weißer Studierende verglichen. Beide Gruppen mussten an fordernden schriftlichen Prüfungen teilnehmen, nachdem in einem Briefing entweder erklärt wurde, dass sich bei der Prüfung im Allgemeinen Unterschiede zwischen Schwarzen und Weißen Teilnehmenden feststellen lassen, im Vergleich dazu, dass keine Unterschiede zu finden sind. Schwarze Teilnehmende schnitten nach dem Briefing, wo das Stereotyp induziert wurde, schlechter ab als Weiße Teilnehmende, und beide schnitten ohne Induzierung gleich gut ab.

Der Stereotype Threat kann in der Theorie auch für vorherrschende interessen- und leistungsbezogene Stereotype von sexuellen oder geschlechtlichen Minderheiten gelten und der schulischen Leistungsfähigkeit schaden. Die begrenzte bisherige Forschung zu LGBT+-Personen bezieht sich vor allem auf negative Stereotype im Gesundheitsbereich, die einen Einfluss auf die gesundheitliche Versorgung haben (Fingerhut & Abdou, 2017). Damit eine solche Bedrohung entsteht, müssen bestimmte Stereotype in einer Situation relevant und aktiviert sein. Es ist keine Voraussetzung, dass Personen dem Stereotyp Glauben schenken oder sich mit diesem identifizieren, nur die Zugehörigkeit zur anvisierten Gruppe ist relevant (Steele & Aronson, 1995). Dennoch gibt es einige Mechanismen, die dem Stereotype Threat entgegenwirken können (Cassady, 2010). Zum einen können sich Angehörige dieser Gruppen von der Aussagekraft akademischer Leistungen distanzieren, um Angst zu verringern und Selbstbewusstsein zu bewahren. Zum anderen kann man im Kontext des Schulunterrichts die Fähigkeiten zur Selbstregulation und die Kontrollüberzeugung der Schüler*innen verändern.

Überdies scheint in der Gesellschaft die Chancengleichheit von LGBT+-Kindern und -Jugendlichen ambivalent interpretiert zu werden. Einige Personen sind der Auffassung, dass neu erteilte Rechte und Gesetze zum Schutz von LGBT+-Personen das Minimum sind und der Wandel, der in den letzten 30 Jahren stattgefunden hat, nur der Anfangspunkt wichtiger Veränderungen ist. Laut der bevölkerungsrepräsentativen Umfrage im Auftrag der Antidiskriminierungsstelle (Küpper et al., 2017) stimmten 51,4 % der Aussage, dass homo- und bisexuelle Jugendliche häufiger Opfer von Mobbing und Diskriminierung als heterosexuelle Jugendliche werden, vollkommen zu. Vergleichsweise stimmten 38,8 % der Befragten dieser Aussage eher zu, 6,3 % eher nicht zu und 3,6 % überhaupt nicht zu. Im Vergleich sind andere Personen der Auffassung, dass sexuelle oder geschlechtliche Minderheiten in der heutigen Zeit weiterhin marginalisiert werden (Groneberg, 2011). Homo- und transphoben Denkweisen kann entgegengewirkt werden, beispielsweise durch Bildungsmaßnahmen oder erhöhte alltägliche und positive Repräsentation von Personen, die sexuellen oder geschlechtlichen Minderheiten angehören.

4.3.5 Externe Einflüsse und globale Perspektive

Auch durch Einflüsse außerhalb der Schule werden Kinder und Jugendliche, die einer sexuellen oder geschlechtlichen Minderheit angehören, Belastungen ausgesetzt. Früher und auch heute tragen politische Entscheidungen in einigen Staaten zur gesellschaftlichen Marginalisierung und Diskriminierung dieser Minderheiten bei (Mastroianni, 2023). Einige Beispiele hierzu werden im folgenden Abschnitt erläutert.

4.3.5.1 Der Einfluss politischer Institutionen

In den USA zum Beispiel treten fast täglich Gesetze in Kraft, die sich gegen die Thematisierung von LGBT+-Geschichte und -Personen an Schulen richten. Seit Jahrzehnten tragen diese sogenannten Don't Say Gay-Bills zur Stigmatisierung und Kriminalisierung von Personen bei, die geschlechtlichen und sexuellen Minderheiten angehören (Sosin, 2022). Die Juristin Alejandra Carabello verfolgt die aktuelle Gesetzeslage in den USA und hat im Januar 2023 auf Twitter ein Dokument veröffentlicht, in dem alle kürzlich erlassenen Entwürfe von Anti-LGBT+-Gesetzen amerikanischer Staaten dokumentiert werden (Carabello, 2023). Ein solcher Gesetzesentwurf vom Jahr 2022 ist zum Beispiel der Children Innocence Protection Act des Staates New Jersey. Der Entwurf setzt voraus, dass Sexualaufklärung in der Schule nur stattfinden darf, sofern Erziehungsberechtigte über den genauen Verlauf informiert werden und ihr schriftliches Einverständnis gegeben haben. Diese Entwicklung in den USA hat einen negativen Einfluss auf die mentale Gesundheit von Kindern und Jugendlichen (Mastroianni, 2023).

Auch in europäischen Ländern wie Ungarn oder Polen wurden Gesetze erlassen, die sich gegen sexuelle oder geschlechtliche Minderheiten richten. In Ungarn wurden im Juni 2021 Lernmaterialien für Personen unter 18 Jahren verboten, die laut Aussage des Staates „von dem bei der Geburt zugewiesenen Geschlecht abweichende Identitäten, Geschlechtsumwandlungen oder Homosexualität" darstellen (Europäische Kommission, 2021). In Polen scheint die Sexualaufklärung weitestgehend ineffektiv zu sein, da die Teilnahme für Jugendliche optional ist und Lehrpersonen selten angemessen ausgebildet sind (Beaumont, 2013). In vielen polnischen Schulen wird Homosexualität zudem nicht als valide sexuelle Orientierung vermittelt und oft aus Lernmaterialen entfernt (Spahn & Wedl, 2018). Außerdem werden seit 2019 sogenannte *LGBT-freie Zonen* in einigen Regionen Polens geschaffen (Figlerowicz, 2019). Am 15. Juli 2021 leitete die Europäische Kommission rechtliche Schritte gegen diese Vertragsverletzungen der Europäischen Union seitens Ungarn und Polen ein (Europäische Kommission, 2021). Es ist ersichtlich, dass politische Strategien eingesetzt werden, um sowohl bei Kindern als auch Erziehungsberechtigten Angst und Fehlinformationen gegen sexuelle und geschlechtliche Minderheiten zu verbreiten.

Aus globaler Perspektive ist es außerdem wichtig, sexuelle und geschlechtliche Vielfalt bei der Sexualaufklärung in der Schule und auch daheim mit einzubeziehen. Das World Health Organisation-Regionalbüro für Europa hat in Zusammenarbeit mit der Bundeszentrale für gesundheitliche Aufklärung und einer Expertengruppe aus neun europäischen Ländern ein Rahmenkonzept über Standards für die ganzheitliche Sexualaufklärung in Europa erarbeitet (WHO-Regionalbüro für Europa und Bundeszentrale für gesundheitliche Aufklärung, 2011). Allerdings werden hierdurch keine rechtlichen Vorgaben zur Sexualaufklärung vermittelt, sondern lediglich Empfehlungen gegeben, dass gesetzliche Richtlinien existieren sollten. In Deutschland agiert die Bundeszentrale für gesundheitliche Aufklärung auf der Basis des Schwangerschaftskonfliktgesetzes vom 27. Juli 1992, welches die Sexualaufklärung zum Beispiel durch die Bereitstellung von Materialien beauftragt. Auf einer globalen Skala unterscheidet sich die Sexualaufklärung auch in Abhängigkeit von kulturellen und historischen Bedingungen. Die United Nations Educational, Scientific and Cultural Organization hat 2009 eine internationale Orientierungshilfe für Sexualaufklärung erstellt, konzipiert für Schulen, Lehrpersonen und Personen, die im Bereich der gesundheitlichen Aufklärung tätig sind (UNESCO, 2009). Darin wird die Empfehlung ausgesprochen, Sexualaufklärung mit Hinblick auf besondere Werte und Ressourcen der jeweiligen Gemeinschaft zu gestalten. Gänzlich fehlen in diesem Bericht Programme, die sich an Jugendliche richten, die sich als LGBT+ identifizieren. Allerdings weist die im Jahr 2018 überarbeitete Fassung einen Schritt in Richtung mehr Sichtbarkeit und Toleranz gegenüber sexuellen und geschlechtlichen Minderheiten auf (UNESCO, 2018).

4.3.5.2 Religiöse und kulturelle Einflüsse

Religiöse und kulturelle Prägungen können im Kindes- und Erwachsenenalter Einfluss auf LGBT+-Personen haben. Der Begriff Religious Trauma Syndrome wurde von der Psychologin Marlene Winell (2011) geschaffen. Dieses Syndrom wird oft mit LGBT+-Personen, welche eine streng religiöse Erziehung erlebt haben, in Verbindung gesetzt (Yates & Snodgrass, 2019). Autoritäre und fundamentalistische Bewegungen zielen auf eine frühkindliche Indoktrinierung von religiösen Glaubenssätzen ab und sprechen sich oftmals gegen sexuelle und geschlechtliche Minderheiten aus (Barnes & Meyer, 2012). Sich von diesen Glaubenssätzen zu lösen, kann laut Winell (2011) einen traumatisierenden Effekt haben. Das damit in Verbindung stehende Religious Trauma Syndrome äußert sich symptomatisch ähnlich wie eine Posttraumatische Belastungsstörung als Folge kontinuierlich auftretenden Missbrauchs. Betroffene haben beispielsweise intrusive Gedanken, sind hypervigilant, neigen zu negativer Affektivität und ziehen sich sozial zurück (ebd.). Diese Symptome resultieren sowohl aus einer Folge von strengen religiösen Praktiken als auch nach dem Austritt aus einer Glaubensgemeinschaft. Oftmals verlieren Personen dadurch ihr gesamtes soziales Umfeld und sind zum ersten Mal auf sich alleine gestellt (ebd.). Für Personen, die sich mit einer sexuellen oder geschlechtlichen Minderheit identifizieren, wird hier also eine besondere Gefahr ersichtlich. Um eigenen Bedürfnissen und auch sich selbst gerecht zu werden, sind viele gezwungen, ihre strenge Glaubensgemeinschaft zu verlassen und sich den Folgen davon auszusetzen (Yates & Snodgrass, 2019). Auch die Konversionstherapie im Auftrag einer Religion hat negative Folgen für Überlebende (Jones et al., 2022). Der Ausblick hierauf kann für ein Kind oder einen Jugendlichen aus einem religiösen Elternhaushalt zu großer Angst führen.

4.3.6 Auswirkungen auf den Schulalltag und die Zukunft

Im Alltag an der Schule gilt sexuelle oder geschlechtliche Vielfalt oft entweder als Anlass für Mobbing oder wird ganz und gar ignoriert (Spahn & Wedl, 2018). Das bestätigt die

Umfrage der europäischen Grundrechteagentur FRA (2020): Etwa 77 % der Befragten kreuzten an, dass in ihrer Schulzeit LGBT+-Themen nicht erwähnt wurden, und nur ca. 4 % kreuzten an, dass diese Themen in einem positiven Kontext erwähnt wurden. Dies hat Auswirkungen auf den Schulalltag und die Zukunft von betroffenen Kindern und Jugendlichen, die in den folgenden Abschnitten angerissen werden.

In jüngster Zeit tauchen in den Medien ebenfalls populäre Berichte über das Phänomen des *Second Queer Adolescence,* sozusagen eine zweite Pubertät für Personen, die sich als LGBT+ identifizieren, auf (Kassel, 2021). Diese zweite Pubertät, die Transpersonen tatsächlich oft durchleben, bezieht sich auf emotionale und soziale Erfahrungen, die LGBT+-Erwachsene nachholen, da sie im Jugendalter mit ihrer cis- und heteronormativen Umgebung konform gegangen sind.

4.3.6.1 Der Social Identity Threat

Im Ansatz dem Stereotype Threat (Steele, 1997) ähnlich kann auch der sogenannte Social Identity Threat (Murphy & Jones Taylor, 2011) einen Einfluss auf Schüler*innen haben, die einer geschlechtlichen oder sexuellen Minderheit angehören. Murphy und Jones Taylor (ebd.) erklären, dass der Fokus hierbei weniger auf der Bestätigung eines Stereotyps liegt, sondern eher auf den Auslösreizen (Cues) die mit der Bedrohung einer bestimmten Gruppe assoziiert werden können. Cues können eine bedrohende Wirkung haben, wenn sie signalisieren, dass Angehörige einer Gruppe in einem bestimmten Umfeld nicht erwünscht sind, wie beispielsweise durch Poster oder Flyer. Auch ein Kontext oder eine Umgebung, in der zu einem früheren Zeitpunkt Diskriminierung erfahren wurde, kann als Cue wirken und verursacht Angst und Hypervigilanz (ebd.). Beispielsweise könnte der Social Identity Threat durchaus für einen bisexuellen Schüler entstehen, wenn dieser bei der Sexualaufklärung im Biologieunterricht nur Materialien zum Thema Heterosexualität oder Homosexualität erhält.

4.3.6.2 Sexuelle und geschlechtliche Vielfalt in Unterrichtsmaterialien

Cis- und heteronormative Strukturen finden sich an Schulen auch in Lernmaterialien wieder (Spahn & Wedl, 2018). Durch die Aktualität der angesprochenen Themen sexueller und geschlechtlicher Vielfalt gibt es aufgrund begrenzter Forschung wenig spezifische Literatur oder Lehrbücher. Lehrbücher, die von sexueller und geschlechtlicher Vielfalt handeln, vermitteln allen Schüler*innen Wissen, wie auch ein Gefühl der Chancengleichheit, des Stellenwertes und der Akzeptanz. Dies kann eindeutig einen positiven Effekt haben und könnte dazu beitragen, dass Fälle von Mobbing, Ausgrenzung oder Gewalt im Schulalltag zurückgehen. Aktuell kommen Schulbücher, laut einer Schulbuchstudie, „den Anforderungen der Nicht-Diskriminierung und Gleichstellungsorientierung also in den meisten der untersuchten Kategorien nicht nach" (Göbel & Bittner, 2013, S. 16). In dem Großteil der untersuchten Biologie-Lehrbücher wird bestenfalls Hetero- und Homosexualität erwähnt, sehr selten weitere sexuelle Orientierungen oder Transgeschlechtlichkeit (ebd.). Dennoch könnte auch in einem Text im Englischunterricht von einem gleichgeschlechtlichen Ehepaar geredet werden. Es gibt sehr viele Möglichkeiten, auf neutrale und sachliche Art und Weise sexuelle und geschlechtliche Vielfalt in den Unterricht mit einzubringen.

Dennoch ist der positive Wandel, vor allem im letzten Jahrzehnt, kontinuierlich zu beobachten. Die Anzahl junger Erwachsener, die an der Schule ihre LGBT+-Identität verstecken, sinkt stetig (FRA, 2020). Einige Kinder und Jugendliche gründen Arbeitsgruppen, wo Schüler*innen jeglicher sexueller Orientierung oder Geschlechtsidentität willkommen geheißen werden. Diese Vereine schaffen für Schüler*innen eine sichere Umgebung, um sich gegenseitig auszutauschen und zu unterstützen (Spahn & Wedl, 2018). Ebenso bieten Stiftungen, wie zum Beispiel das *GLSEN* oder *The Trevor Project* in den USA, Unterstützungsmöglichkeiten an.

Zusammenfassung
Schüler*innen, die sich der LGBT+-Community zugehörig fühlen, erleben häufig Stigmatisierung und Mobbing, was zu erhöhten Angstniveaus führt. Der Abschnitt beschrieb die negativen Auswirkungen heteronormativer Strukturen auf das Wohlbefinden und die akademische Leistung. Die Bedeutung einer inklusiven Sexualaufklärung und des Abbaus von Vorurteilen wird hervorgehoben. Durch die Implementierung von Schutzkonzepten und Sensibilisierungsmaßnahmen können Schulen eine unterstützende Umgebung schaffen, die die Identitätsentwicklung fördert und psychische Belastungen reduziert.

4.4 Exkurs: der Zusammenhang zwischen LGBT+-Zugehörigkeit und Suizid

Laut der britischen Stiftung *Stonewall* haben ca. 13 % der Befragten 18- bis 24-Jährigen, die sich als LGBT+ identifizieren, im letzten Jahr einen Suizidversuch unternommen (Stonewall und YouGov, 2018). Bei jungen homo- und bisexuellen Personen ist Suizid ein hoch prävalentes Phänomen (Gibson, 2004). Das stärkere Ausmaß an sozialem Stress gepaart mit einem geringeren Ausmaß an erlebter sozialer Unterstützung, wie im Modell von Meyer ersichtlich (2003), kann zu erhöhter negativer Affektivität, Depressivität und schließlich Suizidalität führen (Safren & Heimberg, 1999). Suizidale Gedanken scheinen ab dem Jugendalter bei einigen Personen aufzutreten, die sich einer sexuellen Minderheit angehörig fühlen oder ihre sexuelle Orientierung hinterfragen: In einer Studie an einer Highschool in den USA gaben sie im Vergleich zu heterosexuellen Peers dreimal häufiger an, im vergangenen Jahr einen Suizidversuch unternommen zu haben (Garofalo et al., 1998).

Auch hier ist noch einmal zu wiederholen, dass Studien auf Grundlage sexueller Orientierung oder Geschlechtsidentität zwangsläufig fehlerbehaftet sind (Spaderna & Sieverding, 2018). Genaue Ursachen für einen Suizid können außerdem selten nachvollzogen werden, da sich zum Beispiel bei einer Autopsie postmortem die sexuelle Orientierung oder die empfundene Geschlechtsidentität schwer feststellen lässt (Meyer, 2003). In einem meta-analytischen Review von Marshal et al. (2011) wurde anhand von 19 Studien der Zusammenhang zwischen suizidalen Gedanken oder Handlungen, als Folge von Depressivität, und der sexuellen Orientierung untersucht. Im Schnitt wiesen ca. 28 % der befragten lesbischen, schwulen oder bisexuellen Jugendlichen und ca. 12 % der befragten heterosexuellen Jugendlichen suizidale Tendenzen auf. Der Zusammenhang war für Jugendliche mit einer bisexuellen Orientierung besonders signifikant (ebd.). Bisher gibt es wenige Forschungsansätze, die eine Zugehörigkeit zu einer ethnischen Minderheit in diesem Zusammenhang evaluiert; eine Ausnahme stellt die Untersuchung von Ramchand et al. (2022) dar. Danach besteht im Zusammenhang mit verschiedenen ethnischen Gruppen eine große Varianz im Suizidrisiko von Jugendlichen, die ebenfalls sexuellen Minderheiten angehören (ebd.).

Viele der bisher angeführten Studien legen den Fokus der Untersuchung auf sexuelle Orientierungen und nicht auf Geschlechtsidentitäten. Im Allgemeinen werden in Studien auch selten Geschlechter außerhalb der binären Norm berücksichtigt, was auf die gesellschaftliche Marginalisierung dieser Gruppen hinweist. Trotzdem stellen einige Untersuchungen einen eindeutigen Zusammenhang zwischen Transgeschlechtlichkeit und Suizidalität her. Eine der ersten Studien, in der dieses Phänomen untersucht wurde, führte Mathy (2002) durch. Mathy stellte fest, dass Befragte verschiedener sexueller Orientierungen, die sich als transgender identifizierten, im Vergleich zu Befragten verschiedener sexueller Orientierungen, die sich als cisgender identifizierten, angaben, signifikant öfter suizidale Gedanken oder Suizidversuche begangen zu haben (2002). In einer darauffolgenden Studie (Clements-Nolle et al., 2006), die in den USA mit 515 binären transgender Befragten durchgeführt wurde, hatten ca. 32 % der Befragten einen früheren Suizidversuch, wobei zwischen male-to-female und female-to-male transitionierten Befragten kein Unterschied festzustellen war. Ebenfalls gaben ca. 60 % der Befragten an, Depressionen zu haben, ca. 62 % gaben an, Diskriminierung auf Basis des Geschlechts erlebt zu haben, und ca. 28 % der Befragten gaben an, in der Vergangenheit wegen Drogen- oder Alkoholmissbrauch in Behandlung gewesen zu sein (ebd.). Eine jüngere Forschungsstudie schätzt die Prävalenz von Suizidalität bei jüngeren Personen am höchsten ein; ca. 82 % der in einer Studie befragten Jugendlichen gaben an, suizidale Gedanken zu haben, und ca. 40 % hatten frühere Suizidversuche (Austin et al., 2020).

Suizidale Gedanken und Handlungen treten häufig als Folge von Ängstlichkeit und Depressionen auf (Galaif et al., 2007). Personen, die einer geschlechtlichen oder sexuellen Minderheit angehören, haben ein erhöhtes Risiko, an Depressionen und Angststörungen zu erkranken, und neigen öfter zu Substanzmissbrauch (Zeeman et al., 2018). Es gibt allerdings einige weitere Ursachen für Suizidalität, die vor allem im schulischen Kontext relevant sind. In der oben erwähnten Studie von Austin et al. (2020) wurden interpersonelle Mikroaggressionen signifikant mit der Anzahl an Suizidversuchen bei transgender

Jugendlichen assoziiert. Emotionale Vernachlässigung durch Familienmitglieder als Konsequenz eines Outings, internalisierte Stigmata und das geringe Zugehörigkeitsgefühl in der Schule konnten ebenfalls mit suizidalen Tendenzen im vorangegangenen halben Jahr in Verbindung gebracht werden. Dies ist ein eindeutiger Hinweis für die Notwendigkeit von spezifischen Unterstützungsmöglichkeit im schulischen Kontext. Meyer (2003) verweist außerdem auf die schwerwiegenden Folgen einer Entfremdung von der sozialen Umgebung und deren Normvorgaben, die bei der Ausgrenzung von sexuellen und geschlechtlichen Minderheiten entstehen kann: "Anomie, a sense of normlessness, lack of social control, and alienation can lead to suicide because basic social needs are not met." (ebd., S. 675). Das Zugehörigkeitsgefühl in der Schule kann die mentale Gesundheit aller Kinder beeinflussen. Auch Mobbing und Cybermobbing über soziale Medien aufgrund einer sexuellen oder geschlechtlichen Orientierung, die nicht der Norm entspricht, kann eine Ursache für suizidale Tendenzen sein (Nadal & Griffin, 2011).

Eine besonders hohe Gefahr gilt für transgeschlechtliche Personen, die in vielen, aber nicht in allen Fällen, Geschlechtsdysphorie haben. Geschlechtsdysphorie kann als Folge einer Geschlechtsinkongruenz auftreten und äußert sich über den starken Wunsch, andere Geschlechtscharakteristika als die derzeitigen zu haben (Briken et al., 2013). Durch die Behandlung mit Sexualhormonen und deren Suppression oder durch chirurgische Maßnahmen können Symptome der Geschlechtsdysphorie deutlich reduziert werden (ebd.). In der laut eigenen Angaben ersten Studie dieser Art wurden über zwanzigtausend transgeschlechtliche junge Erwachsene zu suizidalen Gedanken und zu vergangener Hormonbehandlung zur Suppression von Sexualhormonen befragt (Turban et al., 2020). Etwa 17 % der Befragten gaben an, dass sie sich eine solche Suppression in der Pubertät gewünscht haben. Nur ca. 2,5 % erhielten tatsächlich eine solche Hormonbehandlung. Diejenigen Personen, die eine Behandlung zur Suppression von Sexualhormonen in der Pubertät erhielten, hatten im weiteren Verlauf ihres Lebens weniger suizidale Gedanken (ebd.). Geschlechtsdysphorie ist eindeutig mit Suizidalität in Verbindung zu setzen (Peterson et al., 2016). Diese Implikationen sind für Gesundheitssysteme und den von ihnen ermöglichten Zugang zu geschlechtsangleichenden Maßnahmen von höchster Relevanz, sowohl für Jugendliche als auch Erwachsene.

Abschließend ist es wichtig zu erwähnen, dass man durch einige Maßnahmen die mentale Gesundheit von LGBT+-Jugendlichen positiv verändern kann. Man könnte bei der Sexualaufklärung an Schulen alle sexuellen Orientierungen und Geschlechtsidentitäten über eine sachliche und informative Herangehensweise integrieren. An Schulen könnten Lehrbücher im Allgemeinen einen vielfältigeren Inhalt aufweisen. Schüler*innen und Lehrkräfte könnten Vereine gründen und sich gegenseitig bestärken. Sowohl in den Medien als auch im Alltag könnten mehr Vorbilder zur positiven Repräsentation beitragen. Erziehungsberechtigte könnten sich mit diesen Themen im Rahmen von Workshops auseinandersetzen. Alle Maßnahmen mögen bei Schüler*innen, die geschlechtlichen und sexuellen Minderheiten angehören, einen positiven Ausblick auf das weitere Leben bewirken.

Zusammenfassung

Dieser Exkurs widmete sich dem erhöhten Suizidrisiko bei LGBT+-Schüler*innen, das durch Diskriminierung, soziale Isolation und psychische Belastungen verstärkt wird. Studien zeigen, dass Schüler*innen, die sich nicht durch ihre Umwelt akzeptiert fühlen, besonders gefährdet sind. Der Abschnitt betonte die Bedeutung präventiver Maßnahmen wie schulinterne Beratungsangebote, Peer-Support-Gruppen und ein inklusives Schulklima, um diese Risiken zu minimieren.

4.5 Fallbeispiel: Unterstützung durch eine luxemburgische Dienststelle

Das *Centre d'Information Gay et Lesbien* (CIGALE) ist eine vom Luxemburgischen „Ministerium für Familie, Solidarität, Zusammenleben und Unterbringung von Flüchtlingen" professionell angebotene Dienststelle, die Beratung und Unterstützung für jede Person anbietet, die Fragen zu sexueller Orientierung, Geschlechtsidentität und Coming-Out hat (*Centre LGBTIQ CIGALE | Luxembourg*, o. J.). CIGALE richtet sich hauptsächlich an Schulen und Jugendzentren sowie an alle anderen Strukturen, die mit Kindern und Jugendlichen arbeiten. Die wesentlichen Dienstleistungen des CIGALE sind Beratung und sozialpädagogische Begleitung, Aufklärungs- und Sensibilisierungsaktivitäten für Bildungseinrichtungen und Fortbildungsangebote für Lehr- und Fachkräfte aus den Bereichen Soziales, Erziehung und Bildung. In Luxemburg bieten außerdem das *Centre Psychosocial et d'Accompagnement Scolaires* (CePAS) und das an Schulen interne *Service Psychosociale et d'Accompagnement Scolaires* (SePAS) schulpsychologische Unterstützung an. Ebenfalls ist das *Centre de Planning Familial et d'Education Sexuelle et Affective* eine landesweite Anlaufstelle für Fragen rund um Sexualaufklärung und psychologische, kostenfreie Unterstützung.

Nach einem Interview mit einer pädagogischen Fachkraft, die bei CIGALE Beratung und Workshops für Kinder und Jugendliche anbietet, wurde zur Veranschaulichung des Kapitels ein Fallbeispiel zusammengestellt. Das Fallbeispiel ist von den Autor*innen frei erfunden und dient als Einblick in die aktuelle Lage an Schulen im Land Luxemburg.

4.5.1 Fallbeispiel

Der 14-Jährige Claude aus Luxemburg möchte sich in seiner Klasse als non-binär outen. Er ist sich seit einiger Zeit ziemlich sicher, dass er sich mit diesem Begriff identifiziert. Eine Freundin hat ihm einmal auf dem Schulhof davon erzählt, weil sich ihr Geschwisterkind als non-binär geoutet hat. Claude möchte sich, nach seinem inneren Coming-out, auch in seinem sozialen Umfeld outen. Er befürchtet allerdings, dass seine Mitschüler*innen im Lycée Classique aberkennend reagieren und verunsichert sein würden, wie sie im Weiteren mit ihm umzugehen haben. Er hat sich entschieden, sich zuerst bei einer

Fachkraft zu outen, bei der er weiß, dass sie dem Thema gegenüber positiv eingestellt ist. In der sechsten Klasse hatte er im Biologieunterricht im Rahmen der Sexualaufklärung flüchtig etwas über verschiedene sexuelle Orientierungen gelernt, aber das Thema Transgeschlechtlichkeit kam nicht auf.

Claude möchte im Rahmen seines äußeren Coming-outs andere in Kenntnis setzen, dass sie alle Pronomen benutzen können, wenn sie sich auf ihn beziehen, und außerdem möchte er mehr Kleidung tragen, die mit beiden binären Geschlechtern assoziiert wird. Er hat Angst, dass ihn Mitschüler*innen deswegen mobben werden. Es gibt einige Mitschüler*innen in seiner Klasse, von denen er weiß, dass sie oft, mit einem religiösen Vorwand, transphobe Äußerungen machen. Er versteht, dass sich diese Einstellung als Folge von Aussagen durch Personen in seiner Umgebung und Erziehungsberechtigte ergibt. Trotzdem möchte er sich in der Klasse wohlfühlen und sich authentisch ausleben können, und ein Coming-out würde in seinem Fall dazu beitragen.

Er wendet sich also an die Fachkraft, die vorschlägt, über CIGALE einen Workshop für die gesamte Klasse anzubieten. Claude stimmt zu, in der Hoffnung, dass Mitschüler*innen im Rahmen des Workshops mehr über Transgeschlechtlichkeit und non-binäre Identität erfahren und ihn eventuell besser unterstützen könnten. Eine ausgebildete pädagogische Fachkraft von CIGALE kommt drei Wochen später an die Schule und leitet den zweistündigen Workshop an. Zuerst wird durch ein gemeinsames Brainstorming der Wissensstand der Schüler*innen zu Themen im Rahmen von sexueller und geschlechtlicher Vielfalt erfasst. Danach erklärt die pädagogische Fachkraft ergänzend Begriffe oder Themen und leitet eine Diskussion an, wie sich die Klasse verhalten würde, wenn sich ein Mitschüler oder eine Mitschülerin als LGBT+ identifizieren würde. Im Workshop hat Claude keinen besonderen Stellenwert und nimmt mit der Klasse teil. Zum Schluss haben die Schüler*innen die Möglichkeit, anonyme Fragen zu stellen. Den Schüler*innen werden Broschüren und Sticker an die Hand gegeben, und die pädagogische Fachkraft macht deutlich, dass sie jederzeit bei CIGALE willkommen sind, wenn sie weitere Fragen haben oder ein Beratungsgespräch wünschen.

Die Schüler*innen zeigten großes Interesse an den angesprochenen Themen. Wissensstände waren verschieden, aber bei der pädagogischen Fachkraft entstand der Eindruck, dass einige Wissenslücken durch die Beantwortung der anonymen Fragen gefüllt werden konnten. In der Diskussion wurden religiöse Prägung und die Wertevermittlung durch die Familie angesprochen. Die pädagogische Fachkraft verwies auf das gesetzliche Diskriminierungsverbot. Claude hat sich nach einigen Minuten aus dem Gespräch zurückgezogen und im weiteren Verlauf des Workshops nicht mehr gemeldet. Er fühlte sich durch die Aussagen einiger Mitschüler*innen verunsichert. Nach dem Workshop haben sich Freundesgruppen noch tagelang über den Workshop unterhalten.

Claude outet sich mit Hilfe der Lehrkraft in der nächsten Woche bei seinen Mitschüler*innen. Anfangs reagieren diese verwirrt, aber nach ein paar Erläuterungen von Claude zeigen sie Verständnis. Einige Schüler*innen gehen in der Mittagspause auf Claude zu und erzählen ihm, dass sie sein Outing mutig fanden und ihn unterstützen möchten. Andere

Schüler*innen meiden in der Folge den Kontakt zu Claude. Mit Hilfe der Lehrkraft outet er sich ebenfalls bei weiteren Lehrkräften nach der Schule im Lehrerzimmer. Claude ist mit seiner Entscheidung zufrieden und möchte sich in den folgenden Tagen bei seiner Familie outen.

4.5.2 Evaluation des Fallbeispiels

Wie in diesem Kapitel bereits erwähnt, ist jede Coming-out-Erfahrung oder die Entscheidung, sich nicht zu outen, individuell. Ebenfalls gibt es nicht nur eine Coming-out-Erfahrung; im Laufe des gesellschaftlichen Lebens werden sich Personen immer wieder outen. LGBT+-Jugendliche stellen eine vulnerable Gruppe dar. Die Chance, sich in seiner sozialen Umgebung mit seinem tatsächlichen Geschlecht oder sexuellen Orientierung zu identifizieren, trägt zu einer allgemeinen Verbesserung der mentalen Gesundheit von LGBT+-Schüler*innen bei. Die Angst vor einem Outing kann durch die Unterstützung von Erziehungsberechtigten oder von spezifischen Fachkräften verringert werden. Es spielen ebenfalls eigene Bewältigungsstrategien und der Zugang zu Ressourcen eine Rolle (Spahn & Wedl, 2018).

Das oben geschilderte Fallbeispiel ist etwas ernüchternd, aber spiegelt in vielen Fällen die Realität wider. Viele LGBT+-Schüler*innen sind gezwungen, homophobe und transphobe Äußerungen ihrer Mitschüler*innen zu dulden. Für Claude wäre es wichtig, in der Klasse die Kommunikation offen zu halten, ohne sich selbst diese Bürde aufzuerlegen, für die Bildung von Mitschüler*innen verantwortlich zu sein. Er allein kann nicht gegen die negativen Vorurteile der anderen vorgehen. Claude könnte sich stattdessen mit interessierten Mitschüler*innen, die vielleicht auch ähnliche Erfahrungen machen oder gemacht haben, zusammentun und eine Arbeitsgruppe gründen. Arbeitsgruppen sorgen für mehr Sichtbarkeit von sexuellen und geschlechtlichen Minderheiten im Schulalltag und tragen zur Normalisierung dieser Vielfalt, und damit zum Abbau von Diskriminierung und Marginalisierung, bei. Der Sprachgebrauch kann außerdem ein Hindernis darstellen, was man allein daran sieht, dass es im Fallbeispiel schwirig ist, passende Formulierungen zu finden, wenn die Geschlechtsidentität der angesprochenen Person nicht bekannt ist. Die Sprache an Schulen sollte möglichst neutral und inklusiv sein. Die Lehrkräfte und Schüler*innen können, wenn sie möchten, ihre Pronomen in einer Liste, die vorne im Klassenraum aushängt, angeben. Dies gilt sowohl für Personen, die cis- als auch transgeschlechtlich sind. Pronomen müssen keiner Geschlechtsidentität entsprechen, in den meisten Fällen werden sie allerdings so verstanden, und wenn die Angabe von Pronomen normalisiert ist, wird es einigen Transpersonen leichter gemacht, auch ihre Pronomen preiszugeben und im Alltag korrekt angesprochen zu werden.

Im Fallbeispiel wurden durchgehend männliche Pronomen verwendet. Dies dient lediglich der Vereinfachung. Eine Vereinfachung ist für das Fallbeispiel zwar sinnvoll, spiegelt aber nicht die erlebte Realität vieler Transpersonen wider.

Häufig erfordert eine Veränderung der Geschlechtsidentität Anpassungen und Umgewöhnungen sowohl von der betreffenden Person selbst als auch von ihrem sozialen Umfeld. Eine Änderung des Sprachgebrauchs wird oftmals als aufwändig oder sogar lästig empfunden. Die Verwendung von geschlechtergerechter Sprache hat im Vergleich zu dem damit verbundenen Aufwand allerdings einen hohen Mehrwert, da sie die Inklusion aller Personen zur Folge hat und somit das Zugehörigkeitsgefühl vulnerabler Personen zum Beispiel in der Schule und auch Gesellschaft erhöht. Eine Angabe von Pronomen sollte allerdings nicht verpflichtend sein, denn dies könnte Personen unfreiwillig outen.

In unserem Interview mit CIGALE wurde von den pädagogischen Fachkräften außerdem die Empfehlung ausgesprochen, dass die Teilnahme an solchen Workshops für alle Schüler*innen und Lehrkräfte obligatorisch sein sollte. Themen sexueller und geschlechtlicher Vielfalt sollten über eine intersektionale und dynamische Herangehensweise an Schulen mit eingebracht werden. Die einfache Inklusion dieser Themen kann bei Schüler*innen, die einer geschlechtlichen oder sexuellen Minderheit angehören oder sich diesbezüglich in einer Findungsphase befinden, einen positiven und einschlägigen Effekt haben. Über die Cis- und Heteronormativität hinaus sollte außerdem alltägliche Allonormativität reflektiert werden. Diese bezeichnet die Annahme, dass jede Person Sex und/oder eine romantische Beziehung aufsucht. Allonormativität grenzt Personen, die sich beispielsweise als asexuell oder aromantisch identifizieren, aus. Diese Denkweise ist in der Gesellschaft und den Medien noch stärker verankert als die Cis- und Heteronormativität.

Es ist wichtig, darauf zu achten, dass Aussagen von Jugendlichen einerseits ernst genommen und andererseits nicht überinterpretiert werden sollten. Sexuelle Orientierungen und Geschlechtsidentitäten sind fluide Phänomene, die sich auch bei Jugendlichen ändern können. Es ist wichtig, sich in Bezug auf diese Themen Geduld anzueignen und Kindern oder Jugendlichen, die den Schritt wagen sich zu outen, mit bedingungslosem Respekt entgegenzukommen. Auch Schüler*innen, die voreingenommene Denkweisen haben, sollten zur Selbstreflexion angeregt werden. Man könnte den Sinn eines Outings in einer toleranten und akzeptanten Gesellschaft hinterfragen und schließlich auf die Notwendigkeit von Outings im Allgemeinen verzichten.

Zusammenfassung
Dieses Fallbeispiel beschrieb, wie eine luxemburgische Dienststelle gezielte Unterstützung für vulnerable Schüler*innen bietet. Der Abschnitt erläuterte konkrete Interventionen wie Einzelberatung, Gruppenangebote und Kooperationen mit Schulen. Es wurde aufgezeigt, wie diese Maßnahmen Schüler*innen helfen, ihre Ängste zu bewältigen und ein stärkeres Selbstbewusstsein zu entwickeln. Die Evaluation der Ansätze zeigt positive Auswirkungen auf das Wohlbefinden und die schulische Integration.

Literatur

American Psychological Association. (2009). *Report of the American Psychological Association Task Force on Appropriate Therapeutic Responses to Sexual Orientation.* https://www.apa.org/pi/lgbt/resources/therapeutic-response.pdf.

Antidiskriminierungsstelle des Bundes. (2021). *Wie thematisieren die Bundesländer sexuelle und geschlechtliche Vielfalt in den Schulen?* https://www.antidiskriminierungsstelle.de/error_path/400.html?al_req_id=Y9q_svDSf72rloc9JYRQMQAABE4.

Armstrong, T. (2012). *Neurodiversity in the classroom: Strength-based strategies to help students with special needs succeed in school and life.* Association for Supervision and Curriculum Development.

Armstrong, T. (2017). *Neurodiversity: The future of special education?* Association for Supervision and Curriculum Development.

Arnett, J. (2000). Emerging adulthood: A theory of development from the late teens through the twenties. *American Psychologist, 55*(5), 469–480. https://doi.org/10.1037/0003-066X.55.5.469.

Austin, A., Craig, S. L., D'Souza, S., & McInroy, L. B. (2020). Suicidality among transgender youth: Elucidating the role of interpersonal risk factors. *Journal of Interpersonal Violence, 37*(5–6), NP2696–NP2718. https://doi.org/10.1177/0886260520915554.

Baltes-Löhr, C. (2020). Three steps forward and, if possible, not a single step back – Luxembourg perspectives on societal discourses concerning sexuality. *Journal of Cultural and Religious Studies, 8*(7). https://doi.org/10.17265/2328-2177/2020.07.001.

Barnes, D. M., & Meyer, I. H. (2012). Religious affiliation, internalized homophobia, and mental health in lesbians, gay men, and bisexuals. *American Journal of Orthopsychiatry, 82*(4), 505–515. https://doi.org/10.1111/j.1939-0025.2012.01185.x.

Beaumont, K. (2013). Policies for sexuality education in the European union. *Citizens' Rights and Constitutional Affairs, European Parliament.* https://www.europarl.europa.eu/RegData/etudes/note/join/2013/462515/IPOL-FEMM_NT(2013)462515_EN.pdf.

Blosnich, J., Lee, J. G. L., & Horn, K. (2011). A systematic review of the aetiology of tobacco disparities for sexual minorities. *Tobacco Control, 22*(2), 66–73. https://doi.org/10.1136/tobaccocontrol-2011-050181.

Bower, C., Watkins, R. E., Mutch, R. C., Marriott, R., Freeman, J., Kippin, N. R., Safe, B., Pestell, C., Cheung, C. S. C., Shield, H., Tarratt, L., Springall, A., Taylor, J., Walker, N., Argiro, E., Leitao, S., Hamilton, S., Condon, C., Passmore, H. M., & Giglia, R. (2018). Fetal alcohol spectrum disorder and youth justice: A prevalence study among young people sentenced to detention in western Australia. *British Medical Journal Open, 8*(2), e019605. https://doi.org/10.1136/bmjopen-2017-019605.

Briken, P., Richter-Appelt, H., & Nieder, T. O. (2013). Transgender, Transsexualität und Geschlechtsdysphorie: Aktuelle Entwicklungen in Diagnostik und Therapie. *PSYCH up2date, 7*(6), 373–388. https://doi.org/10.1055/s-0033-1349534.

Carabello, A. (2023). *I've compiled a legislative tracker for anti-LGBTQ bills.* Twitter, 10.01.2023. https://twitter.com/Esqueer_/status/1612938785251000320.

Cassady, J. C. (2010). *Anxiety in schools: The causes, consequences, and solutions for academic anxieties.* Lang.

Centre LGBTIQ+ CIGALE. (o. J.). *Centre LGBTIQ+ CIGALE.* https://www.cigale.lu/?lang=de.

Çetin, Z. (2014). *Homophobie und Islamophobie: Intersektionale Diskriminierungen am Beispiel binationaler schwuler Paare in Berlin.* Transcript.

Chen, Y.-L., & Patten, K. (2021). Shifting focus from impairment to inclusion: Expanding occupational therapy for neurodivergent students to address school environments. *American Journal of Occupational Therapy, 75*(3), 7503347010. https://doi.org/10.5014/ajot.2020.040618.

Clements-Nolle, K., Marx, R., & Katz, M. (2006). Attempted suicide among transgender persons. *Journal of Homosexuality, 51*(3), 53–69. https://doi.org/10.1300/j082v51n03_04.

Conner, C. M., White, S. W., Scahill, L., & Mazefsky, C. A. (2020). The role of emotion regulation and core autism symptoms in the experience of anxiety in autism. *Autism: The International Journal of Research and Practice, 24*(4), 931–940. https://doi.org/10.1177/1362361320904217.

Crompton, C.J., Hallett, S., Axbey, H., McAuliffe, C., & Cebula, K. (2022). "Someone like-minded in a big place": Autistic young adults' attitudes towards autistic peer support in mainstream education. *Autism: The International Journal of Research and Practice, 27*(1), 76–91. https://doi.org/10.1177/13623613221081189.

Dalrymple, E. (2022). School attendance and anxiety. In K. Finning, T. Ford, & D. A. Moore (Hrsg.), *Mental health and attendance at school* (S. 162–180). Cambridge University Press.

Day, A.-M. (2022). Disabling and criminalising systems? Understanding the experiences and challenges facing incarcerated, neurodivergent children in education and youth justice systems in England. *Forensic Science International: Mind and Law, 3*, 100102. https://doi.org/10.1016/j.fsiml.2022.100102.

DJI. (2015). *Coming-out – und dann?!: Ein DJI-Forschungsprojekt zur Lebenssituation von lesbischen, schwulen, bisexuellen und trans* Jugendlichen und jungen Erwachsenen*. Deutsches Jugendinstitut. https://www.dji.de/fileadmin/user_upload/bibs2015/DJI_Broschuere_ComingOut.pdf.

Donaghy, B., Moore, D., & Green, J. (2023). Co-occurring physical health challenges in neurodivergent children and young people: A topical review and recommendation. *Child Care in Practice, 29*(1), 3–21. https://doi.org/10.1080/13575279.2022.2149471.

Drescher, J. (2015). Out of DSM: Depathologizing homosexuality. *Behavioral Sciences, 5*(4), 565–575. https://doi.org/10.3390/bs5040565.

Ekstrand, M., Engblom, C., Larsson, M., & Tydén, T. (2011). Sex education in Swedish schools as described by young women. *The European Journal of Contraception & Reproductive Health Care, 16*(3), 210–224. https://doi.org/10.3109/13625187.2011.561937.

Europäische Kommission. (2021). *Grundwerte der EU: Kommission leitet rechtliche Schritte gegen Ungarn und Polen wegen Verletzung der Grundrechte von LGBTIQ-Personen ein*. Europäische Kommission. https://ec.europa.eu/commission/presscorner/detail/de/ip_21_3668.

European Union Agency for Fundamental Rights. (2020). *EU LGBTI survey II: A long way to go for LGBTI equality*. Publications Office of the European Union. https://fra.europa.eu/sites/default/files/fra_uploads/fra-2020-lgbti-equality-1_en.pdf.

Figlerowicz, M. (2019). *The New Threat to Poland's Sexual Minorities: How Liberals Left LGBTQ People Unprotected*. Foreign Affairs, 07.08.2019. https://www.foreignaffairs.com/poland/new-threat-polands-sexual-minorities.

Fingerhut, A. W., & Abdou, C. M. (2017). The role of healthcare stereotype threat and social identity threat in LGB health disparities. *Journal of Social Issues, 73*(3), 493–507. https://doi.org/10.1111/josi.12228.

Flammer, A. (2002). *Entwicklungspsychologie der Adoleszenz: Die Erschließung innerer und äußerer Welten im Jugendalter*. Huber.

FRA. (2020). *A long way to go for LGBTI equality*. European Union Agency for Fundamental Human Rights. Publications Office of the European Union. https://fra.europa.eu/sites/default/files/fra_uploads/fra-2020-lgbti-equality_en.pdf.

Francés, L., Quintero, J., Fernández, A., Ruiz, A., Caules, J., Fillon, G., Hervás, A., & Soler, C. V. (2022). Current state of knowledge on the prevalence of neurodevelopmental disorders in childhood according to DSM-5: A Systematic Review in Accordance with the PRISMA Criteria. *Childhood and Adolescent Psychiatry and Mental Health, 16*(27). https://doi.org/10.1186/s13034-022-00462-1.

Galaif, E. R., Sussman, S., Newcomb, M. D., & Locke, T. F. (2007). Suicidality, depression, and alcohol use among adolescents: A review of empirical findings. *International Journal of Adolescent Medicine and Health, 19*(1), 27–36. https://doi.org/10.1515/ijamh.2007.19.1.27.

Garofalo, R., Wolf, R. C., Kessel, S., Palfrey, J., & DuRant, R. H. (1998). The association between health risk behaviors and sexual orientation among a school-based sample of adolescents. *Pediatrics, 101*(5), 895–902. https://doi.org/10.1542/peds.101.5.895.

Gaupp, N., Holthusen, B., Milbradt, B., Lüders, C., & Seckinger, M. (Hrsg.) (2021). *Jugend ermöglichen – auch unter den Bedingungen des Pandemieschutzes.* Deutsches Jugendinstitut. https://www.dji.de/fileadmin/user_upload/bibs2021/Corona-Band_final_22.7.2021.pdf.

Gibson, P. (2004). Gay male and lesbian youth suicide. *Report of the Secretary's Task Force on Youth Suicide, 3,* 110–142.

Gollwitzer, M., & Schmitt, M. (2019). *Sozialpsychologie kompakt.* Beltz.

Goodall, E., Brownlow, C., Fein, E. C., & Candeloro, S. (2022). Creating inclusive classrooms for highly dysregulated students: What can we learn from existing literature? *Educational Sciences, 12*(8), 504. https://doi.org/10.3390/educsci12080504.

Göbel, M., & Bittner, M. (2013). *Geschlecht und sexuelle Vielfalt: Praxishilfen für den Umgang mit Schulbüchern.* Gewerkschaft Erziehung und Wissenschaft. https://www.gew.de/index.php?eID=dumpFile&t=f&f=25114&token=0d0285eea051ead0e517324549c9c250e1e2bfc3&sdownload=&n=PraxisGo-LSBTI-web.pdf.

Groneberg, M. (2011). Reasons for homophobia. In M. Groneberg & C. Funke (Hrsg.), *Combatting homophobia: Experiences and analyses pertinent to education* (S. 185–221). LIT.

Hagedorn, J. (Hrsg.). (2014). *Jugend, Schule und Identität: Selbstwerdung und Identitätskonstruktion im Kontext Schule.* Springer VS.

Hagopian, L. P., & Jennett, H. K. (2008). Behavioral assessment and treatment of anxiety in individuals with intellectual disabilities and autism. *Journal of Developmental and Physical Disabilities, 20,* 467–483. https://doi.org/10.1007/s10882-008-9114-8.

Herpertz-Dahlmann, B., Bühren, K., & Remschmidt, H. (2013). Erwachsenwerden ist schwer. *Deutsches Ärzteblatt international, 110*(25), 432–440. https://doi.org/10.3238/arztebl.2013.0432.

ILGA The International Lesbian, Gay, Bisexual, Trans and Intersex Association. (2022). *Rainbow map 2022.* https://ilga-europe.org/.

Jarrett, M. A., & Ollendick, T. H. (2012). Treatment of comorbid attention-deficit/hyperactivity disorder and anxiety in children: A multiple baseline analysis. *Journal of Consulting and Clinical Psychology, 80*(2), 239–244. https://doi.org/10.1037/a0027123.

Jonas, K., Stroebe, W., & Hewstone, M. (Hrsg.). (2014). *Sozialpsychologie: Eine Einführung* (6. Aufl.). Springer.

Jones, T. W., Power, J., & Jones, T. M. (2022). Religious trauma and moral injury from LGBTQA+ conversion practices. *Social Science & Medicine, 305,* 115040. https://doi.org/10.1016/j.socscimed.2022.115040.

Kassel, G. (2021). *Teenage dream or teenage scream? Why LGBTQIA+ People experience 2 kinds of adolescence.* Healthline, 07.09.2021. https://www.healthline.com/health/healthy-sex/second-queer-adolescence.

Kester, K. R., & Lucyshyn, J. M. (2018). Co-creating a school-based facing your fears anxiety treatment for children with autism spectrum disorder: A model for school psychology. *Psychology in the Schools, 56*(5), 824–839. https://doi.org/10.1002/pits.22234.

Khoodoruth, M. A. S., Ouanes, S., & Khan, Y. S. (2022). A systematic review of the use of atomoxetine for management of comorbid anxiety disorders in children and adolescents with attention-deficit hyperactivity disorder. *Research in Developmental Disabilities, 128*, 104275.

Krell, C., & Oldemeier, K. (2018). *Queere Freizeit: Inklusions- und Exklusionserfahrungen von lesbischen, schwulen, bisexuellen, trans* und *diversen Jugendlichen in Freizeit und Sport*. Deutsches Jugendinstitut. https://www.dji.de/themen/queere-jugend/queere-freizeit.html.

Küpper, B., Klocke, U., & Hoffmann, L.-C. (2017). *Einstellungen gegenüber lesbischen, schwulen und bisexuellen Menschen in Deutschland: Ergebnisse einer bevölkerungsrepräsentativen Umfrage*. Nomos. https://www.antidiskriminierungsstelle.de/SharedDocs/downloads/DE/publikationen/Umfragen/umfrage_einstellungen_geg_lesb_schwulen_und_bisex_menschen_de.pdf?__blob=publicationFile&v=4.

Laumann, V., & Debus, K. (2018). „Frühsexualisierung" und „Umerziehung"?: Pädagogisches Handeln in Zeiten antifeministischer Organisierungen und Stimmungsmache. In K. Debus (Hrsg.), *Antifeminismus in Bewegung* (S. 275–301). Amsterdam University Press.

Lohaus, A., & Vierhaus, M. (2019). *Entwicklungspsychologie des Kindes- und Jugendalters für Bachelor* (4. Aufl.). Springer. https://doi.org/10.1007/978-3-662-59192-5.

Manassis, K., Lee, T. C., Bennett, K., Zhao, X. Y., Mendlowitz, S., Duda, S., Saini, M., et al. (2014). Types of parental involvement in CBT with anxious youth: A preliminary meta-analysis. *Journal of Consulting and Clinical Psychology, 82*(6), 1163–1172. https://doi.org/10.1037/a0036969.

Marshal, M. P., Dietz, L. J., Friedman, M. S., Stall, R., Smith, H. A., McGinley, J., Thoma, B. C., Murray, P. J., D'Augelli, A. R., & Brent, D. A. (2011). Suicidality and depression disparities between sexual minority and heterosexual youth: A meta-analytic review. *Journal of Adolescent Health, 49*(2), 115–123. https://doi.org/10.1016/j.jadohealth.2011.02.005.

Marten, E., & Walgenbach, K. (2017). Intersektionale Diskriminierung. In A. Scherr, A. El-Mafaalani, & G. Yüksel (Hrsg.), *Handbuch Diskriminierung* (S. 157–171). Springer. https://doi.org/10.1007/978-3-658-10976-9_11.

Mastroianni, B. (2023). *71% of LGBTQ youth say their mental health is declining due to restrictive state laws*. Healthline, 19.01.2023. https://www.healthline.com/health-news/71-of-lgbtq-youth-say-their-mental-health-is-declining-due-to-restrictive-state-laws.

Mathy, R. M. (2002). Transgender Identity and suicidality in a nonclinical sample. *Journal of Psychology & Human Sexuality, 14*(4), 47–65. https://doi.org/10.1300/j056v14n04_03.

Meyer, I. H. (2003). Prejudice, social stress, and mental health in lesbian, gay, and bisexual populations: Conceptual issues and research evidence. *Psychological Bulletin, 129*(5), 674–697. https://doi.org/10.1037/0033-2909.129.5.674.

Murphy, M. C., & Jones Taylor, V. (2011). The Role of situational cues in signaling and maintaining stereotype threat. In M. Inzlicht & T. Schmader (Hrsg.), *Stereotype Threat: Theory, Process, and Application* (S. 16–33). Oxford University Press. https://doi.org/10.1093/acprof:Oso/9780199732449.003.0002.

Nabors, L. (2020). *Anxiety management in children with mental and physical health problems*. Springer.

Nadal, K., & Griffin, K. (2011). Microaggressions: A root of bullying, violence and victimization toward lesbian, gay, bisexual, and transgender youths. In M. A. Paludi (Hrsg.), *The Psychology of Teen Violence and Victimization* (S. 3–21). Praeger.

Nathanson, E. W., & Rispoli, K. M. (2021). School psychologists' assessment practices for students with co-occuring anxiety and autism spectrum disorder. *Journal of Applied School Psychology, 38*(2), 177–204. https://doi.org/10.1080/15377903.2021.1941468.

Nieder, T. O., Briken, P., & Richter-Appelt, H. (2013). Transgender, Transsexualität und Geschlechtsdysphorie: Aktuelle Entwicklungen in Diagnostik und Therapie. *PSYCH up2date, 7*(06), 373–388. https://doi.org/10.1055/s-0033-1349534.

Nigg, J. T. (2017). Annual research review: On the relations among self-regulation, self- control, executive functioning, effortful control, cognitive control, impulsivity, risk-taking, and inhibition for developmental psychopathology. *Journal of Child Psychology and Psychiatry, 58*(4), 361–383. https://doi.org/10.1111/jcpp.12675.

Oakley, B. F., Tillmann, J., Ahmad, J., Crawley, D., San José Cáceres, A., Holt, R., Charman, T., Banaschewski, T., Buitelaar, J., Simonoff, E., Murphy, D., Loth, E., & The EU-AIMS LEAP Group (2021). How do core autism traits and associated symptoms relate to quality of life? Findings from the longitudinal European autism project. *Autism: The International Journal of Research and Practice, 25*(2), 389–316. https://doi.org/10.1177/1362361320959959.

OECD Organisation for Economic Cooperation and Development. (2020). *Over the rainbow? The road to LGBTI inclusion – How does Luxembourg compare.* OECD. https://www.oecd.org/els/soc/lgbti.htm.

Peters, W. (2016). Bullies and blackmail: Finding homophobia in the closet on teen TV. *Sexuality & Culture, 20*(3), 486–503. https://doi.org/10.1007/s12119-016-9336-3.

Peterson, C. M., Matthews, A., Copps-Smith, E., & Conard, L. A. (2016). Suicidality, self-harm, and body dissatisfaction in transgender adolescents and emerging adults with gender dysphoria. *Suicide and Life-Threatening Behavior, 47*(4), 475–482. https://doi.org/10.1111/sltb.12289.

Plöderl, M., & Tremblay, P. (2015). Mental health of sexual minorities. A systematic review. *International Review of Psychiatry, 27*(5), 367–385. https://doi.org/10.3109/09540261.2015.1083949.

Ramchand, R., Schuler, M. S., Schoenbaum, M., Colpe, L., & Ayer, L. (2022). Suicidality among sexual minority adults: Gender, age, and race/ethnicity differences. *American Journal of Preventive Medicine, 62*(2), 193–202. https://doi.org/10.1016/j.amepre.2021.07.012.

Robinson, O. (2015). Emerging adulthood, early adulthood and quarter-life crisis: Updating Erikson for the 21st Century. In R. Žukauskienė (Hrsg.), *Emerging adulthood in a European context* (S. 17–30). Routledge.

Robinson, J., & Rubin, L. (2016). Homonegative microaggressions and posttraumatic stress symptoms. *Journal of Gay & Lesbian Mental Health, 20*(1), 57–69.

Rodkin, P. C., Espelage, D. L., & Hanish, L. D. (2015). A relational framework for understanding bullying: Developmental antecedents and outcomes. *American Psychologist, 70*(4), 311–321. https://doi.org/10.1037/a0038658.

Russell, A. E. (2022). Neurodevelopmental disorders and attendance at school. In K. Finning, T. Ford, & D. A. Moore (Hrsg.), *Mental Health and Attendance at School* (S. 78–105). Cambridge University Press.

Russell, S. T., & Fish, J. N. (2016). Mental health in lesbian, gay, bisexual, and transgender (LGBT) youth. *Annual Review of Clinical Psychology, 12*(1), 465–487. https://doi.org/10.1146/annurev-clinpsy-021815-093153.

Saewyc, E. M. (2011). Research on adolescent sexual orientation: Development, health disparities, stigma, and resilience. *Journal of Research on Adolescence, 21*(1), 256–272. https://doi.org/10.1111/j.1532-7795.2010.00727.x.

Safren, S. A., & Heimberg, R. G. (1999). Depression, hopelessness, suicidality, and related factors in sexual minority and heterosexual adolescents. *Journal of Consulting and Clinical Psychology, 67*(6), 859–866. https://doi.org/10.1037/0022-006x.67.6.859.

Salmivalli, C., Lagerspetz, K., Björkqvist, K., Österman, K., & Kaukiainen, A. (1996). Bullying as a group process: Participant roles and their relations to social status within the group. *Aggressive Behavior, 22*(1), 1–15. https://doi.org/10.1002/(SICI)1098-2337(1996)22:1%3c1::AID-AB1%3e3.0.CO;2-T.

Save Society. (2023). Was ist Diskriminierung? *Save Society.* https://save-society.org/home/was-ist-diskriminierung/.

Savin-Williams, R. C. (1998). The disclosure to families of same-sex attractions by lesbian, gay, and bisexual youths. *Journal of Research on Adolescence, 8*, 49–68. https://doi.org/10.1207/s15327795jra0801_3.

Schmidt, M. (2015). *Jeder Vierte für Sexualkundeunterricht in der Grundschule.* YouGov. https://yougov.de/topics/politics/articles-reports/2015/09/02/jeder-vierte-fur-sexualkundeunterricht-der-grundsc.

Schneider, W., Lindenberger, U., Oerter, R., & Montada, L. (Hrsg.). (2018). *Entwicklungspsychologie* (8. Aufl.). Beltz.

Siegler, R. S., Eisenberg, N., DeLoache, J. S., & Saffran, J. (2016). *Entwicklungspsychologie im Kindes- und Jugendalter.* Springer. https://doi.org/10.1007/978-3-662-47028-2.

Sielert, U. (2016). *Kampfbegriff Frühsexualisierung.* Zeit Online. https://www.zeit.de/zustimmung?url=https%3A%2F%2F, www.zeit.de%2Fgesellschaft%2Fzeitgeschehen%2F2016-11%2Fsexualkunde-fruehsexualisierung-bildung-afd.

Sosin, K. (2022). *'Don't Say Gay' bills aren't new. They've just been revived.* The 19th. https://19thnews.org/2022/04/dont-say-gay-existed-before-florida-alabama-laws/.

Spaderna, H., & Sieverding, M. (2018). Geschlecht und Geschlechterrollen. In C. W. Kohlmann, C. Salewski, & M. A. Wirtz (Hrsg.), *Psychologie in der Gesundheitsförderung* (S. 199–211). Hogrefe.

Spahn, A., & Wedl, J. (2018). *Schule lehrt/lernt Vielfalt: Praxisorientiertes Basiswissen und Tipps für Homo-, Bi-, Trans- und Inter*freundlichkeit in der Schule.* Waldschlösschen Verlag.

Stangl, W. (2023). *Identitätsentwicklung – Online Lexikon für Psychologie & Pädagogik.* https://lexikon.stangl.eu/23802/identitaetsentwicklung.

Le STATEC. (2022). *Luxemburg in Zahlen.* STATEC. https://statistiques.public.lu/dam-assets/catalogue-publications/luxembourg-en-chiffres/2022/statec-lux-in-zahlen-2022.pdf.

Steele, C. M. (1997). A threat in the air: How stereotypes shape intellectual identity and performance. *American Psychologist, 52*(6), 613–629. https://doi.org/10.1037/0003-066x.52.6.613.

Steele, C. M., & Aronson, J. (1995). Stereotype threat and the intellectual test performance of African Americans. *Journal of Personality and Social Psychology, 69*(5), 797–811. https://doi.org/10.1037/0022-3514.69.5.797.

Stein, D..J., Szatmari, P., Gaebel, W., Berk, M., Vieta, E., Maj, M., de Vries, Y.A., Roest, A.M., de Jonge, P., Maercker, A., Brewin, C.R., Pike, K.M., Grilo, C.M., Fineberg, N.A., Briken, P., Cohen-Kettenis, P.T., & Reed, G.M. (2020). Mental, behavioral and neurodevelopmental disorders in the ICD-11: An international perspective on key changes and controversies. *BMC Medicine, 18*(21). https://doi.org/10.1186/s12916-020-1495-2.

Stock, C. (2011). *Mobbing.* Haufe-Lexware.

Stonewall & YouGov. (2018). *LGBT in Britain: Health Report.* Stonewall. https://www.stonewall.org.uk/system/files/lgbt_in_britain_health.pdf.

Sukhodolsky, D. G., Bloch, M. H., Panza, K. E., & Reichow, B. (2013). Cognitive behavioral therapy for anxiety in children with high-functioning autism: A meta-analysis. *Pediatrics, 132*, 1341–1350. https://doi.org/10.1542/peds.2013-1193.

Turban, J. L., King, D., Carswell, J. M., & Keuroghlian, A. S. (2020). Pubertal suppression for transgender youth and risk of suicidal ideation. *Pediatrics, 145*(2). https://doi.org/10.1542/peds.2019-1725.

UNESCO (2009). *International technical guidance on sexuality education: An evidence-informed approach for schools, teachers and health educators.* UNESCO. https://unesdoc.unesco.org/ark:/48223/pf0000183281.

UNESCO. (2018). *International technical guidance on sexuality education: An evidence-informed approach.* UNESCO. https://www.unfpa.org/sites/default/files/pub-pdf/ITGSE.pdf.

van Roekel, E., Scholte, R. H., & Didden, R. (2010). Bullying among adolescents with autism spectrum disorders: Prevalence and perception. *Journal of Autism and Developmental Disorders, 40*, 63–73. https://doi.org/10.1007/s10803-009-0832-2.

van Steensel, F. J. A., Bögels, S. M., & Dirksen, C. D. (2012). Anxiety and quality of life: Clinically anxious children with and without autism spectrum disorders compared. *The Official Journal for the Society of Clinical Child and Adolescent Psychology, 41*(6), 731–738. https://doi.org/10.1080/15374416.2012.698725.

White, S. W., Lerner, M. D., McLeod, B. D., Wood, J. J., Ginsburg, G. S., Kerns, C., Ollendick, T., Kendall, P. C., Piacentini, J., Walkup, J., & Compton, S. (2015). Anxiety in youth with and without autism spectrum disorder: Examination of factorial equivalence. *Behavior Therapy, 46*(1), 40–53. https://doi.org/10.1016/j.beth.2014.05.005.

WHO-Regionalbüro für Europa & Bundeszentrale für gesundheitliche Aufklärung. (2011). *Standards für die Sexualaufklärung in Europa.* WHO-Regionalbüro für Europa und BZgA. https://shop.bzga.de/who-regionalbuero-fuer-europa-und-bzga-standards-fuer-die-sexualaufk-deutsch/.

Wild, E., & Möller, J. (Hrsg.). (2015). *Pädagogische Psychologie.* Springer.

Winell, M. (2011). Religious trauma syndrome. *Cognitive Behavioural Therapy Today, 39*(3), 16–18. https://www.journeyfree.org/religious-trauma-syndrome-articles/.

Yates, J., & Snodgrass, J. L. (2019). The religious locations of LGBTQ+ survivors. Survivors of christian nonsexual spiritual abuse. In J. L. Snodgrass (Hrsg.), *Navigating religious difference in spiritual care and counseling: Essays in honor of kathleen J. Greider* (S. 251–280). Claremont Press. https://doi.org/10.2307/j.ctvwrm4c3.18.

Zeeman, L., Sherriff, N., Browne, K., McGlynn, N., Mirandola, M., Gios, L., Davis, R., Sanchez-Lambert, J., Aujean, S., Pinto, N., Farinella, F., Donisi, V., Niedźwiedzka-Stadnik, M., Rosińska, M., Pierson, A., Amaddeo, F., Taibjee, R., Toskin, I., Jonas, K., … De Sutter, P. (2018). A review of lesbian, gay, bisexual, trans and intersex (LGBTI) health and healthcare inequalities. *European Journal of Public Health, 29*(5), 974–980. https://doi.org/10.1093/eurpub/cky226.

MIX
Papier aus verantwortungsvollen Quellen
Paper from responsible sources
FSC® C105338

If you have any concerns about our products,
you can contact us on
ProductSafety@springernature.com

In case Publisher is established outside the EU,
the EU authorized representative is:
**Springer Nature Customer Service Center GmbH
Europaplatz 3, 69115 Heidelberg, Germany**

Printed by Libri Plureos GmbH
in Hamburg, Germany